OLDENBOURG
GRUNDRISS DER
GESCHICHTE

OLDENBOURG GRUNDRISS DER GESCHICHTE

HERAUSGEGEBEN
VON
JOCHEN BLEICKEN
LOTHAR GALL
HERMANN JAKOBS

BAND 21

EUROPA ZWISCHEN DEN WELTKRIEGEN

VON

HORST MÖLLER

R. OLDENBOURG VERLAG
MÜNCHEN 1998

CIP-Titelaufnahme der Deutschen Bibliothek

Oldenbourg-Grundriss der Geschichte / hrsg. von
Jochen Bleicken... – München : Oldenbourg.

NE: Bleicken, Jochen [Hrsg.]; Grundriss der Geschichte

Bd. 21. Möller, Horst: Europa zwischen den Kriegen – 1998

Möller, Horst:
Europa zwischen den Kriegen / von Horst Möller
Oldenbourg, 1998
  (Oldenbourg-Grundriss der Geschichte ; Bd. 21)
  ISBN 3-486-52321-X brosch.
  ISBN 3-486-52311-3 geb.

3. Nachdruck 2013

© 1998 R. Oldenbourg Verlag GmbH, München

Das Werk ist urheberrechtlich geschützt. Jede Verwertung außerhalb der Grenzen des Urheberrechtsgesetzes ist ohne Zustimmung des Verlages unzulässig und strafbar. Das gilt insbesondere für Verfielfältigungen, Übersetzungen, Mikroverfilmungen und die Einspeicherung und Bearbeitung in elektronischen Systemen.

Umschlaggestaltung: Dieter Vollendorf, München
Satz: primustype Robert Hurler GmbH, Notzingen
Druck- und Bindearbeiten: R. Oldenbourg Graphische Betriebe GmbH, München

ISBN 3-486-52321-X brosch.   ISBN 978-3-486-52321-8
ISBN 3-486-52311-2 geb.   eISBN 978-3-486-70135-7

VORWORT DER HERAUSGEBER

Die Reihe verfolgt mehrere Ziele, unter ihnen auch solche, die von vergleichbaren Unternehmungen in Deutschland bislang nicht angestrebt wurden. Einmal will sie – und dies teilt sie mit manchen anderen Reihen – eine gut lesbare Darstellung des historischen Geschehens liefern, die, von qualifizierten Fachgelehrten geschrieben, gleichzeitig eine Summe des heutigen Forschungsstandes bietet. Die Reihe umfaßt die alte, mittlere und neuere Geschichte und behandelt durchgängig nicht nur die deutsche Geschichte, obwohl sie sinngemäß in manchem Band im Vordergrund steht, schließt vielmehr den europäischen und, in den späteren Bänden, den weltpolitischen Vergleich immer ein. In einer Reihe von Zusatzbänden wird die Geschichte einiger außereuropäischer Länder behandelt. Weitere Zusatzbände erweitern die Geschichte Europas und des Nahen Ostens um Byzanz und die Islamische Welt und die ältere Geschichte, die in der Grundreihe nur die griechisch-römische Zeit umfaßt, um den Alten Orient und die Europäische Bronzezeit. Unsere Reihe hebt sich von anderen jedoch vor allem dadurch ab, daß sie in gesonderten Abschnitten, die in der Regel ein Drittel des Gesamtumfangs ausmachen, den Forschungsstand ausführlich bespricht. Die Herausgeber gingen davon aus, daß dem nacharbeitenden Historiker, insbesondere dem Studenten und Lehrer, ein Hilfsmittel fehlt, das ihn unmittelbar an die Forschungsprobleme heranführt. Diesem Mangel kann in einem zusammenfassenden Werk, das sich an einen breiten Leserkreis wendet, weder durch erläuternde Anmerkungen noch durch eine kommentierende Bibliographie abgeholfen werden, sondern nur durch eine Darstellung und Erörterung der Forschungslage. Es versteht sich, daß dabei – schon um der wünschenswerten Vertiefung willen – jeweils nur die wichtigsten Probleme vorgestellt werden können, weniger bedeutsame Fragen hintangestellt werden müssen. Schließlich erschien es den Herausgebern sinnvoll und erforderlich, dem Leser ein nicht zu knapp bemessenes Literaturverzeichnis an die Hand zu geben, durch das er, von dem Forschungsteil geleitet, tiefer in die Materie eindringen kann.

Mit ihrem Ziel, sowohl Wissen zu vermitteln als auch zu selbständigen Studien und zu eigenen Arbeiten anzuleiten, wendet sich die Reihe in erster Linie an Studenten und Lehrer der Geschichte. Die Autoren der Bände haben sich darüber hinaus bemüht, ihre Darstellung so zu gestalten, daß auch der Nichtfachmann, etwa der Germanist, Jurist oder Wirtschaftswissenschaftler, sie mit Gewinn benutzen kann.

Die Herausgeber beabsichtigen, die Reihe stets auf dem laufenden Forschungsstand zu halten und so die Brauchbarkeit als Arbeitsinstrument über eine längere Zeit zu sichern. Deshalb sollen die einzelnen Bände von ihrem Autor oder einem anderen Fachgelehrten in gewissen Abständen überarbeitet werden. Der Zeitpunkt der Überarbeitung hängt davon ab, in welchem Ausmaß sich die allgemeine Situation der Forschung gewandelt hat.

Jochen Bleicken   Lothar Gall   Hermann Jakobs

INHALT

Vorwort V

I. Darstellung 1
   1. Die Zwischenkriegszeit als Epoche 1
   2. Friedensschluß 1919 und Grundlegung des Versailler Systems 18
   3. Entwicklung und Destabilisierung der internationalen Ordnung 40
      a) Zwischen Stabilität und Fragilität 40
      b) Der Mißerfolg der Appeasementpolitik und der Weg in den Krieg 63
   4. Wirtschaft und Gesellschaft im Umbruch: Soziale und ökonomische Ursachen für die Instabilität der internationalen Ordnung 80
      a) Ökonomie und internationale Politik 80
      b) Sozialer Wandel und gesellschaftliche Wirkungen der Krise ... 92
   5. Beispiele politischer Krisenlösung: Frankreich, Deutschland und Großbritannien im Vergleich 107

II. Grundprobleme und Tendenzen der Forschung 117
    1. Die Zwischenkriegszeit in der Geschichte des 20. Jahrhunderts: Periodisierung 117
    2. Die Krise der europäischen Demokratien und der Aufstieg diktatorischer Systeme 121
       a) Grundmuster der Interpretation 121
       b) Gesamtdarstellungen der Zwischenkriegszeit 131
       c) Massendemokratie und Nationalismus 135
       d) Totalitarismus, Faschismus, Nationalsozialismus: Modelle und Kontroversen 137
       e) Kriegsfolgen, Revolutionen und Krisenlösungskapazität der europäischen Demokratien 142
       f) Komparatistik und Divergenzen der nationalen Forschung (Deutschland, Frankreich, Großbritannien) 147
    3. Grundprobleme der internationalen Ordnung seit 1919 161
       a) Quellenpublikationen 161
       b) Vergleiche und Forschungsbilanzen 163
       c) Die Friedensordnung von Versailles in kritischer Perspektive: Weder Realpolitik noch Legitimität? 164
       d) Kriegsschuldartikel, Reparationen, Kontinuität der deutschen Politik 171
       e) Innenpolitik, öffentliche Meinung und Vertragsdiplomatie 173
       f) Biographische Studien, Außenpolitik der Großmächte und deutsch-französische Beziehungen 175

4. Die internationalen Beziehungen und die Wirtschaftskrise 180
   a) Modelle und Kontroversen 180
   b) Grundkonstellationen und Wendepunkte in den 1920er und
      1930er Jahren 187
5. Der Weg in den Krieg und Kriegsausbruch 1939:
   Die Erschütterung der internationalen Ordnung 1931/32, Appeasement, Entfesselung des Zweiten Weltkriegs durch Hitler 191

III. Quellen und Literatur 199

A. Quellen 199
   1. Amtliche Aktenpublikationen zur Außenpolitik 199
   2. Memoiren, Tagebücher, zeitgenössische Publizistik in Aus-
      wahl 200
   3. Editionen, Dokumentationen, Geschichtskalender, etc. 202

B. Literatur 204
   1. Gesamtdarstellungen der Epoche, Allgemeines, Bibliogra-
      phien 204
   2. Länderspezifische Überblicksdarstellungen, Aufsatzsammlun-
      gen 207
      a) Deutschland (vgl. auch unter „Nationalsozialismus") 207
      b) Frankreich 208
      c) Großbritannien 209
      d) Italien (vgl. auch unter „Faschismus") 209
      e) Spanien, Spanischer Bürgerkrieg 210
      f) Sowjetrußland/Sowjetunion 210
      g) Übrige Länder 211
   3. Innere Entwicklung in den einzelnen Ländern 212
      a) Verfassungen, Regierungssysteme, Wahlen, Parlamente,
         wichtige innenpolitische Ereignisse 212
      b) Parteien, politische Tendenzen 215
      c) Krise der Demokratie, Faschismus, totalitäre Systeme 219
      d) Nationalsozialismus: Machtergreifung, Herrschaftssystem
         und allgemeine Entwicklung 223
      e) Gesellschaftliche Entwicklung, soziale Strukturen, Sozial-
         politik 225
      f) Öffentliche Meinung 228
   4. Wirtschaft und Finanzen 229
      a) Allgemeines 229
      b) Wirtschaftliche Entwicklung einzelner Staaten 229
      c) Internationale Wirtschaftsbeziehungen 232
   5. Internationale Beziehungen 234
      a) Außenpolitik einzelner Länder, bilaterale und multilaterale
         Beziehungen 234
      b) Deutsch-französisches Verhältnis 245
      c) Militärpolitik, Rüstung, Abrüstungsbemühungen 246
      d) Vorgeschichte des Zweiten Weltkrieges 248

    6. Biographische Studien und speziellere biographische Nachschlagewerke 249

Anhang 257
    Zeittafel 257
    Abkürzungsverzeichnis 268
    Personenregister 269
    Sachregister 274

VORWORT

Wie kann auf engstem Raum eine Geschichte Europas in der Zwischenkriegszeit geschrieben werden? Kann auch nur die innenpolitische Entwicklung der wichtigsten Staaten geschildert, können die vielen tausend wichtigen Ereignisse Jahr um Jahr nachgezeichnet werden? Können die wissenschaftlichen Studien, die allein für die nationalsozialistische Diktatur in der letzten und umfangreichsten, jedoch keineswegs vollständigen Bibliographie mehr als 22 000 Titel umfassen, im zweiten Teil des Buches auch nur annähernd dargestellt werden? Jeder Versuch wäre zum Scheitern verurteilt und würde einen Torso bilden, dessen Auswahlkriterien nicht plausibel begründbar wären: Über einen klar definierbaren Kern hinaus gibt es nicht *die* zentralen Forschungsfelder der europäischen Geschichte, sondern eine Fülle z.T. differierender Themenkomplexe, die aus den nationalen historiographischen Traditionen resultieren. Keine Addition würde der Willkür entgehen, vielmehr würde sie interpretatorisch die leitenden Fragestellungen eher verunklaren als ihre intellektuelle Durchdringung fördern.

Ich habe mich deshalb auf das Wesentliche beschränken müssen, auf das Problem nämlich, das bereits im Titel zum Ausdruck kommt: Warum waren die beiden Jahrzehnte nach 1918 nicht allein eine Nachkriegszeit, sondern ebensosehr eine Vorkriegszeit?

Was war das für eine internationale Ordnung, deren Kennzeichen die Instabilität war? Wie kam sie zustande, wie entwickelte sie sich, wie und warum scheiterte sie? Da die beiden Jahrzehnte zwischen den Kriegen aber zugleich in der Mehrzahl der europäischen Staaten durch extreme innere Labilität charakterisiert wurden, stellt sich die Frage nach der Korrespondenz der innenpolitischen Instabilität und der Instabilität der europäischen Staatenordnung. Im interpretatorischen Aufweis ihrer Dialektik liegt der rote Faden der Darstellung wie der historiographischen Bestandsaufnahme, beide sind konkret aufeinander bezogen: Der Forschungsteil behandelt problemorientiert nur Themenbereiche, die ihrerseits für die Darstellung konstitutiv sind.

Selbstverständlich stellt sich immer wieder die Frage, welche Faktoren für diese doppelte innen- und außenpolitische Instabilität ursächlich waren; deswegen werden neben den internationalen Beziehungen und der Innenpolitik ökonomische und soziale Faktoren ebenfalls behandelt. Da Kriegsende und Umbrüche seit 1918/19 eine innere und äußere Revolutionierung der europäischen Staatenwelt bewirkten, müssen neben der Nationalitätenproblematik auch die neuen totalitären Ideologien in die Darstellung einbezogen werden: Ihr Erfolg war eine Reaktion auf die mangelnde Krisenlösungskapazität der betreffenden europäischen Demokratien. Die innere Geschichte der Staaten kann lediglich exemplarisch berücksichtigt werden, vor allem insofern sich hieraus eine komparative europäische Perspektive eröffnet: vergleichende Untersuchungen fehlen nach wie vor.

Sowohl die Zeittafel als auch die Bibliographie gehen über diese präzisen Fragestellungen hinaus, sie ergänzen also Darstellung und Forschungsteil. Ich danke herzlich Stefan Grüner für die Vorbereitung der Bibliographie und der Zeittafel, ihm und Petra Mörtl für die sorgfältige und unermüdliche redaktionelle Unterstützung. Für die Durchsicht und für hilfreiche Hinweise bin ich dem Lektor des Oldenbourg Verlags, Adolf Dieckmann, zu Dank verpflichtet.

Für fördernde Kritik und mancherlei Anregungen danke ich herzlich Hermann Graml und Andreas Wirsching. Besonders dankbar bin ich auch dem zuständigen Herausgeber der Reihe, Lothar Gall, für seine kritische Lektüre und seine verständnisvolle Geduld.

München, August 1997   Horst Möller

I. Darstellung

1. DIE ZWISCHENKRIEGSZEIT ALS EPOCHE

„Der Untergang des Abendlandes": Der Titel von Oswald Spenglers berühmtem geschichtsphilosophischem Werk, dessen erster Band 1918 erschien, traf das Epochengefühl der Zeitgenossen. Der Erste Weltkrieg, der „Große Krieg", „La grande guerre", war bis dahin ohne Beispiel: Ungefähr 10 Millionen Menschen verloren zwischen 1914 und 1918 ihr Leben, über 20 Millionen wurden verwundet. Mehr als 71 Millionen Menschen haben in diesem Krieg gekämpft, allein 32 Millionen davon auf Seiten der Mittelmächte, 6 Millionen wurden gefangengenommen. Kein Zweifel, dieser Krieg mußte als die fundamentale Katastrophe des 20. Jahrhunderts erscheinen, bevor der Zweite Weltkrieg, der mehr als fünfmal soviele Tote kostete – 55 Millionen -- mit seinen Verheerungen in Europa und Japan alles bis dahin Vorstellbare in den Schatten stellte. Nie wieder Krieg: So lautete in den demokratischen Rechtsstaaten Europas die einhellige Parole. Der erste Weltkrieg als „Ur-Katastrophe" des 20. Jahrhunderts

Was aber nach 1945 die selbstverständliche Maxime der Politik wurde, blieb 1918 die Ausnahme: Damals lag in den zahlreichen, durch den Krieg nicht gelösten, sondern zusätzlich geschaffenen Problemen eine schwere Hypothek jeglicher Friedensordnung. Anders als nach dem Zweiten Weltkrieg, der nie mit einem umfassenden Friedensschluß völkerrechtlich beendet wurde, gelang zwar 1919 ein Friedensschluß. Doch lag im Versailler Vertrag und den anderen Pariser Vorortverträgen der Keim zu neuen Konflikten, aus der Nachkriegszeit wurde schnell eine Vorkriegszeit: Das Buch „Das friedlose Europa", das der ehemalige italienische Ministerpräsident Francesco Nitti zwei Jahre nach den Friedensschlüssen 1921 veröffentlichte, enthielt ein Kapitel über „Die Friedensverträge und die Fortführung des Krieges" [41]. Friedensschluß 1919 als Hypothek

Die beiden Weltkriege markieren die Epochengrenzen keineswegs in einem nur äußerlichen Sinne, vielmehr charakterisieren diese beiden fundamentalen Katastrophen die beiden Friedensjahrzehnte durchaus in einem inhaltlich-strukturellen Sinn. In seltener Einmütigkeit wird diese Periode dezidert als „Zwischenkriegszeit" gedeutet, als eine Zeit fortdauernder Instabilität, immer wieder aufflammender Krisen der innenpolitischen Systeme wie der internationalen Ordnung. Und deutlicher als je zuvor erwies sich die nationale und die internationale Krisenanfälligkeit als ein dialektischer Prozeß, vor dem die spätere historiographische Kontroverse, ob der Innen- oder der Außenpolitik ein Primat zukomme, als blasse akademische Abstraktion erscheint. Nach 1918 gab es in den größeren europäischen Staaten kaum eine innenpolitische Krise ohne außenpolitische Bedingungsfaktoren und kaum einen zentralen innenpolitischen Streit ohne außenpolitische Konsequenzen: So könnte man beispielsweise die Regierungskrisen in Deutschland und Frankreich unter der Leitfrage dieser Dialektik analysieren.

Wirtschaftliche Kriegsfolgen

Verantwortlich für diese Entwicklung war eine Vielzahl von Faktoren, unter denen die wirtschaftlichen und finanziellen eine Schlüsselrolle spielten. Sie sind unschwer als unmittelbare Kriegsfolgen zu erkennen. So betrugen die Kriegskosten aller zwischen 1914 und 1918 beteiligten Staaten 956 Milliarden Goldmark. Der größte Anteil entfiel mit 208 Milliarden Goldmark auf Großbritannien unter Einschluß des Empire; für das Deutsche Reich lautet die Zahl 194, für Frankreich 134, die USA 129, Rußland 106, Österreich-Ungarn 99 und Italien 63 Milliarden Goldmark. Diese enormen Kosten hatten die meisten kriegführenden Staaten auf Anleihebasis, also auf Kredit finanziert. So führte der mehr als vierjährige Krieg in Deutschland zu einem Defizit von 137,2 Milliarden Reichsmark, in Frankreich zu einem Defizit von 144,4 Milliarden Francs, um nur diese beiden Exempel zu nennen. Wenn Reichsfinanzminister Matthias Erzberger am 8. Juli 1919 in der Nationalversammlung ausrief: „Der Krieg ist der Verwüster der Finanzen!", dann traf er den Nagel auf den Kopf und charakterisierte damit die Lage in allen großen europäischen Staaten, die am Krieg beteiligt gewesen waren. Und auch seine weitere Schlußfolgerung traf zu: „Der hinter uns liegende Weltkrieg ist der erfolgreiche Schrittmacher des Weltkonkurses..." Tatsächlich ging die während des Krieges durch staatlich verordnete Höchstpreise zurückgestaute Inflation in die Nachkriegsinflation über, er war deren Ursache und der ausschlaggebende Grund für ihre Verschärfung zur „Hyperinflation".

Defizite und Inflation wogen umso schwerer, als in vielen Staaten Verwüstungen und Zerstörungen erhebliche Anstrengungen zum Wiederaufbau erzwangen; dies galt in ganz besonderem Maße für Frankreich, auf dessen Territorium der Krieg schwerste Spuren hinterlassen und die Infrastruktur wesentlicher Sektoren der Wirtschaft und der Verkehrsverbindungen extrem beeinträchtigt hatte. 230000 Gebäude waren zerstört, 62000 Straßen und Wege sowie 5500 Eisenbahnkilometer und zahlreiche Brücken und Tunnel mußten repariert werden. Nicht allein Industrieanlagen, sondern auch die landwirtschaftliche Nutzfläche war in Mitleidenschaft gezogen worden, so daß drei Millionen Hektar anbaufähiger Ländereien erst wieder rekultiviert werden mußten.

Die Kriegszerstörungen in Europa hatten weltpolitische Auswirkungen, lebte doch im Jahre 1920 ein Viertel der Weltbevölkerung in Europa, hatten doch im Vorkriegsjahr 1913 die drei Industrieländer Großbritannien, Frankreich und Deutschland gemeinsam mit den USA die Weltwirtschaft beherrscht. Die weltwirtschaftlichen Folgen der ökonomischen Situation in Europa waren umso gravierender, als die Amerikaner zwar in bezug auf Schlüsselindustrien wie die als wesentlicher Indikator geltende Stahlerzeugung so stark waren wie die drei führenden europäischen Staaten zusammen, jedoch am Welthandel vergleichsweise gering beteiligt waren. Diese drei europäischen Staaten, die nach Bevölkerungsstärke weniger als die Hälfte der Europäer stellten, brachten es auf 75% der gesamten europäischen Industrieproduktion. Die Stahlerzeugung aber erreichte im zweiten Nachkriegsjahr 1920 erst 60% der Vorkriegsproduktion. Mit anderen Worten: Die extrem negativen Folgen des Weltkriegs in den drei europäischen Industriestaaten gewannen zusätzliches weltwirtschaftliches Gewicht, weil sich die dominierende Rolle der wenigen ökonomisch führenden Staaten in den zwanziger Jahren noch verstärkte.

Diese wirtschaftlichen Probleme wirkten sich gemeinsam mit den demographischen Konsequenzen des Weltkriegs nicht allein gesellschaftlich und psychologisch, sondern ebenso innen- wie außenpolitisch aus: Die Regierungen der Siegerstaaten mußten zunächst bei den Friedensverhandlungen versuchen, wirtschaftliche Entschädigungen zu erhalten, um ihre nationalen Ökonomien wieder in Gang zu bringen. Je erfolgreicher sie dabei waren, desto katastrophaler mußten die Auswirkungen für die Besiegten sein. Gelang es den Siegern nicht, sich völlig durchzusetzen, verstärkte dies die Unzufriedenheit im eigenen Land, ohne doch Zufriedenheit bei den Besiegten zu bewirken, die die Bedingungen in jedem Fall als zu hart bewerteten. Und so kam es denn auch: Erschienen den einen, insbesondere Deutschland, die Friedensbedingungen als drakonisch, so den anderen – vor allem Frankreich – als zu milde. Eine dritte Gruppe, zu der vor allem Italien gewissermaßen als Siegermacht zweiten Grades zählte, fühlte sich ebenfalls nicht hinreichend für den Sieg belohnt.

Zwangslagen der Siegerstaaten

Um eine juristische Handhabe für Reparationen zu erhalten, mußte die Kriegsschuld rechtlich geklärt und erklärt werden. Darauf beruhte der Artikel 231 des Vertrags von Versailles, der Deutschland die Alleinschuld am Krieg zuwies; dagegen wehrte es sich heftig, denn es empfand diesen Artikel als schwerste nationale Demütigung.

Unbeschadet der Einzelheiten der Pariser Vorortverträge, ergibt sich bereits aus dieser politischen Konstellation, daß die 1919 erarbeitete Friedensordnung nicht allgemein akzeptiert und folglich während der gesamten Zwischenkriegszeit umstritten blieb. Da vor allem Deutschland auf eine Revision als außenpolitisches Hauptziel setzte, Frankreich aber nolens volens auf der Bewahrung der wesentlichen Ergebnisse von 1919 bestand, resultierte daraus zwangsläufig eine Instabilität des internationalen Systems.

Diese Instabilität wiederum wirkte sich auf die innenpolitische Situation der beteiligten Staaten massiv aus, weil die Friedensverträge zwischen den politischen Parteien umstritten waren und weil ihnen zum Teil solche wirtschaftlichen Probleme angelastet wurden, die tatsächlich Kriegsfolgen waren. So lehnten zwar alle politischen Parteien in Deutschland den Vertrag von Versailles ab, doch änderte dies nichts daran, daß den Regierungsparteien keine andere Wahl als die Annahme blieb, während die Opposition gesinnungstüchtig agitieren konnte, ohne den Beweis für die Möglichkeit einer Alternative zu erbringen. Der pathetische Ausruf

Innenpolitische Instabilität nach 1918

des sozialdemokratischen Reichsministerpräsidenten Philipp Scheidemann – „Welche Hand müßte nicht verdorren, die sich und uns in diese Fesseln legte?" – war verständlich, bot aber keine Lösung: Er trat zwar zurück, doch blieb seinem ebenfalls sozialdemokratischen Nachfolger Gustav Bauer keine andere Wahl, als zu unterschreiben, obwohl auch er den Vertrag als „Diktatfrieden" ansah.

Diese Konfiguration veränderte sich in den folgenden Jahren nicht. Die unter dem Zwang der politischen Verhältnisse stehenden Regierungen wurden als „Erfüllungspolitiker" diffamiert, Regieren zahlte sich bei den Wählern nicht aus, die demokratischen Parteien gerieten immer stärker in die Minderheit, ohne daß einstweilen die antidemokratischen Kräfte eine Mehrheit erreicht hätten. Die Weimarer Republik blieb in einer prekären Unentschiedenheit; sie war zugleich Modellfall des liberalen politischen Systems in der Krise, das von extremen Flügeln bekämpft, ja bekriegt wurde.

<small>Kommunismus und Faschismus gegen das „Liberale System"</small>
Zu den grundlegenden Konstellationen gehörte die bolschewistische Revolution in Rußland 1917, die ein neuartiges politisches Phänomen war, insofern eine umfassende politische Ideologie den Staat durch eine Einparteiendiktatur beherrschte, zugleich aber durch ihren Internationalismus über diesen hinauswies: Der Kommunismus verband die antidemokratische totalitäre Zielsetzung mit einer gesellschaftspolitischen Utopie, die weltweite Geltung beanspruchte und diese letztlich mit Gewalt durchsetzen wollte. Trotz aller Theorien vom „Sozialismus in einem Lande" blieb die Weltrevolution das Ziel. Früher oder später mußte allein schon diese Dynamik zur Destabilisierung des internationalen Systems führen, zumal nach dem Ersten Weltkrieg in der Mehrzahl der europäischen Staaten – mit der signifikanten Ausnahme Großbritannien – kommunistische Parteien gegründet wurden, die diesen weltrevolutionären Internationalismus in die einzelnen Staaten hineintrugen.

Mehr und mehr von der Moskau-hörigen Kommunistischen (der sog. III.) Internationale (Komintern) abhängig, verschärften sie die jeweiligen innenpolitischen Auseinandersetzungen, die sie zum Klassenkampf machten. Die vorrangige Absicht war nicht konstruktiv, sondern zielte mittelfristig auf die Zerstörung des kapitalistischen Wirtschaftssystems und der bürgerlichen Gesellschaft einschließlich ihrer Institutionen.

Waren die Kommunisten dezidierte Feinde der demokratisch-liberalen Rechtsstaaten, die sie als klassenmäßig beschränkt ansahen, so erhielten sie bald auf der anderen Seite des politischen Spektrums eine ebenso aggressive Konkurrenz, wenngleich diese sich einstweilen noch schwer tat. Gegen den kommunistischen und sozialistischen Internationalismus entwickelten sich in einer Reihe von Staaten bald nationalistische Bewegungen unterschiedlicher Intensität, zu ihnen zählten vor allem völkisch-rassistische, faschistische und nationalsozialistische Parteien, die einstweilen jedoch Splittergruppen blieben. Sie waren keineswegs mit den traditionalistischen autoritären bzw. rechtskonservativen Tendenzen identisch, die es auch vor 1914 gegeben hatte, wenngleich sie manche Berührungsflächen aufwiesen.

Zu den Entsprechungen dieser rechtsextremistischen Bewegungen zählten gemeinsame Feindbilder, vor allem Sozialismus und Kommunismus in all ihren Formen, aber auch der bürgerlich-liberale Rechtsstaat mit seinen demokratischen Regierungssystemen.

Die meisten europäischen Nachkriegsdemokratien wurden also von zwei extremistischen Bewegungen bekämpft, so daß man als innenpolitisches Charakteristikum der Zwischenkriegszeit den Kampf von Kommunismus und Faschismus gegen das „Liberale System" (ERNST NOLTE) ansehen kann. Ungeachtet vieler gemeinsamer Aktionen gegen die demokratischen Rechtsstaaten bekämpften sich diese beiden Extremismen auch untereinander als Todfeinde, so daß das zwanzigste Jahrhundert mit gleichem Recht als globale Auseinandersetzung zweier totalitärer Ideologien betrachtet werden kann, die untereinander gewissermaßen einen „europäischen Bürgerkrieg" (ERNST NOLTE) austrugen.

Auf internationaler Ebene erschien dies zunächst nicht so, weil verschiedene politische Systeme nebeneinander bestanden und die Flügelmächte schon dadurch außerhalb der europäischen und weltpolitischen Auseinandersetzung zu stehen schienen, daß sie wesentlichen supranationalen Institutionen der Nachkriegsordnung nicht angehörten. Die USA hatten aufgrund ihrer Ablehnung der französischen Ambitionen und Konzeptionen den Vertrag von Versailles nicht ratifiziert und traten dem 1920 gegründeten Völkerbund nicht bei, was diesen von Beginn an schwächte. Für die amerikanische Haltung gab es allerdings auch innenpolitische Gründe, vor allem den gegen Wilson gerichteten Neoisolationismus der Republikaner. Das bolschewistische Sowjetrußland wurde zunächst nicht aufgenommen und trat erst (als UdSSR) 1934 bei. Es war schon durch den Vertrag, den es 1922 mit dem Deutschen Reich in Rapallo geschlossen hatte, stärker ins Blickfeld der europäischen Politik getreten, zumal man darin das Zusammengehen zweier „Outcasts" der europäischen Staatenwelt erblickte. So oder so: Eine wirkliche internationale Stabilität konnte es angesichts der Außenseiterstellung mehrerer Großmächte, in erster Linie aber der Zurückhaltung der USA gegenüber der Versailler Ordnung, nicht geben. Außenseiterrolle der USA

Zunächst erschien das wesentlich mit eigenen Problemen beschäftigte revolutionäre Sowjetrußland kaum als ernstzunehmendes politisches Gegenmodell zur kapitalistischen, rechtsstaatlichen Demokratie der USA. Diese trat in Europa während der zwanziger Jahre vor allem als wirtschaftliche Großmacht auf, deren auf der Basis von Privatkrediten gegebene Wiederaufbauhilfe für Frankreich, Deutschland und Großbritannien gleichermaßen unentbehrlich war, zumal das Problem der interalliierten Kriegsschulden einstweilen ungelöst blieb. Der spätere weltpolitische Gegensatz des „Kalten Krieges" keimte bereits hier.

In innenpolitischer Hinsicht jedoch zeichnete sich die korrespondierende Instabilität sehr viel rascher ab. Die Nachkriegsdemokratien standen vor zum Teil unlösbaren bzw. nur langfristig lösbaren Problemen. Gerade aber an ihrer Fähigkeit, diese schnell zu bewältigen, wurden sie gemessen. Die seismographische Funktion demokratischer Wahlen legte schnell die Schwächen bloß, sie trugen mit Krise des Parlamentarismus agitatorischen Wahlkämpfen zur weiteren Labilisierung bei. Der demokratische Parlamentarismus besaß eine andere, d. h. umfassendere soziologische Struktur als die frühparlamentarischen Systeme des zensitär begrenzten Wahlrechts, seine gesellschaftliche Integrationsfähigkeit war damit auf eine härtere Probe gestellt, konnte sich aber zugleich auf eine breitere gesellschaftliche Legitimation stützen. Antagonistische ökonomische und gesellschaftliche Interessen mußten zum Ausgleich gebracht werden, gelang dies nicht, stand im Zeitalter der Massendemokratien das gesamte System auf dem Spiel.

Tatsächlich geriet der Parlamentarismus in den 1920er und 1930er Jahren überall in Europa in schwere Krisen. Die zum Teil als deutscher „Sonderweg" beschriebene antiparlamentarische Entwicklung war Teil der Instabilität der europäischen Demokratien zwischen den Kriegen. Sie mußte grundsätzlich immer zur Krise des Parlamentarismus werden, weil die parlamentarischen Regierungssysteme im 20. Jahrhundert, anders als im 19., zugleich demokratische waren: Zwar müssen Demokratie und Parlamentarismus nicht unbedingt eine Verbindung eingehen, doch lag dies in der Konsequenz des umfassenden gesellschaftlichen Stukturwandels, der zwar nicht im Weltkrieg begonnen, sich durch diesen aber beschleunigt und verstärkt hatte.

Sozio-ökonomischer Wandel und Parlamentarismus

Aufgrund der problematischen Entwicklung des Parlamentarismus in Europa entschloß sich die 1924 in der Schweiz tagende Interparlamentarische Union, dieses Thema auf ihre Tagesordnung zu setzen und zwar in „Erwägung der Krisis, die der Parlamentarismus gegenwärtig in fast allen Staaten durchmacht" [64: INTERPARL. UNION (Hg.), Vorwort]. Einer der Gutachter, Harold J. LASKI, verwies auf den sozialökonomischen Wandel, der den Parlamentarismus nicht unbeeinflußt habe lassen können: „Während das Parlament im 19. Jahrhundert vorwiegend von politischen Fragen in Anspruch genommen war, befaßt es sich in unserem Jahrhundert hauptsächlich mit wirtschaftlichen Problemen." Eine wesentliche Konsequenz erblickte LASKI infolge der Einführung des allgemeinen Stimmrechts in der veränderten Rolle des Staates: Der Polizeistaat sei zur Ordnungsmacht geworden und zum Adressaten immer neuer wirtschaftlicher und sozialer Forderungen; es gebe infolgedessen kaum ein Gebiet, in das der Staat nicht eingreife. „Das Parlament ist mehr und mehr dazu da, das politische Gleichgewicht wieder herzustellen, das einer umgestalteten Wirtschaftsordnung entspricht" [ebd., 7f.].

Die Bewältigung der enormen wirtschaftlichen Folgelasten des Weltkriegs ging also mit dem Wandel der wirtschaftlichen Strukturen und der Demokratisierung des Parlamentarismus einher; er wies den Parlamenten erhöhte Kompetenzen gerade im schwierigsten Sektor zu, in dem die gesellschaftlichen Antagonismen aufeinanderprallten. Hinzu kam, wie Moritz Julius Bonn, einer der Gutachter auf der Genfer Konferenz, zutreffend bemerkte, die Einengung der Spielräume für eine nationale Wirtschaftspolitik, denn durch die Zunahme der außenwirtschaftlichen Verflechtungen waren die Industriestaaten in gegenseitige Abhängigkeit geführt worden – wie im übrigen die Weltwirtschaftskrise seit 1929 dann unübersehbar zeigte.

Sieht man mit dem Staatsrechtslehrer Rudolf Smend als wesentliche Aufgabe des demokratischen Parlamentarismus die Integration ökonomischer und gesellschaftlicher Interessen an, ist die immense Schwierigkeit zu ermessen, vor der die Parlamente der europäischen Industrienationen nach 1918 standen. Mit den wachsenden Staatsaufgaben, der Entwicklung des Staates zum „Interventionsstaat", dem dann auch noch die Schiedsrichterrolle in sozialpolitischen Auseinandersetzungen der Tarifparteien zufiel, wurde das Parlament mehr und mehr zur sichtbaren Bühne für diese Konflikte. Auf ihr agierten die Parteien als Träger und Verfechter von Interessen, die Abgeordneten spielten immer weniger die Rolle, die die Verfassungsnorm ihnen seit der Französischen Revolution von 1789 zuwies, nämlich: „Vertreter des ganzen Volkes" zu sein und nicht Vertreter einer Partei oder eines Wahlkreises.

Obwohl also dieser nicht mehr verfassungsrechtlich, sondern soziologisch zu erklärende Wandel des Parlamentarismus eine direkte Folge seiner Demokratisierung war und – insbesondere in Staaten mit Verhältniswahlrecht – minutiös die politischen, gesellschaftlichen und ökonomischen Tendenzen der Bevölkerung widerspiegelte, trugen gerade der Partikularismus der Interessen und der Mangel an Integrationsfähigkeit dazu bei, daß die Parlamente an Ansehen verloren, da sie der gestellten Aufgabe nur zu offensichtlich immer weniger gerecht werden konnten. So gelangte MORITZ JULIUS BONN 1925 in seiner Schrift „Die Krisis der europäischen Demokratie" zu dem Ergebnis: „Die Wirtschaftskämpfe, die den Staat zu zerreißen scheinen, führen... auf der anderen Seite zu immer wieder gesteigerten Staatseingriffen in das wirtschaftliche Leben. Die Frage des Parlamentarismus ist daher heute nicht nur die Frage nach der besten Regierungsform; sie ist ihrem inneren Wesen nach die Frage nach der Begrenzung der Staatsaufgaben" [16: M. J. BONN, Krisis, 96].

Gerade diese Situation begünstigte politische Ideologien, die ein für alle Mal die Lösung ökonomischer und gesellschaftlicher Konflikte versprachen und an die Stelle zahlreicher Splittergruppen und Parteien, die den Staat zur Beute ökonomischer Partikularinteressen zu machen schienen, eine umfassende Volkspartei als eine über Parteilichkeit hinausgehende Integrationsbewegung setzten. – Eine tatsächlich mit Demokratie unvereinbare totalitäre, jedoch von ihr abhängige Utopie, gleich ob sie von links oder von rechts kam.

Nach 1918 entwickelten die europäischen Staaten unterschiedliche Fähigkeiten, Krisen zu bewältigen. Dies hing einerseits vom Ausmaß der jeweiligen nationalen Krise ab, andererseits aber auch von der Stabilität demokratischer und parlamentarischer Institutionen und Traditionen. Betrachtet man unter diesem Gesichtspunkt die europäische Nachkriegsszenerie, so zeigen sich signifikant unterschiedliche Entwicklungen; Sowjetrußland stellte als kommunistische Parteidiktatur auch insofern eine Ausnahme dar, als es selbst keine rechtsstaatlich demokratischen Traditionen besaß. Die einzige Regierung, die solche hätte schaffen können, hätte die im Sommer 1917 nur wenige Monate amtierende sozialdemokratische Regierung Kerenskij werden können, sie blieb allerdings unter den extrem

<small>Unterschiedliche Krisenlösungskapazität der europäischen Staaten</small>

schwierigen Bedingungen des Krieges ohne ausreichende politische Basis und wurde durch die bolschewistische Oktoberrevolution gestürzt.

Neugründungen von Staaten

Die übrigen, allesamt nicht-kommunistischen europäischen Staaten sind in solche zu unterteilen, die bereits vor 1918 existierten, und solche, die erst durch die Pariser Vorortverträge entstanden. Zu letzteren gehören vor allem die, die aus dem zusammengebrochenen bzw. aufgelösten Vielvölkerstaat Österreich-Ungarn, der K.u.K. Monarchie – „Kakaniens", wie Robert Musil sie liebevoll-boshaft nannte – hervorgegangen sind: die beiden nun getrennten Staaten Österreich und Ungarn, dann die staatlichen Neugründungen Tschechoslowakei sowie Polen, das allerdings eine frühere eigene Staatstradition besessen hatte und zum Teil aus Territorien bestand, die seit den polnischen Teilungen im 18. Jahrhundert bzw. der Schaffung „Kongreßpolens" auf dem Wiener Kongreß 1814/15 zum zaristischen Rußland bzw. zu Preußen geschlagen worden waren. Nach der wechselvollen Geschichte der Teile Polens während des 19. Jahrhunderts, in dem das polnische Nationalbewußtsein immer wieder aufflackerte, bot die Proklamation eines polnischen Staates, die die Mittelmächte am 5. November 1916 vorgenommen hatten und die durch die provisorische Regierung Rußlands vom 30. März 1917 unterstützt worden war, die Handhabe zur Wiedergewinnung eigenständiger polnischer Staatlichkeit.

Weitere Neugründungen waren die baltischen Staaten Litauen, Estland und Lettland sowie die Nachfolgestaaten auf dem Balkan, der im Sommer 1914 zum Auslöser des Weltkriegs geworden war: Mit Jugoslawien wurde ebenfalls ein neuer Staat gegründet, der zwei schon vor 1914 vorhandene staatliche Gebilde, Serbien und Montenegro, integrierte – eine Lösung, die sich als künstlich erweisen sollte und die Konflikte am Ende des 20. Jahrhunderts mit verursacht hat.

Die Pariser Vorortverträge hatten an die Stelle des Vielvölkerstaates eine Reihe neuer Staaten gesetzt, ohne die hier fortbestehenden Probleme der Integration nationaler Minoritäten lösen zu können. Diese Minderheiten stellten – vor allem, aber nicht nur im ost-mitteleuropäischen Raum – einen permanenten Faktor der Instabilität dar, so daß die Nachkriegsordnung in dieser Hinsicht kaum bessere Lösungen brachte als die bisherigen Vielvölkerstaaten.

Errichtung autoritärer Regime

Unabhängig davon erwies sich, daß die neuen Staaten keine große politische Krisenlösungskapazität aufwiesen: Auf unterschiedliche Weise wurden die neuen Demokratien ausgehöhlt bzw. durch autoritäre Regime ersetzt. So übernahm in Ungarn während des Sieges der Gegenrevolution Admiral Nikolaus Horthy von Nagybánya die Regierung und rückte an der Spitze der von ihm geschaffenen Armee am 19. November 1919 nach Budapest vor; 1919 wählte ihn die ungarische Nationalversammlung zum Reichsverweser. In Polen errichtete Marschall József Pilsudski nach einem Putsch 1926 ein autoritäres Regime, nachdem er bereits zwischen 1920 und 1923 legal regiert hatte. Während sich in der Tschechoslowakei trotz vieler Krisen das demokratische System halten konnte, errichtete in Rumänien König Carol seit 1930 ein persönliches Regiment. In dem am 1. Dezember 1918 gegründeten Königreich der Serben, Kroaten und Slowenen kam es immer wieder zu politischen Unruhen, Bombenattentaten und separatistischen Bewegungen, bevor König Alexander – der später, am 9. Oktober 1934, in Marseille mit dem französischen Außenminister Barthou ermordet wurde – 1929 zunächst eine serbische Militärdiktatur errichtete. In Griechenland führte General Ioannis Metaxas nach vielen Unruhen und Putschen 1936 durch Staatsstreich ebenfalls ein diktatorisches Regime ein.

Litauen wurde seit dem Militärputsch Anton Smetonas 1926 gleichfalls zur Diktatur, Estland ging diesen Weg durch den Putsch des Generals Johan Laidoner 1934, ebenso Lettland im gleichen Jahr nach einem Staatsstreich des Ministerpräsidenten Karl Ulmanis. Am Bosporus regierte Kemal Atatürk, Schöpfer der modernen Türkei, zwar demokratisch legitimiert, aber doch autokratisch, und modernisierte seinen Staat zum Teil unter Anwendung von Zwangsmitteln.

In den europäischen Mittelmeerstaaten wurde die demokratische Verfassungsordnung ebenfalls beseitigt, zunächst in Italien durch den ehemaligen Sozialisten Benito Mussolini, der nach seinem „Marsch auf Rom" am 28. Oktober 1922 das erste faschistische Regime in Europa errichtete, dann in Spanien, wo zunächst Miguel Primo de Rivera zwischen 1923 und 1930 eine Militärdiktatur praktiziert hatte, bevor das Hin und Her zwischen regional beschränkten Monarchien und der Wiederherstellung der Republik den Spanischen Bürgerkrieg auslöste, der 1939 durch die Diktatur General Francos beendet wurde. Auch Portugal war seit 1926 eine Diktatur, in der seit 1932 António de Oliveira Salazar herrschte.

In Deutschland führte schließlich die krisengeschüttelte Weimarer Republik nach den seit 1930 existierenden Präsidialkabinetten, die trotz ihrer Unterschiedlichkeit die Aushöhlung der parlamentarischen Demokratie betrieben und symbolisierten, nach der nationalsozialistischen „Machtergreifung" (besser: Revolution) von 1933 zur extremsten der Diktaturen neben der stalinistischen Sowjetunion.

Die neue Republik Österreich, die als vergleichsweise kleiner Staat von der viele Nationalitäten umfassenden europäischen Großmacht übrig geblieben und der das von beiden Seiten gewünschte Aufgehen im Deutschen Reich durch die Pariser Vorortverträge untersagt worden war, gewann ebenfalls keine dauerhafte Stabilität. Schon lange vor dem durch Hitler 1938 vollzogenen „Anschluß" an das Deutsche Reich hatte es immer wieder gekriselt: So folgte dem erfolglosen kommunistischen vom 17. April 1919 in Wien 1927 ein sozialistischer Putsch und ein Generalstreik: Sein Fanal war die in zwei berühmten literarischen Werken – Elias Canettis „Die Blendung" und Heimito von Doderers „Dämonen" – symbolisch gedeutete Inbrandsetzung des Wiener Justizpalastes am 15. Juli 1927. Seit 1929 verschärfte sich die Krise weiter, charakteristisch sind sowohl der drohende Bürgerkrieg als auch der Freundschaftsvertrag mit Mussolini, der den faschistischen Tendenzen in Österreich Auftrieb gab. Seit dem 20. Mai 1932 regierte ohne ausreichende Mehrheit das Kabinett Engelbert Dollfuß, der seinerseits – zum Teil aus eigener Zielsetzung, zum Teil in Abwehr einer möglichen nationalsozialistischen Machtergreifung in Österreich – im März 1933 putschte und ein autoritär-ständestaatliches

Regime mit gewissen faschistischen Zügen errichtete. Auch nachdem Dollfuß während eines Putsches am 25. Juli 1934 durch Nationalsozialisten ermordet worden war, kam es nicht zur Wiederherstellung der Demokratie, sondern zur Beibehaltung des bisherigen Kurses unter Reichskanzler Kurt Schuschnigg.

<small>Stabilisierende Wirkung der parlamentarischen Monarchien</small> In Europa blieben neben den kleineren skandinavischen Staaten, den Benelux-Staaten und der Schweiz nur zwei Großmächte, Großbritannien und Frankreich, Demokratien; diese wurden aber ihrerseits von zum Teil heftigen Erschütterungen des parlamentarischen Systems heimgesucht. Bemerkenswert ist, daß, von der Schweizer Eidgenossenschaft und Frankreich abgesehen, all diese Staaten parlamentarisch regierte Monarchien waren. Dieser Tatbestand verweist auf ein grundlegendes Problem: Die in Krieg und Revolution begründeten extremen politischen Veränderungen der europäischen Staatenwelt hatten in denjenigen Staaten einen Legitimierungsdruck geschaffen, die die Staatsform, das Regierungssystem und das Staatsterritorium (und damit zum Teil sogar die Zusammensetzung des Staatsvolks) verändert hatten. Diese Staaten, Neugründungen, aber auch revolutionierte Staaten wie Deutschland, waren dadurch von vornherein labiler, weil die neuen Ordnungen erst noch an Legitimität gewinnen mußten: Dies gelang der Mehrzahl nicht.

Auf der anderen Seite stellten die traditionsreichen Monarchien, die den Krieg überstanden hatten, einen stabilisierenden Faktor dar. Bei den erwähnten Staaten, die Demokratien blieben, hatten sich weder Staatsform noch Regierungssystem noch Territorium verändert. Im Falle der Niederlande hatte es nicht einmal direkte Kriegseinwirkungen gegeben, da sie 1914 bis 1918 neutral geblieben waren. Die Ausnahme Frankreichs fällt hier insofern nicht ins Gewicht, als die Wiedergewinnung von Elsaß-Lothringen dazu beitrug, das nationale Selbstwertgefühl zu steigern und sowohl die Staatsform als auch das Regierungssystem erhalten blieben.

<small>Sonderfall Frankreich</small> Aber auch in Frankreich kam es nach ständigen Regierungskrisen zunächst 1936 zu dem – trotz wesentlicher sozialpolitischer Errungenschaften – insgesamt gescheiterten Experiment der Volksfront und dann 1940 zum autoritär-diktatorischen „État Français" des Marschalls Pétain. Dieser ist zwar in den sich dann entwickelnden Formen des Vichy-Regimes ohne den Zweiten Weltkrieg und den deutschen „Blitzsieg" über Frankreich nach der „Drôle de guerre" nicht angemessen erklärbar, zugleich besaß er aber innenpolitische französische Ursachen in der permanenten Auseinandersetzung zwischen der Linken und der Rechten.

Die „Action Française" ist zwar – schon aufgrund ihres elitären Charakters – eher mit der „Konservativen Revolution" in Deutschland als mit faschistischen oder gar nationalsozialistischen Bewegungen vergleichbar, dennoch aber eindeutig antidemokratisch: Insofern bildete sie ebenfalls ein Symptom einer schon länger währenden Krise und stellte in Frankreich neben anderen extremistischen Gruppen gleichfalls einen destabilisierenden Faktor dar. Frankreich ist trotz seiner zwar seit 1789 verschiedentlich unterbrochenen, aber seit 1875 vergleichsweise stabilen liberaldemokratischen Tradition die tiefe politische, gesellschaftliche und ökonomische Krise, die schließlich 1940 zum Untergang der Dritten

Republik beitrug, nicht erspart geblieben. Es ist auch dasjenige Land, auf das die innen- und die außenpolitische Instabilität massiv einwirkte und in dem sie schließlich ausschlaggebend zum Ende der Demokratie führte: der letzte Stoß gegen den französischen Staat kam von außen, vom nationalsozialistischen Deutschland, wenngleich die „étrange défaite" (Marc Bloch) vielfältige Ursachen hatte. Neben offenkundigen gesellschaftlichen und außenpolitischen Schwächen stand als Positivum paradoxerweise die Überwindung der Wirtschaftskrise.

Auf der anderen Seite aber bestand, geführt von General de Gaulle in Algier bzw. im Londoner Exil, das „andere" Frankreich, „La France libre" fort, dessen Résistance gegen Hitler während des Krieges wachsende Bedeutung gewann. Auch zeigte sich am französischen Exempel, daß bei aller möglichen und nötigen Kritik am Vichy-Regime dieses unter zunehmendem Druck der deutschen Besatzungsmacht stehende System doch keinesfalls eine mit der faschistischen oder gar der nationalsozialistischen Diktatur vergleichbare Radikalität erreicht hat.

Selbst Großbritannien, die ohne Zweifel stabilste große europäische Demokratie der Zwischenkriegszeit, die die älteste parlamentarische Tradition aufwies und die sich im Laufe des 19. Jahrhunderts zunehmend demokratisiert hatte, erlebte krisenhafte Entwicklungen. Schon 1931 veröffentlichte der französische Politikwissenschaftler André Siegfried eine Studie mit dem bezeichnenden Titel „La crise britannique au XXe siècle". „Der Krieg hat in der Wirtschaft Europas eine andauernde Gleichgewichtsstörung bewirkt: mehrere Länder, deren Macht und Wohlstand vor 1914 das feste Gerüst des alten Kontinents bildeten, haben gegen Schwierigkeiten anzukämpfen, die sie nicht zu bewältigen vermögen. Im Falle Deutschlands läßt sich die Erklärung dafür in seiner Niederlage finden. Doch auch das siegreiche England scheint fast ebenso schwer betroffen. Seit zehn Jahren kann man Jahr um Jahr von einer englischen Krise sprechen..."[49: A. SIEGFRIED, Die englische Krise, 9].

Die britischen Probleme resultierten zwar – wie bei den anderen europäischen Großmächten auch – aus den ökonomischen Konsequenzen des Weltkriegs sowie Modernisierungsproblemen von Staat, Gesellschaft und politischem System, die den meisten Staaten gemeinsam waren. Überdies existierten jedoch einige spezifische Gründe. Zu ihnen gehörte das Selbstverständnis einer Weltmacht, die sich im Vergleich zum großen amerikanischen Bruder letztlich nicht als kriegsentscheidende militärische Potenz erwiesen hatte. Nach dem Krieg war Großbritannien in ökonomischer Hinsicht – wie die anderen europäischen Mächte auch – im Vergleich zu den USA ein Staat zweiten Ranges. Großbritannien, das seit Ende des 18. Jahrhunderts Protagonist der Industrialisierung gewesen war, bekam nun die Folgen dieser Vorreiterrolle zu spüren. Frankreich und Deutschland hatten seit dem letzten Drittel des 19. Jahrhunderts aufgeholt, wegen des späteren Zeitpunkts war der Industrialisierungsschub dort beschleunigt erfolgt und in technologischer Hinsicht zum Teil erheblich moderner. Wesentliche Sektoren der britischen Volkswirtschaft waren nach dem Weltkrieg veraltet, dies galt insbesondere für die

Die britische Krise

traditionellen Industrien, die dort zentrale Bedeutung besaßen: für die Montanbereiche Kohle und Stahl, aber auch für die Textilindustrie.

Daß die seit Jahrhunderten führende Seemacht auch erhebliche Probleme in der Schiffsbauindustrie hatte, war symptomatisch. Zwar gab es, wie beispielsweise auch in Deutschland, aufstrebende Sektoren wie die Elektro- und die chemische Industrie, doch änderte dies nichts an der hohen Arbeitslosigkeit und in deren Gefolge an den sozialen Konflikten, die sich vor allem bis 1926 in einer Serie von Streiks entluden. Die zeitgleich auftretende Notwendigkeit zur sozialen Reform, zur Modernisierung von Wirtschaft und Gesellschaft, verschärfte sich in Großbritannien, weil es weiterhin erhebliche Aufwendungen zum Erhalt seiner militärischen Stärke leisten mußte, war es doch die europäische Führungsmacht und immer noch eine Weltmacht geblieben.

Großbritanniens europäische und weltpolitische Rolle

In Europa spielte Großbritannien seit den Friedensverhandlungen schon deshalb eine zentrale Rolle, weil der Dualismus zwischen Frankreich und Deutschland, den die Versailler Ordnung zunächst sanktioniert hatte, es gewissermaßen in eine Schiedsrichterrolle zwang: Deutschland und Frankreich waren zwar immer noch Großmächte, aber erheblich geschwächt, sie banden durch ihre zunächst ausbleibende, sich erst seit Mitte der zwanziger Jahre abzeichnende Verständigungsbereitschaft anfangs wechselseitig erhebliches Potential. Die USA waren zwar in Europa nach dem Dawes-Plan 1924 verstärkt engagiert, sie hielten sich aber in unübersehbarer Distanz zu den europäischen Querelen, die sie 1919 nicht in der von Wilson beabsichtigten Weise hatten vermindern können. Österreich-Ungarn existierte als Großmacht nicht mehr, Sowjetrußland konnte als solche vorerst nicht in Erscheinung treten; Italien, das ohnehin nicht zum traditionellen Kreis der fünf europäischen Großmächte gehört hatte, erhob zwar seit 1922 diesen Anspruch, begann ihn aber erst in den dreißiger Jahren zu realisieren.

Aufgrund dieser Konstellation und der traditionellen Rolle als Führungsmacht des Empire gab es in der Zwischenkriegszeit keinen weltpolitischen Konflikt, in den Großbritannien nicht involviert gewesen wäre. Durch diesen strukturellen Hiatus zwischen weltpolitischer Rolle und geschwächtem ökonomischem und militärischem Potential geriet Großbritannien in die Zwänge einer Macht, die nach Möglichkeit weltweit den Status quo erhalten wollte. Es wurde so zur permanent engagierten und deswegen auch überforderten Friedensmacht, sei es in bezug auf den Ruhrkonflikt 1923 und das Reparationsproblem, sei es in bezug auf die italienischen Ambitionen im Mittelmeer – die natürlich auch die britische Kolonialmacht tangierten –, sei es in der Mandschureikrise 1931, als Japan als erste der späteren Flügelmächte die Initiative zur Expansion ergriff und damit den japanisch-chinesischen Krieg auslöste. „Appeasement" hieß die Devise deshalb nicht erst 1938 gegenüber Hitlers Revisionszielen, sondern sie bildete bereits seit den Pariser Verhandlungen 1919 die Maxime britischer Europa- und Weltpolitik. Allerdings begann erst seit 1935 eine zunächst noch schwache, seit 1938/39 gezielte und die Verteidigungsfähigkeit spürbar stärkende Aufrüstung, um diese Politik aus einer Position der Stärke heraus absichern zu können.

Neben diesen wiederum das Ineinandergreifen von Außen- und Innenpolitik demonstrierenden Problemen mußten die Briten mit weiteren Schwierigkeiten fertigwerden: Zu diesen zählte die irische Frage, die deswegen nicht gelöst werden konnte, weil Dublin den Government of Ireland Act von 1920, der die Teilung Irlands vorsah, ablehnte. Zwar war 1924 mit Premierminister Ramsay MacDonald erstmals eine Labour-Regierung gebildet worden, doch blieb dieses Minderheitskabinett ein kurzes Zwischenspiel. Die auf Kosten der Liberalen wiedererstarkten Konservativen beendeten es nach ihrem Wahlsieg noch im gleichen Jahr. Der durch Lohnkürzungen bei den Bergarbeitern ausgelöste Generalstreik von 1926 erwies sich für die britischen Gewerkschaften und die von ihnen abhängige Labour Party als Schlag ins Wasser. Die auch in Großbritannien seit 1931 wütende Wirtschaftskrise, die hier wie schon 1930 in Deutschland einen Streit über die Arbeitslosenunterstützung provozierte, brachte der seit 1929 wiederum unter MacDonald regierenden Labour Party in einer Zeit wachsender Arbeitslosigkeit (3 Millionen Erwerbsfähige waren ohne Arbeit) keine Erfolge und bewirkte eine Parteispaltung. MacDonald, der sich von der Mehrheit seiner Partei trennte, wurde schließlich 1931 Premier eines „National Government", d. h. einer für englische Verhältnisse ganz außergewöhnlichen Allparteienregierung, die Symptom der Krise war und zum Ausscheiden nicht koalitionsbereiter Politiker aus ihren Parteien führte: Sie gingen mit den ohnehin geschwächten Liberalen in die Opposition.

Überblickt man die innenpolitische Entwicklung der europäischen Staaten in der Zwischenkriegszeit, so wird klar: Von einigen traditionell demokratischen Staaten abgesehen, verursachten die zahlreichen Probleme überall fundamentale Krisen der politischen Systeme – und dies selbst in Frankreich und Großbritannien. Wie das internationale System war auch die jeweilige innenpolitische Situation durch eine tiefgreifende Instabilität gekennzeichnet. Dabei zeigte sich, daß die Fähigkeit, die Krisen ohne Systemwandel zu autoritären oder gar diktatorischen Regierungsweisen zu überwinden, in denjenigen Staaten am größten war, die bereits vor dem Weltkrieg demokratisch-parlamentarische Traditionen besessen hatten. In kaum einem der anderen Staaten, die 1918 Staatsform und Regierungssystem gewechselt hatten, überlebte die Demokratie die Krise.

Die Krise der Demokratien und der Aufstieg der Diktaturen

Die Lösungsformen erwiesen sich freilich als unterschiedlich, wenngleich die autoritären oder faschistischen Diktaturen vorherrschten und die beiden ungleich radikalsten Formen, die schon 1917 entstandene bolschewistische in Rußland und seit 1933 die nationalsozialistische in Deutschland, die Ausnahme blieben. Dabei entsprachen die ersten Phasen der sich sukzessive verschärfenden Herrschaft Hitlers bis 1936 eindeutig, bis 1938/39 zumindest äußerlich noch den faschistischen Diktaturen, bevor das Ausmaß des Terrors, die Entfesselung des Zweiten Weltkriegs und die Massendeportationen bzw. der millionenfache, zum Teil buchstäblich fabrikmäßig durchgeführte Massenmord an den europäischen Juden – für den der Name Auschwitz unauslöschlich bleiben wird – die Vergleichbarkeit mit anderen faschistischen Diktaturen im Europa der Zwischenkriegszeit auf Teile der

Herrschaftstechnik begrenzten. Im Hinblick auf Deportationen und terroristischen Massenmord hatte die stalinistische Sowjetunion unter anderem mit der Ermordung der Kulaken und den der Ausrottung und Einschüchterung politischer und gesellschaftlicher Gegner dienenden Schauprozessen der dreißiger Jahre, schließlich dem von Alexander Solschenizyn beschriebenen „Archipel Gulag" das Grauen der auf den fanatischen Ideologien dieses Jahrhunderts beruhenden Diktaturen gezeigt.

Diese Konstellationen erlauben es, die Konflikte zwischen 1919 und 1939 nicht zuletzt als einen Kampf der liberalen rechtsstaatlichen Demokratien gegen die ideologisch begründeten Diktaturen zu interpretieren, der seit 1939 nicht mehr nur ideologisch, sondern auch militärisch ausgefochten wurde. Die Zeit zwischen den Kriegen ist also in wesentlichen Sektoren als eine gegen die vorhergehende und die nachfolgende Epoche abgegrenzte, durch sie aber in eminentem Maße als „Zwischenkriegszeit" definierbare Periode zu bezeichnen.

Allerdings trägt dieser Zeitabschnitt vielerlei Kontraste in sich: Dies beginnt mit der von Fall zu Fall unterschiedlichen Periodisierung in den einzelnen Sektoren von Politik, Gesellschaft, Wirtschaft und Kultur. So war beispielsweise nicht etwa der gesamte Zeitraum eine Phase wirtschaftlicher Krisen, vielmehr gab es – wie noch zu zeigen ist – unterschiedliche Akzente, etwa in bezug auf den Zeitpunkt, zu dem die Weltwirtschaftskrise seit 1929 die einzelnen Staaten ergriff. Im übrigen erholte sich seit 1934 die Weltwirtschaft, wodurch auch die nationalen Volkswirtschaften positiv beeinflußt wurden. Und natürlich standen schon mit der fundamentalen Feindschaft von Demokratie und Diktatur die Kontraste der Epoche fest. Da dieser Kampf nicht von vornherein entschieden war, kann die Zwischenkriegszeit trotz des Sieges der Diktaturen nicht als einliniger Prozeß, als Epoche der Hoffnungslosigkeit angesehen werden, selbst wenn sie im Rückblick so erscheint und die zu bewältigenden Probleme ein riesiges Ausmaß angenommen hatten.

Kulturelle Tendenzen

Die Zwischenkriegszeit wurde im übrigen auch eine Zeit, die bei allem überwältigenden kulturellen und künstlerischen Reichtum zugleich von einem massiven Krisengefühl, von Orientierungslosigkeit und tiefgreifender Verunsicherung gekennzeichnet war. Dies zeigen nicht allein Bücher, die sich mit diesem Problem beschäftigen, etwa KLAUS MANNS „André Gide und die Krise des modernen Denkens", sondern eine Reihe literarischer, künstlerischer oder philosophischer Werke, die es ebenfalls zulassen, von einem Epochengefühl der Zwischenkriegszeit zu sprechen. So interpretierten die großen Romane dieser Jahre auch dann, wenn sie einer Thematik der Vorkriegszeit gewidmet wurden, wie Thomas Manns „Zauberberg" oder Roger Martin du Gards „Les Thibaults", oft das Krisenbewußtsein der eigenen Zeit: Sie schilderten den Weg zum Ersten Weltkrieg nicht zuletzt, um vor einem zweiten zu warnen. Typisch war indes, daß alle charakteristischen Literatur- und Kunststile im vorausgehenden Fin de siècle, in der Wiener, Berliner oder Münchner Moderne um 1900 wurzelten. Zu den Anstößen zählten Nietzsches Fanfarenstoß „Gott ist tot", der einen neuen intellektuellen Säkularisierungsschub bewirkte, ebenso wie die psychoanalytische Entblößung des Individuums durch Sigmund Freud. Solche Tendenzen kumulierten im Krisenbewußtsein der Vorkriegsjahre oder dem „Tanz über Gräben" (so der Titel des Buches von MODRIS EKSTEINS über den Ersten Weltkrieg [94]), denkt man nur an Expressionismus, Futurismus, Kubismus oder zuletzt den Dadaismus. Sie waren wie der Surrealismus, der André Bretons 1924 veröffentlichtem „Manifeste du Surréalisme" folgte, europäische Kunststile, was sich an der Malerei besonders eindrucksvoll nachweisen läßt; symptomatisch waren die internationalen Künstlerzirkel wie der „Blaue Reiter" in München vor 1914, das Paris der 1920er Jahre oder das zuerst in Weimar, dann ab 1919 in Dessau beheimatete „Bauhaus". Die von ihm ausgehende „Neue Sachlichkeit" prägte die Wohn-, Industrie- und sonstigen Zweckbauten bis in die 1930er Jahre hinein. „Viele der Meister, die nun zu faszinieren begannen, waren der französischen Avantgarde schon seit längerem bekannt gewesen; aber erst damals, in jenen schöpferisch aufgewühlten Nachkriegsjahren, war die europäische „intelligenzia" in ihrer Gesamtheit bereit, gewisse revolutionäre Einflüsse aufzunehmen und zu absorbieren" [37: K. MANN, André Gide, 12].

„A la recherche du temps perdu" (1913 bis 1927) von Marcel Proust folgte noch deutlich der seit Ende des 19.Jahrhunderts gezeichneten Spur und zählte zu den markanten literarischen Werken, die nun auch außerhalb Frankreichs entdeckt wurden, wofür in Deutschland der große Romanist Ernst Robert Curtius als Protagonist wirkte. Gerade in diesem Werk tut sich die in der Vorkriegszeit sich ankündigende, aber erst in der Nachkriegszeit zu voller Bedeutung gelangende literarische Moderne kund:

„Marcel Proust, der Analytiker, vollbrachte selbst die revolutionäre Tat – als Künstler und Psychologe. Seine morbid gesteigerte Sensitivität erkannnte und benannte Nuancen des Seelenlebens, für die selbst Freud noch keinen Namen hatte. Geduldig und unerschrocken wie nur irgendeiner der großen Forscher und Entdecker tastete Proust... sich in die dunkelsten Winkel und Abgründe menschlicher Psyche vor, überall das Zarteste erratend, dem Subtilsten nachspürend, dem Flüchtigsten auf der Spur... dank seiner hautlosen Empfindlichkeit... wissen wir mehr vom Menschen, als wir vorher wußten". Proust zeichnete „das Krankheitsbild einer ganzen Generation" [ebd., 15], das indes mit den in vielen Nationen der Nachkriegszeit thematisierten Kriegsgreueln keinen vordergründigen Zusammenhang zeigte; für letztere waren auf je gegensätzliche Weise in der deutschen Literatur Ernst Jüngers „Stahlgewitter" (1920) und Erich Maria Remarques „Im Westen nichts Neues" (1929) charakteristisch.

Auch das von Bertolt Brecht so genannte „Dickicht der Städte" war ein Thema verschiedener Nationalliteraturen und damit ein internationales Thema, das von John Dos Passos' New York-Roman „Manhattan Transfer" bis zu Alfred Döblins „Berlin Alexanderplatz" reichte: Die Metropole verkörperte von Moskau über Berlin, Paris, London bis New York und Chicago Ängste und Faszination der Moderne.

Von Karl Kraus' dramatischem Un-Drama „Die letzten Tage der Menschheit" bis zu James Joyce's Zertrümmerung traditionaler Formen des Romans, die bei Proust, Döblin, Broch oder Kafka Parallelen hatte, und bis zur expressionistischen Lyrik revolutionierten die Autoren die jeweiligen literarischen Gattungen. Diese sind darin der Auflösung mimetischer Stile in Farben und Formen vergleichbar, wie sie die zeitgenössische Malerei betrieb und wie sie oft in der künstlerischen Entwicklung einzelner Maler wie Wassily Kandinsky oder Pablo Picasso nachweisbar ist. Die „Zwölftonmusik" eines Arnold Schönberg, die die überkommene Harmonielehre außer Kraft setzte, stand in der Musik der Revolutionierung von Malerei und Literatur nicht nach: Überall lag der gemeinsame Nenner im Verlust der Gewißheit, im permanenten Experiment, im Bewußtsein der Krise. Sie folgte der „Suche nach der verlorenen Zeit" und ihren Traditionen im Wissen, das Alte nicht mehr akzeptieren zu können, aber das Neue noch nicht gefunden zu haben, sie verneinte in profunder Kenntnis, aber vehement die Tradition und experimentierte mit Ideen und Formen.

Martin Heideggers die Ontologie und Erkenntnistheorie des 20. Jahrhunderts erschütterndes Werk „Sein und Zeit" (1927), von dem – verstanden oder unverstanden – bestimmte Formen der Existenzphilosophie ausgingen und in popularisierter Form bis in die Jahrzehnte nach 1945 hinein außerordentliche Wirkung entfalteten, stimulierte wie Henri Bergsons „élan vital" in der Zwischenkriegszeit die Intellektuellen – zugleich Symptome der Krise und Versuche ihrer Überwindung. Der Geist erschien nicht allein Ludwig Klages als „Widersacher der Seele", und so wurde für Karl Jaspers die „Psychologie der Weltanschauungen" fast zu ihrer Psychopathologie. Kein Wunder auch, daß einer der Begründer der modernen Soziologie, Emile Durkheim, Analytiker des Pathologischen war und eine soziologische Psychologie des Suizids entwarf. Der soziale Wandel verlieh der Soziologie enormen Auftrieb, wofür neben Durkheim unter anderen Max Weber, Werner Sombart und Theodor Geiger beispielhaft sind.

Bevölkerungswanderungen und sozialer Wandel

Die massenhaften Bevölkerungswanderungen, beginnend mit dem Exodus aus Rußland nach der Oktoberrevolution von 1917, die seit dem 19. Jahrhundert sich beschleunigende Urbanisierung mit ihrer Land-Stadt-Wanderung veränderten die traditionellen Bevölkerungsstrukturen wie auf analoge Weise die Revolutionierung der Arbeitswelt die überkommene berufliche Tätigkeit verunsicherte, gefährdete oder auflöste: Die europäischen Gesellschaften waren zwar nicht erst seit 1918 in Bewegung geraten, doch verschärften der Erste Weltkrieg und die folgenden Jahre ihre Dynamik beträchtlich. Die Erschütterung überkommener Weltbilder, Erfahrungswerte, Normen und Handlungsweisen provozierte zugleich die Sehnsucht nach der scheinbar heilen Welt der Vorkriegszeit: Dies ist eine der sozialpsychologischen Ursachen für die ideologische Verführbarkeit, mochte sie restaurativ orientiert sein oder auf utopische Heilserwartung setzen.

Allerdings vollzog sich die Auflösung der alten Gesellschaftsordnungen in den europäischen Staaten in unterschiedlichem Tempo und unterschiedlichen Formen, schneller in den städtischen als den ländlichen Regionen, schneller in Italien und Deutschland als in Frankreich, Großbritannien, der Schweiz und in den Niederlanden, für die noch lange eine relativ große Kontinuität gesellschaftlicher Strukturen und Normen charakteristisch blieb – zweifellos eine der Ursachen der geringeren Anfälligkeit für fanatische Ideologien in diesen Ländern.

Für das Epochen- und damit das Krisengefühl der Zeitgenossen spielte jedoch nicht allein der faktische soziale und ökonomische Strukturwandel eine Rolle, sondern kaum minder seine Wahrnehmung: Sie war in der Regel in den Staaten, die den Krieg verloren hatten, stärker als bei den Siegern. An diesem Punkt kreuzten sich verschiedene Probleme: So konnte sich Großbritannien weiterhin als Weltmacht fühlen, während der Verlust der Großmachtposition des Deutschen Reiches, der schon in seiner demütigenden Behandlung beim Versailler Friedenskongreß zum Ausdruck kam, sich mit der gesellschaftlichen und individuellen Krisenerfahrung verband.

2. FRIEDENSSCHLUSS 1919 UND GRUNDLEGUNG DES VERSAILLER SYSTEMS

Bildete der Weltkrieg die fundamentale Katastrophe, die im engeren Sinne das 20. Jahrhundert einleitete, so bildeten die Verhandlungen in den Pariser Vororten, die ihn 1919 beendeten, bei allen Mängeln, die dem Ergebnis schließlich anhafteten, doch den Versuch, Wege aus diesem Trümmerfeld zu finden, die zu einer neuen, dauerhafteren internationalen Ordnung führten. Vielleicht lag die grundlegende Illusion bereits darin, mit Staaten, die zutiefst instabil waren, eine stabile internationale Ordnung begründen zu wollen. Eine solche Argumentation sieht den Weg in den Zweiten Weltkrieg als unausweichlich an, was viele zeitgenössische Beobachter auch taten: „The story of the human race is War", schrieb Winston Churchill schon vor dem Zweiten Weltkrieg. Doch muß sich der Historiker vor solchem Fatalismus hüten, bergen die meisten historischen Konstellationen doch Alternativen und Handlungsspielräume.

Waffenstillstand und deutsch-französisches Verhältnis

Nach der Verlängerung des am 11. November 1918 unterzeichneten Waffenstillstands, der ursprünglich auf 36 Tage befristet worden war, begannen die Pariser Friedensverhandlungen am 18. Januar 1919 im Spiegelsaal des Schlosses von Versailles: Ort und Zeitpunkt waren symbolisch, hier hatte am 18. Januar 1871 die feierliche Proklamation König Wilhelms I. von Preußen zum Deutschen Kaiser stattgefunden – in diesem Saal, der wie kaum ein anderer den Höhepunkt der französischen Geschichte in einer der glanzvollsten Gestaltungen des Absolutismus verkörperte und der für die europäischen Monarchien des 17. und 18. Jahrhunderts zum oft kopierten Vorbild geworden war. Hier nach der französischen Kriegsniederlage 1871 das deutsche Kaiserreich zu begründen, deutete die Reichsgründung primär als Ergebnis des deutsch-französischen Krieges von 1870 und mußte in Frankreich als nationale Schmach ohnegleichen empfunden werden. Hier 1919 den Friedenskongreß zu eröffnen, erhob von französischer Seite die Demütigung der Deutschen zum Programm und besagte zugleich: Die Gründung des Reiches auf französische Kosten sollte Episode bleiben, die Ergebnisse von 1871 sollten 1919 in wesentlichen Punkten revidiert werden. Die Mobilisierung nationaler Emotionen war Kalkül, engte aber den diplomatischen Spielraum ein.

Der Pariser Friedenskongreß 1919/20

An dem bis zum 10. August 1920 dauernden gesamten Pariser Friedenskongreß, der sich in mehrere Teile gliederte, nahmen 32 Staaten teil, darunter waren als vollberechtigte Mitglieder nur die 27 Siegerstaaten, die sog. Alliierten bzw. assoziierten Mächte. Die besiegten Feindstaaten konnten nicht im eigentlichen Sinne verhandeln, sondern lediglich schriftliche Einwände gegen die ihnen vorgelegten Bedingungen erheben. Dahinter stand aber weniger der Wille zur Diskriminierung, wie die Unterlegenen dies empfanden, sondern die Uneinigkeit der Sieger, die vermeiden wollten, daß die Besiegten sich ihren Dissens zunutze machten. Jedoch wurde der demütigende Charakter einer reinen Siegerkonferenz noch durch demonstrative Akte unterstrichen: So erhielt die deutsche Delegation, die unter Leitung von

Außenminister Ulrich Graf von Brockdorff-Rantzau stand, nach ihrem Eintreffen am 29. April 1919 bis zum 7. Mai keine Gelegenheit zum Kontakt mit den Vertretern der Siegermächte. Dieser erfolgte erst bei der Übergabe der Friedensbedingungen – bis dahin war die deutsche Abordnung hinter einem Stacheldraht im Hotel Trianon untergebracht, wo schon 1871 die Deutschen logiert hatten.

Auch die anderen Delegationen der Verlierer erfuhren keine bessere Behandlung; so durfte die durch Staatskanzler Karl Renner geführte österreichische Vertretung keine Verbindung mit den Deutschen aufnehmen und erhielt erst nach etwa zweiwöchigem Warten am 2. Juni 1919 die allerdings noch nicht definitiven Friedensbedingungen.

Die Unterzeichnung der verschiedenen Teilverträge erfolgte in Abständen ab dem 28. Juni 1919, bei dieser ersten Unterzeichnung handelte es sich um den Vertrag von Versailles, der die Friedensbedingungen für das Deutsche Reich enthielt, er trat zum 10. Januar 1920 in Kraft. Die weiteren Verträge erlangten zum 30. Juni 1920, 9. August 1920 und 26. Juli 1921 völkerrechtliche Gültigkeit: es handelte sich um die Verträge mit Deutsch-Österreich am 10. September 1919 in Saint-Germain-en-Laye, mit Bulgarien am 27. September 1919 in Neuilly, mit Ungarn am 4. Juni 1920 in Trianon (im Park von Versailles) und mit der Türkei am 10. August 1920 in Sèvres.

Unter den europäischen Großmächten, die den Krieg geführt hatten, fehlte nur Sowjetrußland, hatte es doch bereits am 18. Februar 1918 nach erneutem deutschen Vormarsch kapituliert und am 3. März 1918 mit dem Deutschen Reich, Österreich-Ungarn, der Türkei und Bulgarien in Brest-Litowsk einen separaten Friedensvertrag geschlossen, der das vormalige russische Staatsgebiet erheblich reduzierte und die Voraussetzung zur erwähnten Neugründung von Staaten wie Polen und Litauen bildete.

Sowjetrußland beim Friedenkongreß nicht vertreten

Die Tatsache, daß Sowjetrußland 1919 in Paris – entgegen den Neigungen Wilsons und Lloyd Georges – nicht vertreten war, erlangte außerordentliche Bedeutung für das internationale System der Zwischenkriegszeit, da es weder eine Einflußnahme der Pariser Verhandlungen auf Sowjetrußland, noch eine sowjetische auf die anderen beteiligten Mächte geben konnte. Die Friedensschlüsse von Paris führten aufgrund des innerrussischen Dissenses, den die Anglo-Amerikaner nicht auflösen konnten, von vornherein zu einem geteilten Frieden, da sie nicht einmal für ganz Europa galten, geschweige denn für Asien. Sowjetrußland drohte auseinanderzubrechen, die Kämpfe um seine asiatischen Teile dauerten zwei Jahre und zeigten, daß in europäisch-asiatischen Grenzregionen keineswegs Friede herrschte. Allein schon die inneren Probleme des wie das Zarenreich als Vielvölkerstaat existierenden Sowjetrußland verdeutlichten die Grenzen von Wilsons Idee, die neue europäische Ordnung auf das nationale Selbstbestimmungsrecht der Völker zu gründen: Da dieses Ziel in Sowjetrußland nicht verwirklicht wurde, war aus der Konzeption des amerikanischen Präsidenten schon geographisch ein wesentliches Stück herausgeschnitten worden, bevor es überhaupt zu den eigentlichen Verhandlungen kam.

Für die deutsch-sowjetischen Beziehungen bedeutete dies eine Erleichterung, da Sowjetrußland – trotz der auch in Deutschland vorherrschenden antikommunistischen Grundhaltung – nicht zu den Mächten des verhaßten Versailler Systems zählte.

„Rat der Vier" Angesichts der großen Zahl der offiziellen Teilnehmer bedurfte die Konferenzorganisation der Bildung eines engeren, letztlich ausschlaggebenden Zirkels, dessen Zusammensetzung durch das politische Gewicht der Staaten bestimmt wurde. Von Bedeutung war auch die Frage, in welchem Maße die Friedensziele über begrenzte nationale Interessen hinausgingen, es sich also um Großmächte, oder in den Termini der Konferenz: um „powers with General Interests" oder „powers with Particular Interests" handelte. Aufgrund dieser Konstellation bildete sich seit März 1919 ein „Rat der Vier", dem für die USA Präsident Woodrow Wilson, für Großbritannien Premierminister David Lloyd George, für Frankreich Premierminister Georges Clemenceau und für Italien Ministerpräsident Vittorio Emanuele Orlando angehörte. Allerdings trat Orlando schon im Juni 1919 von seinem Amt als Regierungschef zurück, weil er wesentliche seiner Ziele bei den Friedensverhandlungen nicht durchsetzen konnte – dies erwies sich als symptomatisch für die künftige Außenseiterstellung Italiens im System von Versailles.

Clemenceau, Wilson und Lloyd George
Als beherrschende Persönlichkeiten erwiesen sich bald Clemenceau als Präsident des Kongresses und harter Verfechter französischer Interessen sowie Lloyd George, der immer wieder durch geschmeidiges Verhandlungsgeschick und Diplomatie die Konferenz rettete. Wilson, auf dessen „Vierzehn Punkte" aus seiner Rede vor dem amerikanischen Kongreß vom 8. Januar 1918 wesentliche Grundzüge der Friedensverhandlungen, aber auch die (illusionären) Hoffnungen der Deutschen zurückgingen, engagierte sich zwar stark, setzte aber nur Teile seines Friedensprogramms durch. Allerdings erreichte er es, die zunächst geplante Vorfriedenskonferenz der Sieger zur eigentlichen Konferenz zu machen. Dabei beabsichtigte Wilson mit seinem idealistischen, in Ideen der Aufklärung, der Amerikanischen und der Französischen Revolution wurzelnden Programm eine welthistorische Alternative zur kommunistischen Weltrevolution, deren Realisierung mit der russischen Oktoberrevolution 1917 eingeleitet werden sollte: Wilsons „Vierzehn Punkte" vom Januar 1918 bildeten die amerikanische Antwort auf Lenin.

Plenum und Kommissionen des Friedenskongresses
Das Plenum der Konferenz tagte insgesamt acht Mal und erlangte kaum Einfluß auf die Entscheidungen, die im wesentlichen im „Rat der Vier" fielen, der seinerseits aus dem zunächst als Oberstem Rat der Großmächte gebildeten „Rat der Zehn" hervorging: Diesem hatten die Regierungschefs (bzw. im Falle der USA der Präsident) und die Außenminister der USA, Großbritanniens, Frankreichs, Italiens und Japans angehört; er war lediglich zwischen dem 12. Januar und dem 24. März 1919 zusammengetreten, bevor er sich auf die vier Mächte (bzw. zeitweilig nur drei) reduzierte.

Die Vorbereitung der Entscheidungen erfolgte in ungefähr 60 einzelnen Kommissionen, die für die jeweiligen Sachgebiete gebildet worden waren, untereinander aber kaum koordiniert wurden: Hieraus erklärt sich der Charakter der einzelnen Vertragswerke als Sammlung zum erheblichen Teil nicht gemeinsam konzipierter Einzelbestimmungen. Ein solches Verfahren, das die Beratungen in vertraulich tagende Kommissionen verlegte, widersprach von Beginn an der Absage Präsident Wilsons an die bisherige Geheimdiplomatie, was in der Presse wiederholt vermerkt wurde: Schon im Verfahren kam der Widerspruch zwischen Wilsons Idealen und der politischen Realität zum Ausdruck.

Die Addition der wesentlichen Bestimmungen in der gewählten Form hätte durchaus im Rahmen von Wilsons „Vierzehn Punkten" liegen können, enthielten sie doch neben spezifischen Forderungen wie der nach Wiederherstellung Belgiens, der Errichtung eines freien und unabhängigen polnischen Staates, der Übergabe Elsaß-Lothringens an Frankreich vor allem einige allgemeine Prinzipien, auf die viele europäische Nationen ihre Hoffnungen setzten. Hierzu zählte vor allem das Selbstbestimmungsrecht der Völker, das zwar die Auflösung der österreichisch-ungarischen Doppelmonarchie implizierte, auf der anderen Seite aber selbst in der jeweils spezifischen Formulierung das zugrundeliegende Prinzip erkennen ließ; so lautete beispielsweise die Anwendung auf Italien, die Berichtigung seiner Grenzen „should be affected along clearly recognizable lines of nationality" (Punkt IX). Der vierzehnte Punkt der Forderungen Wilsons sah die Gründung eines Völkerbunds vor, zu dessen Aufgaben die Garantie der Unabhängigkeit und der territorialen Unverletzlichkeit der Staaten zählte: „A general association of nations must be formed under specific covenants for the purpose of affording mutual guarantees of political independance and territorial integrity to great and small States alike" [65: A. B. KEITH (Hg.), Speeches and Documents, Band I, 7].

Wilsons „Vierzehn Punkte"

Wilsons dann wiederholte bzw. spezifizierte Prinzipien für die Friedensverhandlungen, die er am 11. Februar, 4. Juli und am 27. September 1918 unter anderem in Botschaften an den amerikanischen Kongreß formuliert hatte, bestätigten den generellen Geltungsanspruch des postulierten Selbstbestimmungsrechts der Völker nach außen, dem das des Volkes nach innen korrespondieren sollte: Wilson wollte in der nationalen, also verfassungsrechtlichen, wie in der internationalen, also völkerrechtlichen, Ordnung das Prinzip des Rechts an die Stelle von Macht, Gewalt und Unterdrückung setzen. Solchen Maximen sollten, wie er bereits im ersten seiner vierzehn Punkte erklärt hatte, auch die Friedensverhandlungen, ja künftig alle internationale Diplomatie folgen: „Open covenants of peace openly arrived at, after which there shall be no private international understandings of any kind, but diplomacy shall proceed always frankly and in the public view" [ebd., 5].

Hinzu traten bei Wilson weitere Ziele, beispielsweise die Liberalisierung des Welthandels unter gleichberechtigten Staaten, die Reduzierung der Rüstung auf ein Minimum u.a.m. Gemäß Wilsons Absicht sollte die Welt „safe for democracy" (Herbert George Wells, August 1914) werden; dies konnte jedoch nur eine freie und gleichberechtigte Staatengesellschaft gewährleisten, wenngleich eine Identität der Regierungssysteme nicht zwangsläufig vorgesehen wurde.

Verständlicherweise hofften die Besiegten darauf, daß auch ihnen das Selbstbestimmungsrecht der Völker gewährt werden würde. Dazu zählte der territoriale

Besitzstand in bezug auf Gebiete, die zumindest mehrheitlich der eigenen Nationalität angehörten, schließlich auch wirtschaftliche Gleichberechtigung und die postulierten offenen Friedensverhandlungen. Ganz in diesem Sinne hatte sich beispielsweise Friedrich Ebert, der Führer der Sozialdemokraten, am 22. Oktober 1918 im Deutschen Reichstag geäußert. Doch es kam anders; Wilson konnte sein idealistisches Programm nicht durchsetzen, auch wenn manche seiner Forderungen, beispielsweise in bezug auf die erwähnten Neugründungen von Staaten gemäß dem Nationalitätenprinzip oder der Völkerbund, verwirklicht wurden.

Kontroverse über die Kolonialpolitik

Allerdings erreichte Wilson mit der Realisierung eines Systems von Mandatsgebieten des Völkerbunds tatsächlich eine langfristige kolonialpolitische Wirkung: Das Ziel grundsätzlicher Selbstbestimmung bildete die Voraussetzung für die Feststellung, daß die Mandatsgebiete in einem unterschiedlichen Reifezustand seien. Die mit der Verwaltung beauftragten Staaten sollten einer dafür eingesetzten Völkerbundskommission „einen jährlichen Bericht über die seiner Fürsorge übertragenen Gebiete" vorlegen: „Das Wohlergehen und die Entwicklung dieser Völker bilden eine heilige Aufgabe der Zivilisation, und es erscheint zweckmäßig, in diese Akte Sicherheiten für die Erfüllung dieser Aufgabe aufzunehmen", hieß es in der Völkerbundssatzung (Art. 22). So fern die kolonialpolitische Realität diesen Prinzipien oft auch gewesen sein mag, ihre völkerrechtliche Sanktionierung trug doch eine in die Zukunft wirkende Perspektive in die Kolonialpolitik.

Der amerikanische Standpunkt unterschied sich also in entscheidenden Fragen der europäischen und außereuropäischen Politik von dem der Franzosen, denen es sowohl um ihre künftige Sicherheit als auch um wirtschaftliche Wiedergutmachung ging, aber sogar von einigen Zielen der Engländer. Dieser Dissens erstreckte sich keineswegs allein auf die alliierte Deutschlandpolitik, sondern ebenso auf die künftige Weltordnung und die kolonialpolitische Zielsetzung Wilsons, die mit den Absichten der Kolonialmächte Großbritannien, Frankreich, aber auch denen Spaniens, Portugals, der Niederlande und Belgiens, im übrigen auch Japans, nicht auf einen Nenner zu bringen waren.

Für das Deutsche Reich, das seine Kolonien mit der Begründung verlor, es habe sich unfähig gezeigt, als Treuhänder der unter seiner Herrschaft lebenden Kolonialvölker zu fungieren, war der Widerspruch zwischen Wilsons Zielsetzungen und der Übernahme ehemaliger deutscher Besitzungen durch andere europäische Kolonialmächte nur zu offensichtlich: Man sah hierin einen fadenscheinigen Vorwand für die Fortsetzung des Imperialismus auf deutsche Kosten. Der sozialdemokratische Regierungschef Philipp Scheidemann verlieh nur der vorherrschenden Ansicht Ausdruck, wenn er in seiner Regierungserklärung vom 13. Februar 1919 die „Wiederherstellung eines deutschen Kolonialgebiets" forderte.

Dissens zwischen Großbritannien und Frankreich

Auch zwischen Briten und Franzosen entwickelte sich nur zu bald ein erheblicher Dissens, er bestand auch bei der Realisierung des Vertrages fort, insbesondere in bezug auf die Reparationspolitik. Die Ursache lag einmal darin, daß nicht zuletzt aufgrund der Kriegszerstörungen die wirtschaftliche Lage Frankreichs erheblich schlechter war als die Großbritanniens, andererseits aber lag sie in der eher gesamteuropäisch und weltpolitisch orientierten Perspektive von Lloyd George: Er wollte keinen Frieden schließen, der nicht auch künftige Probleme berücksichtigte. So sah er als dezidierter Liberaler die potentielle Bedrohung durch das kommunistische Sowjetrußland und die Gefahr, ein gedemütigtes und hilfloses Deutschland in die russischen Arme zu treiben, während Frankreich in erster Linie künftige, von Deutschland ausgehende Bedrohungen konterkarieren wollte. Und auch wirtschaftspolitisch unterschieden sich die Konzeptionen, zumal Lloyd George ein klarer Verfechter des Freihandels war, den er nicht zuletzt durch eine wirtschaftliche Isolierung Deutschlands und sein Reparationsproblem bedroht sah.

Mit anderen Worten: Der visionären, zum Teil unrealistischen amerikanischen Haltung standen die auf die augenblickliche Situation konzentrierten, vor allem gegenüber Deutschland kompromißlosen französischen Unterhändler gegenüber, die aus dem Status quo einen Panzer gegen das deutsche Reich schmieden wollten, während Lloyd George trotz aller auch bei ihm unverkennbaren Härte gegenüber den Besiegten konstruktive Elemente einer künftigen liberalen und demokratischen europäischen Ordnung einbauen wollte. Italien hingegen versuchte endgültig Großmacht zu werden – und dies durchaus vor Mussolini –, was aber in den Pariser Verhandlungen kaum gelingen konnte.

Die Besiegten hingegen – allen voran Deutschland und Österreich – traten nicht allein mit Illusionen an, sondern verkannten, daß ihre Art der Kriegführung, zu der unter anderem die Verletzung der belgischen Neutralität 1914 und der unbeschränkte U-Boot-Krieg seit 1916 gehört hatten, und schließlich ihre zum Teil weitreichenden, aggressiven Kriegsziele naturgemäß negative Reaktionen auslösen mußten. Allein auf Macht zu setzen, aber in der völligen Ohnmacht zu enden, war eine bittere, von der deutschen Nachkriegspolitik nie verschmerzte Erfahrung. Und wer hätte schließlich nach einem solchen Krieg wechselseitige Rücksicht erwarten können? Die Deutschen taten dies und hätten doch wissen müssen, daß sie im Falle des Sieges sich keineswegs nachsichtiger verhalten hätten, wie die deutschen Proklamationen seit 1914 erkennen ließen und wie auch die Politik gegenüber dem besiegten Rußland 1918 gezeigt hatte. Die Reaktion der deutschen Reichsleitung auf die Verkündung der 14 Punkte durch Wilson fiel im Frühjahr 1918 keineswegs verständigungsbereit aus; vielmehr bestand sie in einer Politik der Stärke, dem Friedensschluß von Bresk-Litowsk am 3. März 1918, sowie der Frühjahrsoffensive 1918 im Westen, mit der die Oberste Heeresleitung noch auf Sieg setzte. Erst in der Niederlage beriefen sich die Deutschen auf Wilson.

Aufgrund dieser Konstellation konnte das Ergebnis bestenfalls ein Kompromißfrieden sein, der niemanden zufriedenstellte – ein Kompromiß aber nicht zwischen Siegern und Besiegten, sondern der Sieger untereinander. Angesichts der immensen, zuvor unbekannten Probleme Europas nach dem Ersten Weltkrieg ist es indes eine kaum zu überschätzende Leistung gewesen, überhaupt noch zu einer umfassenden Friedensordnung zu gelangen: Tatsächlich bildeten die Pariser Verträge von 1919 das letzte große Vertragswerk der europäischen Diplomatie. Daß es

Illusionäre Hoffnungen der Besiegten

Historische Bedeutung des Pariser Kompromißfriedens

unvollkommener war als das Ergebnis des Wiener Kongresses von 1814/15 lag nicht zuletzt daran, daß der Erste Weltkrieg gegenüber den napoleonischen Kriegen eine weitere Modernisierung und ungeheure Steigerung des Einsatzes von Menschen und Material gebracht hatte: Seine materiellen Auswirkungen, aber auch die Ideologisierung der Nationen im Zeitalter der Massendemokratien hatten sich unvergleichlich verschärft. Clemenceau und Lloyd George konnten, selbst wenn sie es gewollt hätten, nicht mehr wie Metternich, Talleyrand oder Hardenberg verhandeln. Diese kultivierten Diplomaten blieben trotz aller seit 1789 durch die Revolution bewirkten Eruptionen letztlich den Prinzipien des europäischen Staatensystems im Ancien Régime, aber auch seinen Lebens- und Umgangsformen verpflichtet. Nicht so die Staatsmänner von 1919, die ihre Verhandlungsergebnisse im öffentlichen Streit der Parteien vor den eigenen Nationen legitimieren mußten, die nicht im Namen einer repräsentativen Elite und ihrer Staaten, sondern der Massen agierten.

Friedenspolitik und nationale Öffentlichkeit

Hinzu traten spezifische nationale Probleme, im Falle des britischen Premiers die schwierige parlamentarische Situation nach der Unterhauswahl vom Dezember 1918, die der sozialistischen Opposition Zulauf gebracht hatte, während der ohnehin auf harten Friedensbedingungen bestehende Clemenceau sich noch weitergehenden Forderungen von Staatspräsident Poincaré und Marschall Foch gegenübersah, die Teile der beunruhigt-erregten französischen Öffentlichkeit hinter sich hatten. In Deutschland besaß die Koalitionsregierung zwar noch eine breite parlamentarische Basis, war sich aber untereinander keineswegs einig, wie zu reagieren sei, und stieß auf wachsende Agitation der sich als „national" verstehenden rechten Opposition.

Die Pariser Friedensverhandlungen bilden trotz der sie einleitenden Geheimdiplomatie paradoxerweise den ersten in die jeweilige öffentliche Meinung der Nationen dialektisch verwobenen großen Friedenskongreß, der künftig Außenpolitik und Diplomatie veränderte. Dies war insofern eine logische Entwicklung, als die Regierungen vor allem seit Ausbruch des Ersten Weltkriegs eine extreme Mobilisierung der Massen durch eine zum Teil manipulierte öffentliche Meinung betrieben hatten, die sich nun nicht mehr umkehren ließ. Wieder einmal seit den Revolutionskriegen sowie der Erhebung gegen Napoleon, aber auch der Reichseinigung 1870/71 erlangte der Krieg eine von seinen Urhebern nicht beabsichtigte modernisierende und demokratisierende Wirkung – mit zu diesem Zeitpunkt noch unabsehbaren Folgen.

Übergabe der Friedensbedingungen an die deutsche Delegation

Die Übergabe der Friedensbedingungen an die deutsche Delegation am 7. Mai 1919 leitete der Kongreßpräsident Clemenceau mit einer kurzen Rede ein, die keinen Zweifel an Zielsetzung und Härte aufkommen ließ. Er erklärte u. a.: Den hier versammelten großen und kleinen Mächten sei der fürchterlichste Krieg aufgezwungen worden: „Die Stunde der Abrechnung ist da. Sie haben uns um Frieden gebeten. Wir sind geneigt, ihn Ihnen zu gewähren". Der Friede sei zu teuer erkauft worden, als daß man die Folgen des Krieges allein tragen wolle. Die Siegermächte seien einmütig entschlossen, sämtliche ihnen „zu Gebote stehenden Mittel anzuwenden, um jede uns geschuldete Genugtuung zu erlangen". Eine mündliche Verhandlung werde es nicht geben, binnen einer Frist von vierzehn Tagen müßten die deutschen Bevollmächtigten in französischer und englischer Sprache ihre schriftlichen Bemerkungen überreichen. Stil und Inhalt dieser Ansprache konnten die Deutschen mit Recht als Affront betrachten, die mehrfache Wiederholung, es handele sich hier um den „zweiten" Vertrag von Versailles, demonstrierte unter Anspielung auf 1871 unverhohlen die Genugtuung über die Revision des ersten.

Der französische Ministerpräsident, der seine Ansprache stehend vortrug, mußte es indes als grobe Unhöflichkeit ansehen, daß der deutsche Außenminister Brockdorff-Rantzau seine im übrigen viel längere Antwort sitzend verlas. Diese für einen erfahrenen Diplomaten unglaubliche Taktlosigkeit, über deren Motive viel spekuliert worden ist, provozierte indes keineswegs nur Clemenceau, sondern ebenso Lloyd George und Wilson. Man hat Brockdorff-Rantzaus Verhalten (zum Teil aufgrund späterer Angaben des Außenministers) als taktisch begründet, als bloßes Ungeschick, als Lampenfieber, aber auch als augenblickliche physische Schwäche gedeutet. Jedenfalls wurde der fatale Effekt seines Auftretens durch Stil und Inhalt der von den Siegern als überheblich und scharf eingeschätzten Rede verstärkt. Dieser Eindruck war durchaus berechtigt, hatte der Außenminister doch tatsächlich unter mehreren ihm vorliegenden Entwürfen den schärfsten gewählt, der mit Angriffen auf die Sieger nicht sparte. Bezeichnend war aber, daß sein Auftritt in Deutschland unter Verkennung der Realität genau umgekehrt wirkte und Graf Brockdoff-Rantzau geradezu als Held gefeiert wurde.

Wenngleich die politische Bedeutung dieses Fauxpas nicht überschätzt werden darf, da die alliierten Ziele und das diskriminierende Procedere nur zu offensichtlich waren, charakterisiert die Szenerie des 7. Mai in Versailles jenseits individueller Motive doch die Vergiftung der Atmosphäre, an der sich für die nächsten Jahre auch bei anderer personeller Besetzung nichts ändern sollte.

Auf der anderen Seite enthielt die Rede Brockdorff-Rantzaus eine Reihe bedenkenswerter Sätze, die Gemeingut der deutschen Politik waren, insbesondere die Zurückweisung der Alleinschuld Deutschlands am Weltkrieg, für den er jedoch die Mitschuld keineswegs bestritt: „Wir sind fern davon, jede Verantwortung dafür, daß es zu diesem Weltkriege kam, und daß er so geführt wurde, von Deutschland abzuwälzen." Bemerkenswert war auch, daß der Außenminister selbst auf die „Handlungen und Unterlassungen in den tragischen zwölf Julitagen" hinwies, die zum Unheil beigetragen hätten – eine Analyse, die die Forschung Jahrzehnte nach dem Zweiten Weltkrieg bestätigt hat. Und auch Brockdorff-Rantzaus Hinweis auf die längerfristigen Ursachen des Weltkriegs war kaum zu bestreiten: „In den letzten fünfzig Jahren hat der Imperialismus aller europäischer Staaten die internationale Lage chronisch vergiftet. Die Politik der Vergeltung wie der Expansion und die Nichtachtung des Selbstbestimmungsrechtes der Völker hat zu der Krankheit Europas beigetragen, die im Weltkrieg ihre Krisis erlebte." Der Außenminister forderte eine neutrale internationale Untersuchungskommission und die Öffnung der Archive, um die Schuldfrage definitiv zu

Die Reaktion des deutschen Außenministers

klären; auch er berief sich auf die Verlautbarungen der alliierten Mächte und besonders auf diejenigen Präsident Wilsons: Das dort verkündete Recht gelte auch für die Besiegten, die Sieger dürften es nicht ungestraft verletzen. Brockdorff-Rantzau räumte schließlich ein, daß die Anwendung der Grundsätze Wilsons von den Deutschen „schwere nationale und wirtschaftliche Opfer" fordere. „Das deutsche Volk ist innerlich bereit, sich mit seinem schweren Los abzufinden, wenn an den vereinbarten Grundlagen des Friedens nicht gerüttelt wird. Ein Frieden, der nicht im Namen des Rechts vor der Welt verteidigt werden kann, würde immer neue Widerstände gegen sich aufrufen" [71: H. MICHAELIS /E. SCHRAEPLER (Hg.), Ursachen und Folgen, Band III, 347–350].

So kam es, und man kann vielen Punkten der nüchternen Analyse des deutschen Außenministers kaum widersprechen. Gleichwohl traf er nicht den Ton, der dieser Situation angemessen gewesen wäre. Doch hätte selbst eine in Form, Formulierung und Vortrag konziliantere Rede die politische Lage der Deutschen nicht geändert. Brockdorff-Rantzau fühlte sich auf der Anklagebank, und diese Sicht teilten die Siegermächte durchaus. Auf der anderen Seite verkannte Brockdorff-Rantzau das eigentliche Motiv des Schuldspruchs, nämlich die völkerrechtliche Legitimierung der verlangten Wiedergutmachungsleistungen.

<small>Empörung in Deutschland und französische Reaktion</small>

Tatsächlich lösten die Friedensbedingungen in Deutschland einhellige Empörung aus. Von den Sozialdemokraten bis zu den Deutschnationalen hielten alle politischen Parteien der in Weimar tagenden Nationalversammlung diesen Vertrag für unannehmbar: „Weg mit diesem Mordplan", rief Scheidemann am 12. Mai 1919 vor dem Parlament aus. In seiner Mantelnote zu den deutschen Gegenvorschlägen versicherte der Reichsaußenminister, Deutschland sei bereit, Opfer zu bringen und bis „an die äußerste Grenze" dessen zu gehen, „was ihm möglich ist" [ebd., 356]. Dabei zeigten die deutschen Vorschläge im einzelnen durchaus Einsicht in die veränderte Konstellation, beispielsweise in den territorialen Zugeständnissen, bei denen sich „Deutschland rückhaltlos auf den Boden des Wilsonprogramms" stelle: Es verzichte auf seine Staatshoheit in Elsaß-Lothringen, wünsche dort aber eine freie Volksabstimmung, auch trete es den größten Teil der Provinz Posen, nämlich die unbestreitbar polnischen besiedelten Gebiete nebst der Hauptstadt Posen an Polen ab. Auch die Abrüstung, wirtschaftliche Leistungen an Staaten wie Frankreich und Belgien unter Einschluß formeller Entschädigungen wurden akzeptiert.

Doch änderten solche Einsichten nichts an der tatsächlichen deutschen Ohnmacht, die in Clemenceaus Antwortnote an Brockdorff-Rantzau vom 16. Juni 1919 ohne Umschweife auf den Punkt gebracht wurde: „Der Protest der Deutschen Delegation beweist, daß diese die Lage, in der sich Deutschland heute befindet, gänzlich verkennt" [ebd., 263]. Clemenceau bekräftigte die nach Ansicht der Alliierten und Assoziierten Mächte außer Zweifel stehende deutsche Alleinschuld am Krieg, „das größte Verbrechen gegen die Menschheit und gegen die Freiheit der Völker...welches eine sich für zivilisiert ausgebende Nation jemals mit Bewußtsein begangen hat". Als Begründung wurde u. a. die Verletzung der Neutralität Belgiens, aber auch die Initiative zur Kriegführung mit Giftgas, die Bombardierung von Städten, der unbeschränkte U-Boot-Krieg, Deportationen von Zivilbevölkerung sowie völkerrechtswidrige Behandlung von Gefangenen aufgeführt. Aus diesen und weiteren Gründen könne nur Gerechtigkeit die „einzige mögliche Grundlage für die Abrechnung dieses fürchterlichen Krieges" sein, sie bestehe in der „Wiedergutmachung bis zur äußersten Grenze" der deutschen Fähigkeit.

Im übrigen bestritten die Siegermächte die ihnen unterstellte Absicht, Deutschland wirtschaftlich erdrosseln zu wollen; sie lehnten zum gegenwärtigen Zeitpunkt den deutschen Wunsch nach Aufnahme in den geplanten Völkerbund ab und stellten mit der Bemerkung, es handele sich bei dieser Stellungnahme um ihr letztes Wort, ein Ultimatum.

Neben den Protesten von Reichsregierung und Fraktionen der Nationalversammlung standen jedoch auch nüchterne Analysen, zum Beispiel diejenige von Reichsfinanzminister Matthias Erzberger, der in einer Denkschrift für Reichspräsident Ebert und seine Kabinettskollegen am 1. Juni die alternativen Folgen von Unterzeichnung bzw. Nichtunterzeichnung zusammengefaßt hatte. Sein unbestreitbares Ergebnis lautete: Dem Deutschen Reich bleibt keine andere Wahl als den Vertragsentwurf zu akzeptieren. Zu einer ähnlichen Schlußfolgerung gelangte auch der Erste Generalquartiermeister Groener, der am 23. Juni 1919 dem Reichspräsidenten telegraphierte: „Die Wiederaufnahme des Kampfes ist nach vorübergehenden Erfolgen im Osten im Enderfolg aussichtslos. Der Friede muß daher unter den vom Feinde gestellten Bedingungen abgeschlossen werden" [ebd., 386].

Nach dem Rücktritt der Regierung Scheidemann sah sich die Regierung seines Parteifreundes Bauer vor einer unveränderten Lage und empfahl schließlich die Annahme der Friedensbedingungen. Die Nationalversammlung stimmte am 22. Juni mit 237 gegen 138 Stimmen bei 5 Enthaltungen der unter Protest erklärten Absicht der Regierung zur Akzeptierung der Friedensbedingungen zu. Am 23. Juni 1919 erklärte die Reichsregierung den Alliierten ihre unter Vorbehalt stehende Bereitschaft zur Unterzeichnung mit den Worten, sie weiche der übermächtigen Gewalt „ohne damit ihre Auffassung über die unerhörte Ungerechtigkeit der Friedensbedingungen aufzugeben"; dem deutschen Volk fehlten, so die Begründung, aufgrund der entsetzlichen Leiden des Krieges die Mittel, seine Ehre nach außen hin zu verteidigen. Die Alliierten wiesen den deutschen Vorbehalt zurück und erzwangen schließlich die bedingungslose Unterzeichnung.

Annahme der Friedensbedingungen unter Vorbehalt

Was konnte ein Friedensvertrag tatsächlich wert sein, der nur deshalb unterzeichnet wurde, weil man nicht die Macht hatte, ihn zu verhindern? Mußte nicht alles Bestreben dahin gehen, sich die Macht zur Revision zu verschaffen? War die Politik der Alliierten aus ihrer Perspektive auch berechtigt, so handelten sie doch kaum klug, wenn sie nicht für die Zukunft jedes Wiedererstarken des Deutschen Reiches verhinderten. Einem Friedensschluß ohne wirklichen Frieden konnte keine Dauer beschieden sein.

Deutsche Verluste
Deutschland verlor außer seinen Kolonien ohne Abstimmung Elsaß-Lothringen an Frankreich, außerdem Danzig, das zur Freien Stadt unter Völkerbundsmandat wurde, schließlich das Memelland sowie Westpreußen, wodurch der sog. polnische Korridor zwischen dem Reichsgebiet und Ostpreußen geschaffen wurde. Weiter mußte das Reich nach Abstimmungen, die zum Teil unkorrekt durchgeführt bzw. interpretiert wurden, Eupen-Malmedy an Belgien, Nord-Schleswig an Dänemark, Teile Oberschlesiens an Polen überlassen.

Die territorialen Verluste Deutschlands beliefen sich insgesamt auf 70 000 km² mit etwa 7,3 Millionen Einwohnern, sie implizierten erhebliche wirtschaftliche Einbußen. Zu diesen als unwiderruflich angesehenen Verlusten kamen weitere hinzu, nämlich als Ersatz für die Zerstörung der nordfranzösischen Kohlengruben die Besetzung des Saargebiets durch Frankreich bis zur endgültigen Regelung mithilfe einer Volksabstimmung im Jahr 1935, die als „Pfand" gedachte Besetzung linksrheinischer Gebiete sowie rechtsrheinischer Stützpunkte durch Engländer und Franzosen für ebenfalls 15 Jahre.

Nicht endgültig festgelegt wurde die definitive Höhe der Deutschland abverlangten Wiedergutmachungsleistungen, da zu diesem Zeitpunkt die wirtschaftliche Leistungskraft des Deutschen Reiches noch nicht feststand und die alliierten Ansprüche nicht präzisiert worden waren. Ein solches Verfahren war zwar sachlich begründbar, erwies sich aber als ein schwerer politischer Fehler, da damit das Reparationsproblem zum dauernden Zankapfel zwischen den Siegern und Deutschland, aber auch der innenpolitischen Auseinandersetzung um die Realisierung des Friedensvertrages wurde. Dabei stand die Schärfe der Agitation in keinem realistischen Verhältnis zum tatsächlichen ökonomischen Gewicht der Reparationen.

Andere Bestimmungen des Vertrags von Versailles, beispielsweise die Beschränkung der Stärke des deutschen Heeres auf 100 000 und die der Marine auf 15 000 Mann wurden als diskriminierend empfunden, obwohl Brockdorff-Rantzaus Mantelnote dies bereits als Beweis für den deutschen Abrüstungswillen in Aussicht gestellt hatte – allerdings mit der Maßgabe, daß nicht allein das Deutsche Reich abrüsten sollte.

Kriegsschuld-artikel 231
Die im Artikel 231 des Vertrags enthaltene Kriegsschuldthese vergiftete das politische Klima möglicherweise stärker als die konkreten Lasten, die die Sieger dem Deutschen Reich auferlegten, denn nicht allein die führenden Politiker, sondern die überwältigende Mehrheit der deutschen Bevölkerung waren überzeugt, einen Verteidigungskrieg geführt zu haben. Zwar entsprach dies nicht der historischen Realität, da das Deutsche Reich eine wesentliche Mitschuld am Kriegsausbruch trug, aber eben keine Alleinschuld. Allerdings ließ bereits die Formulierung erkennen, daß es den Alliierten hier in erster Linie um materielle Interessen ging, nicht bloß um eine moralische Verurteilung: „Die alliierten und assoziierten Regierungen erklären, und Deutschland erkennt an, daß Deutschland und seine Verbündeten als Urheber für alle Verluste und Schäden verantwortlich sind, die die alliierten und assoziierten Regierungen und ihre Staatsangehörigen infolge des

ihnen durch den Angriff Deutschlands und seiner Verbündeten aufgezwungenen Krieges erlitten haben." Dabei konzedierten die Sieger allerdings, daß eine volle Wiedergutmachung die deutschen Kräfte übersteigen würde.

Einen eklatanten Verstoß gegen das von Wilson proklamierte Selbstbestimmungsrecht der Völker sahen das Deutsche Reich und Deutsch-Österreich zu Recht im Artikel 80 des Vertrags. Er schrieb die Unabhängigkeit Österreichs, die im Gegensatz zu deutschen und österreichischen Beschlüssen zur Vereinigung beider Staaten stand, als unabänderlich fest. So hatte die provisorische Verfassung der Republik Deutsch-Österreich vom 12. November 1918 diese als Bestandteil der deutschen Republik bezeichnet. Die Verfassunggebende österreichische Nationalversammlung bekräftigte diese Feststellung durch Gesetz vom 12. März 1919, die deutsche Nationalversammlung stimmte ihrerseits am 21. Februar 1919 zu. Artikel 61 Absatz 2 der Weimarer Reichsverfassung führte Deutsch-Österreich folglich als ein im Reichsrat vertretenes deutsches Land.

_{Österreich darf sich nicht dem Deutschen Reich anschließen}

Aufgrund des Vertrags von Versailles mußte die Reichsregierung auf alliierten Druck hin am 22. September 1919 die Ungültigkeit dieser Verfassungsbestimmung anerkennen. Zwei Volksabstimmungen in den beiden österreichischen Bundesländern Tirol und Salzburg ergaben 1921 eindrucksvolle Mehrheiten für den Anschluß an das Deutsche Reich, Plebiszite in weiteren Bundesländern unterblieben aufgrund alliierter Pressionen, doch verschwand dieses Thema keineswegs aus der öffentlichen Diskussion.

Der Bruch der eigenen Prinzipien zugunsten eines machtpolitischen Kalküls, das die Stärke eines mit Österreich vereinigten Deutschen Reiches fürchtete, ließ in den Augen der Besiegten einmal mehr die Verträge von Versailles und Saint Germain als „Diktatfrieden" erscheinen. Für Deutschland und Österreich aber war damit die Chance vertan, auf vertraglichem und friedlichem Wege die zwischen 1866 und 1871 realisierte „kleindeutsche" Reichseinigung zu revidieren: Da vom ehemaligen Vielvölkerstaat Österreich-Ungarn nur der deutschsprachige Teil übriggeblieben war, erschien eine solche Lösung nur konsequent. Was aber zwei demokratischen Rechtsstaaten 1919 verweigert wurde, akzeptierten die Alliierten als Gewaltakt Hitlers 1938, insofern erscheint der Artikel 80 fast symbolisch für den späteren Umgang mit dem Versailler System und den Weg in den Zweiten Weltkrieg.

Für Österreich erwiesen sich der Untergang der Habsburger Doppelmonarchie durch die Kriegsniederlage und folglich die Pariser Friedensverhandlungen als ebenso demütigend wie für das Deutsche Reich, ja in gewisser Weise als noch verheerender. Man sah diesen Vertrag als „Vernichtungsfrieden" (KARL SEITZ) an. Blieb Deutschland immerhin eine Großmacht und im territorialen Kern erhalten, so galt das nicht für Österreich, das in großem Umfang auch deutschsprachige Territorien verlor. Dazu zählten insbesondere das Italien durch die Alliierten schon 1915 versprochene Südtirol mit 220 000 Deutschen und 11 000 Ladinern sowie die deutschen Teile der 1918 gegründeten Tschechoslowakei, in der mehr als 3 Millionen Deutschstämmige lebten. So hatten die Tschechen das Sudetenland,

_{Folgen des Friedensschlusses für Österreich}

böhmische und nordmährisch-schlesische Gebiete besetzt, weitere deutschsprachige Teile, etwa in Niederösterreich, wurden abgetrennt. Zwar war die Wiener Regierung in bezug auf die Grenzziehung zum neugegründeten Jugoslawien und zu Ungarn partiell erfolgreicher, weil Südkärnten bei Österreich verblieb, nachdem bei der 1920 durchgeführten Volksabstimmung 59,4% für Österreich votiert hatten; auch kam das Burgenland hinzu. Doch waren die Pariser Verhandlungen, bei denen Österreich völkerrechtlich als Nachfolgestaat der Habsburger Doppelmonarchie und damit als kriegsschuldig, die Tschechoslowakei, Jugoslawien und Rumänien jedoch als Sieger angesehen wurden, insgesamt enttäuschend.

Auch Österreich reklamierte für sich das Selbstbestimmungsrecht, demzufolge etwa 10 Millionen deutschstämmige Einwohner der neuen Republik angehören sollten. Dies war im ganzen eine konsequente, im Falle Südkärntens wegen der dortigen gemischten Bevölkerungsstruktur jedoch im Einzelfall etwas fragwürdige Argumentation. Erreicht wurden in Saint Germain und den anschließenden Volksabstimmungen aber lediglich eine Staatsbevölkerung von 6,5 Millionen.

Die österreichische Armee wurde durch den Friedensvertrag begrenzt, wenngleich dann nicht einmal die in Saint Germain konzedierten 30 000 Mann aufgestellt wurden. Weitere diskriminierende Bestimmungen kamen hinzu, allerdings beschränkte man sich auf ein alliiertes Pfandrecht an allen Staatseinnahmen, ohne Reparationen zu fordern: Dies wäre angesichts der extrem schwierigen wirtschaftlichen Lage des Landes, dem von nun an der Name „Republik Österreich" vorgeschrieben wurde, auch aussichtslos gewesen.

Folgen des Friedensschlusses für Ungarn

Wie in Deutschland und Österreich wurde in Ungarn der (in Trianon geschlossene) Friedensvertrag vehement abgelehnt, wie im Falle der beiden anderen Staaten gab es keine Verhandlungen, sondern lediglich am 15. Januar 1920 die Mitteilung der Siegermächte an die neue Republik Ungarn über die Friedensbedingungen, die härter kaum ausfallen konnten, verlor sie doch mehr als 71 Prozent des bei Kriegseintritt vorhandenen Territoriums, auf dem 63 Prozent der Bevölkerung des Jahres 1914 lebten. In absoluten Zahlen bedeutete dies: Ungarn war wie Österreich zu einem vergleichsweise kleinen Staat von 93 073 qkm mit 7,6 Millionen Einwohnern geschrumpft, auch in diesem Fall wurde eine Höchstgrenze für die (Berufs)armee festgelegt (35 000 Mann). Die Abtretungen erstreckten sich auf die Slowakei, die in die Tschechoslowakei integriert wurde, das Österreich zugesprochene Burgenland, die in Jugoslawien eingegliederten Territorien Kroatien und Slawonien sowie das teils an Jugoslawien, teils an Rumänien gegebene Banat, schließlich Siebenbürgen, das ebenfalls an Rumänien ging.

Friedensbedingungen für Bulgarien

Die Friedensbedingungen für Bulgarien, das eine (konstitutionelle) Monarchie geblieben war, erwiesen sich ebenfalls als so hart, daß der Delegationsleiter und zeitweilige Ministerpräsident Todor Teodorov die Unterzeichnung des Friedensvertrages von Neuilly, dessen Bedingungen ihm am 19. Oktober 1919 übergeben worden waren, ablehnte. Seinem Nachfolger Alexander Stambolijski blieb jedoch keine Wahl, und so wiederholte sich wie in Deutschland (allerdings unter zwischenzeitlich erfolgten Wahlen) ein vergleichbares Szenario: Der Rücktritt des

2. Friedensschluß 1919 und Grundlegung des Versailler Systems 31

Regierungschefs änderte nichts an der Ohnmacht des im Kriege Besiegten. Für Bulgarien bedeutete dies nicht allein den Verlust der territorialen Eroberungen während des Krieges, sondern weiterer Gebiete, es wurde von 114 000 qkm im Jahre 1915 auf 103 000 qkm verkleinert, mußte außerdem 2250 Millionen Goldfrancs Reparationen zahlen und erhielt weitere Auflagen, u. a. die mit zusätzlichen Restriktionen versehene Abrüstung auf maximal 20 000 Mann. Wie in Deutschland, Österreich und Ungarn führten die harten Friedensbedingungen auch in Bulgarien zu innenpolitischer Instabilität und zu außenpolitischem Revisionismus.

Für die Türkei, ebenfalls Verliererin im Weltkrieg, war die Lage bei den Friedensverhandlungen in Sèvres aus mehreren Gründen komplizierter als bei den meisten anderen Staaten. Die kriegerischen Aktionen des Osmanischen Reiches hatten schon mit dem Krieg gegen Griechenland 1897 begonnen und waren mit den beiden Balkankriegen 1912/13 fortgesetzt worden, bevor die Türkei schließlich unter Leitung des Kriegsministers Enver Pascha auf Seiten Deutschlands, Österreich-Ungarns und Bulgariens in den Ersten Weltkrieg eingetreten war. Insgesamt dauerten die Kriege, in die die Türkei bzw. ihr Vorgängerreich verwickelt war, also ungefähr zehn Jahre länger als der Erste Weltkrieg. Hinzu kamen die griechische Invasion im westanatolischen Izmir am 15. Mai 1919 und im Zusammenhang mit ihr innere Unruhen, die den durch territoriale Verluste schon eingeleiteten Zerfall des osmanischen Sultanats beschleunigten, zugleich aber dem türkischen Nationalismus Auftrieb gaben: Der Waffenstillstand von Mudros am 30. Oktober 1918 brachte schließlich das faktische, wenngleich noch nicht das rechtliche Ende der Monarchie. *Folgen des Krieges für die Türkei*

Während der Besetzung Konstantinopels durch alliierte Truppen, die mit Plänen zur Aufteilung Anatoliens am 16. März 1920 sowie der Auflösung des osmanischen Parlaments einherging, initiierte Generalinspekteur Mustafa Kemal Pascha, genannt Atatürk, in Ankara eine Nationalversammlung, womit nicht allein die Verhandlungen mit den Alliierten auf eine neue Grundlage gestellt wurden, sondern auch die Bildung eines türkischen Nationalstaats als Akt nationalen Widerstands eingeleitet wurde.

Eine Chance zur Emanzipation der Türkei aus den Fesseln der Alliierten konnte nur in der Zusammenarbeit mit Sowjetrußland, also dem nicht zum System der Pariser Vorortverträge gehörenden Staat, liegen. Allerdings bildeten hier konkurrierende Interessen ein erst noch zu überwindendes Hindernis. Das in Sèvres am 10. August 1920 als letztes der Pariser Verträge zustandegekommene Friedensabkommen wurde zwar noch von der Regierung des Sultans unterzeichnet, von Atatürk aber nicht anerkannt. Nachdem verschiedene Abkommen die russisch-türkischen Divergenzen ausgeräumt hatten, gelang am 16. März 1921 in Moskau die Unterzeichnung eines „Freundschafts- und Brüderlichkeitsvertrags" zwischen der neuen türkischen Republik und Sowjetrußland, für das sich die russische Revolutionsführung – darunter Lenin und Stalin persönlich – engagiert hatte. Dieses Engagement war keineswegs zufällig und fand im folgenden Jahr eine außenpolitische, weniger eine inhaltliche Analogie im Vertrag von Rapallo. *Die Türkei und Sowjetrußland*

Großbritannien und die Türkei

Die Konsequenzen dieses Ausbruchs aus der Versailler Ordnung zeigten sich bald, schloß doch bereits am 20. Oktober 1920 Frankreich eine Art Sonderfrieden mit der Türkei, der Großbritannien extrem verärgerte und Lloyd George schließlich zu einer riskanten Politik verleitete: Sie endete mit seinem Sturz, nachdem die türkische Nationalarmee schließlich das von der britischen Regierung zum weiteren Krieg ermunterte Griechenland geschlagen hatte. Izmir fiel wieder an die Türkei; Großbritanniens Dardanellenarmee wäre fast in diesen Strudel gerissen worden. Die Türkei erlangte schließlich im Vertrag von Lausanne vom 24. Juli 1923 die volle Gleichberechtigung, sie wurde somit diejenige Macht, der es als erster und für längere Zeit einziger gelungen war, sich aus den ihr in Paris oktroyierten Fesseln zu befreien und sich zugleich konstruktiv in die internationale Ordnung zu integrieren. Zwar stellte diese erfolgreiche Revisionspolitik gegenüber der europäischen Nachkriegsordnung einen Sonderfall dar, sie bewies aber anderseits schon zu einem sehr frühen Zeitpunkt die Labilität dieser Ordnung.

Minoritätenprobleme in der Türkei

Dies galt umso mehr, als die am 29. Oktober 1923 ausgerufene Republik Türkei mit dem zum Staatspräsidenten gewählten Kemal Atatürk zwar eine forcierte Modernisierung betrieb, aber die Minoritätenprobleme keineswegs im Sinne der dem Völkerbund zugrundeliegenden Prinzipien Wilsons löste. Die Türkei hatte sich schon nach 1878 geweigert, den Artikel 61 der Beschlüsse des Berliner Kongresses zu realisieren und 1895/96 und 1914/15 gemeinsam mit den Kurden Massaker an den Armeniern begangen, was zur Forderung eines freien Armenien im Vertrag von Sèvres 1920 geführt hatte. Doch erhielt die Türkei im Vertrag von Lausanne dieses Gebiet wieder zugesprochen und schlug auch die kurdische Revolte von 1925 gewaltsam nieder, bevor sie seit 1927 durch massenhafte Umsiedlungen das Problem zu lösen versuchte.

Hielt sich die Türkei also nicht an die in den Pariser Vorortverträgen niedergelegten Leitlinien, so bewirkte andererseits die erfolgreiche revisionistische Emanzipation von ihnen, daß das Land in der zweiten Hälfte der dreißiger Jahre nicht zu denjenigen Mächten gehörte, die auf einen bewaffneten Konflikt zusteuerten: Im Zweiten Weltkrieg blieb die Türkei folglich neutral.

Revisionistische Mächte

Aus den negativen Befunden für die besiegten Mittelmächte ergeben sich die Gebietsgewinne für bzw. die Neugründungen von Staaten nach dem Ersten Weltkrieg, die die europäische Landkarte stärker als frühere Friedensverträge veränderten. Von den ursprünglich fünf europäischen Großmächten war die habsburgische Doppelmonarchie der Kriegsniederlage, aber auch inneren Problemen zum Opfer gefallen; Italien konnte die bis zum Ersten Weltkrieg durch Österreich-Ungarn wahrgenommene Rolle nicht übernehmen, zumal es auf die ebenfalls im Mittelmeerraum engagierten Großmächte Großbritannien und Frankreich gestoßen wäre bzw. später auch stieß. Rußland war einstweilen nur in begrenzter Weise handlungsfähig und stand – von einzelnen bilateralen Aktivitäten abgesehen – zumindest solange abseits, wie seine inneren Probleme es nach außen weitgehend lähmten. Das Deutsche Reich ging extrem geschwächt, aber immer noch als potentielle europäische Großmacht aus dem Krieg hervor, stand außerhalb des

Völkerbunds, jedoch – einstweilen auf eine passive Rolle beschränkt – gleichwohl im Mittelpunkt aller Konzeptionen und Verträge zur europäischen Nachkriegsordnung. Wie immer man diese Konstellation im einzelnen beurteilen mochte: Sie konnte nicht von Dauer sein, da eine Großmacht sich mit dieser Rolle kaum abfinden konnte; sie mußte also eine Komponente der Unruhe, der potentiellen Dynamik auch dann in diese Ordnung tragen, wenn es weniger spezifische Revisionsziele gegeben hätte.

Zu den aufgrund der Pariser Vorortverträge außenstehenden bzw. prinzipiell revisionistischen Mächten trat die Siegermacht Italien, deren diplomatische Erfolge bei den Pariser Verhandlungen nach eigener Einschätzung in keinem Verhältnis zu den etwa 680 000 Toten und den materiellen Verlusten dieses Krieges standen, die – wie in den anderen kriegführenden Staaten Europas auch – in finanziellem Ruin endeten. Hinzu kam, daß Italien anders als Deutschland („Burgfrieden") und Frankreich („Union sacrée") nicht zu einer nationalen Einheit im Krieg gelangt war, sich also „Interventisti" und „Neutralisti" gegenübergestanden hatten und dieser Dissens unmittelbar in die gespaltene italienische Nachkriegsgesellschaft mündete. Fühlten die einen sich in ihrer Ablehnung des Krieges bestätigt, so die anderen sich um die verdienten Früchte des Sieges betrogen. Dies überrascht schon deswegen, weil Italien in Saint Germain mit dem Trentino, Südtirol, Triest, Istrien, Julisch-Venetien und Teilen Dalmatiens Gebiete erhielt, die zum Teil geschlossene fremdsprachige Bevölkerungsgruppen – Deutsche, Slowenen, Ladiner – aufwiesen: Auch dies stand im Gegensatz zu den Proklamationen Wilsons über das Selbstbestimmungsrecht der Völker.

Italiens Sonderrolle

Verständlich wird der italienische Unmut erst, wenn man die Gewinne mit den Forderungen vergleicht, die erheblich weitergingen. So wollte Italien außer dem Anteil an ehemals deutschen Kolonien unter anderem Fiume, den Rest Dalmatiens, kleinasiatische und griechische Gebiete, schließlich das Protektorat über Albanien. Italiens schwierige und zögerliche gesellschaftliche Modernisierung sowie weitere innenpolitische Probleme verstärkten die außenpolitischen Zielsetzungen. Ihr Scheitern verschärfte die Krise des liberalen Staates, dessen diplomatischer Mißerfolg als „vittoria mutilata", als verstümmelter Sieg angesehen wurde.

Die nationalen Unzufriedenheiten vergrößerten sich durch Strukturprobleme, die die Pariser Vorortkonferenzen nicht geschaffen hatten, deren Lösung gemäß den Maximen Wilsons aber zu ihren ureigenen Aufgaben gehörte, nämlich die Minoritätenthematik, die nicht nur, aber auf besonders belastende Weise, den mittel- bzw. ostmitteleuropäischen Raum betrafen. Auch hier verschärften überhöhte Erwartungen das Problem, da es in Paris sowenig wie vor dem Krieg gelang, die Fragen der Minderheiten wirklich zu lösen. Trotz mancher Teillösungen wurden sie sogar durch Wanderungsbewegungen größten Stils noch verschärft: So flohen etwa nach der russischen Oktoberrevolution allein nach Deutschland ungefähr 600 000 Menschen. Die in den Pariser Verträgen vorgesehenen Abstimmungen wurden keineswegs immer korrekt durchgeführt bzw. nicht gemäß den erzielten Majoritäten umgesetzt.

Nationalitäten und Minderheitsprobleme

Da in der Regel zu Ungunsten der Verlierer, also vor allem Deutschlands, Österreichs und Ungarns entschieden wurde, schuf man mit der Lösung alter Probleme oftmals zugleich neue. Auch dort, wo wirklich nach Wilsons Maxime verfahren wurde, man sich also um größtmögliche Gerechtigkeit bemühte, huldigten die Sieger einer doppelten Illusion: Sie berücksichtigten nicht hinreichend die zum Teil unauflösliche Gemengelage verschiedener Nationalitäten, und sie attestierten den Minoritäten staatsbildende Kraft auch dort, wo sie keineswegs gegeben war. Das Ergebnis bestand in zum Teil künstlichen Staatsbildungen, etwa Jugoslawiens. Auch erwies sich das Prinzip, nach Möglichkeit den Verliererstaaten ein Bollwerk entgegenzusetzen, als politisch verständlich, aber deswegen noch nicht als zwangsläufig konstruktiv. Man unterschätzte im übrigen die Tatsache, daß der Weltkrieg keineswegs zur Abschwächung des Nationalismus in Europa geführt, sondern ihn im Zeitalter der Massendemokratie eher noch verschärft hatte.

Wo die Macht dazu vorhanden war, versuchten die Staaten, das Minderheitenproblem nicht im Einklang mit der Völkerbundssatzung, sondern mit Gewalt zu lösen. Ein Beispiel bildete zu Beginn der zwanziger Jahre die Vertreibung von 2,35 Millionen Griechen aus der Türkei und 400 000 Türken aus Griechenland.

Das Grundprinzip zur Lösung des Minoritätenproblems mithilfe des Selbstbestimmungsrecht der Völker lag in der Neubildung von Staaten auf dem Territorium ehemaliger Vielvölkerstaaten bzw. in Gebietsabtrennungen. Diese Verfahrensweise erwies sich in einer Reihe von Fällen als erfolgreich, in anderen handelte es sich um Fehlkonstruktionen. Einmal abgesehen von berechtigten Lösungen, wie beispielsweise der Abtrennung mehrheitlich polnischer Gebiete wie Posen vom Deutschen Reich, und problematischen, wie der Überlassung Südtirols an Italien, blieben große Territorien wie Sowjetrußland von den Neugliederungen gänzlich unberücksichtigt. Die Pariser Bestimmungen erschienen also von vornherein als inkonsequent und halbherzig.

Die geringsten territorialen Veränderungen erfolgten im Norden des Deutschen Reiches mit kleineren Abtretungen an Dänemark; im Westen bildete die Wiedergewinnung des Elsaß und Lothringens durch Frankreich tatsächlich die wichtigste Veränderung. Eine umfassendere territoriale Neuordnung mit der Gründung von Staaten erfolgte nur in Mittel- bzw. Ostmitteleuropa. Nur hier waren Nationalitätenprobleme größeren Ausmaßes zu bewältigen. Und hier standen ebenfalls gelungene neben mißlungenen Beispielen: Die innenpolitische Instabilität in den meisten neugegründeten Staaten erwies sich oftmals als Konsequenz der Pariser Verträge.

Neugründung von Staaten: Nationalstaaten und Vielvölkerstaat

Zwischen 1917 und 1920 wurden als direkte oder indirekte Folge der russischen Oktoberrevolution bzw. des Friedensvertrags von Brest-Litowsk sowie der Pariser Vorortverträge zahlreiche neue Staaten gegründet, wenngleich diese außerordentlich komplizierten Vorgänge in der Regel nicht durch die Friedensverträge selbst geregelt wurden. Zum Teil handelte es sich dabei auch um Wiedergründung bzw. erhebliche Erweiterung des früheren Staatsgebiets. Zu nennen sind Finnland, Estland, Lettland, Litauen, die Tschechoslowakei und Jugoslawien, das unter serbischer Führung aus Slowenien, Kroatien, Serbien, Bosnien-Herzegowina und Montenegro gebildet wurde. Das wiedererstandene Polen wurde vor allem um Polnisch-Litauen, Wolhynien (1921), Ostgalizien, Westgalizien, Teile Oberschlesiens, Posen und Westpreußen erweitert; Rumänien um Siebenbürgen, Bessarabien sowie kleinere Gebiete südlich von Galizien. Albanien wurde durch Italien am 2. August 1919 im Vertrag von Tirana als selbständiger Staat anerkannt.

Nicht allein in Sowjetrußland blieben also die Nationalitäten und Minoritätenprobleme bestehen, sondern auch in den erwähnten Neugründungen bzw. in den abgetretenen Gebieten. Dies führte im Falle Deutschlands zu einer Volkstumspolitik in bezug auf die außerhalb des Reichsgebiets lebenden über 7 Millionen Deutschen; Stresemann sprach am 7. September 1925 in seinem berüchtigten Brief an den Kronprinzen gar von „zehn bis zwölf Millionen Stammesgenossen, die jetzt unter fremdem Joch in fremden Ländern leben".

Wenngleich die von der nationalsozialistischen Diktatur später betriebene Politik, den sog. „Volksdeutschen" die ihnen zustehenden Rechte zu verschaffen, einen Vorwand für die rassistisch definierte „Großraumordnung" lieferte, so ist doch nicht zu verkennen, daß schon die hohe Zahl der Auslandsdeutschen ein objektives Problem darstellte. Hinzu kam, daß nicht allein die Deutschen starke Minderheiten in anderen Staaten stellten: so lebten beispielsweise selbst in der kleinen italienischen Provinz Venezia Giulia mehr als eine halbe Million Slowenen. Tatsächlich handelte es sich bei einer Reihe mittel- und ostmitteleuropäischer Staaten nicht um Nationalstaaten, sondern um Nationalitätenstaaten. Ein Musterbeispiel dafür bildete die Tschechoslowakei: unter den knapp 15 Millionen Einwohnern lebten 1938 außer 43% Tschechen und 22% Slowaken 23% Deutsche, die damit die zweitgrößte Bevölkerungsgruppe bildeten. Außerdem wohnten dort 5% Ungarn, 3% Ukrainer sowie neben anderen kleineren Gruppierungen 4% Juden, die statistisch selbständig erfaßt wurden.

Zwar waren die Relationen und Quantitäten nicht identisch, doch bleibt das Faktum bestehen, daß der Vielvölkerstaat Österreich-Ungarn auf dem tschechoslowakischen Staatsgebiet nicht durch einen Nationalstaat, sondern einen Nationalitätenstaat abgelöst worden war. Damit wurde das Strukturproblem, das 1914 zum Ausbruch des Ersten Weltkriegs beigetragen hatte, nur verschoben, aber nicht gelöst; auf diese Weise lieferte es seit 1938 Hitler das Alibi für seine aggressive Politik.

Tatsächlich hatte die Beseitigung von zwei der drei größten Vielvölkerstaaten, nämlich Österreich-Ungarns und des Osmanischen Reichs, das Minoritätenproblem vervielfacht, weil es nun in zwar kleineren, aber zahlreicheren Staaten als vor 1918 auftauchte. Diese neuen Schwierigkeiten kamen bereits darin zum Ausdruck, daß es nicht gelang, in der Völkerbundssatzung expressis verbis den Minderheitenschutz (u. a. staatsbürgerliche Gleichstellung, Recht zur Religionsausübung, kulturelle Autonomie inkl. der Sprachpflege) zu verankern. Statt dessen wurden entsprechende Prinzipien in einzelne Friedensverträge aufgenommen bzw. in besonderen bilateralen Verträgen geregelt.

Die Nationalitätenproblematik, die Wilson durch Staatsbildung lösen wollte, blieb eine Hypothek der Innen- und der Außenpolitik der Zwischenkriegszeit. Aus diesem Grund zählte sie auch zu den zentralen Aufgaben der nun zu gründenden Staatengemeinschaft. Die dem Vertrag von Versailles (wie allen anderen Pariser Friedensverträgen) vorangestellte Satzung des Völkerbundes sollte zur künftigen friedlichen Regelung auch dieser Frage beitragen und wies dem Völkerbundsrat die Aufgabe zu, über die Einhaltung des Minderheitenschutzes zu wachen. Dabei hatte es bereits bei den Volksabstimmungen insofern Inkonsequenzen gegeben, als nicht alle Gebiete, die für einen Verbleib bei Deutschland votiert hatten, auch dort blieben: Damit war aus politischen Motiven sogar das Recht der Mehrheit verletzt worden. So waren die Abstimmungen in Eupen-Malmedy irregulär durchgeführt worden, so daß das Gebiet am 24. Juli 1920 an Belgien fiel; ähnliches galt für Oberschlesien, wo ein Drittel (zum Teil trotz deutschsprachiger Mehrheit in etlichen Ortschaften) an Polen gegeben wurde und zwei Drittel bei Deutschland verblieben. In den Abstimmungsgebieten zeigte sich auch dort, wo korrekt verfahren wurde, die Problematik der nationalen Mischbevölkerungen; dadurch wurde hier die Aufgabe des Minderheitenschutzes sofort sichtbar.

Obgleich dem Versuch des Völkerbunds, als Appellationsinstanz den Minderheitenschutz zu gewährleisten, insgesamt kaum Erfolg beschieden war und er deshalb auch immer wieder kritisiert worden ist, handelte es sich doch um einen „Fortschritt auf dem Wege zu einer rechtlichen Durchgestaltung der Völkerbeziehungen. Zum ersten Mal war der Schutz nationaler Eigentümlichkeiten in bestimmten Grenzen Gegenstand des Völkerrechts geworden" [126: R. WITTRAM, Das Nationale als europäisches Problem, 22].

Allerdings erwies sich die programmatische, wenngleich fragmentarische Ablösung des Nationalitätenstaats durch den Nationalstaat ebenfalls als Sackgasse, so daß im historischen Rückblick sich die noch während des Krieges geäußerte Diagnose von Hugo Preuß, Österreich habe sich als „hohe Schule für die Symbiose verschiedener Nationalitäten in einem Staat" erwiesen, als zutreffend zeigte. Denn tatsächlich haben Weltkrieg und Nationalstaatlichkeit nach 1918 den europäischen Nationalismus keineswegs eindämmen können. Vielmehr erwies sich die „Entstehung eines eigenartigen übernationalen Nationalitätenbewußtseins" als „unerwartete Nebenwirkung der Internationalisierung des Minderheitenrechts" [147: TH. SCHIEDER, Nationalismus und Nationalstaat, 34]. Die ausschließlich nationalstaatlich gedachte, in der Realisierung aber das alte Problem kleinräumig multiplizierende Lösung von 1919 setzte eine unverhoffte Dynamik frei, die sich keineswegs auf die frustrierte Großmacht Deutschland beschränkte. Insofern zählte die 1919 trotz mancher zukunftsweisender Komponenten in bester idealistischer Absicht durch Wilson eingeleitete Entwicklung tatsächlich zu den Ursachen für die Instabilität der europäischen Nachkriegsordnung.

Der Völkerbund

Absicht des Völkerbunds, der seinen Sitz in Genf hatte, war es, „gewisse Verpflichtungen einzugehen, nicht zum Kriege zu schreiten, in aller Öffentlichkeit auf Gerechtigkeit und Ehre beruhende Beziehungen zwischen den Völkern zu pflegen" [Präambel, in: 79: Der Vertrag von Versailles, 122]. Zur Erreichung dieser Ziele wurden sowohl programmatische als auch organisatorische Bestimmungen in die Völkerbundssatzung aufgenommen. Gemäß Artikel 10 verpflichteten sich die Mitglieder, die „territoriale Unversehrtheit und die gegenwärtige politische Unabhängigkeit aller Bundesmitglieder zu achten und gegen jeden Angriff von außen her zu wahren"; dem Völkerbundsrat oblag gegebenenfalls die Durchführung geeigneter „Sicherheitsmaßnahmen". Die Unterzeichnerstaaten erklärten ausdrücklich, „daß jeder Krieg oder jede Kriegsdrohung, möge dadurch eins der Bundesmitglieder unmittelbar bedroht werden oder nicht, den ganzen Bund angeht und daß dieser alle Maßregeln zur wirksamen Erhaltung des Völkerfriedens treffen muß" [Artikel 11, in: ebd., 125].

Allerdings gelang es den Unterzeichnerstaaten nicht, Krieg prinzipiell zu ächten, da das Recht auf Kriegführung als Teil der jeweiligen nationalen Souveränität galt, auf die auch die Mehrheit der Siegerstaaten keineswegs verzichten wollte. Doch lag dies in der logischen Konsequenz der Völkerbundssatzung, so daß auch der Briand-Kellog-Pakt vom 27. August 1928, mit dem der Angriffskrieg für völkerrechtswidrig erklärt wurde, in den Kontext der Völkerbundsidee gehört und in ihrer Perspektive realisiert worden ist.

Um die Einhaltung völkerrechtlicher Prinzipien sowie die der Völkerbundssatzung zu gewährleisten, sollte ein ständiger Internationaler Gerichtshof (im Haag) eingerichtet werden (Artikel 14); für die friedliche Regelung von Streitfragen zwischen den Bundesmitgliedern, zu denen auch der Minderheitenschutz gehörte, war der Rat des Völkerbunds bzw. ein Schiedsgericht zuständig (Artikel 13, 15, 16). Im übrigen zählte die Abrüstung zu den verbindlichen Zielen des Völkerbunds (Artikel 8).

Auf dieser Basis richtete der Völkerbund 1925 eine Abrüstungskonferenz ein, mit der er Artikel 8 der Völkerbundssatzung in diplomatische Verhandlungen umsetzen wollte. Damit verdeutlichte er, daß die 1919 ausschließlich den Besiegten auferlegten Abrüstungsmaßnahmen nur den Auftakt zur allgemeinen Abrüstung bilden sollten. Tatsächlich standen der Realisierung aber auch dann noch diejenigen Hindernisse entgegen, die schon 1919 existiert hatten: Weder wollte das Deutsche Reich auf die völlige Gleichberechtigung verzichten, noch Frankreich auf die zu Lasten Deutschlands gehenden Sicherheitsmaßnahmen, die gewissermaßen eine 1919 erzwungene deutsche Vorleistung bildeten. Nicht einmal auf die Definition dafür, was als „militärisches Potential" anzusehen sei, also abgebaut werden müsse, konnte man sich verständigen, so daß auch spätere Abrüstungsverhandlungen erfolglos blieben bzw. außerhalb der Völkerbundsorganisation geführt wurden. Dies galt etwa für die Vorbereitung des deutsch-britischen Flottenabkommens vom 18. Januar 1935. Vergleicht man die schwachen Anläufe zu einer Rüstungsbeschränkung seit Mitte der 1920er Jahre mit den seit Mitte der 1930er Jahre korrespondierenden Kriegsvorbereitungen auf deutscher Seite, wird das Mißverhältnis deutlich.

Die Unterzeichnung der Völkerbundssatzung erfolgte durch die Vollversammlung aller Pariser Friedenskonferenzen am 29. April 1919, also vor den anderen Verträgen. Zu den ursprünglichen Mitgliedern, d. h. den Kriegsgegnern der Mittelmächte, gehörten demgemäß 27 Staaten und zusätzlich fünf britische Dominions, unter ihnen Kanada und Indien. 13 weitere, im Weltkrieg neutrale Staaten wurden zur Mitgliedschaft eingeladen. Der Rat setzte sich aus den vier Alliierten bzw. Assoziierten Hauptmächten USA, Großbritannien, Frankreich, Italien sowie vier weiteren jeweils gewählten Mitgliedstaaten zusammen, zunächst handelte es sich um Belgien, Brasilien, Spanien und Griechenland.

Der künftige Beitritt weiterer Staaten war möglich, wenn zwei Drittel der Bundesversammlung zustimmten (Artikel 1). Im Jahre 1919 fehlten unter anderen das Deutsche Reich, Österreich, Ungarn, die Türkei, Bulgarien und Sowjetrußland. Dies erklärte sich nicht allein aus der Entstehungsgeschichte, sondern aus der Absicht, diejenigen Staaten, die den Krieg verloren hatten, einstweilen auszuschließen. So verständlich dies erscheinen mochte, so unklug war es politisch, denn diese Selbstbegrenzung erschien von vornherein als Diskriminierung der nicht zur Mitgliedschaft eingeladenen Staaten und bewirkte damit die Schwäche des Völkerbunds. Der umgekehrte Weg wäre richtig gewesen, nur so hätte der Versuch gemacht werden können, die Außenseiter einzubeziehen; nur so wäre deutlich geworden, daß tatsächlich eine weltweite Durchsetzung des Völkerrechts angestrebt wurde. In der ursprünglichen Zusammensetzung mußte auch der Völkerbund als Organisation der Sieger erscheinen.

Da die USA die Pariser Vorortverträge und auch die Völkerbundssatzung nicht ratifizierten, gehörten sie dann tatsächlich dem Völkerbund, der ganz wesentlich auf die amerikanische Initiative zurückgegangen war, nicht an, wodurch seine Bedeutung weiter vermindert wurde.

Auf der anderen Seite bemühte man sich später, den Geburtsfehler nachträglich zu kurieren, indem weitere Staaten schon zu Beginn der 1920er Jahre aufgenommen wurden; zwischen 1920 und 1923 waren dies Österreich, Ungarn, Bulgarien, Abessinien; im Jahre 1926 folgte das Deutsche Reich, 1931 und 1932 Mexiko, der Irak und die Türkei, als letzter Staat schließlich 1934 die Sowjetunion. Zu diesem Zeitpunkt aber waren bereits Austritte erfolgt, die auf die immer labilere internationale Lage verwiesen und wiederum den Völkerbund unterminierten: So verließ nach Brasilien 1926 Japan im März 1933 den Völkerbund; im Oktober 1933 folgte das nationalsozialistische Deutschland und 1937 das faschistische Italien, das immerhin 18 Jahre Mitglied gewesen war. Die Sowjetunion wurde 1940 aufgrund ihres völkerrechtswidrigen Angriffs auf Finnland ausgeschlossen. Im übrigen demonstrierte die zeitweilige Mitgliedschaft der Diktaturen kommunistischer oder faschistischer Provenienz, daß auch unterschiedliche, ja gegensätzliche politische Systeme dem Völkerbund angehören konnten und nicht nur rechtsstaatliche Demokratien, an die Wilson in erster Linie gedacht hatte.

Obwohl es dem Völkerbund nicht gelang, die Abrüstung zu realisieren und den Frieden in Europa zu bewahren, erzielte er doch kleinere Erfolge: Nicht in bezug auf Streitfälle, an denen eine der Großmächte beteiligt war, aber zwischen kleineren Staaten gelang ihm verschiedentlich eine Schlichtung. Auch war er in humanitären Fragen des öfteren erfolgreich, beispielsweise bei der Rückführung von Kriegsgefangenen, der Unterstützung von Flüchtlingen, bei Umsiedlungsaktionen, bei der Verwaltung von Mandatsgebieten wie dem Saarland bis 1935 bzw. Danzigs sowie schließlich bei der finanziellen Sanierung kleinerer Staaten nach 1919, unter denen mit Österreich und Ungarn auch Besiegte von 1918 waren.

Der Völkerbund konnte die in ihn von seinen Initiatoren gesetzten Erwartungen nicht erfüllen, doch bedeuteten seine Existenz und Zielsetzung ein Zeichen für die Zukunft, das mit der Gründung der UNO nach dem Zweiten Weltkrieg, in dem der Völkerbund zur völligen Bedeutungslosigkeit herabgesunken war, wieder aufgenommen wurde. Friedliche Schlichtung von Konflikten unter den Mitgliedern, Unverletzlichkeit ihrer Territorien, Abrüstung, humanitäre Hilfen gehörten weiterhin zu den Zielen, ebensowenig wie nach 1918 konnten sie jedoch nach 1945 realisiert werden.

3. ENTWICKLUNG UND DESTABILISIERUNG DER INTERNATIONALEN ORDNUNG

a) Zwischen Stabilität und Fragilität

<small>Die internationale Ordnung nach den Pariser Vorortverträgen</small> Die Bewertung der Pariser Vorortverträge war schon bei den Zeitgenossen umstritten, und je labiler die von ihnen geschaffene Ordnung seit 1933 wurde, desto größer wurde die Kritik. Doch verkennt eine Beurteilung, die nur von den Schwächen der Versailler Ordnung ausgeht und lediglich ihre Wirkungen sieht, die historische Komplexität. Voraussetzungen und Ursachen der Pariser Verhandlungen liegen im Weltkrieg. Seine Brutalität und Zerstörungswut, schließlich die durch den Krieg verursachte finanzielle Katastrophe der kriegführenden Großmächte mit Ausnahme der USA mußten auch die Friedensverhandlungen prägen. Sie waren daher weniger, als Wilson dies wünschte, vom Willen zur rationalen Gestaltung einer gemeinsamen friedlichen Zukunft geprägt als von den vergiftenden Wirkungen einer feindlichen Vergangenheit. Der resignierte Rückzug der Amerikaner resultierte nicht zuletzt aus dieser vergangenheitsorientierten Perspektive der führenden Mitgliedsstaaten des Völkerbunds.

Die USA und die Sowjetunion, die beiden auf gegensätzliche Weise zukunftsorientierten Mächte, deren Gegensatz die zweite Hälfte des 20. Jahrhunderts prägen sollte, gehörten also dem Völkerbund nicht an, sowenig er überhaupt für eine Revision der Pariser Vorortverträge Raum bot, garantierte er doch die Unverletzlichkeit der Grenzen und damit den Status quo. Insofern war die Ausschließung Deutschlands 1919 ebenso konsequent wie seine Aufnahme 1926, setzte es doch seit Mitte der 1920er Jahre unter Stresemanns Führung außenpolitisch auf ausschließlich friedliche Lösungen, auch im Osten. Indem der Völkerbund faktisch die Konservierung der bestehenden Grenzen und Vereinbarungen bezweckte, war er in einem dezidierten Sinn an die Pariser Vorortverträge gebunden, für konstruktive Alternativen, die den Frieden langfristig hätten sichern können, war er paradoxerweise aufgrund dieser Verflechtung nicht die geeignete Organisation, vielmehr bildete er in der 1919 etablierten weltpolitischen Ordnung gemeinsam mit der französischen Hegemonie in Europa lediglich ein „regionales Sub-System" [730: W. G. GREWE, Epochen der Völkerrechtsgeschichte, 680].

Hierbei handelte es sich aus mehrfachem Grund um eine „künstliche Hegemonie Frankreichs" [97: H. GRAML, Europa zwischen den Kriegen, 92 ff.], weil die Welt von einer – freilich kaum weniger künstlichen – anglo-amerikanischen Hegemonie beherrscht zu sein schien. Künstlich war diese Konstellation, weil das demographische, ökonomische und politische Gewicht Deutschlands in Europa nicht wirklich beseitigt, sondern lediglich temporär und sektoral stillgestellt war. Künstlich war diese Hegemonie aber auch deshalb, weil die in der Flottenkonferenz in Washington 1922 festgeschriebene maritime Doppelparität – die Flottenstärke wurde verhältnismäßig für Großbritannien und die USA auf je 5, für Japan auf 3, für Frankreich und Italien auf je 1,67 festgesetzt – das tatsächliche Stärkeverhältnis der USA erheblich unter- und das Großbritanniens überbewertete. Die Ursache dieser Fehlkalkulation lag in Prämissen der amerikanischen Außenpolitik begründet, die für ein Jahrzehnt in ihre isolationistische Tradition zurückfielen und die britische Seeherrschaft als lebenswichtig ansahen. Von dieser Einschätzung rückten die Amerikaner erst in der zweiten Hälfte der 1930er Jahre ab, als die Schwäche Großbritanniens offensichtlich wurde.

Unter dieser Konstellation reduzierte sich die politische Aufgabe des Völkerbunds auf Hilfsfunktionen zur Sicherung des europäischen Status quo im Sinne französischer Interessen mit britischer Unterstützung oder Billigung. Mit der sich seit der Ruhrbesetzung 1923 ändernden Konstellation bedurfte die französische Politik einer Neuorientierung: Einerseits hatte sie deutschlandpolitisch auch in den Augen der Briten – auf die sie angewiesen war – überzogen, andererseits begann mit dem Abbruch des „Ruhrkampfs" auf deutscher Seite unter Stresemanns Führung eine zuerst tastende, dann zunehmend energische Verständigungspolitik, die in Briand ihren kongenialen Partner fand.

Die Einbeziehung Deutschlands entsprach dieser konzeptionellen Änderung ebenso wie die einstweilige Stabilisierung der Außenseiterstellung Sowjetrußlands, für die das Kalkül in Berlin und Paris freilich unterschiedlich war. Aufgrund der ideologischen Gegensätzlichkeit von Demokratie und Diktatur blieb das rationale Spiel der Mächte in der Weltpolitik nicht mehr die alleinige Triebfeder der französischen Rußlandpolitik, die bis in den Ersten Weltkrieg hinein auf die Umklammerung Deutschlands gemeinsam mit dem russischen Bündnispartner gesetzt hatte, nun aber statt dessen auf einen „Cordon sanitaire" zusteuerte: So hatte der französische Radikalsozialist und zeitweilige Premierminister Edouard Herriot als Ziel die Eindämmung der von Sowjetrußland ausgehenden weltrevolutionären Gefahr durch einen Gürtel von Pufferstaaten bezeichnet. Dieser bündnispolitische Wandel, der die Strategie nicht mehr über die Ideologie stellte, bedeutete zwangsläufig eine Umorientierung der französischen Sicherheitspolitik gegenüber Deutschland: Die Interessen Frankreichs sollten nun dadurch gewahrt werden, daß es nicht allein gute Beziehungen zu diesen Pufferstaaten im Rücken Deutschlands pflege, sondern diese zudem in einem klaren Interessengegensatz zum Deutschen Reich standen, verdankten sie doch einen Teil ihres Territoriums den in Versailles abgetrennten ehemals deutschen Gebieten. Auch dieser Staatengürtel zwischen Deutschland und Rußland setzte also – antirevisionistisch – auf den Status quo. Lediglich das nationalistische Interessen verfolgende Polen machte hiervon insofern eine Ausnahme, als es sich territorial noch nicht völlig saturiert fühlte und sich daraus Reibungen vor allem mit Litauen, der Tchecoslowakei, der Westukrainischen Volksrepublik, Sowjetrußland und dem Deutschen Reich entwickelten. Auch für Polens Nationaldemokraten bedeutete der Versailler Vertrag „eine herbe Enttäuschung" [235: G. RHODE, Geschichte Polens, 463], obwohl es nicht allein seine staatliche Existenz wiedererlangt, sondern große territoriale Gewinne erzielt hatte. Die Frage stellte sich also, wie weit der größte ost-

Deutschland, Frankreich, Rußland zu Beginn der 1920er Jahre

mitteleuropäische Staat die ihm in der französischen Konzeption zugedachte Pufferfunktion tatsächlich dauerhaft wahrnehmen konnte, gab es doch Reibungen mit fast allen angrenzenden Staaten. Polen verblieb damit selbst in einer äußerst schwierigen, seine Geschichte schon früher tragisch determinierenden „Mittellage".

Allerdings war die französische Politik nicht ausschließlich dieser Strategie verpflichtet. So setzte Herriot selbst nach dem Wahlsieg des von ihm geführten Linkskartells 1924 als Premierminister und Außenminister die Anerkennung Sowjetrußlands durch und trug damit zum Abbau der russischen Isolation bei.

Die Versailler Ordnung war demnach von Beginn an kein starres System der internationalen Beziehungen. Vielmehr änderte sich in den 1920er und 1930er Jahren, wie deutlich geworden ist, mehrfach die Zusammensetzung des Völkerbunds. Neben den Versuch der europäischen Sieger von 1918, das System durch exklusive Mitgliedschaft zu stabilisieren, traten seit Mitte der 1920er Jahre auch Möglichkeiten, es innerhalb dieser Ordnung zu revidieren. Solange solche Politik auf friedlichen Mitteln beruhte, konnte sie sogar zur Stabilisierung beitragen und mußte folglich nicht im Krieg enden. Insofern glich die europäische Politik nach 1919 einer Gratwanderung zwischen Krieg und Frieden; es unterliegt keinem Zweifel, daß führende europäische Staatsmänner alles daransetzten, den fragilen Frieden zu bewahren bzw. zu sichern.

Phasen und Entwicklung der internationalen Ordnung

Zwischen 1919 und 1924 schien Europa oft dem Krieg näher als dem Frieden. Doch seit der Beendigung des Ruhrkampfes und dem Dawes-Plan von 1924, wofür sich Herriot ebenfalls stark engagierte, bis zum Young-Plan und dem Ausbruch der Weltwirtschaftskrise 1929 suchten die europäischen Staatsmänner energisch, die europäischen Probleme zu lösen. Im Mittelpunkt stand die deutsch-französische Verständigung, deren erster Höhepunkt das Vertragswerk von Locarno 1925 war. Diesen beiden ersten Phasen folgten zwei Zeitabschnitte, die einen labilen Schwebezustand markierten: Seit 1930 bewirkte nicht allein die Krise der Weltwirtschaft, sondern auch die innenpolitische Krise insbesondere Deutschlands, aber auch anderer Staaten, eine internationale Verunsicherung, die durch die nationalsozialistische Revolution 1933 erheblich verschärft wurde, ohne daß wirklich Klarheit über Hitlers Absichten bestand.

Zusammen mit der weltweiten ökonomischen Stabilisierung, die in Deutschland besonders nachhaltig erfolgte, entwickelte sich bis 1936 eine zwar offen revisionistische, insgesamt aber noch nicht erkennbar bellizistische Außenpolitik Hitlers. Die in Berlin 1936 mit großem Pomp ausgetragene Olympiade gaukelte der Welt erfolgreich ein scheinbar verständigungsbereit-friedliebendes nationalsozialistisches Deutschland vor. Die Bewahrung des Friedens schien also durchaus möglich.

Die Großmächte akzeptierten die Vertragsverletzungen Hitlers, beispielsweise beim Einmarsch in das entmilitarisierte Rheinland im Frühjahr 1936 nicht allein, um den Frieden zu wahren. Vielmehr hatte der Versailler Vertrag als den Deutschen oktroyierter Frieden mit mancherlei nur zu offensichtlichen Ungerechtigkeiten selbst bei den Siegern von 1918 keine allzu gute Presse. Zwar schienen die Jahre 1936 bis 1939 eine dritte Schwebeperiode zu sein, doch unterlagen die westlichen Staatsmänner einer weiteren Täuschung, denn Hitler hatte Wirtschaft und Militär seit 1936 auf Krieg programmiert; alle scheinbar noch friedlichen Offensiven bedeuteten für ihn lediglich den für die Aufrüstung benötigten Zeitgewinn. Auch das faschistische Italien wurde seit 1935 immer offensichtlicher zur revisionistischen Macht und wollte die im Innern aggressive ideologische Herrschaft in eine imperialistische Außenpolitik umsetzen: Die Folge war ein faschistisch-nationalsozialistischer Gleichklang.

Nur das mittlere Jahrzehnt der Zwischenkriegszeit ist also eine Zeit der Kriegsverhütung gewesen, wobei nur dessen erste Hälfte von 1924 bis 1929 wirklich Hoffnung versprach: Das „beste Jahrfünft" der europäischen Politik war auch das hoffnungsvollste der deutschen Innenpolitik.

Die ersten Jahre der europäischen Politik nach den Pariser Vorortverträgen waren nicht allein innenpolitisch eine Zeit der Krisen, vielmehr begannen sie bereits mit einer Reihe von Grenzverletzungen, die die Problematik der neuen Nationalitätenstaaten augenfällig machten. Noch während der Friedensverhandlungen fiel die Tschechoslowakei nach gewalttätigen polnisch-tschechischen Auseinandersetzungen in das ursprünglich österreichisch-schlesische (im Jahre 1910 zu 61% deutschsprachige) und nun polnische Teschen ein, wodurch ein kurzer Krieg zwischen beiden Staaten ausgelöst wurde. Ein internationaler Schiedsspruch beendete 1920 diesen Konflikt mit einer Teilung von Stadt und Kreis Teschen, Prag mußte diese Regelung aufgrund massiven französischen Drucks akzeptieren, sie brachte etwa 140 000 Polen und eine Mischbevölkerung von Schlonsaken unter tschechische Herrschaft. *Die Pariser Grenzziehungen als Konfliktherd*

Ebenfalls im Januar 1919 marschierten serbisch-jugoslawische Verbände in die Steiermark und nach Kärnten ein und wiederholten dieses Vorgehen trotz eines Waffenstillstands vom 13. Januar nochmals im April. Erst die Volksabstimmung vom 10. Oktober 1920 beendete diesen Konflikt zugunsten Österreichs. Weitere Auseinandersetzungen in umstrittenen Grenzgebieten gab es bis 1924 in Fiume, Italien, in Oberschlesien, woran deutsche Freikorps und polnische Freischärler beteiligt waren, sowie im ostpreußischen Gebiet nördlich der Memel, wo es seit dem 4. Oktober 1920 einen eigenen Staatsrat mit französischem Präfekten gab. Hier fielen am 10. Januar 1923 litauische Freischärler ein, vor diesem Gewaltakt wichen die vier Mächte zurück, die gemäß dem Versailler Vertrag (die Grenzziehung wurde in Teil II, Art. 28 und über Ostpreußen speziell in Teil III, Artikel 94 – 98 geregelt, dem Memelgebiet war ein eigener Artikel 99 gewidmet worden) durch eine Botschafterkonferenz die hoheitlichen Rechte ausübten. Sie übertrugen ihre Rechte an Litauen, das Memelgebiet erhielt unter seiner Oberhoheit Autonomie. Doch damit nicht genug: Litauen reklamierte auch noch seine ehemalige Hauptstadt Wilna, in der eine zum größten Teil polnische Bevölkerung lebte, für sich. Daraufhin marschierte eine polnische Einheit unter General Szeptycki zwischen dem 19. und dem 22. April 1919 in die Stadt ein, die Polen besetzten *Polen und die Instabilität in Mittelosteuropa* dann bis zum September weitere Gebiete bis zum weißrussischen Minsk und Ostgalizien.

Zusätzliche von Marschall Pilsudski durchgeführte bzw. beabsichtigte Expansionen stießen auf den Widerstand der westlichen Alliierten, hielten aber Pilsudski 1919/20 nicht von der Weiterführung des Krieges gegen Sowjetrußland ab. Doch konnte er die nach anfänglichen polnischen Erfolgen vordringende Rote Armee zunächst nicht aufhalten; deren Ziel war indes keineswegs nur territorialpolitischer Art, sondern die kommunistische Revolutionierung Polens. Demgegenüber huldigte Polen der Maxime nationalstaatlicher Expansion. Sie war darauf gerichtet, die eigenen Grenzen bis in die entferntesten ethnischen Streugebiete auszudehnen, in denen Angehörige der eigenen Nationalität siedelten: Dieses Prinzip erwies sich dann bis in den Zweiten Weltkrieg hinein als äußerst verhängnisvoll. Aufgrund ihrer militärischen Führungsschwächen gelang es Pilsudski, die sowjetrussische Armee wieder nach Osten zurückzudrängen und eine für Polen optimale Demarkationslinie zu erreichen.

Diese Konstellation bewies nicht allein die über die Versailler Regelungen fortdauernde Konfliktträchtigkeit der neuen Grenzziehungen, die nationalistische Ziele nicht gebändigt, sondern partiell sogar verschärft hatten. Vielmehr trat nun die ideologische Komponente hinzu, sie äußerte sich in dem sowjetrussischen Versuch revolutionärer kommunistischer Infiltration in Nachbarstaaten. Aufgrund des bis zu seinem Tod Anfang 1924 dominierenden weltrevolutionären Anspruchs hatte Lenin den Friedensvertrag von Brest-Litowsk unterzeichnen lassen, weil das revolutionäre Rußland eine Atempause benötigte. In der Folge verband Lenin die Taktik zum Ausgleich mit den westlichen, kapitalistischen Staaten mit der langfristigen – geschichtsphilosophisch begründeten – Strategie der Weltrevolution, für die die im März 1919 gegründete Komnunistische Internationale, Komintern, das Moskauer Steuerungsinstrument wurde.

Die Verquickung nationalistischer Ambitionen mit einer totalitären Ideologie, aber auch ihre wechselseitige Feindseligkeit zeigte sich im polnisch-sowjetrussischen Krieg 1919/20 zum ersten Mal und trug in die jahrhundertealte Dimension dieses Konflikts eine neue, für die Zwischenkriegszeit charakteristische Komponente, auch wenn 1919 historische und ethnische Gründe den Ausschlag gaben. Die Auseinandersetzungen zwangen die Westalliierten, erneut einzugreifen, und führten zur Annahme des Vorschlags des britischen Außenministers Lord Curzon auf der Interalliierten Konferenz von Spa am 11. Juli 1920. Zwar wurde sein Plan damals noch nicht realisiert, da die durch die Curzon-Linie erheblich benachteiligten Polen mit ihrem Sieg bei Warschau und im Frieden von Riga, den sie am 18. März 1921 mit Sowjetrußland schlossen, eine günstigere Grenzziehung erreichten. Die an den ethnischen Grenzen orientierte Curzon-Linie sollte von Dünaburg im Norden südwestlich bis Grodno und dann wieder südlich über Brest bis Krylów verlaufen, die tatsächliche Grenze wurde dann jedoch ungefähr 200 bis 300 km östlich von der Curzon-Linie im Norden von der Düna westlich Minsk nach Süden bis an den Dnjestr zur rumänischen Grenze gezogen.

3. Entwicklung und Destabilisierung der internationalen Ordnung   45

Allerdings erlangte die Curzon-Linie sehr viel später historische Bedeutung, bildete sie doch im Zweiten Weltkrieg die Grundlage für die sowjetischen Ansprüche gegenüber Polen. Die 1945 durchgeführte Westverschiebung Polens folgte danach im wesentlichen der Curzon-Linie als heute gültiger polnischer Ostgrenze.

Wilna, das nach dem russischen Vormarsch im Moskauer Friedensvertrag vom 12. Juli 1920 zunächst Litauen zugesprochen worden war, eroberten die Polen am 9. Oktober 1920 zurück. Weder Polen noch Sowjetrußland nahmen bei ihren Aktionen auf die Neutralität Litauens Rücksicht, sondern verfolgten eine dezidiert nationalistische Politik. Beide unterschätzten das litauische, aber auch das ukrainische Nationalbewußtsein.

Die Volksabstimmung ergab am 8. Januar 1922 eine Mehrheit für Polen, woraufhin unter litauischem Protest die Stadt Wilna und ihr Umland zu Polen kam. Polen war nun mit 388 600 qkm und 27,18 Millionen Einwohnern kein Nationalitätenstaat, aber auch kein Nationalstaat, da nach amtlichen (nicht unbestrittenen, weil vermutlich zu niedrigen) Angaben neben 19 Millionen Polen etwa 4 Millionen Ukrainer, je 1,1 Millionen Deutsche und Weißrussen und 2,1 Millionen Juden, die gesondert aufgeführt wurden, in diesem Staat lebten, nachdem Pilsudskis Föderationspläne gescheitert waren.

Die Grenzproblematik, die zu Beginn der Weimarer Republik zwar zeitweilig weniger virulent schien, sich aber in den 1930er Jahren wieder verschärfte, bis sie in Hitlers und Stalins Aufteilungsplänen während des Zweiten Weltkriegs gewaltsam gelöst werden sollte, zeigte von der Ostsee bis zum griechisch-türkischen Konfliktherd im Südosten Europas fundamentale Unsicherheiten: Die ostmitteleuropäische Region zählte zu den gefährlichsten Krisenherden der Zwischenkriegszeit, längst bevor sie durch die beiden totalitären Diktaturen in den Strudel des Krieges gerissen wurde.

Neben dieser Konstellation wirkte sich in den Jahren 1919 bis 1924 insbesondere das Reparationsproblem destabilisierend auf die internationale Ordnung aus: Nun erwies sich, wie verhängnisvoll es gewesen war, die Höhe der von Deutschland verlangten Reparationen einstweilen offen zu lassen. So jagte eine Reparationskonferenz die andere. Deutschland erklärte, nicht mehr leisten zu können, die Alliierten bezweifelten dies; beide Seiten bewerteten die deutschen Sachlieferungen extrem unterschiedlich. Nach der vom Deutschen Reich gemäß dem Vertrag von Versailles in bar und in Sachlieferungen zu erbringenden Vorleistung in Höhe von 20 Milliarden Reichsmark wurde eine Reparationskommission eingesetzt; ihr gehörten Vertreter der USA, Großbritanniens, Frankreichs, Belgiens, Italiens sowie mit minderem Status Japan und Jugoslawien an. Ihre Aufgabe bildete die Erstellung der gesamten Forderung und eines Zahlungsplans.

Das Reparationsproblem

Die im Januar 1921 in Paris stattfindende Reparationskonferenz erhob daraufhin die erste Gesamtforderung, die sich auf 269 Milliarden Goldmark belief. Die deutschen Gegenvorschläge lehnten die Alliierten auf den Londoner Konferenzen vom März 1921 ab. Als Deutschland erklärte, diese Summe nicht aufbringen zu können, wurden die ersten Sanktionen ergriffen, zu denen die Besetzung Düsseldorfs und anderer linksrheinischer Städte zählte. Im April 1921 reduzierte die Reparationskommission die Gesamtforderung auf 132 Milliarden Goldmark und verband sie mit dem Londoner Ultimatum, das eine Zahlung dieser Summe in 23 Jahren in Annuitäten von 2 Milliarden Reichsmark zuzüglich einer Ausfuhrabgabe von 26% vorsah.

Die Krise des Jahres 1923 Die Reichsregierung versuchte, diese Forderung angesichts des Ultimatums, ungesicherter Grenzen und polnischer Aufstände in Oberschlesien zu erfüllen, was ihr bei der deutschnationalen Opposition den Vorwurf der „Erfüllungspolitik" eintrug. Diese Zahlungen trugen zum wirtschaftlichen Ruin bei, kleinere Zahlungsrückstände sowie die Ankündigung der Zahlungsunfähigkeit wurden zum Anlaß weiterer Sanktionen bis hin zur Besetzung des Ruhrgebiets durch Frankreich und Belgien im Januar 1923: Die europäische Krise erreichte ihren ersten Nachkriegshöhepunkt, das Deutsche Reich war aufgrund zusätzlicher innenpolitischer Probleme in Sachsen, Thüringen und Bayern dem völligen Zusammenbruch und Zerfall nahe. Der „passive Widerstand" gegen die Besatzungstruppen erwies sich als Fehlschlag. Er trieb Deutschland weiter in den finanziellen Ruin und trug seiner Volkswirtschaft erheblichen Schaden ein; die Besetzung zahlte sich aber auch für Frankreich und Belgien nicht aus. 132 Tote, mindestens 150 000 aus dem Ruhrgebiet Ausgewiesene, enorme Unterstützungszahlungen für die betroffene Bevölkerung und die Hyperinflation: Diese Bilanz bewog die seit dem 14. August als Nachfolgerin des parteilosen Reichskanzlers Cuno amtierende Regierung Stresemann schließlich am 26. September 1923 zum Abbruch der zwar patriotischen, aber kostspielig-aussichtslosen Aktion. Eine durchgreifende Währungsreform schuf der Reichsregierung einen gewissen Vertrauensbonus auch im Ausland, da sie als Zeichen wirklichen Bemühens um wirtschaftliche Sanierung angesehen wurde.

Der Dawes-Plan 1924 Der offensichtliche Fehlschlag auf beiden Seiten bereitete so der Neuregelung des Reparationsproblems auf der Grundlage eines Plans des amerikanischen Finanzexperten Dawes den Weg, den die Londoner Reparationskonferenz, bei der das Reich durch Reichskanzler Luther und Außenminister Stresemann vertreten war, am 16. August 1924 annahm. Der Dawes-Plan sah vor, die deutschen Reparationszahlungen an der wirtschaftlichen Leistungsfähigkeit zu orientieren. Das Reich sollte jährlich 2,5 Milliarden Goldmark zahlen, doch sollte die volle Höhe der Raten erst im fünften Jahr erreicht werden. Um die Ansprüche der Gläubiger zu sichern, wurden Reichsbank und Reichsbahn belastet, Zölle und Verbrauchssteuern des Reiches verpfändet und der deutschen Industrie Zinsen für Obligationen in Höhe von 5 Milliarden Goldmark auferlegt.

Das Deutsche Reich hat diese Verpflichtungen erfüllt, allerdings nicht in erster Linie aufgrund wirklicher ökonomischer Leistungsfähigkeit. Die Basis für seinen wirtschaftlichen Wiederaufschwung bildete nicht zuletzt das aufgrund des Dawes-Plans nach Deutschland strömende amerikanische Kapital, das mit einer Starthilfe von 800 Millionen Reichsmark begann. Diese Startspritze bewirkte eine

3. Entwicklung und Destabilisierung der internationalen Ordnung

zunehmende Auslandsverschuldung, welche sich aber im Verlauf der Wirtschaftskrise seit 1929 in Illiquidität verwandelte. So wurden zwischen 1924 und 1931 10,8 Milliarden Reichsmark an Reparationen geleistet, während das Reich in diesem Zeitraum 20,5 Milliarden an Krediten erhielt.

Im Jahre 1928/29, dem letzten Jahr der Dawes-Regelung, die dann vom Young-Plan abgelöst wurde, machten die Reparationen 12,4% der gesamten Staatsausgaben aus, erreichten 12,5% der Zahlungsbilanz und verschlangen 3,3% des gesamten Volkseinkommens. Aufgrund der wachsenden deutschen Auslandsverschuldung, die begründete Zweifel an der künftigen Fähigkeit zur Erfüllung des Dawes-Plans aufkommen ließ, betrieb der amerikanische Finanzpolitiker und Generalagent für die Reparationszahlungen, Parker Gilbert, seit 1927/28 eine Revision der früheren Vereinbarungen. Sie lag nicht allein im Interesse Deutschlands, sondern auch Frankreichs, dessen Ziel die Realisierung der Obligationen war, um die bestehenden finanziellen Engpässe beheben zu können. Die in Genf am 2. Februar 1929 unter Leitung von Owen D. Young zusammentretende Sachverständigenkonferenz, auf der Deutschland u. a. durch Hjalmar Schacht vertreten war, erarbeitete daraufhin einen neuen Zahlungsplan, der für Deutschland wesentliche Fortschritte brachte, z. B. den Abbau der politischen Kontrollen über Reichsbank und Reichsbahn, die Räumung des Rheinlands für 1930 und eine Verminderung der Reparationsforderungen an Deutschland.

Der Young-Plan 1929

Trotzdem wurde der Young-Plan zum Anlaß einer beispiellosen Agitation der Deutschnationalen, der Nationalsozialisten, des Stahlhelm und ihres Umfelds gegen die demokratischen Regierungen der Weimarer Republik, ja selbst gegen den ohnehin monarchistisch und restaurativ orientierten Reichspräsidenten von Hindenburg. Dennoch gelang es Stresemann kurz vor seinem Tod gegen extreme Widerstände, in Deutschland die Annahme des Plans durchzusetzen. Ziel dieses „Neuen Plans" war es, das Reparationsproblem endgültig zu lösen und so auch die Voraussetzung für die vorzeitige Räumung des Rheinlandes im Jahre 1930, die im Vertrag von Versailles noch auf 15 Jahre festgesetzt worden war, zu schaffen.

Gegen diesen Vertrag leitete die nationalistische Rechte ein Volksbegehren ein, das immerhin 4,1 Millionen Stimmen auf sich vereinigte. Sie reichten aus, um einen Volksentscheid zu erzwingen, der zwar am 22. Dezember 1929 scheiterte, doch mit 5,8 Millionen Stimmen einen Anteil von 13,81 Prozent der Stimmberechtigten erzielte. Der Gesetzentwurf, den die Initiatoren vorgelegt hatten, trug die bezeichnende Überschrift „Gesetz gegen die Versklavung des deutschen Volkes" und hatte zum Ziel, alle Mitglieder oder Bevollmächtigten der Reichsregierung, die die Verträge unterzeichnen würden, wegen Landesverrats unter Anklage zu stellen.

Der ebenfalls attackierte Reichspräsident rückte infolge dieser Diffamierungen nicht etwa stärker in die Mitte, sondern noch weiter nach rechts: Dies zeigte sich seit dem Winter 1929/30 auf verhängnisvolle Weise, wurde Hindenburg doch immer zugänglicher für Intrigen gegen die parlamentarisch gebildete Reichsregierung im allgemeinen und die sozialdemokratische Regierungsbeteiligung im besonderen. Die seit März 1930 folgende Bildung der Präsidialkabinette war also nicht zuletzt eine Konsequenz der in der Auseinandersetzung über den Young-Plan ineinandergreifenden innen- und außenpolitischen Bedingungsfaktoren, zu denen immer stärker die Deutschland besonders und früher als andere Staaten treffende Weltwirtschaftskrise trat.

Was sah der am 13. März 1930 durch ein Reichsgesetz angenommene und rückwirkend zum 1. September 1929 in Kraft tretende Young-Plan vor? Das Deutsche Reich sollte bis 1988 zunächst insgesamt 37 Annuitäten in Höhe von durchschnittlich jeweils 2,05 Milliarden Reichsmark sowie dann 22 Raten in Höhe von zu Beginn 1,65 Milliarden zahlen, die am Ende niedriger ausfallen sollten. Die verbleibende Gesamtschuld der Reparationen einschließlich der Zinsen belief sich damit auf 110,7 Milliarden Reichsmark: Das „entsprach etwa der Summe von 10 Reichshaushalten jener Zeit" [K.E. Born in 125: TH. SCHIEDER, Handbuch der Europäischen Geschichte, Band VII/1, 541], und mußte schon deswegen den Zeitgenossen unvorstellbar hoch erscheinen. Dies erklärt die Wirksamkeit der gegen den Young-Plan gerichteten Agitation, die die durch diesen erzielten Verbesserungen völlig außer Acht ließ.

In den ersten zehn Jahren sollte zum Teil in bar, zum Teil in Sachleistungen gezahlt werden. Gegenüber dem Dawes-Plan verminderten sich die Annuitäten in den Anfangsjahren um ungefähr 800 Millionen Reichsmark. Diese Lösung gewährleistete Flexibilität in Zahlungen und Transfermöglichkeiten und bedeutete die Wiedererlangung der finanzpolitischen Souveränität des Deutschen Reiches.

Tatsächlich wurde auch dieser Plan nicht erfüllt, beendete doch die wirtschaftliche Katastrophe alle Möglichkeiten der Realisierung. Die internationale Verschuldung, insbesondere gegenüber den USA, sowie die von der Regierung Brüning für den Kampf gegen die Reparationen instrumentalisierte und in gewisser Weise wirtschaftspolitisch verschärfte deutsche Zahlungsunfähigkeit führte Mitte 1931 zum sog. Hoover-Moratorium, d. h. zunächst zur Aussetzung der Reparationsforderungen für ein Jahr. Anfang Juli 1932 folgte das Abkommen von Lausanne, das auf deutscher Seite noch von der Regierung Brüning ausgehandelt, aber durch seinen Nachfolger von Papen unterzeichnet wurde (so daß sich dieser den Verhandlungserfolg zuschrieb). Der Vertrag von Lausanne bedeutete das faktische Ende der Reparationszahlungen, die dort noch konstatierte deutsche Restschuld in Höhe von 3 Milliarden Reichsmark ist nicht mehr bezahlt worden.

Tatsächlich geleistete Reparationszahlungen

Ihre bis dahin erreichte Höhe war schon bei den Beteiligten umstritten und ist auch heute noch nicht völlig geklärt. Allerdings besteht Einigkeit darüber, daß die Gesamtleistung erheblich niedriger war, als vom Reich angegeben: Damit war auch die tatsächliche wirtschafts- und finanzpolitische Belastung deutlich geringer, als der zentrale politische Stellenwert in der öffentlichen Diskussion vermuten läßt.

Die Reparationskommission berechnete die Höhe der deutschen Leistungen mit insgesamt 19,163 Milliarden, die Reichsregierung mit 53,155 Milliarden Goldmark, davon etwa 55% in Sachlieferungen – und hier liegt eine Quelle der so weit differierenden Angaben über die Höhe, da die Beteiligten zu ganz unterschiedlichen Bewertungen gelangten. Die heutige Forschung geht von einer deutschen Reparationsleistung in Höhe von etwa 25 Milliarden Reichsmark aus, davon 13 Milliarden in bar. Hinzu kamen 14,5 Milliarden an besatzungs- und abrüstungsbedingten Kosten, die die Alliierten aber in ihrer Aufstellung naturgemäß nicht berücksichtigten, bedeuteten diese für sie doch keinerlei Einnahme.

Die Wende der europäischen Politik 1924 hatte mit der Stabilisierung der Währung in Deutschland, dem Dawes-Plan zur Lösung des Reparationsproblems und der erheblich verstärkten amerikanischen Finanzhilfe insbesondere für die beiden am härtesten von den wirtschaftlichen Kriegsfolgen betroffenen Großmächte Deutschland und Frankreich begonnen. Diese Voraussetzungen eröffneten beiden bis dahin verfeindeten Staaten die Chance zu einer Verständigungspolitik, die Gustav Stresemann und Aristide Briand gegen vielfältige innenpolitische Widerstände energisch ergriffen. Entgegen der gegen sie in ihren eigenen Ländern gerichteten Polemik bezweckte ihre Außenpolitik durchaus die Wahrung der jeweiligen nationalen Interessen. Doch hatten beide Staatsmänner im Unterschied zu ihren innenpolitischen Widersachern erkannt, daß die Zukunft ihrer Staaten nur in einem deutsch-französischen Interessenausgleich liegen konnte.

Stabilisierung der europäischen Ordnung 1924/25

Auf dieser Basis begannen die Verhandlungen. Briand war sich bewußt, daß die Stabilisierung des Versailler Systems ohne Integration Deutschlands unmöglich sein würde und deshalb auch Frankreich zu Kompromissen bereit sein mußte. Stresemann seinerseits wußte nur zu genau, daß Deutschland dem französischen Sicherheitsinteresse in hinreichendem Maße Rechnung tragen mußte. Hierzu gehörte ein deutscher Gewaltverzicht und die Anerkennung der deutschen Westgrenzen als unveränderlich, also nicht zuletzt der vom Reich erklärte formelle Verzicht auf das Elsaß und Lothringen. In bezug auf diese Fragen mußte das Deutsche Reich also auf jede Revision des Vertrags von Versailles verzichten und freiwillig akzeptieren, was es 1919 nur mit dem Vorbehalt getan hatte, unter Druck zu unterschreiben.

Diesem Grundmuster entsprach der in Locarno ausgehandelte Vertrag, der allerdings keineswegs nur die bilateralen Beziehungen zwischen Deutschland und Frankreich betraf, sondern ebensosehr die östlichen Nachbarn und die Beziehungen der Großmächte, einschließlich Großbritanniens, überhaupt. Aufschlußreiche Informationen lieferte eine britische Denkschrift vom 20. Februar 1925 über die europäische Lage: „Europa ist heute in drei Hauptlager geteilt, nämlich in Sieger, Besiegte und Rußland. Das russische Problem, diese ewige, obschon unbestimmte Bedrohung, kann nur als Problem gefaßt werden; es ist unmöglich vorauszusehen, welche Wirkung die Entwicklung Rußlands auf den Bestand Europas in der Zukunft ausüben wird..."

Die Locarno-Verträge

In bezug auf die „früher feindlichen Kleinstaaten" gelangt die Denkschrift zu dem Schluß: „Alle unsere ehemaligen Feinde empfinden fortgesetzt mit Bitterkeit, was sie verloren haben; alle unsere ehemaligen Verbündeten befürchten den Verlust dessen, was sie gewonnen haben. Die eine Hälfte Europas ist in gefährlichem

Maße von Empörung, die andere Hälfte in gefährlichem Maße von Furcht erfüllt..."

Deutschland sei zwar augenblicklich zu keinerlei Angriff imstande, berge aber nach wie vor ein großes militärisches Potential. Zwar seien die einsichtigeren Deutschen wohl friedliebend und auf größere Stabilität bedacht, doch seien wohl alle überzeugt, daß ihr Land sich künftig erholen werde. Diese künftige Stärke würde sich kaum gegen Großbritannien wenden. „Es kann sogar bezweifelt werden, ob die Mehrheit der Deutschen heutzutage einen Revanchekrieg gegen Frankreich herbeiwünscht; aber es kann zuversichtlich behauptet werden, daß, sobald Deutschland wieder zu Kräften kommt, eine stete Bewegung einsetzen wird, um die beiden für einen Deutschen anstößigsten Bestimmungen der Friedensregelung zu berichtigen, nämlich die Einrichtung des polnischen Korridors und die Teilung Schlesiens."

Und schließlich die Beurteilung Frankreichs: „Frankreich fürchtet Deutschland, weil:
1. es Deutschlands Nachbar ist,
2. Deutschland bei Lebzeiten der gegenwärtigen Generation zweimal in sein Gebiet eingedrungen ist,
3. die Geburtenrate in Frankreich fällt,
4. die Geburtenrate in Deutschland steigt.

Diese Umstände haben Frankreich unausweichlich und berechtigterweise dazu geführt, seine Sicherheit über alle anderen Erwägungen zu stellen."

Die Möglichkeiten des Völkerbunds, der sich bei der Lösung kleinerer Probleme schon vielfach nützlich gemacht habe und eine bewunderungswürdige Einrichtung sei, waren nach Einschätzung der britischen Diplomatie begrenzt: Er sei kaum in der Lage, „eine Großmacht in einem Falle zurückzuhalten, in dem diese Macht meint, daß ihre Lebensinteressen auf dem Spiele stehen" [Text in: 71: H. MICHAELIS/E. SCHRAEPLER (Hg.), Ursachen und Folgen, Band VI, 335–341].

Die Analysen der deutschen und der französischen Politik enthalten auch Hinweise darauf, daß die innenpolitischen Spielräume der jeweiligen Regierung zu außenpolitischen Zugeständnissen relativ gering seien, was beispielsweise ein kluger Beobachter wie der britische Botschafter in Deutschland, Lord d'Abernon, in seinen Aufzeichnungen über die deutsche Außenpolitik und Stresemanns Ziele und Möglichkeiten ebenfalls hervorhob.

Um so höher muß der Erfolg der Verträge von Locarno gewertet werden, die vom 5. bis 16. Oktober 1925 ausgehandelt wurden. Das Schlußprotokoll unterschrieben für das Reich Reichskanzler Hans Luther und Gustav Stresemann, für Belgien Außenminister Emile Vandervelde, für Frankreich Außenminister Aristide Briand, für Großbritannien Außenminister Sir Austen Chamberlain, für Italien Ministerpräsident Benito Mussolini, für Polen Außenminister Aleksander Skrzynski und für die Tschechoslowakei Außenminister Eduard Beneš. Es faßte die Übereinkünfte zwischen Deutschland, Belgien, Großbritannien, Frankreich, Italien, Polen und der Tschechoslowakei zusammen und bezog sie auf die als

Anlagen beigegebenen, miteinander korrespondierenden Verträge, die bis auf den ersten bilateral waren. Das Abkommen zwischen Deutschland, Belgien, Frankreich, Großbritannien und Italien vom 16. Oktober wurde ergänzt durch bilaterale Vereinbarungen, die Deutschland jeweils mit Belgien, Frankreich, Polen und der Tschechoslowakei schloß.

Ziel der Beteiligten war „die friedliche Regelung von Streitigkeiten jeglicher Art". Dies klang bescheiden, bedeutete jedoch sehr viel, nämlich den Gewaltverzicht für jegliche Revisionspolitik gegenüber dem Vertrag von Versailles: Locarno verhieß also in höherem Maße als die Pariser Vorortverträge von 1919 Hoffnung auf eine künftige friedliche Ordnung in Europa. Dies wurde dadurch bekräftigt, daß sich die Unterzeichner verpflichteten, an den vom Völkerbund aufgenommenen Arbeiten zur Entwaffnung und Verständigung mitzuwirken. Das komplizierte Vertragswerk brachte auch insofern einen großen Fortschritt, als das Deutsche Reich erstmals als gleichberechtigter Verhandlungs- und Vertragspartner mitwirkte, ihm also die demütigende Rolle von 1919 erspart blieb.

Außer diesem durchaus wesentlichen „Geist von Locarno", der in verschiedenen Passagen zum Ausdruck kam, lauteten die wichtigsten Regelungen wie folgt:
- Deutschland erkennt die Unverletzlichkeit der Grenzen zu Frankreich und Belgien an, wie sie im Vertrag von Versailles bzw. dessen Ausführung festgelegt worden sind, und hält die Bestimmungen über die Entmilitarisierung des Rheinlands ein (Art. 1, Anlage A);
- Deutschland und Belgien sowie Deutschland und Frankreich erklären gegenseitig, „in keinem Fall" einander anzugreifen bzw. in das jeweils andere Land einzufallen;
- Vertragsverletzung verpflichtete die anderen Unterzeichnerstaaten zum Beistand, etwaige Streitigkeiten wurden einem Schlichtungsverfahren unterworfen;
- die Verträge sollten im Rahmen der Völkerbundssatzung stehen.

Die jeweiligen bilateralen Abkommen enthielten Regeln für ein gegebenenfalls notwendig werdendes Schiedsverfahren. Darüber hinaus aber traten die beteiligten Mächte im Vertrag vom 16. Oktober 1925 „jeder für sich und insgesamt" als Garantiemächte auf [71: H. MICHAELIS/E. SCHRAEPLER, Ursachen und Folgen, Band VI, 381 (Artikel 1)]. Auch Großbritannien und Italien garantierten also die Unverletzlichkeit der deutsch-französisch-belgischen Grenze. Für Großbritannien war dies insofern ein bemerkenswerter Schritt, als es noch 1919/20 eine solche Garantie zugunsten Frankreichs verweigert hatte: Dieser Wandel der britischen Politik kann als Abkehr vom in die Vorkriegszeit zurückreichenden privilegierten Bilateralismus der „Entente cordiale" gedeutet werden. Die Einbindung der Verträge in die Zuständigkeiten des Völkerbunds legte die – in Locarno denn auch als Voraussetzung für das Inkrafttreten der Verträge deklarierte – Aufnahme Deutschlands in den Völkerbund nahe, die allerdings vor allem aufgrund des für Deutschland vorgesehenen Mandats im Völkerbundsrat noch auf Schwierigkeiten stieß und erst in zweitem Anlauf, fast ein Jahr später, am 8. September 1926 erfolgte.

Wesentlich für die Wahrung der deutschen Interessen war es, daß das Reich im Osten nicht auf die Möglichkeit der (friedlichen) Grenzkorrektur verzichtete, was die Verhandlungen mit Polen naturgemäß erschwerte, da es eine vergleichbare Regelung wie Frankreich und Belgien anstrebte. Dies gelang nicht, da sich die westlichen Großmächte in dieser Frage zum Kompromiß mit Deutschland genötigt sahen, wollten sie nicht das gesamte Vertragswerk scheitern lassen. Auch weigerte sich Deutschland, die Schiedsverträge mit Polen und der Tschechoslowakei wie die mit den westlichen Mächten durch die jeweils anderen Staaten garantieren zu lassen. Auf der anderen Seite kompensierten wechselseitige Beistandsverpflichtungen Frankreichs gegenüber Polen sowie der Tschechoslowakei diesen Mangel für den Fall eines nichtprovozierten Angriffs. Diese ergänzenden Verträge spielten später für die Politik des Appeasement, aber auch für den Zweiten Weltkrieg insofern eine Rolle, als der deutsche Angriff auf die Tschechoslowakei bzw. Polen einen solchen zweiseitigen Krieg automatisch zu einem europäischen ausweiten würde, wenn Frankreich zu seinen Verpflichtungen stand: Die Automatik der Bündnisverpflichtungen führte also – wie schon in früheren Epochen – 1939 zwangsläufig zur Ausweitung des Krieges.

Insgesamt stabilisierten die Locarno-Verträge und die Aufnahme Deutschlands in den Völkerbund 1925/26 zweifellos die europäische Lage, demonstrierten jedoch gleichzeitig, daß auch für eine demokratisch legitimierte Reichsregierung die Ostgrenzen in ihrer damaligen Form inakzeptabel erschienen. Dies entsprach auch der Einschätzung der britischen Diplomatie. Damit blieb aber eine Ungleichgewichtigkeit zwischen der west- und der mittelosteuropäischen Konstellation auch nach Locarno erhalten und wurde in gewisser Weise sogar verstärkt, weil die übrigen europäischen Großmächte – abgesehen von dem nach wie vor nicht beteiligten Rußland – anders als 1919 die Möglichkeit einer friedlichen Revision im Osten indirekt akzeptiert hatten.

Rückwirkungen in Deutschland

Gingen die wechselseitigen Zugeständnisse diplomatisch jeweils bis an die Grenze der Kompromißfähigkeit, so galt dies nicht für die innenpolitischen Rückwirkungen, die in Deutschland auf dem Fuße folgten. Außenminister Stresemann hatte schon im Vorfeld der Verhandlungen größte Anstrengungen unternehmen müssen, um die potentiellen Vertragspartner über die Wahl des letzten Chefs der Obersten Heeresleitung im Ersten Weltkrieg, von Hindenburg – der alles andere als ein Demokrat war –, zum Reichspräsidenten am 26. April 1925 zu beruhigen. Dieses Ereignis drohte das in mühsamem Ringen gewonnene Vertrauen insbesondere in Frankreich zu erschüttern, so daß der Außenminister sich sogar zu einem Brief an die Zeitung „Le Matin" veranlaßt sah. Als Stresemann das noch einmal durch Premierminister Herriot öffentlich bekundete Sicherheitsverlangen der französischen Regierung mit dem Angebot eines Sicherheitspaktes beantwortete und hinzufügte, daß dem labilen Zustand der deutschen Westgrenze durch klare Vereinbarungen ein Ende bereitet werden müsse, wurde es für ihn immer schwieriger, seine Außenpolitik in der Regierung durchzusetzen. Die am 20. Juli 1925 daran geknüpften deutschen Bedingungen besänftigten zwar unter nachdrücklicher Mitwirkung großer Teile der Wirtschaft die Deutschnationalen und die Opposition gegen Stresemann innerhalb der DVP, so daß der gemäßigte Fraktionsführer der DNVP, Graf Westarp, sein Einverständnis erklärte und so im Reichstag mit 235 gegen 158 Stimmen der Kommunisten und der Deutschvölkischen bei 13 Enthaltungen eine breite parlamentarische Mehrheit zustande kam. Doch außenpolitisch erschwerte dieses Paket von Vorbedingungen die Verhandlungen, wenngleich die am 20. und 21. Juli erfolgende Räumung des Ruhrgebiets die Fortsetzung der Entspannungspolitik dokumentierte.

Handelte es sich bei der Reichspräsidentenwahl und dem mühsam herbeigeführten Koalitionsfrieden um eine potentiell negative Rückwirkung der deutschen Innen- auf die Außenpolitik, so bildete der in Locarno erzielte Erfolg eine schwere Belastung der deutschen Innenpolitik: Der deutschnationale Koalitionspartner, der die Außenpolitik Stresemanns nicht wirklich mitgetragen, ja sie zum Teil öffentlich attackiert hatte, trat wenige Tage nach dem Vertragsabschluß von Locarno, am 20. Oktober 1925, aus der Reichsregierung aus, so daß die Mehrheit im Reichstag verloren ging, zumal der DNVP-Parteitag in Berlin am 15. und 16. November das Vertragswerk als unannehmbar bezeichnete, da es die lebenswichtigen deutschen Interessen nicht wahre. Unter diesen koalitionspolitischen Konstellationen müssen auch verschiedene Äußerungen des Außenministers interpretiert werden, der auf taktische Hakenschläge kaum verzichten konnte, um seinen ohnehin fragilen innenpolitischen Rückhalt nicht zu verlieren. Eine dieser Reaktionen war der Brief über die „Aufgaben deutscher Außenpolitik", den Stresemann am 7. September 1925 an den ehemaligen deutschen Kronprinzen schrieb; dort nannte er drei große Ziele:
1. die „Lösung der Reparationsfrage in einem für Deutschland erträglichen Sinne und die Sicherung des Friedens, die die Voraussetzung für eine Wiedererstarkung Deutschlands ist";
2. den „Schutz der Auslandsdeutschen";
3. die „Korrektur der Ostgrenzen: die Wiedergewinnung Danzigs, des polnischen Korridors und eine Korrektur der Grenze in Oberschlesien" [50: G. STRESEMANN, Vermächtnis, Band II, 553 ff.].

Trotz des Austritts der Deutschnationalen gelang es der im Amt verbliebenen (Minderheits-)regierung, mit Hilfe der Stimmen der in Opposition stehenden Sozialdemokraten, am 23. bis 27. November das Vertragswerk mit 300 gegen 174 Stimmen im Reichstag ratifizieren zu lassen. Dem Beitritt Deutschlands zum Völkerbund stimmten 278 Abgeordnete zu, 183 waren dagegen, sechs enthielten sich. Als dieser am 8. September 1926 einstimmig in Genf vollzogen wurde und das Deutsche Reich auch einen ständigen Sitz im Völkerbundsrat erhielt, schienen die diplomatischen Zeichen in Europa endlich auf Frieden zu deuten, in jedem Fall aber begann sich eine Lösung vieler 1919 offen gebliebener bzw. nur unbefriedigend behandelter Probleme abzuzeichnen.

Hingegen resultierten die innenpolitischen Schwierigkeiten der Regierung Herriot in Frankreich nicht aus den Locarno-Verträgen, sondern aus der Finanzpoli-

Probleme der Regierung Herriot in Frankreich

tik. Das von Herriot geführte „Linkskartell" zerbrach an der Absicht, eine Kapitalsteuer für die einkommensstarken Schichten einzuführen. Die Krise des Franc mit einem sich beschleunigenden Geldwertverlust führte 1925/26 in Frankreich innerhalb von fünfzehn Monaten zu vier Regierungen. Die Deutschlandpolitik hingegen, die mit dem Vertrag von Locarno gekrönt wurde, traf bei einem Abstimmungsverhältnis von 413 zu 71 Stimmen in der Chambre des Députés auf breite Zustimmung, wenngleich die Haltung gegenüber Deutschland in der Öffentlichkeit skeptisch bis ablehnend, zuweilen feindselig blieb – hierin durchaus ein Spiegelbild der in Deutschland verbreiteten frankreichkritischen Stimmung. Die politische Führung war indes hier wie dort gewillt, die Nachkriegszeit zu beenden.

Briand und Stresemann in Thoiry 1926

Ein bedeutsames, wenngleich sich politisch nicht unmittelbar auswirkendes Exempel für neue Perspektiven der internationalen Politik bildete das unter strenger Geheimhaltung stattfindende Gespräch zwischen Briand und Stresemann am 17. September 1926 in Thoiry, bei dem es nicht allein um die Verständigung über einzelne bilaterale Probleme zwischen Deutschland und Frankreich ging, sondern – wie die beiden Außenminister in einem knappen Kommuniqué selbst mitteilten – um eine Gesamtlösung.

Wenngleich diese Besprechung ebenso wie die im Hinblick auf die politische Entspannung als kontraproduktiv angesehene folgende Rede Stresemanns, die sogenannte Gambrinus-Rede vom 21. September in Genf, erhebliches politisches Aufsehen in beiden Ländern erzeugten, bedurfte es doch vieler weiterer Schritte, um die in Thoiry eröffneten Perspektiven mit Leben zu erfüllen, wozu die für beide Staatsmänner schwierige Mobilisierung der jeweiligen nationalen Öffentlichkeit gehörte. Einige Konferenzen der Folgejahre kennzeichneten diese Politik ebenso wie die damaligen Abkommen. So wurde vom 30. November 1925 bis 1. Februar 1926 die erste Kölner Zone geräumt. Bald darauf wurde die Abrüstungskontrolle durch die Interalliierte Militärkommission in Deutschland am 31. Januar 1927 beendet und diese künftig durch den Völkerbund wahrgenommen, d. h. also in dessen umfassende Abrüstungsbemühungen eingebettet.

Briand-Kellogg-Pakt 1928

Vor allem aber gelang am 27. August 1928 aufgrund eines amerikanischen Vorschlags vom 13. April 1928 der Abschluß des Briand-Kellogg-Paktes, mit dem die 15 Signatarmächte, unter ihnen die USA, Großbritannien, Frankreich, Italien, Japan, die Tschechoslowakei und das durch Stresemann vertretene Deutsche Reich „einen offenen Verzicht auf den Krieg als Werkzeug nationaler Politik" erklärten, den Krieg ächteten und ihren Willen bekundeten, jede Veränderung der Beziehungen untereinander ausschließlich durch friedliche Mittel anzustreben [Text in: 71: H. MICHAELIS/E. SCHRAEPLER, Ursachen und Folgen, Band VII, 7 ff.]. Der Beitritt der USA bewies nach dem Dawes-Abkommen von 1924 erneut den weltpolitischen Gestaltungswillen der Amerikaner in Europa und damit ihren Verzicht auf eine resignative „splendid isolation", wie sie sich nach 1919 zeitweilig abzuzeichnen schien.

Stresemann in Paris August 1928

Dem Briand-Kellogg-Abkommen gehörten also außer der Sowjetunion, die weiterhin abseits blieb, alle Großmächte an, so daß es eine konsequente Weiterführung der mit den Locarno-Verträgen eingeleiteten Verständigungspolitik bildete. Die bewegende Rede des französischen Außenministers Aristide Briand bei der Unterzeichnung dieses Paktes zur Kriegsächtung am 27. August 1928 läßt eine wesentliche Komponente deutlich hervortreten: „Kann der zivilisierten Welt eine bessere Lehre gegeben werden als dieses Zusammentreffen, bei dem Deutschland aus eigenem freien Willen einen Platz unter all den anderen Unterzeichnern, seinen ehemaligen Gegnern, einnimmt, um einen Pakt gegen den Krieg zu unterzeichnen? Gibt es ein überzeugenderes Bild, als den Vertreter Frankreichs, wie er zum ersten Male seit mehr als einem Jahrhundert einen deutschen Außenminister auf französischem Boden empfängt wie jeden anderen seiner ausländischen Kollegen? Und weil Stresemann dieser Vertreter Deutschlands ist, so mögen Sie ermessen, wie glücklich ich bin, dem überragenden Geist und Mut dieses großen Staatsmannes Anerkennung zu zollen, der seit drei Jahren unablässig mit Hingabe und Verantwortung am Werk der europäischen Zusammenarbeit zur Festigung des Friedens sich gemüht hat" [Text in: ebd., 9].

In der Unterredung, die Stresemann mit dem französischen Ministerpräsidenten Raymond Poincaré am gleichen Tag in Paris hatte, kam die Hoffnung auf eine weitere deutsch-französische Annäherung zum Ausdruck, zumal der französische Regierungschef in der Vergangenheit zu den heftigsten Gegnern Deutschlands gehört hatte. Allerdings bestanden die Beunruhigungen beider Seiten fort. Sie bezogen sich unter anderem auf die in Wien und Berlin weiterhin als offen angesehene Anschlußfrage, auf etwaige revanchistische Stimmungen in Deutschland mit dem Ziel der Rückgewinnung Elsaß-Lothringens, auf die wirtschaftliche Situation in Deutschland, schließlich die Einhaltung der Reparationsverpflichtungen und die darauf bezogene französische Politik des Faustpfandes der Rheinlandbesetzung.

Besonders deutlich wurde aber in diesem Gespräch, in welchem Ausmaß die Lösung deutsch-französischer Probleme, insbesondere die endgültige Regelung der Reparationsfrage, finanzpolitisch von den USA abhing. Darauf hatte im übrigen schon der Reparationsagent Parker Gilbert am 21. Oktober 1927 in seiner Kritik an der deutschen Wirtschaftspolitik warnend aufmerksam gemacht. Zwar verband Stresemann diesen Hinweis an Poincaré mit der Mitteilung, daß Deutschland schon deshalb seine Verpflichtung erfüllen müsse, doch indirekt beschrieb er bereits, ohne dies ahnen zu können, die nach dem Börsenkrach an der Wall Street im Oktober 1929 für Europa heraufziehende Katastrophe. Stresemann sah klar die deutsche Illiquidität, die er mit dem Inflationsverlust von über 100 Milliarden Reichsmark erklärte, er war sich der Tatsache bewußt, daß die Reparationszahlungen von amerikanischen Krediten abhängig waren. „Unsere Wirtschaft hat viele Milliarden Goldmark namentlich aus Amerika sich geborgt. Neben langjährigen Schulden gibt es auch Schulden auf kürzere Zeit. In dem Augenblick, in dem der Welt bekannt würde, daß Deutschland seinen internationalen Verpflichtungen nicht nachkäme, würden diese Guthaben Amerikas gekündigt werden. In demselben Augenblick könnten wir die 64 Millionen Menschen nicht mehr ernähren. Die

Wirtschaft würde zum Teil zusammenbrechen. Glauben Sie, daß Deutschland diese Konsequenz auf sich nimmt?" [50: G. STRESEMANN, Vermächtnis, Band III, 361 f.].

<small>Stresemanns Tod 1929 und die Folgen für die deutsch-französischen Beziehungen</small>

Die hier beschriebenen Folgen der dann tatsächlich einsetzenden Weltwirtschaftskrise unterscheiden sich von Stresemanns Darstellung nur im Hinblick auf den Auslöser: Er lag nicht in mangelnder deutscher Zahlungsmoral, sondern in wirtschaftspolitischen Gründen, die außerhalb des Einflußbereiches der deutschen Politik anzusiedeln waren. Die sich seit 1925 abzeichnende Entspannungspolitik wurde nicht auf dem Felde der Außenpolitik beendet, sondern durch die weltwirtschaftliche Krise und die innenpolitische Instabilität der beteiligten Staaten, namentlich des Deutschen Reiches. Daß sie seit Stresemanns Tod im Oktober 1929 immer offenkundiger wurde, erscheint symbolisch, in jedem Falle aber verlor die europäische Verständigungspolitik mit ihm ihren entscheidenden Protagonisten, verlor Aristide Briand seinen wichtigsten und unverzichtbaren Partner. So fehlte ihm auch bei seinem am 17. Mai 1930 den Mitgliedsstaaten des Völkerbunds vorgelegten „Memorandum über die Organisation eines Systems eines europäischen Staatenbundes", seinem berühmten Europa-Plan, das konstruktive Gegenüber: Schon damals bedurfte eine europäische Verständigung der deutsch-französischen Kooperation.

Diesen Plan zur Schaffung der „Vereinigten Staaten von Europa" hatte Briand bereits zu Lebzeiten Stresemanns am 5. September 1929 auf der Versammlung des Völkerbunds propagiert und war mit der darin beabsichtigten Wirtschafts- und Zollunion beim deutschen Außenminister auf Zustimmung gestoßen. Briand eilte seiner Zeit weit voraus, der zweite Anlauf von 1931, der einen europäischen Staatenbund vorschlug, stellte den verzweifelten Versuch dar, den in Locarno und Thoiry begonnenen Weg konsequent fortzusetzen und der sich abzeichnenden Destabilisierung des europäischen Staatensystems einen Damm entgegenzustellen. Doch stieß diese Vision nicht allein in Deutschland auf Unverständnis: Es bedurfte eines weiteren schrecklichen Krieges, bevor die Staaten und Völker ihren Sinn begriffen.

Ob Stresemann es wirklich vermocht hätte, die Auflösung der Weimarer Republik zu verhindern, ist im nachhinein nicht zu entscheiden und aus strukturellen Gründen eher unwahrscheinlich. Keinem Zweifel unterliegt indes, daß nach seinem Tod die deutsche Außenpolitik, die sich unter seiner Leitung trotz vielfach wechselnder Koalitionen und Kabinette zwischen 1923 und 1929 als stabil und deshalb für die Partner berechenbar erwiesen hatte, nun so unstet wurde wie die Regierungspolitik überhaupt. Sein Nachfolger Julius Curtius besaß weder innen- noch außenpolitisch eine vergleichbare Statur und ähnliches Ansehen; dies aber wäre nötig gewesen, um den seit 1923/24 eingeschlagenen Weg gegen größte Widerstände weiter zu beschreiten.

<small>Deutsche Außenpolitik nach Stresemann</small>

Seit Installation der Präsidialkabinette im Frühjahr 1930 wandelte sich die deutsche Außenpolitik signifikant, verfochten doch die dann amtierenden Reichskanzler, nicht ohne Zutun des Reichspräsidenten von Hindenburg und seiner

Umgebung, bei allen individuellen Unterschieden ihre Ziele ohne Stresemanns Sensibilität für die europäische Konstellation und die besondere Situation Frankreichs. Die deutsche Haltung wurde offensiver, der überflüssige, weder ökonomisch notwendige noch politisch sinnvolle, am 20. März 1931 veröffentlichte Plan einer deutsch-österreichischen Zollunion bildete nur ein Beispiel für die Provokation der europäischen Mächte, wurde er doch als Versuch gewertet, im Gegensatz zu den Bestimmungen der Verträge von Versailles und Saint Germain eine Vereinigung beider Staaten vorzubereiten, was französische Ängste zwangsläufig wiederaufleben ließ. Zwar hatte auch Stresemann auf diese Perspektive nicht verzichtet, doch war er den Befürchtungen Poincarés mit den Worten entgegengetreten: „Seit fünf Jahren führe ich die deutsche Außenpolitik, und es ist mir nicht bekannt, daß in diesem halben Jahrzehnt verantwortliche Persönlichkeiten, die das Kabinett vertreten, etwa die Forderung aufgestellt hätten, jetzt die Frage des Anschlusses zwischen Österreich und Deutschland aufzuwerfen...Man muß in der Politik unterscheiden zwischen den politischen Realitäten und den Gefühlswerten" [50: G. STRESEMANN, Vermächtnis, Band III, 359 f.; vgl. auch den Brief an den ehem. Kronprinzen vom 7. September 1925, wo er sich eher skeptisch über den Nutzen eines Anschlusses für das Deutsche Reich äußert: ebd., Band II, 553].

Doch gebrach es der deutschen Politik zunehmend an solcher Differenzierung, das rationale außenpolitische Kalkül Stresemanns verlor nach 1929/30 schnell an Bedeutung, die wirtschaftliche und soziale Krise dominierte die deutsche Außen- und Innenpolitik. Die Töne gegen Polen wurden aggressiver, die deutsche Politik leitete eine Annäherung an Mussolini ein. Die Analyse der tatsächlichen Ursachen für die Probleme spielte eine immer geringere Rolle, weshalb auch die politischen Folgerungen aus der Situation unzureichend oder gar irreführend waren.

Die innenpolitische Krise des Deutschen Reiches stellte einen entscheidenden Faktor der internationalen Klimaverschlechterung dar und wurde schließlich für die zunehmende Destabilisierung nach 1933 ausschlaggebend. Dabei spielten die Folgen des Systems der Pariser Vorortverträge weiterhin eine entscheidende Rolle, ihre Einschätzung seit 1933 klammerte die bis dahin und vor allem in den Jahren 1924 bis 1929 und 1932 erzielten Erfolge jedoch weitgehend aus, Hitler agitierte gegen Versailles, als sei der 1933 bestehende Zustand mit dem von 1919 identisch. Die Mehrheit der deutschen Bevölkerung zeigte sich für diese Fehldiagnose empfänglich, schien sie doch einen wesentlichen Grund des aktuellen ökonomischen, sozialen und politischen Elends zu erfassen.

Die innenpolitische Krise des Deutschen Reiches seit 1930

Eine entscheidende Etappe auf diesem Weg war die geradezu pathologische Verschärfung des Revisionssyndroms, das in der Ära der Präsidialkabinette seit 1930 auf fundamentale Weise Staat, Wirtschaft, Gesellschaft und Kultur Deutschlands ergriff. Nichts sollte so bleiben wie es 1918/19 konzipiert worden war, die Revision der Weimarer Verfassung betraf nicht allein einzelne Komponenten, sondern zielte auf ein grundsätzlich anderes Regierungssystem, der innenpolitische Revisionismus korrespondierte dem außenpolitischen. Reichskanzler Heinrich Brüning instrumentalisierte die Wirtschafts- und Finanzkrise nicht allein für die

Verfassungs- und Haushaltspolitik, sondern ebenso bewußt für die Außen- und Reparationspolitik. Mochte letzteres auch gute Gründe haben, so leitete es doch unverkennbar eine empfindliche Abkühlung der internationalen Beziehungen, insbesondere der deutsch-französischen ein. Diese Politik mußte von vornherein ambivalent sein: Stellte sie in gewisser Weise wie der innenpolitische Revisionismus den letzten Rettungsversuch rechtsstaatlicher Verhältnisse und eines völkerrechtlich noch vertretbaren Vorgehens dar, so bereitete sie atmosphärisch wie faktisch eine Aushöhlung der bestehenden Ordnung vor. Sie entsprach zwar keineswegs der nationalsozialistischen Zielsetzung, erleichterte aber durch einen scheinbar gleitenden Übergang deren Durchsetzung. Die fatal-mißverständliche Verwechslung des Hitlerschen Revisionismus mit dem vorausgehenden der Weimarer Republik verkannte die prinzipielle Feindschaft des Nationalsozialismus selbst gegenüber dem restaurativen deutschnationalen Revisionismus.

Zunächst stieß der demonstrative deutsch-österreichische Vorstoß 1931 auf Gegenwehr: Beide Staaten gewannen nicht, vielmehr stellten sie das im „Geist von Locarno" international gewonnene Vertrauen aufs Spiel. Österreich mußte am 3. September 1931 auf die Zollunion verzichten, zwei Tage später erklärte der Internationale Gerichtshof in Den Haag den Zollunions-Plan für völkerrechtswidrig.

Die Mandschurei-Krise 1931

Während das erwähnte Hoover-Moratorium im Juni 1931 noch einen Schritt zur Kooperation bedeutete, zeigte der japanische Einfall in die chinesische Mandschurei am 18. September 1931 schlagartig die Labilität der internationalen Konstellation, eröffnete sie doch einen mehrjährigen Krieg der beiden größten asiatischen Mächte, ohne daß die zur Schlichtung eingesetzte Kommission des Völkerbundsrats irgendeinen Erfolg erzielte. Wenngleich der Völkerbundsrat am 10. Dezember auf der erarbeiteten Beratungsgrundlage, dem sog. Lyttonbericht, am 10. Dezember 1932 die Völkerrechtswidrigkeit des japanischen Einmarschs konstatierte, bildete dieser Beschluß doch das erste verhängnisvolle Beispiel für die politische Sanktionierung eines Gewaltaktes, da die Kommission die Autonomie der Mandschurei unter japanischer Oberhoheit vorschlug und damit den Aggressor faktisch ins Recht setzte. Auf dem Weg zum Zweiten Weltkrieg sollte sich während der folgenden Jahre dieses Verfahren oft genug und verhängnisvoll wiederholen, ermunterte es doch geradezu die völkerrechtswidrige territoriale Annexion. Wie wenig ein solches internationales Entgegenkommen, ein Vorläufer der Appeasementpolitik, den imperialen Drang einzugrenzen vermochte, bewies die Reaktion der japanischen Regierung. Sie lehnte die Vorschläge der Lytton-Kommission, die sich die Völkerbundsversammlung am 25. Februar 1933 zu eigen gemacht hatte, ab und trat einen Monat später aus dem Völkerbund aus. Auch hiermit eröffnete Japan den Reigen, in den sich die Diktatoren Hitler und Mussolini bald einreihten. In mehrfacher Hinsicht bedeutete die Mandschureikrise von 1931 und die Unfähigkeit des Völkerbunds, sie rechtlich und politisch zu meistern, einen entscheidenden Wendepunkt für die internationale Ordnung der Zwischenkriegszeit.

Auch die in Genf seit dem 2. Februar 1932 tagende Abrüstungskonferenz, deren Aufgabe die Fortführung bzw. Realisierung der von der Völkerbundssatzung bis zu den Locarno-Verträgen und dem Briand-Kellogg-Pakt verfolgten Regelung der friedlichen Konfliktaustragung und der militärischen Abrüstung war, scheiterte schließlich. Die Anerkennung der rüstungspolitischen Gleichberechtigung des Deutschen Reiches auf der Konferenz der Großmächte in Lausanne am 11. Dezember 1932 zeigte nach den Erfolgen der 1920er Jahre, der vorzeitigen Rheinlandräumung 1930, schließlich der Streichung der Reparationen wenige Monate zuvor, daß sich das Deutsche Reich längst vor dem Machtantritt Hitlers außenpolitisch und finanzpolitisch aus den Zwängen des Systems von 1919 gelöst und konstruktiv in die europäische Ordnung reintegriert hatte. Dies bestätigte trotz ihres Mißerfolgs die zweite, seit Februar 1933 tagende Abrüstungskonferenz, die sich nicht allein um eine Begrenzung der Heeresstärken bemühte, sondern für Deutschland paradoxerweise zugleich eine Verdoppelung der Stärke des deutschen Heeres (auf 200 000 Mann) vorsehen wollte, wie es Reichskanzler Brüning schon früher vorgeschlagen hatte.

Die Genfer Abrüstungskonferenz 1932

Die verschiedenen Bündnissysteme, die seit Installierung der Versailler Ordnung gegründet worden waren, dementierten schon insofern deren Zielsetzung, als immer wieder der Verzicht auf Krieg als Mittel der Politik erklärt wurde. Die Bündnispolitik zeigte hingegen, daß die jeweiligen Partner auf solche Absichtserklärungen selbst dann nicht vertrauen wollten, wenn sie völkerrechtlich verbindlich wurden. Neben den Verträgen Frankreichs mit Polen 1921 sowie der Tschechoslowakei 1924 wurden weitere bilaterale Abkommen geschlossen, die ebenfalls auf eine Sicherung des Status quo gegen potentiell revisionistische Staaten hinausliefen. Richteten sich erstere gegen nicht auszuschließende Angriffe Sowjetrußlands bzw. Deutschlands, so letztere gegen eine mögliche Offensive Ungarns bzw. Bulgariens: 1920 schlossen die Tschechoslowakei und Jugoslawien, 1921 die Tschechoslowakei und Rumänien, Rumänien und Jugoslawien sowie Polen und Rumänien derartige Abkommen, gehörten doch zum jeweiligen Staatsgebiet Territorien, die bis 1918/19 zu dem der im Prinzip revisionistischen Aggressoren gezählt hatten. Eine mehr als regionale Bedeutung erlangten diese Bündnisse durch die Erweiterung zur sog. Kleinen Entente – einer polemischen Bezeichnung dieses Bündnisses durch Ungarn. Durch den im Zuge der Locarno-Verträge entstandenen französisch-tschechoslowakischen Vertrag wurde Frankreich indirekt Partner des bilateralen Paktsystems, das es durch Abkommen mit Rumänien 1926 und Jugoslawien 1927 ergänzte. Andere schon ausgehandelte Verträge wurden nicht ratifiziert, so daß sie lediglich die internationale Labilität dokumentierten, ohne einen konstruktiven Stabilisierungsversuch zu bilden.

Die europäischen Bündnissysteme in den 1920er Jahren

Frankreichs Interesse an den kleineren mittel-osteuropäischen Staaten resultierte allein schon daraus, daß die traditionellen Partner unter den Großmächten aus unterschiedlichen Gründen abseits blieben: Sowjetrußland und Großbritannien, das bündnispolitische Abstinenz übte, gehörten diesen Systemen nicht an. Allerdings schlossen die beiden ursprünglichen Außenseiter ihrerseits Verträge:

So ergänzten Deutschland und die Sowjetunion den wirtschaftspolitisch ausgerichteten Rapallo-Vertrag von 1922 im Berliner Vertrag vom 24. April 1926 durch einen Nichtangriffs- und Neutralitätspakt.

Mussolinis „großer Friedensplan" 1933

Bewegung in die bündnispolitische Situation kam nach der erfolglosen zweiten Abrüstungskonferenz, als Mussolini anläßlich des Rom-Besuchs des britischen Premierministers Ramsay MacDonald und seines Außenministers Sir John Simon am 19. März 1933 vorschlug, die vier westeuropäischen Großmächte in einem Pakt aneinander zu binden und so die diplomatische Linie, die mit den Locarno-Verträgen vorgezeichnet worden war, weiterzuführen. Der im bereits nationalsozialistisch gewordenen Deutschland als „Mussolinis großer Friedensplan" gerühmte Entwurf sah vor, Großbritannien, Frankreich, Deutschland und Italien zu einer Zusammenarbeit zu führen, die die kollektive Sicherheit beförderte und dennoch ausdrücklich eine friedliche Revision der Pariser Vorortverträge zuließ. Stand dies im Einklang mit den Übereinkünften der Locarno-Ära, so mußte der weitere Vorschlag einer fünfjährigen Rüstungspause und eines ebensolangen Waffenstillstands mißtrauisch stimmen: Wozu bedurfte es angesichts des prinzipiellen Gewaltverzichts und der prinzipiellen Abrüstungsbereitschaft solcher Abmachungen? Was bedeutete es schließlich, daß der „Duce" 1933 selbst das Kriegsministerium übernahm und damit seine Machtbefugnisse im Hinblick auf die konkrete Militärpolitik ausdehnte?

Hitlers Bekundung seines „Friedenswillens"

Auf der Basis von Mussolinis Vorschlag wurde am 15. Juli 1933 in abgeschwächter Form tatsächlich ein Viererpakt abgeschlossen. Damit schienen sich Innen- und Außenpolitik zu trennen. Die seit Jahren offenkundige faschistische Diktatur in Italien und die mit den ersten Terrormaßnahmen sich etablierende nationalsozialistische in Deutschland hinderten die westlichen Demokratien nicht am Vertragsabschluß, zumal Hitler in einer Rede vom 17. Mai 1933 seinen Friedenswillen mit pathetischen Worten bekundet und die nationalsozialistische Innen- von der Außenpolitik abgekoppelt hatte: „Die drei Gesichtspunkte, die unsere Revolution beherrschen, widersprechen in keiner Weise den Interessen der übrigen Welt: 1. Verhinderung des drohenden kommunistischen Umsturzes und Aufbau eines die verschiedenen Interessen der Klassen und Stände einigenden Volksstaates, fundiert auf dem Begriff des Eigentums als Grundlage unserer Kultur; 2. Lösung des schwersten sozialen Problems durch die Zurückführung der Millionenarmee unserer bedauernswerten Arbeitslosen in eine allen nützliche Produktion; 3. Wiederherstellung einer stabilen und autoritären Staatsführung, die, getragen vom Vertrauen und Willen der Nation, dieses große Volk endlich wieder der Welt gegenüber vertragsfähig macht". Diese Worte klangen ebenso gemäßigt wie die folgende Passage hoffnungsfroh stimmen konnte: „Indem wir in grenzenloser Liebe und Treue an unserem eigenen Volkstum hängen, respektieren wir die nationalen Rechte auch der anderen Völker aus dieser Gesinnung heraus und möchten aus tiefinnerstem Herzen mit ihnen in Frieden und Freundschaft leben."

Hitler wies ausdrücklich Vorwürfe zurück, andere Völker domestizieren und „germanisieren" zu wollen, er sprach von „verständlichen Ansprüchen Polens" und „natürlichen Rechten Deutschlands". Er bekannte sich zum „Rechtscharakter" des Versailler Vertrags, betonte aber: „Nicht nur der Sieger hat den Anspruch auf die ihm darin gegebenen Rechte, sondern auch der Besiegte! Das Recht aber, eine Revision dieses Vertrages zu fordern, liegt im Vertrage selbst begründet." Man müsse die Erfahrungen der vergangenen 14 Jahre ernstnehmen und sehen: „Das Elend der Völker wurde nicht behoben, sondern hat zugenommen. Die tiefste Wurzel dieses Elends aber liegt in der Zerreißung der Welt in Sieger und Besiegte als die beabsichtigte ewige Grundlage aller Verträge und jeder kommenden Ordnung" [Text in: 71: H. MICHAELIS/E. SCHRAEPLER (Hg.), Ursachen und Folgen, Band X, 9–14; Zitate: 9/11].

Auch in den weiteren Ausführungen, mit denen er die europäischen Großmächte erfolgreich täuschte, verband Hitler deutsche Revisionsziele mit dezidierter Bereitschaft zur Verständigung, zur Berücksichtigung der Sicherheitsinteressen anderer und zur Abrüstung. Warum sollten also die westlichen Staatsmänner nicht darauf bauen, auch mit den Diktatoren zu einer europäischen Sicherheitspartnerschaft zu kommen, schließlich hatte das faschistische Italien bis dahin ebenfalls auf jeglichen Gewaltakt nach außen verzichtet.

Für die Übergangsphase 1930 bis 1933 war es charakteristisch, daß der prinzipielle, auch von Stresemann nicht aufgegebene deutsche Revisionismus radikalisiert, durch eine Fülle von Gedankenspielereien ausgedehnt und in immer breiteren Kreisen salonfähig gemacht wurde. Auf dem internationalen Parkett regierte wieder wechselseitiges Mißtrauen, die Schuld suchte man bei den anderen. Wenn Julius Curtius in seinem späteren Rechenschaftsbericht seit Stresemanns Tod einen neuen Kurs der französischen Deutschlandpolitik konstatierte, da Außenminister Briand zum Gefangenen der „Rechtsregierung" Tardieu geworden sei, so verkehrte er Ursache und Wirkung. Insofern schien der Hitlersche und der Mussolinische Vorstoß zeitweilig sogar eine Stabilisierung der internationalen Ordnung zu versprechen.

Radikalisierung des deutschen Revisionismus durch Präsidialkabinette 1930–33

Während aber Hitlers vermeintlicher Friedenswille nur verbal war und dem außenpolitischen Kalkül des Zeitgewinns entsprach, wird man Brüning und Curtius noch prinzipiellen Friedenswillen attestieren müssen. Doch schon während ihrer Regierungszeit hatten Teile der Reichswehrführung, unterstützt von deutschnationalen Politikern, mit dem Gedanken gespielt, die deutsch-russische Zusammenarbeit zu instrumentalisieren und notfalls militärisch auf die „russische Karte" zu setzen, um die Revisionsziele in bezug auf die Ostgrenzen zu erreichen. Stresemann hatte ein solches Vorgehen bereits 1925 prophetisch abgelehnt: „Ich warne vor einer Utopie, mit dem Bolschewismus zu kokettieren. Wenn die Russen in Berlin sind, weht zunächst die rote Fahne vom Schloß, und man wird in Rußland, wo man die Weltrevolution wünscht, sehr zufrieden sein, Europa bis zur Elbe bolschewisiert zu haben, und wird das übrige Deutschland den Franzosen zum Fraß geben" [50: G. STRESEMANN, Vermächtnis, Band II, 554].

Wie wenig ideologische Feindschaft in den dreißiger Jahren die Außenpolitik zu bestimmen schien, bewies in den Augen vieler auch der Nichtangriffs- und

Krisensymptome der internationalen Ordnung 1933–1936

Freundschaftspakt, den Italien und die Sowjetunion auf Initiative Mussolinis am 2. September 1933 abschlossen. Nach den entsprechenden Abkommen mit der Türkei und dem Deutschen Reich in den zwanziger Jahren trat die Sowjetunion das dritte Mal aus der außenpolitischen Isolierung heraus, dieses Mal sogar im Zusammenwirken mit einer Macht, die zu den Architekten der Pariser Vorortverträge gehört hatte. Damit wurde das europäische System unkalkulierbarer und der Spielraum Italiens gegenüber den westlichen Großmächten größer. Diese Vertragspolitik Mussolinis zeigte aber auch, daß Italien keineswegs zu den wirklich stabilisierenden Faktoren gehörte, sondern vielmehr zu denjenigen Mächten, die sich noch nicht saturiert fühlten.

Die Richtung war also vorgegeben: Im asiatischen Raum verlor die Völkerbundsordnung an Einfluß; Italien wurde nach einer Übergangsphase bis zur Mitte der 1930er Jahre an der Seite des nationalsozialistischen Deutschland zu einer offen revisionistischen Macht. Am Ende dieser Phase verbündeten sich aus militärischem und imperialistischem Kalkül im August 1939 selbst die mit antagonistischen Ideologien regierenden Diktatoren Hitler und Stalin, nachdem es im spanischen Bürgerkrieg 1936 noch zu einem Zusammenstoß faschistisch-nationalsozialistischer Einheiten auf Seiten General Francisco Francos und sozialistisch-kommunistischer Kämpfer auf der anderen Seite gekommen war. Im begrenzten nationalen Rahmen Spaniens zelebrierten internationale Brigaden den „europäischen Bürgerkrieg", während im gleichen Jahr die Olympiade in Berlin als weltpolitisches Friedensspektakel inszeniert wurde: Fürwahr eine gespenstische Schizophrenie! Bürgerkrieg, Friedensfest, geheime Aufrüstung in Deutschland, Italiens imperialistischer Ausbruch durch den Angriff auf Abessinien, innenpolitische Krise in Frankreich mit dem Experiment der Volksfrontregierung des Premierministers Léon Blum – so stellte sich die internationale Situation 1935/36 dar und so blieb sie einstweilen, schien sie doch weiterhin Handlungsspielräume zu bieten. Während die Diktatoren, allen voran Hitler, bereits zum Krieg entschlossen waren, bemühten sich die Staatsmänner der westlichen Demokratien noch um den Frieden: Sie mühten sich in der festen Überzeugung, ihn noch retten zu können und gewährten Hitler unfreiwillig die zur Kriegsrüstung benötigte Zeit.

Entspannung zwischen dem deutschen Reich und Polen? Die Sowjetunion auf dem Weg nach Europa?

Bedenkt man, daß das nationalsozialistische Deutschland selbst mit Polen – dem Hauptziel des deutschen Revisionismus – am 26. Januar 1934 einen Nichtangriffs- und Freundschaftspakt geschlossen hatte, dann erscheint die internationale Lage vollends unübersichtlich. Doch dürfen die Freundschafts- und Nichtangriffspakte der Zwischenkriegszeit kaum zum Nennwert genommen werden. Zwar zeigen einige dieser bilateralen Verträge den Versuch, auf jeden Fall den Frieden zu wahren. Doch auf seiten der Diktatoren handelte es sich zweifelsfrei um eine Politik der Täuschungen, die ihnen – wie beispielsweise der am 25. März 1937 zwischen Italien und Jugoslawien geschlossene Nichtangriffspakt, der die Kleine Entente unterminieren sollte – kurzfristig Spielräume gewährte und die Vertragspartner in Sicherheit wiegen sollte. Friedensverträge dienten den Diktatoren paradoxerweise zur Kriegsvorbereitung. Sie setzten die westlichen Mächte in gewisser Weise in Zugzwang, beispielsweise folgten die Franzosen, indem sie am 2. Mai 1935 mit der Sowjetunion für fünf Jahre einen Beistandspakt schlossen. Gemeinsam mit der Aufnahme der Sowjetunion in den Völkerbund war damit die außenpolitische Isolation der bolschewistischen Diktatur endgültig beendet, die französisch-russische Sicherheitspartnerschaft der Vorweltkriegszeit schien wiederaufgenommen und damit eine potentielle deutsche Aggression weniger bedrohlich zu sein. Doch erwies sich dies als eine gefährliche Illusion, die die Notwendigkeit zur Aufrüstung gegen die Diktatoren verschleierte. Nicht allein auf „Vertragspartner" wie Hitler und Mussolini, auch auf Stalin war kein Verlaß.

b) Der Misserfolg der Appeasementpolitik und der Weg in den Krieg

Aus dem impliziten und gemäßigten Revisionismus, den Mussolini bis 1935 und Hitler bis 1936 einzuhalten schienen, wurde immer unverhüllter ein aggressiver; er ließ die in den 1920er Jahren noch hart reagierenden westlichen Staatsmänner Schritt um Schritt zurückweichen. Die mit dem deutsch-italienischen Vertrag vom 25. Oktober 1936 begründete „Achse Berlin-Rom" brachte erstmals innen- und außenpolitische Gewaltbereitschaft der faschistischen Diktaturen auf einen Nenner. Das Deutsche Reich unterstützte Italien, indem es die nach dem italienischen Angriff vom 3. Oktober 1935 erfolgte spätere Annexion Abessiniens (Äthiopien) anerkannte. Überdies grenzten Hitler und Mussolini ihre Interessensphären in Südosteuropa ab. Sie erklärten sich außerdem zu einer gemeinsamen Politik im Spanischen Bürgerkrieg bereit, der durch einen Offiziersputsch gegen die Volksfrontregierung am 17. Juli 1936 offen ausgebrochen war. General Franco, der die Machtübernahme von Nordafrika aus vorbereitet hatte und von der Junta de Defensa Nacional am 29. September 1936 zum Staatschef, „Caudillo", ernannt worden war, wurde von Hitler und Mussolini politisch anerkannt. *Mussolinis Revisionismus*

Auch der zwischen Deutschland und Japan am 25. November des gleichen Jahres geschlossene Antikomintern-Pakt, dem Italien am 6. November 1937 beitrat, bestätigte auf propagandistisch wirksame Weise von nun an die ideologische Komponente des weltweiten diplomatischen Ringens und täuschte zugleich darüber hinweg, daß die Diktatoren blitzschnell taktisch umschalten konnten. Dies hieß faktisch: Die ideologische Feindschaft zwischen Nationalsozialismus und Bolschewismus bildete tatsächlich keine Garantie der internationalen Stabilität, beide waren zu taktischen und zeitweiligen Bündnissen durchaus bereit – dies war in der gemeinsamen Bekämpfung der Demokratie innenpolitisch immer wieder deutlich geworden und galt auch außenpolitisch. Die weltpolitische Komponente trat mehr und mehr hervor, als Japan seine europäische Rückversicherung am 7. Juli 1937 zum erneuten Angriff auf China nutzte, die Sowjetunion mit China am 21. August einen Nichtangriffspakt schloß und der amerikanische Präsident Franklin D. Roosevelt am 5. Oktober ein hartes Vorgehen gegenüber dem *Der Antikominternpakt zwischen Deutschland und Japan 1936*

Aggressor Japan forderte und damit zugleich die USA ein weiteres Stück an weltpolitisches Engagement heranführte.

Der mitteleuropäische Schauplatz geriet ebenfalls in Bewegung. Mit der Spielerei eines bloßen Zollunionsplans zwischen Deutschland und Österreich, der 1931 noch am westlichen Widerstand gescheitert war, begnügte Hitler sich nicht mehr. Er vertrat offen den „Anschluß" seiner Heimat an das Reich und setzte ihn mit erheblicher österreichischer Unterstützung sowie mit Hilfe des Einmarschs deutscher Truppen am 12. März 1938 durch. Der österreichische Nationalsozialist Arthur Seyß-Inquart wurde zum Reichsstatthalter ernannt, der Anschluß am 13. März vollzogen und durch eine „Volksabstimmung" am 10. April nachträglich „legitimiert".

Nun erwies sich, daß das Paktsystem auch den Westen band; der deutsch-polnische und der deutsch-italienische Vertrag hatten die ostmitteleuropäische Situation nur scheinbar stabilisiert, tatsächlich aber der Politik Hitlers Handlungsspielräume verschafft und damit die Kleine Entente entwertet. Der britische Premierminister Neville Chamberlain betrachtete eine deutsch-britische Verständigung als vorrangig und akzeptierte den Anschluß, auch hatte es mit dem deutsch-britischen Flottenabkommen vom 18. Juni 1935, das die deutsche Flotte auf 35% der britischen Tonnage festsetzte, bereits auf einem den Briten wichtigen Feld eine Annäherung gegeben; die britische Regierung durchbrach damit ihrerseits die in Versailles vorgesehenen Begrenzungen. Hier handelte es sich für Hitler nicht allein um einen militärpolitischen Erfolg, sondern außerdem um einen revisionspolitischen, da Großbritannien in einer wesentlichen Detailfrage von der Linie der Status-quo-Mächte abwich. Zudem hatten die Briten am 16. April 1938 ein Abkommen mit Italien geschlossen, um die Krise im Mittelmeerraum zu beenden, damit aber dem Aggressor Mussolini die Hand gereicht, indem sie die Annexion Abessiniens akzeptierten. Die Gegengabe Italiens fiel bescheiden aus, bedeutete doch der Rückzug italienischer Freiwilliger aus Spanien angesichts des sich ohnehin abzeichnenden Sieges Francos nichts; auch die Bereitschaft zur Regelung strittiger Fragen im Nahen Osten enthielt keine Aufgabe wirklicher italienischer Machtpositionen.

Beim Anschluß Österreichs, aber auch bei der späteren „Sudetenfrage" berief sich Hitler wie die Weimarer Politiker vor ihm auf das von der Völkerbundssatzung sanktionierte Selbstbestimmungsrecht der Völker. Diese Argumentation brachte Großbritannien in eine schwierige Situation und isolierte Frankreich, da die USA sich einstweilen noch auf ihre Neutralität zurückzogen.

Hatte Hitler – wie alle in fremde Staaten einmarschierenden Diktatoren – sich in Österreich der Sympathisanten bedient, so wiederholte er dies in der Tschechoslowakei, wo die Sudetendeutsche Partei Konrad Henleins für die dort lebenden Deutschen bald mehr als nur Autonomie forderte. Um den Konflikt nicht eskalieren zu lassen, übten Großbritannien und Frankreich Druck auf den tschechoslowakischen Staatspräsidenten Eduard Beneš aus, dieser Forderung nachzukommen. Doch ordnete jener angesichts der deutschen Truppenkonzentration an der

3. Entwicklung und Destabilisierung der internationalen Ordnung 65

Grenze zur Tschechoslowakei am 20. Mai 1938 die Mobilmachung an. Die von Hitler provozierte Zuspitzung der Krise führte zu hektischen diplomatischen Aktivitäten, unter anderem zur Begegnung Chamberlains mit Hitler an dessen Feriensitz auf dem Obersalzberg bei Berchtesgaden am 16. September 1938, der nach einem französisch-britischen Gipfeltreffen eine erneute Zusammenkunft vom 22. bis 24. September im Rheinhotel Dreeßen in Bad Godesberg folgte. Dabei kristallisierte sich heraus, daß Großbritannien und Frankreich das Selbstbestimmungsrecht der Deutschen im Sudetenland in der Absicht anerkannten, den Konflikt friedlich beilegen zu können. Ungewollt gaben sie damit den Weg für die erste Stufe der Hitlerschen Annexionspolitik frei.

Deutlich wurde dies, als Hitler sich in Bad Godesberg keineswegs auf sudetendeutsche Gebiete beschränkte, sondern analoge Regelungen für polnische und ungarische Ansprüche forderte. Zugleich aber täuschte er Mäßigung vor: Am 26. September 1938, als deutsche Ultimaten in bezug auf das Sudetenland bereits liefen, erklärte Hitler im Berliner Sportpalast mit dem ihm eigenen Pathos, Deutschland habe keine weiteren Revisionsforderungen: „Es ist die letzte territoriale Forderung, die ich in Europa zu stellen habe, aber es ist die Forderung, von der ich nicht abgehe und die ich, so Gott will, erfüllen werde" [Text in: 71: H. MICHAELIS/E. SCHRAEPLER (Hg.), Ursachen und Folgen, Band XII, 411]. Zugleich aber verwies Hitler auf die ideologische Komponente seiner Außenpolitik, wenn er betonte: „Die deutsche Außenpolitik ist zum Unterschied der vielen demokratischen Staaten weltanschaulich festgelegt und bedingt. Die Weltanschauung dieses neuen Reiches ist ausgerichtet auf Erhaltung und Daseinssicherung unseres deutschen Volkes." Doch wiederum täuschte seine Einschränkung prinzipielle Friedensbereitschaft vor, während die Kriegsvorbereitung bereits auf vollen Touren lief: „Wir haben kein Interesse, andere Völker zu unterdrücken. Wir wollen nach unserer Façon selig werden; die anderen sollen es nach der ihren! Diese in unserer Weltanschauung rassisch bedingte Auffassung führt zu einer Begrenzung unserer Außenpolitik." Nachdem er aber der Welt zwei Jahre „Angebot um Angebot" in der Abrüstungsfrage gemacht habe, habe er den Befehl zur Aufrüstung der deutschen Wehrmacht auf den modernsten Stand gegeben und „Milliarden dafür verwendet" [ebd., 409]. Die Botschaft war eindeutig: Gebt mir das Sudetenland, dann gebe ich Ruhe! Tut Ihr das nicht, dann bin ich stark genug, es mir zu holen!

Mussolini, der immer wieder diplomatisch geschickt agiert hatte, griff die britische Bitte um Vermittlung auf und initiierte zur Überwindung der europäischen Krise die Münchener Konferenz vom 29. September 1938, bei der sich die Staats- und Regierungschefs Deutschlands, Großbritanniens, Frankreichs und Italiens trafen. Das Ergebnis schien den Frieden wieder einmal zu retten. Zwar verzichtete Hitler zum damaligen Zeitpunkt auf die Regelung der polnischen und ungarischen Forderungen gegenüber der Tschechoslowakei, die für ihn ohnehin nur taktische Bedeutung besaßen, doch erreichte er unter britischer und französischer Zustimmung die sofortige Abtretung deutsch besiedelter grenznaher böhmischer, mähri-

Münchener Konferenz

scher und schlesischer Gebiete von der Tschechoslowakei an Deutschland. Der restlichen Tschechoslowakei wurde eine – wie sich zeigen sollte tatsächlich wertlose – Garantie der Großmächte gegen unprovozierte Angriffe in Aussicht gestellt. Deutschland und Großbritannien erklärten, sich nicht angreifen zu wollen.

Einmarsch deutscher Truppen in die Tschechoslowakei; Errichtung des „Protektorats Böhmen und Mähren"

Während des am 1. Oktober 1938 beginnenden Einmarsches deutscher Truppen beteiligte sich auch ohne vertragliche Regelung Polen an diesem Raubzug, insofern es tschechisch-polnische Grenzgebiete, u.a. das schon früher umstrittene Teschen besetzte und damit selbst ein verhängnisvolles Exempel völkerrechtswidriger Annexionen statuierte – nur wenig später fiel es seinerseits einer ähnlichen Taktik zum Opfer. Während die zwischen Italien und Frankreich bestehenden Spannungen zu eskalieren drohten, ergänzten Deutschland und Frankreich das deutsch-britische Abkommen am 6. Dezember 1938 ihrerseits durch eine deutsch-französische Nichtangriffserklärung, womit sich der deutsche Diktator vom italienischen zu trennen schien. Im Gegenzug kündigte Italien kurz darauf, am 22. Dezember, einseitig das Abkommen mit Frankreich vom 7. Januar 1935: Die scheinbare Stabilisierung der bilateralen Beziehungen der Großmächte mit dem Deutschen Reich wurde also durch eine Schwächung in bezug auf Italien entwertet. Doch hatte Hitler schon zu Zeiten des Münchener Abkommens die Wehrmacht auf seinen „unabänderlichen" Beschluß vorbereitet, die „Rest-Tschechei zu erledigen". Nachdem die Slowakei – unter deutschem Druck – und die Karpato-Ukraine ihre Unabhängigkeit von der Tschechoslowakei (die die der Karpato-Ukraine schon 1918 zugesicherte Autonomie – bis auf Ansätze seit 1937 – tatsächlich noch nicht gewährt hatte) erklärt hatten und Ungarn in die Karpato-Ukraine am 14. März 1939 einmarschiert war, errichtete Hitler am 16. März 1939 das „Protektorat Böhmen und Mähren", das in das Deutsche Reich eingegliedert wurde und einen in Prag residierenden Reichsprotektor erhalten sollte. Die Slowakei unterstellte sich angesichts der bedrohlichen Situation dem „Schutz" des Deutschen Reiches und schloß mit diesem am 23. März einen formellen Vertrag, in dem die Anerkennung der Rechte von Minoritäten enthalten war. Die Zerschlagung der Tschechoslowakei stellte gegenüber dem Einmarsch in das Sudetenland eine eindeutige Verschärfung dar: Nun handelte es sich nicht mehr um eine in der Sache begründbare Revisionspolitik, die von den westlichen Staaten nolens volens gebilligt wurde, sondern um eine völkerrechtswidrige Annexion fremden Staatsgebiets.

Die Reaktion der Großmächte bestand wiederum in der Akzeptierung der von Hitler geschaffenen Tatsachen, doch erklärte der britische Premierminister nun die Politik des Appeasement für beendet. Dies mußte früher oder später Krieg bedeuten, ging doch Hitlers Revisionismus in bezug auf die östlichen Grenzen ungleich weiter, zumal er ihn in immer offensiverer Weise mit der Volkstumspolitik verband.

Revisionismus gegenüber Polen: Von Weimar zu Hitler

Hatten die Weimarer Staatsmänner die deutsch-polnische Grenzziehung von 1919 zugunsten Deutschlands noch friedlich korrigieren wollen, so klammerte Hitler solche Ziele anfangs scheinbar aus, obwohl er keineswegs auf sie verzichten wollte. Zunächst ging es ihm darum, seine weitreichenden Forderungen gegenüber der Tschechoslowakei zu realisieren, womit er tatsächlich einen der minoritätspolitischen Schwachpunkte des Versailler Systems aufgriff. Er bediente sich einer ähnlichen Taktik wie zuvor Japan und Italien und begnügte sich 1938 zunächst mit einer „kleinen" Lösung, um 1939 die „große" durchsetzen zu können.

Hatte schon die Remilitarisierung des Rheinlands 1936, die Mißachtung der Versailler Abrüstungsbestimmungen und der „Anschluß" sein innenpolitisches Ansehen mithilfe einer aggressiven und offenbar gerade dadurch erfolgreichen Außenpolitik gestärkt, so setzte sich der Prestigegewinn des Hasardeurs 1938/39 fort. Das Deutsche Reich ignorierte unter Hitlers Führung zunehmend die völkerrechtlichen Regeln, die zwischen 1919 und 1928 etabliert worden waren und sprengte auf gewaltsame Weise endgültig die Fesseln des Versailler Systems. Die Außenpolitik erwies sich als Faktor, der zur Stabilisierung der nationalsozialistischen Führerdiktatur in Deutschland mehr und mehr beitrug.

Die außenpolitischen Erfolge bestärkten Hitler darin, die polnische Frage anzugehen. Unmittelbar nach der in seinem Sinne erfolgten Zerschlagung der Tschechoslowakei wiederholte Reichsaußenminister Joachim von Ribbentrop gegenüber dem polnischen Botschafter in Berlin, Jozef Lipski, am 21. März 1939 deutsche Vorschläge zur Lösung der offenen Probleme. Allerdings folgten sie nur dem taktischen Zweck, Polen zu beruhigen, um im Westen gegenüber Frankreich freie Hand zu erhalten. Nachdem bereits seit 1935 immer wieder deutsch-polnische Verhandlungen stattgefunden hatten und 1937 auch verschiedene Übereinkünfte zum Grenzverkehr und zur wechselseitigen Behandlung der Minoritätenfragen erzielt worden waren, schienen sich die beiderseitigen Beziehungen zu verbessern. Während des Jahres 1939 wurde dann jedoch die Verschlechterung unübersehbar, zumal die deutschen Forderungen immer drängender wurden und die Vereinbarung mit der Slowakei in Polen Beunruhigung auslöste. Außerdem ereigneten sich auch an der polnisch-sowjetischen Grenze immer wieder Zwischenfälle. Zwar hatten die Regierungen in Moskau und Warschau am 26. November 1938 in einem gemeinsamen Kommuniqué ihre Bereitschaft bekräftigt, die noch offenen Fragen zu lösen und den am 25. Juli 1932 abgeschlossenen und 1934 bis zum 31. Dezember 1945 verlängerten polnisch-sowjetrussischen Nichtangriffspakt ausdrücklich bekräftigt. Doch eine hinreichende Sicherheit gegenüber der bolschewistischen Diktatur, die genauso bedenkenlos wie die nationalsozialistische Verträge abschloß, die bei Bedarf gebrochen werden konnten, bot dies nicht. Insofern war es auch kein Zufall, daß sich die polnische Seite schon im Frühjahr die Frage vorlegte, ob und in welcher Weise sich die Vereinigten Staaten von Amerika im Falle eines Krieges engagieren würden. Die Antwort des polnischen Botschafters in Washington, Jerzy Potocki, fiel widersprüchlich aus: Zwar seien die USA dafür auch psychologisch gerüstet, „Frankreich und Großbritannien mit ihrer ganzen Macht zu Hilfe" zu kommen, doch wolle die amerikanische Öffentlichkeit „um keinen Preis in die europäischen Unstimmigkeiten verwickelt werden", so daß die

Verschärfung der deutschen Forderungen gegenüber Polen und der Weg in den Krieg

USA wohl kaum wie 1917 direkt in einen europäischen Krieg eingreifen würden [Text in: 71: H. MICHAELIS/E. SCHRAEPLER (Hg.), Ursachen und Folgen, Band XIII, 183–185; Zitat: 185].

Zumindest seit März 1939 wurde die Möglichkeit eines Krieges auf allen Seiten einkalkuliert, die deutschen Vorschläge an Polen erfolgten also in einer Atmosphäre der Verunsicherung und des Mißtrauens. Der Hinweis Ribbentrops, Polen verdanke seine „heutige territoriale Ausdehnung dem schwersten Unglück Deutschlands ... nämlich der Tatsache, daß Deutschland den Weltkrieg verloren habe", konnte durchaus als Drohung verstanden werden. Bezeichnend für das Doppelspiel der nationalsozialistischen Regierung war die Folgerung, die der Reichsaußenminister zog: Die „Korridor-Regelung" werde allgemein „als die schwerste Belastung des Versailler Vertrags für Deutschland empfunden. Keine frühere Regierung sei in der Lage gewesen, auf die deutschen Revisionsansprüche zu verzichten, ohne daß sie nicht innerhalb von 48 Stunden vom Reichstag hinweggefegt worden wäre. Der Führer denke anders über das Korridor-Problem. Er erkenne die Berechtigung des polnischen Anspruchs auf einen freien Zugang zum Meer an. Er sei der einzige deutsche Staatsmann, der einen endgültigen Verzicht auf den Korridor aussprechen könne. Voraussetzung hierfür sei aber die Rückkehr des rein deutschen Danzigs zum Reich sowie die Schaffung einer exterritorialen Bahn- und Autobahnverbindung zwischen dem Reich und Ostpreußen". Hierfür könne eine deutsche „Garantie des Korridors" erfolgen [Text in: ebd., 187–189; Zitat: 189].

Wäre ein solches Angebot tatsächlich ernst gemeint gewesen, hätte diese Lösung für Polen durchaus Vorteile geboten. Tatsächlich aber trieb Hitler immer wieder das gleiche Spiel: Er kam scheinbar sehr weit entgegen, während er die politischen Weichen in die gegenteilige Richtung, nämlich auf Maximalforderungen stellte, die nur durch Krieg realisierbar waren. Zugleich gab dieses Schaugefecht ihm – der beispielsweise schon am 19. Januar 1939 Anordnungen über die „Befugnisse der Hoheitsträger der Partei" im Krieg gegeben hatte – Gelegenheit, Friedenswillen zu demonstrieren. Wie im Falle der Sudetenpolitik handelte es sich jedoch um ein diplomatisches Scheingefecht, das auf Zeitgewinn zur Kriegsvorbereitung setzte und mithilfe der vorgegebenen Verhandlungsbereitschaft über die wirklichen Absichten hinwegtäuschte.

Die polnische Regierung, die im Vorjahr noch Illusionen gegenüber Hitler gehegt hatte, erfaßte nun die Gefährlichkeit der Situation, und begann am 23. März mit einer Teilmobilmachung im Korridor. Am gleichen Tag marschierten deutsche Truppen aufgrund einer von der Reichsregierung durch Druck erreichten Vereinbarung mit Litauen über die Wiedereingliederung des Memelgebiets, die am Vortag geschlossen worden war, dort ein. Das Reich übte auf Polen nach den Aktionen an seiner südwestlichen Grenze auch von Norden her psychologischen Druck aus. Ebenfalls am 23. März wurde ein Handelsabkommen mit Rumänien geschlossen, das nicht allein rumänisches Erdöl für den deutschen Vertragspartner sicherte, sondern Teil einer wirtschaftspolitischen Offensive mit dem Ziel eines durch

Deutschland dominierten mitteleuropäischen Wirtschaftsraums darstellte. Diese Aktionen zeigten deutlich, daß Hitler auch nach den in den Jahren 1938 und 1939 erzielten Erfolgen das Reich keineswegs als saturiert betrachtete.

Die Ablehnung der deutschen Vorschläge in einem Memorandum vom 25. März 1939 verband Polen mit dem nachdrücklichen Hinweis auf sein fortbestehendes Interesse an gutnachbarlichen Beziehungen zu Deutschland und die bisherigen polnischen Aktivitäten, die diesen förderlich gewesen seien. Doch reagierte, wie zu erwarten war, die deutsche Seite betont kühl. Ribbentrop sprach den nach der Berichterstattung aus Warschau zurückkehrenden polnischen Botschafter sogleich auf die Mobilmachung im Korridor an und ließ ihn wissen, daß jeder Angriff auf Danzig als Angriff auf das Reich betrachtet würde. Allerdings beurteilte selbst der Reichsaußenminister das polnische Verhalten als defensiv und empfahl Hitler, den psychologischen Druck auf Warschau zu verstärken.

Während sich der deutsche Ton gegenüber Polen verschärfte, verbesserten sich dessen Beziehungen zu den Westmächten. Das Londoner Foreign Office übermittelte am 20. März 1939 der polnischen Regierung eine Lagebeurteilung, die sich durch ihre Klarsicht eindeutig von der bis dahin geübten defensiven Haltung gegenüber Hitlers Offensiven unterschied: Das Aufsaugen der Tschechoslowakei durch Deutschland zeige klar, „daß die deutsche Regierung entschlossen ist, über das von ihr bisher zugegebene Ziel, das darin bestand, die deutsche Rasse zu festigen, hinauszugehen. Sie hat jetzt ihre Eroberungen auf ein anderes Volk ausgedehnt, und wenn es sich später herausstellt, daß das ein Teil einer deutschen Politik der Vorherrschaft ist, so wird es in Europa keinen Staat mehr geben, der nicht unmittelbar oder endgültig bedroht wäre". Unter diesen Umständen schlug die britische Regierung eine sofortige „Organisation der gegenseitigen Hilfeleistung" zwischen den Staaten vor, die sich bewußt seien, daß die „internationale Gesellschaft" vor der weiteren Verletzung der Grundsätze, auf denen sie beruhe, geschützt werden müsse [ebd., 199f.].

Der Vorschlag, mit der französischen und der sowjetrussischen Regierung in Verhandlungen einzutreten, zeigte 1939 eine völlige Veränderung der internationalen Ordnung gegenüber ihrem Ursprung 1919, indem die damals ausgeschlossene Sowjetunion nun zumindest als potentielle Status-quo-Macht eingeschätzt wurde. Dieses Memorandum bewies jedoch erneut, daß es der britischen Regierung nicht um ein Bündnis von Demokratien gegen Diktaturen ging, sondern um Bewahrung der internationalen Ordnung und Verhinderung einer kontinentalen Hegemonie Deutschlands. Jenseits der konkreten politischen Bedeutung hieß dies: Die Versuche, auf der Basis der Prinzipien Wilsons die innere Verfassung der Staaten und ihre äußere Ordnung zueinander in einen rechtsstaatlichen bzw. völkerrechtlichen Gleichklang zu bringen, gehörten längst der Vergangenheit an. Während der Agonie des europäischen Staatensystems seit Frühjahr 1939 herrschte bei der Entscheidungsbildung der Primat der Außenpolitik.

Die Sowjetunion und die internationale Ordnung 1939

Die britische Außenpolitik zeichnete die spätere Anti-Hitler-Koalition vor und verkannte zugleich die potentielle Aggressivität der kommunistischen Diktatur, wartete doch Stalin nur auf seine Stunde: Er konnte sie gemäß dem ihn leitenden machtpolitischen Kalkül zusammen mit den westlichen Demokratien, aber auch gegen sie gemeinsam mit der ideologisch verfeindeten nationalsozialistischen Diktatur nützen.

Deutsch-sowjetische Annäherung seit Frühjahr 1939

Diese Konstellation erwies sich für die Sowjetunion als ideale Ausgangsbasis zur Machtsteigerung, konnten die sie umwerbenden Mächte doch durch ein ebenso geschicktes wie skrupelloses Doppelspiel gegeneinander ausgespielt werden. Seit dem 17. April 1939 betrieb Stalin ungeachtet westlicher Avancen die Annäherung an das nationalsozialistische Deutsche Reich. Einen Tag später bot er Großbritannien und Frankreich einen Dreibund an, dem gegebenenfalls auch Polen beitreten könne. Ob nun die Ersetzung des zu diesem Zeitpunkt amtierenden Volkskommissars des Äußeren, d. h. des Außenministers Maxim Litwinow durch Wjatscheslaw Molotow am 3. Mai als sowjetischer Kurswechsel gedeutet werden kann oder nicht, Tatsache war, daß Molotow auf eine Zusammenarbeit mit Deutschland setzte.

Wie wenig die Ideologie für die Entwicklung der internationalen Beziehungen in den Monaten vor Kriegsausbruch maßgeblich war, zeigte das Ränkespiel der Diktatoren. Während einerseits die Annäherung von nationalsozialistischer und kommunistischer Regierung bereits am Horizont auftauchte, trat nach Beendigung des Bürgerkriegs Spanien am 28. März 1939 dem Antikomintern-Pakt bei und reihte sich somit der antikommunistischen Front ein, für die Hitler offiziell die Trommel rührte. So erklärte er noch am 28. April, als Stalin und er sich bereits annäherten: „Als ich mich einst entschloß, dem Ruf General Francos und seiner Bitte, gegenüber der internationalen Unterstützung der bolschewistischen Mordbrenner ihm auch durch das nationalsozialistische Deutschland Hilfe zukommen zu lassen, wurde dieser Schritt von diesen selben internationalen Hetzern in der infamsten Weise mißdeutet und beschimpft" [Text in: ebd., 232]. Die faschistisch-nationalsozialistische Einheitsfront gegen die bolschewistische Gefahr schien also nach wie vor Richtschnur der Politik zu sein, wie auch der erwähnte, an die Westmächte adressierte Vertragsentwurf Stalins nahezu zeitgleich mit der ersten sowjetischen Sondierung gegenüber dem Deutschen Reich erfolgte. Das öffentliche Vorgehen Hitlers und Stalins mußte zwangsläufig den Eindruck unversöhnlicher Feindschaft erwecken und die demokratischen Staatsmänner, die die beiden Diktatoren unterschätzten, darüber hinwegtäuschen, daß die Situation durch das potentielle Zusammengehen beider noch gefährlicher war, als sie ohnehin glaubten.

Italienische Annexionspolitik

Das faschistische Italien, das sich schon verschiedentlich irritiert gezeigt hatte, weil Hitler immer wieder vollendete Tatsachen schuf, ohne den Verbündeten zu konsultieren, wollte der deutschen Annexionspolitik keinesfalls nachstehen und marschierte seinerseits in ein fremdes Land ein: Am 7. April ließ Mussolini Albanien besetzen und am 16. April den italienischen König Viktor Emanuel auch zum König Albaniens proklamieren.

Amerikanischer Vermittlungsversuch

Wie Großbritannien und Frankreich auf Hitlers Drohgebärden gegenüber Polen reagiert hatten, so nun auch der amerikanische Präsident Franklin D. Roo-

3. Entwicklung und Destabilisierung der internationalen Ordnung 71

SEVELT auf die beiden verbündeten Diktatoren: Er erinnerte an seine frühere Anregung zu einer internationalen Konferenz, um zu vermeiden, daß „ein großer Teil der Welt in Trümmer gelegt wird. Die ganze Welt, die siegreichen Nationen, die besiegten Nationen und die neutralen Länder würden darunter leiden". Roosevelt bot sich erneut als Vermittler an, da er in keinen der Konflikte verwickelt sei. „Die Regierungschefs sind zu dieser Stunde im wahren Sinn des Wortes verantwortlich für das Schicksal der Menschheit in den nächsten Jahren" [Text in: ebd., 224–227; Zitate: 225, 227].

So prophetisch diese Worte waren, so wenig erwiesen sich die beiden angesprochenen Diktatoren einer solchen Verantwortungsethik zugänglich: Hitler und Mussolini wollten den Krieg, und folglich reagierten sie ablehnend. Doch damit nicht genug inszenierte die nationalsozialistische Führung eine Pressekampagne gegen den amerikanischen Präsidenten; Hitler ließ den Reichstag, der längst kein Parlament mehr war, zusammentreten, um seiner langen Antwortrede an Roosevelt den angemessenen propagandistischen Rahmen zu geben. Zugleich ging er auf die britische Politik ein und beteuerte, wie sehr ihm immer an guten deutsch-britischen Beziehungen gelegen gewesen sei. Roosevelts Konferenzvorschlag lehnte er als gegen Deutschland gerichtetes „Tribunal" ab. Bezeichnend für das künftige Vorgehen waren Hitlers Hinweise auf Polen, das seine verschiedenen Vorschläge leider abgelehnt habe, darunter einen 25jährigen Nichtangriffspakt: „Das Schlimmste ist, daß nunmehr ähnlich wie die Tschechoslowakei vor einem Jahr auch Polen glaubt, unter dem Druck einer verlogenen Weltpresse Truppen einberufen zu müssen, obwohl Deutschland seinerseits überhaupt nicht einen einzigen Mann eingezogen hat und nicht daran dachte, irgendwie gegen Polen vorzugehen. Wie gesagt, dies ist an sich sehr bedauerlich, und die Nachwelt wird einmal entscheiden, ob es nun wirklich so richtig war, diesen von mir gemachten einmaligen Vorschlag abzulehnen...". Aufgrund dieses Vorgehens sehe er, Hitler, das zwischen ihm und Marschall Pilsudski am 26. Januar 1934 geschlossene Abkommen „als durch Polen einseitig verletzt an und damit als nicht mehr bestehend!" [ebd., . 227–240; Zitat: 231 f.] Propagandistische Kriegsvorbereitung durch Hitler

Das propagandistische Muster war klar: Polen sollte die Rolle des Aggressors gegen ein im Prinzip friedliebendes Deutschland zugeschoben werden, das auf militärische Handlungen gar nicht eingestellt war. Wenige Monate später kam es so – mit den Folgen, die Roosevelt vorausschauend beschrieben hatte und die er vermeiden wollte.

Die Westmächte antworteten mit einer Intensivierung ihrer Bündnispolitik und ihrer diplomatischen Sicherungen, beispielsweise in der britisch-französischen Garantieerklärung für Polen am 31. März 1939 und für Griechenland am 13. April, die Mussolini vor weiteren Annexionen warnen sollte. Zur gleichen Zeit wurden die deutsch-italienischen Vertragsvorbereitungen für den sog. Stahlpakt zwischen den drei zu diesem Zeitpunkt unverhohlen expansionistischen Mächten Deutschland, Italien und Japan verstärkt. Allerdings blieb Japan dann doch diesem Bündnis fern, weil es die offensichtlich antibritische Komponente nicht bil- Reaktion der Westmächte

ligte, statt dessen aber eine zweifelsfrei antikommunistische Stoßrichtung wünschte.

Mussolinis Politik des Zeitgewinns

Bei den Verhandlungen zur Vorbereitung des nun übrigbleibenden Zweierbündnisses vertrat Mussolini allerdings noch am 4. Mai 1939 explizit die Meinung, „daß die beiden europäischen Achsenmächte eine Friedensperiode von mindestens drei Jahren brauchen. Erst von 1943 an kann ein Krieg die größten Aussichten eines Sieges haben" [ebd., 282]. Der „Duce" begründete seine Einschätzung unter anderem mit ökonomischen, rüstungspolitischen und ideologischen Argumenten, keineswegs aber mit einer Ablehnung des Krieges als Mittel der gewollten imperialistischen Expansionspolitik. Dabei hatte er im Unterschied zu Hitler deutliche, wenngleich taktisch bedingte Skrupel, sich mit der kommunistischen Diktatur zu verbünden: „Den Anschluß Rußlands an den Block verhindern, ja, aber nicht weiter, denn eine derartige Politik, die eine Antithese der gegenwärtigen Position wäre, würde in den Achsenländern nicht verstanden werden und würde deren Zusammenhang schwächen" [ebd. 283].

Hitler, Stalin, Mussolini und der Krieg

Solche Bedenken hatten die beiden Hauptschuldigen am bevorstehenden Kriegsausbruch, Hitler und Stalin, keineswegs. Die nationalsozialistische Regierung scheute sich nicht einmal, den engsten und ideologisch verwandten Verbündeten über die eigenen Absichten zu täuschen. Ribbentrop gab bei den Verhandlungen mit seinem italienischen Kollegen Graf Ciano am 6. und 7. Mai in Mailand die von Mussolini gewünschten Zusicherungen: Dessen Einschätzung, eine dreijährige Friedensperiode sei notwendig, decke sich auch mit der deutschen Auffassung. Hinsichtlich der Sowjetunion wurde zwar vereinbart, eine Entspannung zwischen ihr und den Achsenmächten herbeizuführen, doch solle eine solche Entlastung nicht zu weit gehen, da „nach Auffassung des Duce ein freundschaftliches Verhältnis mit der Sowjetunion aus italienisch-innerpolitischen Gründen nicht möglich sei" [Gesprächsaufzeichnung Ribbentrops, ebd., 284–286, Zitate: 284, 285]. An der polnischen Frage zeigte sich Italien desinteressiert; ob die Westmächte bei einem deutsch-polnischen Konflikt eingreifen würden, sei – so Ribbentrop – für den Duce nicht klar, zu einer Vermittlung zwischen dem Reich und Polen sei er, falls der Führer es wünsche, bereit.

In dieser entscheidenden Frage erhielt Hitler also durch Mussolini nahezu freie Hand, in bezug auf die Sowjetunion nahm er sie sich; die politische Bedeutung der folgenden Vereinbarung blieb deshalb, aber auch aufgrund der einschränkenden Bedingungen Mussolinis, die Hitler nur verbal teilte, begrenzt. Insgesamt zeigte das Gespräch der beiden Außenminister, daß trotz des schließlich am 22. Mai 1939 „im XVII. Jahr der Faschistischen Ära" zwischen Deutschland und Italien geschlossenen Freundschafts- und Bündnisvertrags, eben des „Stahlpakts", Rom die Tragweite der Berliner Absichten kaum erkannte und sich mit Zusicherungen, zum Beispiel über Südtirol, begnügte, die für die Reichsregierung zweitrangig waren bzw. die einzuhalten von vornherein nicht beabsichtigt war. Allerdings stand auch für Mussolini fest, daß der Krieg, den er – seine sozialistische Herkunft nicht verleugnend – buchstäblich als internationalen Klassenkampf deutete, kommen werde: „Der Krieg zwischen den plutokratischen und deshalb selbstsüchtig konservativen und den stark bevölkerten und armen Nationen ist unvermeidlich. Dieser Sachlage nach muß man sich entsprechend vorbereiten" [Denkschrift v. 30. Mai 1939, ebd., 289–291; Zitat: 289].

Das Deutsche Reich versuchte nun, durch weitere Nichtangriffspakte, beispielsweise mit den skandinavischen und baltischen Staaten, sich den Rücken wenigstens teilweise freizuhalten, worauf aber nur Dänemark, Estland und Lettland eingingen. Zugleich wollte Hitler durch Scheinangebote an Polen weiter Zeit gewinnen und mit Hilfe der schon vorher einkalkulierten Ablehnung gegenüber der deutschen, aber auch der Weltöffentlichkeit das eigene spätere Vorgehen legitimieren. Um dies aber machtpolitisch und strategisch absichern zu können, betrieb nun auch Hitler immer nachdrücklicher die Annäherung an Stalin, der zwar noch am 24. Juli mit Großbritannien und Frankreich einen Bündnisvertrag abschloß, zugleich aber die Wirtschaftsverhandlungen mit dem Deutschen Reich beschleunigte. Aufgrund einer Meinungsverschiedenheit über die Militärkonvention, bei der Stalin Durchmarschrechte der Sowjetunion durch Polen und Rumänien vorsah, ließ er schließlich den Pakt mit den Westmächten scheitern, nachdem er zu dem Schluß gekommen war, daß ein Abkommen mit dem Deutschen Reich vorteilhafter sein würde.

<small>Hitlers Scheindiplomatie 1939</small>

Der skrupellose Expansionismus Hitlers und Stalins bereitete schließlich den Weg für den deutsch-sowjetischen Nichtangriffspakt, den die Außenminister von Ribbentrop und Molotow am 23. August 1939 im Beisein des hintergründig lächelnden Stalin in Moskau unterzeichneten, nachdem noch kurz vorher ein deutsch-sowjetisches Handelsabkommen abgeschlossen worden war. In einem Telegramm an Stalin hatte Hitler am 20. August 1939 seinen künftigen Partner nicht im unklaren darüber gelassen, daß die Spannungen zwischen Polen und Deutschland binnen kürzester Frist zum Krieg führen würden. Stalin antwortete darauf am 21. August zwar nicht explizit, aber doch indirekt mit der vieldeutigen Bemerkung: Der Abschluß eines Nichtangriffspakts schaffe die „Grundlage für die Liquidierung der politischen Spannung" [ebd., 451 f., Zitat: 452].

<small>Deutschsowjetischer Nichtangriffspakt</small>

Wiederum demonstrierten die beiden Diktatoren ihre Doppelzüngigkeit und die sekundäre Bedeutung der ideologischen Feindschaft, wenn es um ihre materiellen Interessen ging. So kommentierte Ribbentrop bei seinen Moskauer Verhandlungen am 24. August den Antikominternpakt – der ja offiziell gegen die kommunistische Weltrevolution und die von Stalin gesteuerte Kommunistische Internationale gerichtet war – mit den Worten: Dieser sei „im Grunde nicht gegen die Sowjetunion, sondern gegen die westlichen Demokratien gerichtet". Stalins joviale Antwort blieb auf der gleichen Ebene: „Der Antikominternpakt habe in der Tat hauptsächlich die Londoner City und die kleinen englischen Kaufleute erschreckt." Der Protest des vom deutsch-sowjetischen Vertrag überraschten Japan, dessen Botschafter in Berlin darauf verwies, daß der deutsch-sowjetische Vertrag dem Antikomintern-Pakt widerspreche, war für die Reichsregierung angesichts des strategischen Vorteils, den die Übereinkunft mit der bolschewistischen Diktatur bot, unerheblich.

Im übrigen betrafen die Moskauer Gespräche einen Tag nach Abschluß des Vertrages kriegswichtige Themen, unter anderem die militärische Stärke der potentiellen Kriegsgegner: Schon dies zeigte, daß die Stunde geschlagen hatte.

Das geheime Zusatzprotokoll des Hitler-Stalin-Pakts

Das fast bis zum Zusammenbruch der Sowjetunion mehr als fünfzig Jahre später dort geheimgehaltene bzw. in seiner Existenz bestrittene geheime Zusatzprotokoll grenzte streng vertraulich die „beiderseitigen Interessensphären in Osteuropa" ab. Die nördliche Grenze Litauens bildete die Demarkationslinie zwischen der UdSSR und Deutschland, in bezug auf Polen seien dies die Flüsse Narew, Weichsel und San: „Die Frage, ob die beiderseitigen Interessen die Erhaltung eines unabhängigen polnischen Staates erwünscht erscheinen lassen, und wie dieser Staat abzugrenzen wäre, kann endgültig erst im Laufe der weiteren politischen Entwicklung geklärt werden. In jedem Falle werden beide Regierungen diese Frage im Wege einer freundschaftlichen Verständigung lösen" [ebd., 458].

Der deutsch-sowjetische Vertrag vom 23. August 1939, genauer das Zusatzprotokoll, bildete die letzte, aber entscheidende Stufe zum Zweiten Weltkrieg. Es besteht kein Zweifel, daß Hitler diesen Krieg entfesselt hat, ebensowenig zweifelhaft ist aber, daß er dabei in Stalin einen entscheidenden, ja unentbehrlichen Helfer hatte, der seinerseits durch den Einmarsch in die Osthälfte Polens den bis 1945 verlängerten Nichtangriffspakt mit Polen brach. Die Verurteilung des nationalsozialistischen Deutschland als Angreifer ist zwingend, aber nicht minder zwingend ist diejenige der stalinistischen Sowjetunion, wegen – äußerst aktiver, ja konstitutiver – Beihilfe. Nach Entfesselung des Krieges wurden Hitler und Stalin zunächst zu völlig analog handelnden Tätern: Sie teilten Osteuropa gewaltsam zwischen sich auf, okkupierten fremdes Staatsgebiet und unterjochten die dort ansässige Bevölkerung.

Reaktion der Westmächte auf den Nichtangriffspakt

Auf die wie eine Bombe einschlagende Veröffentlichung des deutsch-sowjetischen Nichtangriffspakts reagierten die Westmächte unmittelbar: Schon am 25. August schloß Großbritannien ein gegenseitiges Beistandsabkommen mit Polen, einen Tag später unterstrich Premierminister Daladier in einem Brief an Hitler zwar den Friedenswillen Frankreichs, aber auch dessen Beistandsverpflichtung gegenüber Polen. Aufgrund dieser Konstellation und der Mitteilung Mussolinis, daß Italien im Augenblick noch nicht in der Lage sei, Krieg zu führen, zog Hitler am 26. August den schon gegebenen Befehl zum Einmarsch in Polen zurück. Ein nochmaliges britisches Vermittlungsangebot vom 28. August beantwortete Hitler mit der verschärften Wiederholung seiner früheren Forderungen gegenüber Polen, über die unverzüglich verhandelt werden müsse.

Propagandistische Vorbereitung des Angriffs auf Polen

Zwei Tage darauf erklärte die Reichsregierung, die Ursachen der gegenwärtigen Spannungen lägen „1. in der unmöglichen Grenzziehung, wie sie durch das Versailler Diktat vorgenommen wurde, 2. in der unmöglichen Behandlung der Minderheit in den abgetrennten Gebieten". Die deutschen Forderungen waren insgesamt deutlich verschärft worden, so war von einer Garantie des Korridors keine

Rede mehr, statt dessen sollte die dortige Bevölkerung über die künftige Zugehörigkeit abstimmen, wozu im übrigen die seinerzeit vertriebenen Deutschen „zur Erfüllung ihrer Abstimmungspflicht" zurückkehren sollten [Text in: ebd., 581–584; Zitat: 582].

Ton, Inhalt und zeitlicher Druck wurden sowohl bei den Westmächten als auch den Polen als ultimativ verstanden. Da Polen im übrigen viel zurückhaltendere Vorschläge mehrfach abgelehnt hatte, konnte die Reichsregierung davon ausgehen, daß sie mit diesen Forderungen vom 30. August 1939 kaum ernsthafte Verhandlungen eröffnen würde. In letzter Minute nochmals unternommene Initiativen zur Vermittlung, seien es diejenigen der Westmächte, Mussolinis oder der mit Hitlers Wissen unternommene Versuch Hermann Görings über den Schweden Birger Dahlerus, waren daher von vornherein zum Scheitern verurteilt, da Hitler keine Verhandlungen, kein zweites München, sondern Krieg wollte. Polen seinerseits machte nicht den Versuch einer Hinhaltetaktik, was angesichts seiner realen Bedrohung durchaus angemessen gewesen wäre. Für Hitler war der Weg frei, am 31. August 1939 gab er erneut und dieses Mal unwiderruflich den Befehl zum Angriff. Die offizielle Begründung lautete: Deutschland sei nicht mehr bereit, die ständigen polnischen Grenzverletzungen und brutalen Übergriffe auf die deutsche Bevölkerung hinzunehmen. Als unmittelbarer Anlaß diente der von deutscher Seite inszenierte, Polen in die Schuhe geschobene Überfall auf den Sender Gleiwitz. Im Reichstag erklärte Hitler am 1. September: „Ich habe mich... entschlossen, mit Polen in der gleichen Sprache zu sprechen, mit der Polen nun seit Monaten mit uns spricht!" Im „Großdeutschen Rundfunk" verkündete Hitler bekanntlich: „Seit 5 Uhr 45 wird zurückgeschossen!" Entsprechend lautete auch die offizielle Sprachregelung durch das Reichspropagandaministerium in der Pressekonferenz vom 1. September 1939: „Keine Überschriften, in denen das Wort Krieg enthalten ist. Der Rede des Führers zufolge „schlagen wir nur zurück" [ebd., 605].

Nach dem Angriff des Deutschen Reiches auf Polen am 1. September 1939 versuchten Großbritannien und Frankreich ein letztes Mal, das Verhängnis abzuwenden und boten an, auf Kriegserklärungen zu verzichten, wenn Deutschland seine Truppen unverzüglich zurückziehe. Auch Mussolini wiederholte einen Tag später seinen Vorschlag zu einer internationalen Konferenz, dem er mit der Erklärung Nachdruck verlieh, Italien sei „nichtkriegführend". Doch Hitler war auch jetzt nicht bereit, auf die militärische Eroberung Polens zu verzichten, hatte er doch nicht bloß auf diese Gelegenheit gewartet, sondern sie zielstrebig herbeigeführt. Daraufhin erfolgten am 3. September die angekündigten Kriegserklärungen Großbritanniens und Frankreichs an das Deutsche Reich.

<small>Britische, französische und italienische Versuche zum Abbruch des Krieges – Kriegserklärung Großbritanniens und Frankreichs</small>

Der Krieg war nicht die einzig mögliche Konsequenz aus der außen- und innenpolitischen Instabilität Europas zwischen den Kriegen. Wenngleich die Legitimität der europäischen Nachkriegsordnung von Beginn an bestritten worden war und ihre Konstruktion zahlreiche Schwächen aufwies, so hatte es doch immer wieder Anläufe zu ihrer Stabilisierung gegeben. Auch an weitreichenden Modifi-

<small>Die europäische Instabilität seit 1919 und der Weg in den Krieg</small>

kationen zugunsten der revisionistischen Mächte mangelte es seit Mitte der 1920er, vor allem aber seit den 1930er Jahren nicht. Chancen auf Erhaltung des Friedens bestanden also durchaus, auch wenn sie nicht sehr groß waren. Die außenpolitische Instabilität wurde aber immer wieder durch die innenpolitische, durch die gesellschaftliche und seit Inflation, Reparationsproblematik und Weltwirtschaftskrise durch die ökonomische Krise verschärft, zugleich aber zählten diese Faktoren zu den Ursachen der innenpolitischen Krisen.

Insofern hatte neben außenpolitischen und strategischen Ursachen, die im Versailler System begründet waren, die in Europa grassierende politische Instabilität erheblichen Anteil an der Verursachung des Zweiten Weltkriegs, zumal sie in vielen Staaten zu totalitären Diktaturen führte, für die Krieg das bevorzugte Mittel einer zugleich nationalistisch und imperialistisch geprägten Machtpolitik bildete. Unter den europäischen Diktaturen der Zwischenkriegszeit ging allein die sowjetrussische nicht aus einer spezifischen Instabilität der Demokratie hervor, sondern aus einer bestehenden vormodernen autokratischen Herrschaftsstruktur ohne rechtsstaatliche Tradition.

Schreckbild und Vorbild der bolschewistischen Diktatur für den Nationalsozialismus

Die Tatsache, daß die seit der Oktoberrevolution 1917 etablierte bolschewistische Diktatur eine totalitäre Ideologie und Herrschaftsstruktur aufwies, bewirkte allein schon aufgrund der Chronologie eine Vorbildfunktion für alle in den nächsten Jahren folgenden Diktaturen und totalitären Ideologien. Dies gilt umso mehr, als aufgrund des weltrevolutionären kommunistischen Anspruchs seit 1917/18 in vielen Teilen Europas Bolschewistenfurcht umging, insbesondere in Deutschland. Vor dieser kommunistischen Bedrohung verblaßten alle anderen politischen Ängste. In seiner 1917 in Rußland an die Macht gelangten Form trug der Kommunismus zur Prägung jeglicher totalitären Herrschaft, insbesondere ihrer Praktizierung bei, das belegen unter zahlreichen anderen Zeugnissen noch Goebbels Bemerkungen am Ende des Zweiten Weltkriegs. Schreckbild war die bolschewistische Diktatur, aber auch Vorbild im Hinblick auf ihre skrupellose Ausübung der Herrschaft, ihre mörderische Freund-Feind-Ideologie, schließlich die planmäßige gnadenlose Vernichtung sozialer oder politischer Gruppen, die zu Klassen- oder Volksfeinden erklärt wurden. Zwar hat der Bolschewismus Entstehung und Herrschaftspraxis der faschistischen bzw. der nationalsozialistischen Diktaturen nicht im engeren Sinne verursacht, aber doch wesentlich mitgeprägt. Ohne ihren ideologischen Widerpart, ja Feind, ist eine totalitäre Bewegung nicht erklärbar, lebt sie doch zum nicht geringsten Teil aus der Opposition, aus ihrem Feindbild.

Zeitweiliger Sieg der Diktaturen über die Demokratien

Wenngleich dies 1939 nicht so scheinen konnte, so bildete doch für die siegreichen faschistischen Diktaturen und vor allem die nationalsozialistische nach der ersten Etappe des erfolgreichen Kampfes gegen die Demokratien der Krieg das Mittel, das bei günstiger Gelegenheit in die zweite Etappe, den ideologischen Endkampf um die Weltherrschaft, transformiert werden konnte. Insofern übernahm der Nationalsozialismus bei der unmittelbaren Vorbereitung des Zweiten Weltkriegs 1939 sogar die klassische kommunistische Unterscheidung von Strategie und Taktik. Die Existenz totalitärer Ideologien zählt also ihrerseits zum Ursachenkomplex, aus dem der Zweite Weltkrieg entstand und der Form, in der er schließlich geführt wurde.

Schließlich gehört es zum klassischen Repertoire autokratischer oder gar diktatorischer Herrschaft, innenpolitische Probleme zu verschleiern und durch Aggression nach außen abzuleiten. Der zum Popanz stilisierte Feind wird als Wurzel allen Übels aufgebaut, seine Eliminierung verspricht die Lösung aller nationalen Probleme, verspricht das Heil.

Gravierende, ja existenzbedrohende Probleme gab es nach 1918 in Hülle und Fülle. Sie resultierten in bezug auf die nationalen Volkswirtschaften und die Weltwirtschaft zum nicht geringen Teil aus dem Ersten Weltkrieg. Sie stellten aber auch Modernisierungskrisen der europäischen Gesellschaften der Zwischenkriegszeit dar, deren Verflechtung untereinander und mit den USA so weit fortgeschritten war, daß ausschließlich nationale Lösungen kaum mehr möglich waren, was seinerseits mit der Autarkiepolitik der nationalistischen Diktaturen kollidierte, die ihre Analogie in der sowjetischen Autarkiepolitik fand. Dabei spielte es für die „Habenichtse" zumindest psychologisch eine Rolle, daß die anderen europäischen Großmächte nach wie vor Kolonialmächte waren, deren überseeische Gebiete die Versorgung durch Rohstoffe und Energiequellen sicherstellten. Im Hinblick auf sie befand sich die Sowjetunion mit ihrem schier unerschöpflichen Reservoir an Rohstoffen in einer anderen Situation als die westeuropäischen Großmächte.

Wirtschaftliche Krisen als Ursache der Instabilität

Die drei wichtigsten revisionistischen Mächte – Japan, Deutschland und Italien – verfolgten bereits vor ihrer Kooperation unabhängig voneinander imperialistische Kriegsziele, die auch ökonomisch geprägt waren. Schließlich gingen die Eroberung Abessiniens durch Italien und der 1937 beginnende zweite japanisch-chinesische Krieg nach dem japanischen Einfall in die Mandschurei 1931 Hitlers Annexionspolitik zeitlich voran, was unter anderem auf die größere Unabhängigkeit dieser beiden Länder im internationalen System zurückzuführen war. Die nationalsozialistische Großraumpolitik im Osten war nicht allein rassistisch bedingt, sondern auch wirtschaftlich. Das Schlagwort „Volk ohne Raum" (Hans Grimm) war bevölkerungspolitisch motiviert, hing einer kolonisatorischen Ideologie an, sollte darüber hinaus jedoch Kornkammern und im Südosten, in Rumänien, auch Ölquellen erschließen, sei es durch direkte Unterdrückung und Ausbeutung dieser Gebiete, sei es durch Schaffung eines deutsch beherrschten Wirtschaftsraums. Die Inszenierung von Abhängigkeiten in diesen Regionen diente schließlich der Verbesserung der strategischen Ausgangsbasis, die man bei den „Habenichtsen" im Gegensatz zu den Kolonial- und Mittelmeermächten Großbritannien und Frankreich als defizitär betrachtete.

Expansionistischer Revisionismus Japans, Deutschlands und Italiens

Der expansionistische Revisionismus der drei erwähnten Staaten hatte also verschiedene und im Falle des Deutschen Reiches ineinandergreifende Motive, die auf das internationale System destabilisierend wirkten und wirken sollten und schließlich zum Krieg trieben, zumal die Status-quo-Mächte, insbesondere Großbritannien und Frankreich, lediglich Modifikationen dieser Ordnung zuließen, nicht aber grundlegende Veränderungen – schon gar nicht solche, die die eigene weltweit ausgreifende Position in Frage gestellt hätten. Genau darin bestand jedoch in ihren jeweiligen Großräumen die Zielsetzung der drei revisionistischen Hauptmächte: Japans in Asien, Deutschlands in Ostmittel- und dann in ganz Osteuropa, Italiens im Mittelmeerraum.

Der weltrevolutionäre Anspruch des Kommunismus und die sowjetische Politik

Der weltrevolutionäre Anspruch des kommunistischen Systems schien demgegenüber durch die Annäherung der Sowjetunion an die Versailler Ordnung und die Aufnahme in den Völkerbund, schließlich die Parole vom „Sozialismus in einem Lande" während der 1930er Jahre in den Hintergrund zu treten. Die Sowjets schienen vor allem mit inneren Auseinandersetzungen, beispielsweise den Moskauer Schauprozessen sowie ihren verschiedenen Plänen zur wirtschaftlich-technologischen Entwicklung beschäftigt. Tatsächlich aber lavierte Stalin bis in die letzten Wochen vor Kriegsausbruch zwischen den Alternativen, um dann diejenige zu ergreifen, die ihm optimal erschien. Seine Präferenz für eine Kooperation mit Hitler war jedoch seit Frühjahr zweifelsfrei, nachdem klar geworden war, daß Großbritannien weder einer Annexion der baltischen Staaten, noch derjenigen Polens zustimmen würde. Buchstäblich in der Hinterhand wartete damit der sich seit Ende des Zweiten Weltkrieges als erfolgreicher erweisende wirklich globale Anspruch der zweiten dominanten totalitären Bewegung im 20. Jahrhundert. Sie betrieb im Unterschied zu Nationalsozialismus und Faschismus eine Ökonomisierung der Ideologie und eine Ideologisierung der Ökonomie; es handelte sich um diejenige Großmacht, die aufgrund ihrer kommunistischen Wirtschaftsordnung durch die beiden ausschlaggebenden ökonomischen Erschütterungen der Zwischenkriegszeit, Inflation und Weltwirtschaftskrise, nicht unmittelbar betroffen war. Die Sowjetunion ging in mehrfacher Hinsicht einen „Sonderweg" und trat nach einigen Präliminarien mit ihrem vollen Gewicht erst mit einiger Verspätung auf die weltpolitischen Bühne, wozu ihr ideologischer Erzfeind und zeitweiliger Kumpan Hitler die entscheidenden Weichen stellte.

Für die Entstehung des Zweiten Weltkriegs spielte paradoxerweise der Zeitpunkt der westlichen Zugeständnisse, aber auch die Appeasementpolitik selbst eine Rolle, obwohl sie das Gegenteil, nämlich Kriegsverhütung, beabsichtigten. So galt das Entgegenkommen nicht den Demokratien, insbesondere der Weimarer, zu deren Stabilisierung es hätte beitragen können, sondern den Diktatoren. Schließlich ermunterte die Appeasementpolitik Hitler zur ständigen Verschärfung seiner Forderungen und bot ihm Zeit für die Verbesserung seiner strategischen und bündnispolitischen Ausgangsbasis, vor allem aber die Aufrüstung: Noch 1936 wären weder Deutschland noch Italien kriegsbereit gewesen, für die Sowjetunion ist dies zumindest fraglich. Kaum hätte der in dieser Hinsicht vorsichtige Stalin sich schon damals auf einen Krieg gegen Polen eingelassen, zumal er gerade seit der zweiten Hälfte der 1920er Jahre eine betont friedliche Politik verfolgt hatte: Die Sowjetunion beteiligte sich seit 1927 an den Abrüstungsverhandlungen, trat dem Briand-Kellogg-Pakt bei und führte die Politik der Nichtangriffspakte mit Anrainerstaaten auch zu Beginn der 1930er Jahre fort. Zwar sah Stalin einen künftigen Konflikt innerhalb der kapitalistischen Staaten als unausweichlich an, wollte selbst aber erst am Ende Partei ergreifen, um die optimale Ausgangslage für die Sowjetunion zu erreichen. Mitte der 1930er Jahre aber war ihm eher daran gelegen, sie aus einem Konflikt zwischen den faschistischen und den demokratischen Staaten herauszuhalten, bzw. den aufgrund dieser Gegensätzlichkeit für die Sowjets günstigen Status quo zu erhalten, 1935 schloß er sogar mit Frankreich und der Tschechoslowakei Bündnisse ab. Auch Stalin hatte zwar keinerlei Skrupel, solche Pakte zu brechen, wie sich 1939 zeigen sollte, doch in der Mitte der 1930er Jahre sah er den Zeitpunkt dafür noch nicht als gekommen an.

Die aufgrund einer zunehmend aggressiven Politik erzielten außenpolitischen Erfolge stärkten Mussolini und Hitler auch innenpolitisch, schwächten also jegliche oppositionelle Regung, wie sich nochmals seit dem 1. September 1939 beispielsweise an denjenigen deutschen Offizieren und Diplomaten zeigte, die den Krieg nicht wollten; sie gerieten durch Hitlers militärische Anfangserfolge zunehmend in die Defensive oder wurden auch selbst durch sie geblendet.

Der Weg in den Zweiten Weltkrieg ist also trotz der offensichtlichen Kriegsschuld von Hitlers Deutschland durch eine komplexe Verbindung langfristiger, schon 1919 beginnender Ursachen, mit mittelfristigen, seit 1936 offensichtlichen und kurzfristigen, erst 1938/39 aktuell werdenden Faktoren charakterisiert.

4. WIRTSCHAFT UND GESELLSCHAFT IM UMBRUCH: SOZIALE UND ÖKONOMISCHE URSACHEN FÜR DIE INSTABILITÄT DER INTERNATIONALEN ORDNUNG

a) Ökonomie und internationale Politik

Bevölkerungsbewegungen zwischen den Kriegen
Wie dargestellt worden ist, wurden die europäische Wirtschaft und die Weltwirtschaft wesentlich durch die Folgen des Ersten Weltkriegs geprägt. Trotz der hohen Bevölkerungsverluste wuchs die Bevölkerung Europas (ohne Sowjetrußland) zwischen den Kriegen von 338,3 Millionen Menschen im Jahre 1920 auf 394,4 Millionen 1940; dies entsprach einer prozentualen Zunahme von etwa 17%. Allerdings gab es beträchtliche nationale Unterschiede, die im Falle der beiden kontinentalen Kontrahenten Deutschland und Frankreich entsprechende Reaktionen hervorriefen. Da die französische Bevölkerung in diesem Zeitraum unterproportional lediglich von 39 auf 41,3 Millionen Menschen wuchs, das Wachstum der deutschen jedoch mit 59,9 auf 69,3 Millionen dem europäischen Durchschnitt entsprach, löste dies in Frankreich erhebliche Beunruhigung aus, zumal Deutschland ohnehin schon zahlenmäßig überlegen war; dort hingegen fand die Formel „Lebensraum im Osten" auch aus demographischen Gründen Anklang. Während die Bevölkerung Großbritanniens von 43,5 auf 47,8 Millionen Menschen ebenfalls unterproportional stieg, vergrößerte sie sich in Italien von 35,9 auf 44,3 Millionen Menschen ganz überproportional, nämlich nahezu um ein knappes Viertel. Ähnliches war für Spanien zu konstatieren, dessen Bevölkerung von 21 auf 25,5 Millionen Menschen zunahm.

Sowjetrußland bzw. die Sowjetunion, der bevölkerungsreichste, allerdings nur zum Teil in Europa liegende Staat, dessen Bevölkerung noch 1920 zu 85% auf dem Lande lebte, erlebte ein noch rasanteres Bevölkerungswachstum; allerdings müssen dabei territoriale Veränderungen berücksichtigt werden. In den jeweils geltenden Grenzen betrugen die Zahlen in den Vergleichsjahren 134,2 zu 194,1 Millionen Menschen, wobei das Territorium lediglich um etwa 2,5% vergrößert wurde, die Urbanisierung aber stark fortschritt: 1940 lebten nur noch 67% der sowjetischen Bevölkerung auf dem Lande.

Bevölkerungswachstum, Arbeitslosigkeit und Expansionismus
Alle expansionistischen Großmächte Europas wiesen in der Zwischenkriegszeit also ein überproportional hohes Bevölkerungswachstum auf. Das reicht zwar zur Erklärung ihrer bellizistischen Politik nicht aus, hat jedoch die Großraum-Ideologie und ihre jeweilige nationale Resonanz mit bedingt. Dies galt umso mehr, wenn die Arbeitslosigkeit einen hohen Stand erreichte, was insbesondere in Deutschland auf dem Höhepunkt der Weltwirtschaftskrise der Fall war: Während sie in den Jahren 1922 mit 1,5% und 1938 2,1% am niedrigsten lag, nahm sie 1932 mit 30,1% der erwerbsfähigen Bevölkerung das verheerendste Ausmaß an, nachdem die Kurve von 1928 mit 8,4% relativ kontinuierlich angestiegen war und zwischen 1930 (15,3%) und 1933 (26,3%) immer außerordentlich hoch lag. Hinzu kamen

sowohl im Winter 1931/32 als auch 1932/33 etwa 3 Millionen Kurzarbeiter; in irgendeiner Form waren zwischen 1931 und 1933 zeitweilig über 40 Prozent der deutschen Erwerbsfähigen von der verheerenden Massenarbeitslosigkeit betroffen, wobei das System der Arbeitslosenversicherung hoffnungslos überfordert war, hatte man doch bei der Berechnung der Beitragssätze 1927 mit einem Jahresdurchschnitt von 7- 800 000 Arbeitslosen kalkuliert; knapp ein Fünftel der Arbeitslosen erhielt keinerlei finanzielle Unterstützung. Aber auch diejenigen, die Arbeit behielten, mußten gravierende Kürzungen verkraften: So wurden die Beamtengehälter einschneidend gekürzt, der Bruttoverdienst der Angestellten ging um etwa 25% zurück, ähnliches galt für den Stundenlohn der Industriearbeiter, die im Falle von Kurzarbeit Einkommenseinbußen von ungefähr einem Drittel erlitten. Die Kaufkraft der Deutschen verminderte sich erheblich, was zum massiven Rückgang der Inlandsnachfrage führte. Seit dem Ausbruch der wirtschaftlichen Katastrophe erzielte die NSDAP ihre größten Wahlerfolge, am 14. September 1930 schwoll sie von einer Splittergruppe mit 2,6% der Stimmen bei den Reichstagswahlen 1928 explosionsartig auf 18,3% an.

Zwar gab es auch in anderen europäischen Staaten vergleichsweise hohe Arbeitslosenraten, vor allem in Schweden, Belgien und Großbritannien. Doch blieb selbst dort nach dem sprunghaften Anstieg von 2,4% im Jahre 1920 auf 14,8% im folgenden Jahr 1921 der Höchststand, der wie in Deutschland 1932 erreicht wurde, mit 22,5% ganz erheblich unter dem deutschen Prozentsatz. *Arbeitslosigkeit im europäischen Vergleich*

Im Vergleich zu Deutschland und Großbritannien nimmt sich die Arbeitslosigkeit in Frankreich insgesamt äußerst bescheiden aus. Allerdings sah es im metropolitanen Ballungsraum der Région Parisienne anders aus. Hier stieg die Arbeitslosigkeit, die 1927 etwa 3% betragen hatte, 1931/32 auf ca. 5% und erhöhte sich bis 1934 weiter. Mit gewissen Schwankungen blieb sie bis 1938 bei etwa 200 000 Erwerbslosen, bevor 1939 eine Erholung einsetzte. Alle offiziellen Schätzungen waren indes untertrieben. So betrug die realistische Zahl im März 1936 über 290 000 Erwerbslose, was einer Quote von 10,6% entspricht. Diese Angaben über die Région Parisienne verdeutlichen einmal mehr die extremen regionalen und strukturellen Unterschiede der Industriestaaten und finden ihre Parallele beispielsweise in der überdurchschnittlichen Arbeitslosenquote Berlins. *Frankreich*

Zwar existieren für Frankreich insgesamt keine genauen Statistiken, doch werden die Zahlen auf dem Höhepunkt der Krise, der erheblich später zu datieren ist als in Deutschland und Großbritannien, nämlich auf das Jahr 1935, mit etwa 500 000 (bei etwa 12,5 Millionen Beschäftigten) relativ niedrig geschätzt. Der Vergleich mit den auf dem Höhepunkt der Krise über 3 Millionen Arbeitslosen in Großbritannien und den mehr als 6 Millionen in Deutschland demonstriert die Differenz. Das so erheblich geringere Ausmaß der Beschäftigungslosigkeit in Frankreich war in erster Linie auf den vergleichsweise geringen Industrialisierungsgrad der französischen Wirtschaft zurückzuführen; knapp die Hälfte der Bevölkerung lebte damals noch auf dem Land. Für die Beurteilung der sozialpolitischen Wirkung ist allerdings zu berücksichtigen, daß etwa zwei Millionen Menschen von Teilzeitarbeit ohne Einkommensausgleich betroffen waren und daß eine staatliche Arbeitslosenunterstützung nicht existierte. Trotz erheblich geringerer Arbeitslosigkeit waren aber auch in Frankreich aufgrund weiterer wirtschaftlicher Krisensymptome, beispielsweise des Preisverfalls in der Landwirtschaft, gesamtgesellschaftliche Erschütterungen zu spüren: Die unausweichliche Krise des politischen Systems führte zu einer Verhärtung der Fronten zwischen der Linken und der Rechten. Schon im Sommer 1934 kam es zu einem Aktionsbündnis zwischen Sozialisten und Kommunisten, das aus einer taktischen Umorientierung des PCF resultierte. Bei den Wahlen vom 3. Mai 1936 siegte die vereinigte Linke, so daß der Sozialist Léon Blum am 5. Juni 1936 Premierminister einer Volksfrontregierung wurde, deren Säulen SFIO und PCF waren.

Italien Während in Italien die Arbeitslosigkeit in den 1920er Jahren – im Unterschied vor allem zu Deutschland und Großbritannien – noch äußerst gering war und beispielsweise 1926 nur wenig über 100 000 lag, stieg sie im Verlauf der Weltwirtschaftskrise stark an, 1932 und 1933 überstieg sie eine Million und blieb weiterhin hoch. In Belgien, wo es 1930 nur 74 000 Arbeitslose gegeben hatte, stieg die Zahl bis 1934 sprunghaft auf 349 000 an, von 1929 bis 1934 von 1,9% auf 23,4%. Auch in Schweden, wo die Arbeitslosigkeit schon seit Jahren relativ hoch gewesen war und beispielsweise 1925 bei 11,0% gelegen hatte, erreichte sie zu Beginn der 1930er Jahre ihren höchsten Stand, im Jahre 1933 betrug sie 23,7%. In den Niederlanden setzte die Wirtschaftskrise ebenfalls später ein als im westeuropäischen Durchschnitt, hier erreichte die Arbeitslosigkeit, die 1930 noch bei 73 600 Erwerbslosen gelegen hatte, 1936 mit 368 400 ihren höchsten Stand, der angesichts einer Gesamtbevölkerung von 8,475 Millionen sehr gravierend war. In den Niederlanden verursachte vor allem der extreme Rückgang der Agrarexporte den Einbruch am Arbeitsmarkt, während in Belgien die Gründe in erster Linie in einer Krise der Schwerindustrie lagen.

Bankenkrise von 1931 Nach Schätzungen betrug Ende 1932 die Gesamtzahl der Arbeitslosen in Europa ungefähr 15 Millionen, in den USA 12,06 Millionen, so daß ohne Zweifel die Massenarbeitslosigkeit die schrecklichste soziale Folge der Weltwirtschaftskrise gewesen ist. Allerdings darf darüber nicht vergessen werden, daß auch in anderen Sektoren extreme Konsequenzen zu verzeichnen waren, in Deutschland beispielsweise die Bankenkrise von 1931. Sie war durch zahlreiche Insolvenzen und Firmenzusammenbrüche, darunter auch mehrerer Großbanken, charakterisiert und zwang die Reichsregierung, am 14. und 15. Juli 1931 die Banken zu schließen. Diese Krise wurzelte ihrerseits in der schon vorher bestehenden Instabilität der Banken und dem für die deutsche Wirtschaft in den 1920er Jahren insgesamt typischen Mangel an Liquidität, der durch amerikanisches Kapital nicht beseitigt, sondern nur überdeckt worden war. Zwischen 1924 und 1929 wurden ausländische Kredite in Höhe von 21 Milliarden Reichsmark nach Deutschland vergeben, während dieses Zeitraums tätigte die deutsche Wirtschaft Neuinvestitionen für 45 Milliarden Reichsmark. Der kurzfristige Abzug dieses langfristig angelegten Kapitals zählte zu den Hauptursachen des Zusammenbruchs, das zur

Stützung der Banken notwendige staatliche Engagement durch Kapitalerhöhung zu seinen Konsequenzen: Der Staatsinterventionismus in der Wirtschaft verstärkte sich erneut.

Daß die Krise sich in einer schon vorher fragilen Situation ereignete, ist an vielen Symptomen ablesbar und beschleunigte den ökonomischen Zusammenbruch. Die Zahl der Konkurse verdoppelte sich in Deutschland von 1928 bis 1931 und lag damit höher als in den anderen europäischen Industriestaaten. Die landwirtschaftlichen Erzeugerpreise fielen nicht allein in Frankreich – dort zum Teil um 40 bis 60% – und Deutschland, sondern in fast allen Ländern mit größerer Agrarproduktion, die Verschuldung wuchs, Zwangsversteigerungen folgten auf dem Fuße: Die auf diesem Wege allein 1931 in Deutschland den Eigentümer wechselnde landwirtschaftliche Nutzfläche betrug 177 602 Hektar und war auch im Jahr davor und danach hoch.

Konsequenzen der Weltwirtschaftskrise in Europa

Die Auswirkungen der Weltwirtschaftskrise in den beiden am schwersten getroffenen Staaten lassen auch andere Indikatoren erkennen: So sank die industrielle Produktion in Deutschland von ihrem 1927/28 erreichten Höchststand bis 1932/33 um 43%, das Volkseinkommen von 1929 bis 1932 um insgesamt 40%; für die USA lauten die noch gravierenderen Vergleichszahlen: Die Industrieproduktion verringerte sich um 47%, das Volkseinkommen gar um 52,3%. In Frankreich sank das Volkseinkommen von 1931 bis 1938 mit 18% unter den Wert von 1929 auf seinen Tiefstand. Im Vergleich zu Deutschland ist dies ein verzögerter Vorgang mit merklich geringerem Wert, allerdings von längerer Auswirkung.

Vergleichsweise extrem verminderte sich auch die Industrieproduktion anderer europäischer Staaten zwischen 1929 und 1932, am stärksten in Polen um 46%, in Österreich um 39%, in den Niederlanden um 38%, in der Tschechoslowakei um 36%, in Italien um 33%, in Frankreich und Belgien um 31%, in Ungarn um 23%, in Großbritannien und Finnland deutlich geringer, nämlich um 17% und noch schwächer in den anderen skandinavischen Staaten; Griechenland wies mit 1% als einziger Staat ein Plus auf. Naturgemäß entsprach die Wirkung dem jeweils unterschiedlichen Rang, den die Industrie in der Wirtschaft eines Landes besaß, die Prozentzahlen allein besitzen also begrenzten Aussagewert.

Die wirtschaftliche Leistungsfähigkeit – durch die Kriegsproduktion bis 1918 auf die Spitze getrieben, aber auch aus dem weltwirtschaftlichen Zusammenhang gelöst – wurde mehr und mehr zum Schicksal, hingen doch Versorgung und Lebenschancen des einzelnen, aber auch ganzer gesellschaftlicher Gruppen von ihr ab. Kriegszerstörungen, zum Teil hektischer Wiederaufbau, durch Inflationen herbeigeführte Vermögensumschichtungen, eine in führenden Industriestaaten, insbesondere Deutschland, grassierende Illiquidität bei zunehmender finanzieller Abhängigkeit von den USA, die ihrerseits noch schneller und stärker zur Konzentration und Trustbildung der Unternehmen tendierten, waren Kennzeichen eines äußerst instabilen und fragilen wirtschaftlichen Gefüges.

Dabei wandelte sich im Krieg die wirtschaftspolitische Rolle des Staates, der in Europa schon seit der Organisation der Kriegswirtschaft ins Zentrum ökonomi-

Wandel der wirtschaftspolitischen Rolle des Staates

scher Abläufe gerückt war und auch nach 1918 dort blieb, weil anders das durch den Krieg herbeigeführte Chaos nicht zu bewältigen war. Staatliche Eingriffe in die Wirtschaft beendeten aber definitiv das hochkapitalistische Zeitalter einer ausschließlich von Privatinteressen geleiteten Volkswirtschaft; sie gaben dem Staat die Chance, sich durch Inflation und Währungsreform zu entlasten, zugleich die Lasten aber auf die Gesellschaft bzw. einzelne Klassen abzuschieben. Jede wirtschaftliche Krise mußte angesichts dieser Tendenz zugleich in einer politischen oder gar einer Staatskrise enden, weil der Staat bis in die Antagonismen der Arbeitsbeziehungen hinein zur letzten Instanz wurde, zum Schiedsrichter oder Schlichter. Der Staat wurde auf diese Weise in jede dieser Auseinandersetzungen hineingezogen und selbst belastet, wurde in dieser Rolle „überbürdet" (Gerhard A. Ritter): Nicht zuletzt durch diese Entwicklung nahm die Interdependenz von Politik, Wirtschaft und Gesellschaft weiter zu.

Kein Zweifel: Der Krieg hatte der staatlichen Wirtschaftslenkung extremen Auftrieb gegeben, von einem Hochkapitalismus konnte danach nur für einen kurzen Zeitraum gesprochen werden, statt dessen traten unleugbar planwirtschaftliche Komponenten auf, die sich in den Diktaturen, insbesondere aufgrund der Kriegsvorbereitung seit Mitte der 1930er Jahre, verstärkten. Längst entsprach der idealtypische Gegensatz zwischen Sozialismus und Kapitalismus nicht mehr der Realität. Die zunehmende Konzentration und Trustbildung schränkte die marktwirtschaftlichen, nicht durch staatliche Lenkung beeinflußten Bereiche auf ihre Weise ein: „Wenn die Geschichte der zwanziger Jahre bis zum Ausbruch der Weltwirtschaftskrise von 1929 auch als Ganzes durch den Versuch bestimmt ist, nach Möglichkeit zu der freien Wirtschaftsbewegung der Vorkriegsjahre zurückzukehren, so bleibt die Idee und Forderung der Planwirtschaft doch als ebenbürtige Gegenkraft stets lebendig... Vollends seit dem Beginn der Weltwirtschaftskrise scheint die staatlich gelenkte Wirtschaft – planification, économie dirigée – der einzig mögliche Weg zur Rettung aus dem drohenden Chaos zu werden" [100: H. HERZFELD, Moderne Welt, Band II, 225]. Kaum zu übersehen ist die Parallele zu den politischen Lösungsversuchen der Krise, auch sie setzten in Europa – von wenigen Ausnahmen abgesehen – auf autoritäre oder diktatorische Alternativen, kaum je auf das freie, demokratisch strukturierte Spiel der Kräfte.

Von der liberalen Handelspolitik zum Protektionismus

Doch gingen auch diejenigen Staaten, die eine liberale Tradition in der Handelspolitik besaßen, zu einer Politik der Schutzzölle über: zuerst die Amerikaner, seit 1932 auch die Briten, die damit die wirtschaftliche Einheit des Commonwealth sichern und ausbauen wollten, schließlich seit 1935 die analoge Ziele verfolgenden Franzosen, während die Deutschen schon während der Weimarer Republik ihre protektionistische Agrarpolitik fortgeführt hatten.

Die Errichtung zahlreicher neuer Staaten nach 1918/19 bewirkte schließlich eine extreme Vermehrung der Zollgrenzen und hemmte auf diese Weise den freien Handel weiter. Dabei war weltwirtschaftlich entscheidend, was in den drei führenden europäischen Industriestaaten geschah: „Drei Viertel dieses Handels zwischen Europa und der übrigen Welt betrieben Großbritannien, Deutschland und

Frankreich, um sie in der Reihenfolge ihrer Bedeutung zu nennen. Der hohe Entwicklungsstand ihrer Volkswirtschaften drückte sich in der Struktur ihres Handels aus: Ausfuhr von Industrieprodukten, Einfuhr von Rohstoffen. Sie waren bereits dabei, das Schema: große Bevölkerungsdichte, hohe Produktion und geringe Rohstoffbasis auszubilden, das sich später in Europa allgemein durchsetzen sollte" [579: J. PINDER, Europa in der Weltwirtschaft, 378].

Großbritannien kam in dieser Konstellation eine eminente Bedeutung zu, entfiel doch fast die Hälfte der Exporte aus europäischen Ländern und ein Drittel des Imports nach Europa auf dieses Land. Ein Viertel der Weltbevölkerung lebte im Britischen Empire. Wenngleich dies mit am längsten am Freihandel festhielt und Großbritannien die Rolle der ordnungspolitisch führenden Wirtschaftsmacht durchaus spielen wollte, war es seit dem Ersten Weltkrieg aufgrund seiner zahlreichen schon erwähnten Probleme, aber auch der wachsenden Bedeutung der USA, damit mehr und mehr überfordert.

Im übrigen geriet der Freihandel durch Inflationen und Währungsturbulenzen der Zwischenkriegszeit weiter in Bedrängnis. Da eine wirkliche Sanierung aufgrund sich einander ablösender Krisen kaum je gelang bzw. die durchgreifenden Währungsreformen infolge der Weltwirtschaftskrise nicht lange genug wirken konnten, verstärkte sich das Gewicht des Hauptgläubigerlandes, der USA, in extremem Ausmaß. Zwangsläufig mußte jede amerikanische Krise zu einer europäischen werden, zumal in den Staaten, deren ökonomische Erholung nur rudimentär geblieben bzw. zu kurzfristig gewesen war. Ein Vergleich der Produktionsraten der verarbeitenden Industrie zeigt den immer deutlicheren Hiatus zwischen Europa und den USA: Hatte sie sich in Europa durch den Boom am Ende der 1920er Jahre gegenüber 1913 um 28% im Jahre 1929 gesteigert, so in den USA im gleichen Zeitraum um 81%; war das Realeinkommen pro Kopf der amerikanischen Bevölkerung von 1913 bis 1929 um nahezu zwei Drittel gestiegen, so in Großbritannien lediglich um 6, in Deutschland gar nur um 1%, in Frankreich allerdings unter anderem aufgrund des seit der Mitte der 1920er Jahre bewußt extrem unterbewerteten Franc um 32% – doch dies war im europäischen Maßstab eine Ausnahme.

Ein traditioneller Indikator für die Wirtschaftskraft eines Landes ist die Stahlproduktion; auch bei ihr fällt der Vergleich der drei führenden europäischen Länder zu den USA eindeutig aus: Die Stahlerzeugung der USA allein war größer als die ganz Europas und übertraf diejenige der drei führenden europäischen Industriestaaten zusammen um 51%. Schon aufgrund dieser Daten wird klar, daß Großbritannien eine die Weltwirtschaft ordnungspolitisch leitende Funktion nicht mehr ausüben konnte, zumal die USA in allen modernen Technologien führend waren, während die europäischen Volkswirtschaften noch eher auf die traditionellen Wirtschaftszweige setzten.

Industrieproduktion

Aussagekräftig sowohl für die Industrieproduktion als auch die Verkehrsstruktur ist die Automobilindustrie, die für die Vereinigten Staaten von Amerika bereits eine große, in den europäischen Industriestaaten aber noch eine untergeordnete

Rolle spielte: So produzierten die USA im Jahre 1929 4,587 Millionen Personenkraftwagen, Frankreich 245 600 (allerdings einschließlich der LKW), Großbritannien 182 300 und Deutschland nur 96 300 PKW. Bei der Produktion von Lastkraftwagen war das Verhältnis ähnlich, in den USA wurden 771 000 hergestellt, in Großbritannien 56 500 und in Deutschland 31 600. Alle anderen Staaten verfügten lediglich über Ansätze in diesem Sektor, am stärksten noch Italien, dann die Tschechoslowakei und lediglich rudimentär Österreich, was durch die Abtrennung industrialisierter nordböhmischer Gebiete mitbedingt war. Die PKW-Produktion verminderte sich in allen Ländern im Jahr 1930 zunächst wieder. Der weltweit zweitgrößte Hersteller von Automobilen war damals Kanada.

Hätte es keine anderen Gründe für die Destabilisierung der europäischen Ordnung gegeben, wäre auch an ökonomischen kein Mangel gewesen; Wirtschaftskriege lagen geradezu nahe. Erscheinen die negativen Wirkungen der wirtschaftlichen Krisen auf die politischen Systeme und die internationale Ordnung in den 1920er und frühen 1930er Jahren logisch, so wirkt es paradox, daß die seit Mitte der 1930er Jahre erkennbare weltwirtschaftliche Erholung keine stabilisierende Funktion erlangte. Dies ist auf verschiedene Faktoren zurückzuführen: Die Großmachtpolitik der Diktaturen, aber auch die in großen Räumen konzipierte Wirtschafts- und Handelspolitik der Kolonialmächte, die sie welt- aber auch binnenwirtschaftlich bevorzugte, drängte aus der Perspektive Mussolinis und Hitlers früher oder später auf eine kriegerische Auseinandersetzung. Die von letzterem betriebene Politik forcierten wirtschaftlichen Aufschwungs, die innenpolitisch zur Stabilisierung der nationalsozialistischen Herrschaft notwendig war, hätte aufgrund der extremen Investitionen und der Autarkiepolitik in eine Sackgasse geführt. Mit anderen Worten, der Aufschwung wurde mit der Perspektive späterer wirtschaftlicher Ausbeutung von eroberten Gebieten gemäß einer geradezu kolonialistisch anmutenden Intention betrieben: Seit der Mitte der 1930er Jahre wurde die deutsche Wirtschaft zunehmend auf Kriegsvorbereitung umgestellt. Eine politisch stabilisierende Wirkung konnte und sollte von einem solchen Wirtschaftsaufschwung nicht ausgehen.

<small>Nationale Unterschiede in der weltwirtschaftlichen Wirkung des Börsenkrachs von 1929</small>

Aus zwei Perspektiven läßt sich die durch die amerikanische Wirtschaftskrise ausgelöste europäische Krise seit 1929 beurteilen: zum einen durch die unmittelbare wirtschaftliche und dann auch politische Katastrophe zu Beginn der 1930er Jahre, zum anderen durch Längskurven, die den ökonomischen Tiefststand mit der vorherigen und der folgenden Situation vergleichen. Für das am stärksten heimgesuchte Land handelte es sich nach dem Krieg um zwei wirtschaftlich tief einschneidende Katastrophen innerhalb eines Jahrzehnts, die Inflation von 1922/23 und die seit 1929 einsetzende Krise. Der Sturz aus einer vermeintlichen Erholung – den „goldenen zwanziger Jahren" –, die Undurchschaubarkeit der internationalen Finanzpolitik, die den deutschen Zusammenbruch als Fatum erscheinen ließ, das durch das „internationale Finanzkapital" ausgelöst worden sei, darf in den sozialpsychologischen Wirkungen keineswegs unterschätzt werden.

Der New Yorker Börsenkrach von 1929 wirkte sich in den betroffenen europäischen Ländern nicht gleichzeitig und auch nicht in allen Sektoren ihrer Volkswirtschaft gleichmäßig aus. Im allgemeinen gilt jedoch, daß die deutsche Wirtschaft, nachdem sie selbst in die zum Teil durch Überproduktion bedingten amerikanischen Turbulenzen gerissen worden war, nun durch ihre sich seit 1930 rapide verstärkende Depression auf mehrere europäische Volkswirtschaften eine starke, negative Wirkung ausübte. „Deutschlands Zahlungsunfähigkeit und der finanzielle Zusammenbruch in Mitteleuropa lösten eine internationale Kettenreaktion von Abwertungen und Devisenkontrollen aus" [579: J. PINDER, Europa in der Weltwirtschaft, 384]. So schrumpfte der Wert der deutschen Importe von 1929 bis 1932 auf ein Drittel, was wiederum die exportierenden Länder, darunter vor allem Großbritannien und Frankreich extrem in Mitleidenschaft zog. Da aber auch die Nachfrage in den außereuropäischen Ländern, in die Großbritannien etwa 70 Prozent seiner gesamten Exporte lieferte, zusammenbrach, konnte dies nicht ohne Auswirkungen auf den Import bleiben, der überwiegend aus europäischen Staaten stammte: 1932 führte Großbritannien ein Drittel weniger Industriegüter ein als noch 1930. „Von diesen weltwirtschaftlich wirksamen Kräften auf das schwerste behindert, fiel der Wert des europäischen Handels – Ausfuhr und Einfuhr zusammengenommen – bis 1932 auf bloße zwei Fünftel seines Wertes im Jahre 1929 ... Die Produktion folgte den Exporten nach unten. 1932 erzeugte die verarbeitende Industrie in Europa um 28 Prozent weniger als 1929" [ebd.].

Die wirtschaftliche Entwicklung des ostmitteleuropäischen Raums nach 1918 war durch zwei Voraussetzungen gekennzeichnet, die beide nur belastend wirken konnten, zum einen die teilweise erheblichen Kriegszerstörungen, zum anderen die massiven Veränderungen der Grenzen, die historisch gewachsene, größere wirtschaftsräumliche Einheiten auseinanderrissen. Dabei waren Agrarreformen an der Tagesordnung, die deshalb besondere Bedeutung besaßen, weil in diesen Ländern – mit Ausnahme der Tschechoslowakei, wo nur noch etwa ein Drittel der Bevölkerung in der Landwirtschaft beschäftigt war – ländliche Strukturen dominierten. Allerdings galt dies in unterschiedlichem Ausmaß, so umfaßte der ländliche Teil der Bevölkerung auf dem Balkan bald drei Viertel, in Polen die Hälfte, in Ungarn zwei Fünftel der Gesamtbevölkerung. Die mit unterschiedlicher Intensität und differierendem Umfang durchgeführten Reformen resultierten meist aus der Absicht sozialer Umverteilung, die teilweise noch halbfeudale Strukturen beseitigen und den „Landhunger" breiter Massen stillen sollte. Damit stellte sich jedoch auch die Frage, wie die Lebensfähigkeit der großen Zahl von Kleinstbetrieben überhaupt gesichert werden konnte, galt doch in den meisten mittelosteuropäischen Staaten das nationalistische Prinzip, die ländliche Oberschicht der Großgrundbesitzer, die oft einer fremden Minderheit angehörte, loszuwerden, um sie durch zahlreiche kleine Bauern der eigenen Nationalität zu ersetzen.

Diese Staaten waren aufgrund ihrer agrarischen Struktur durch die Weltwirtschaftskrise zwar einerseits weniger als die westlichen Industriestaaten, doch andererseits auf spezifische Weise betroffen. Dies erklärt sich daraus, daß das

Wirkungen der Weltwirtschaftskrise in Ostmitteleuropa

finanzielle Zentrum der Region Wien geblieben war, das seinerseits durch seine Verflechtung mit der westlichen Finanzwelt und den Bankenkrach von 1931 in katastrophale Turbulenzen geriet. Zudem hatten die Reformen und die zeitweiligen Konjunkturphasen der Nachkriegszeit in der Regel die schon vor der Weltwirtschaftskrise auf dem Lande grassierende Erwerbslosigkeit nicht beseitigen können. Alle Schätzungen (genaue Statistiken fehlen meist) gehen von einem extremen Überhang ländlicher Arbeitskräfte in diesen Staaten aus, die ihrerseits Land-Stadt-Wanderung und eine zum Teil krampfhafte Industrialisierungspolitik bewirkten. Sie basierte wiederum auf höchst unterschiedlichen Voraussetzungen: Gab es in Polen eine lebhafte Textilindustrie, so war die Tschechoslowakei der am stärksten industrialisierte Staat, weil er 70% der gesamten industriellen Kapazität der Habsburger Doppelmonarchie übernommen hatte; daneben existierten Gebiete ohne jegliche nennenswerte Industrie, beispielsweise auf dem Balkan. Aber selbst die Tschechoslowakei als industrieller Spitzenreiter verband stark industrialisierte Regionen wie Böhmen und Mähren mit wirtschaftlich vormodernen wie der Slowakei. Der Wirtschaftskrise begegneten auch diese Staaten mit wachsendem staatlichen Interventionismus und protektionistischen Maßnahmen, beispielsweise limitierten Importquoten. Diese Politik resultierte zwangsläufig allein schon daraus, daß nach 1918 der Staat hier fast überall als Reformer und Initiator der Modernisierung aufgetreten war, die dirigistische Tendenz also keineswegs neu war. Hinzu kam, daß ein großer, in manchen Ländern der größere Teil des vorhandenen Aktienkapitals ausländischen Investoren bzw. Eigentümern gehörte.

Abwertungen und Abschied vom Goldstandard

Die Konsequenzen der hier skizzierten Strukturen lagen auf der Hand: Extremer Anstieg der Arbeitslosigkeit in den exportabhängigen Industrieländern – je industrialisierter, desto stärker waren sie naturgemäß betroffen –, Verstärkung des Protektionismus, was seinerseits zur weiteren Behinderung des Handels führte, hektische währungspolitische Maßnahmen, vor allem Abwertungen, um auf dem stark geschrumpften Exportmarkt konkurrenzfähiger zu sein. So wurden beispielsweise das seit 1925 aufgrund seiner Bindung an den Goldstandard überbewertete Britische Pfund 1931 abgewertet und die Kurse freigegeben, ein Kursverfall war die Folge, zumal die Goldreserven der Bank von England schmolzen und eine Beibehaltung des überhöhten Kurses sich als ausgeschlossen erwies. Damals ereignete sich auch eines der wenigen Beispiele solidarischer Kooperation zwischen nationalen Notenbanken, versuchte doch die Banque de France eine kostspielige Stützung des Britischen Pfundes.

1933/34 folgte die Abwertung des US-Dollars, während die französische Währungspolitik, die schon seit den zwanziger Jahren einen „Sonderweg" gegangen war, diesen bis 1936 fortsetzte: War der Franc zeitweilig notorisch unterbewertet, folgte angesichts der Abwertungen der anderen Länder nun eine Phase wachsender Überbewertung, bis 1936 eine Abwertung mit der enormen Rate von über einem Drittel durchgeführt wurde. Im gleichen Jahr 1936 nahmen auch die Niederlande die längst fällige Abwertung vor, die allerdings nur eine kurzfristige Belebung der Wirtschaft bewirkte; wie Frankreich und die Schweiz waren nun als letzte auch die Niederlande vom Goldstandard abgegangen, nachdem schon in den zwanziger Jahren kein einheitliches Währungssystem mehr zustande gekommen war. Nur ein Teil der Staaten hatte sich noch am Goldstandard orientiert, das englische Pfund wurde allmählich durch den 1934 stabilisierten amerikanischen Dollar als Reservewährung verdrängt, seit 1931 beschleunigte sich dieser Prozeß, ohne doch bis zum Ausbruch des Zweiten Weltkriegs zum Abschluß zu kommen. Aufgrund dieser Entwicklung fehlte die klare Orientierung an einer Leitwährung. Erst in der Phase der Inflation, dann während der Weltwirtschaftskrise kumulierten die Währungsturbulenzen, doch gab es in der Zwischenkriegszeit kaum längere Abschnitte währungspolitischer Stabilität, sondern immer wieder Indikatoren zunehmender Labilisierung.

Wie bei den Briten entsprang auch bei den Franzosen die langjährige Überbewertung ihrer Währung eher psychologischen als ökonomischen Motiven, das nationale Selbstverständnis bedurfte der Autosuggestion einer starken Währung. Allerdings verlief dort die gesamtwirtschaftliche Entwicklung atypisch: In Frankreich setzte die Krise aufgrund verschiedener Faktoren später ein als in den USA, Deutschland und Großbritannien, nämlich erst seit Frühjahr 1931, dauerte länger und erreichte bei weitem nicht das Ausmaß wie in den drei erstgenannten Staaten.

Insgesamt konnte aus dieser fundamentalen weltwirtschaftlichen Krise und ihren Konsequenzen keine Verbesserung der internationalen Zusammenarbeit erwachsen, sondern nur eine Verstärkung des Isolationismus, der insofern nicht bloß aus der – mit Ausnahme Sowjetrußlands und Italiens, wo sie schon früher einsetzte – erst späteren Autarkiepolitik der Diktaturen resultierte. Die Krise der Weltwirtschaft seit 1929/31 verminderte noch weit stärker als die Kriegsfolgen und die Reparationspolitik dies vermocht hätten, die wirtschaftspolitische Kooperation der führenden Industriestaaten und war insofern ein Spiegelbild der Risse in der internationalen Ordnung, wie sie sich seit 1929 in wachsendem Maße abzeichneten. „Die Große Depression war sowohl die Mitte als auch die Wasserscheide der Zwischenkriegszeit. Sie war ein Trauma, das auf das Trauma des Ersten Weltkriegs folgte und das folgende Trauma des Zweiten Weltkriegs als fast unvermeidbar erscheinen ließ" [578: D. S. LANDES, Unbound Prometheus, 368]. {Wirtschaftlicher Isolationismus, Protektionismus und Autarkiepolitik}

Selbst die traditionell freihändlerisch orientierten Briten gingen seit der Währungskrise von 1931 zu einem betont nationalen und protektionistischen Kurs in der Wirtschaftspolitik über. Großbritannien vollzog seit der Commonwealth-Konferenz von Ottawa im August 1932 einen grundlegenden Wechsel im Kurs seiner bis dahin liberalen Handelspolitik und verband mit den schon erwähnten protektionistischen Maßnahmen wie der nun generellen Einführung von Importzöllen am 29. Februar 1932 ein bilaterales Präferenzsystem für die Mitgliedsstaaten, die „Commonwealth Preference", während Einfuhren aus Drittländern mit hohen Zöllen belegt wurden. Das analoge Präferenzsystem Frankreichs und seiner Kolonien wurde im Hinblick auf die systematische Erfassung der Handelsströme und die wechselseitige Privilegierung innerhalb des kolonialen Empire {Das Beispiel Großbritanniens, Frankreichs und Italiens} noch stärker entwickelt, was der Tradition des staatlichen Interventionismus entsprach. Italien, als faschistische Diktatur ohnehin durch die Verbindung imperialer Zielsetzung und autarker Wirtschaftspolitik charakterisiert, folgte in Hinblick auf seine „Neuerwerbungen" dem Beispiel der beiden großen Kolonialmächte, nachdem es bereits seit 1925 einen dezidiert protektionistischen und staatsinterventionistischen Kurs eingeschlagen hatte, der „sich als *halbprivater und geplanter Kapitalismus* beschreiben ließe ... welcher die dazugehörige Theorie als *Korporativismus* bezeichnete" [628: S. RICOSSA, Italien 1920–1970, 187]. Wenngleich dieses System der dann formell 1934 gegründeten Korporationen Fragment blieb, spielte es doch für die staatliche Wirtschaftslenkung und die Einbindung privater Aktivitäten eine Rolle. Die Kontrolle des Außenhandels verstärkte sich infolge der Wirtschaftskrise durch die Einrichtung von Devisenkontrollen 1934 und die 1935 dekretierte Genehmigungspflicht für Importe – sie wurde also schon vor dem 1936 durch den Völkerbundsrat nach dem Einmarsch in Abessinien verhängten (ziemlich unwirksamen) Boykott des italienischen Exports angeordnet.

Nationalsozialistische Wirtschafts- und Handelspolitik

Es verwundert nicht, daß das Deutsche Reich nach der nationalsozialistischen Revolution 1933 die schon früher propagierte Autarkiepolitik realisierte, die zwar als Reaktion auf die Weltwirtschaftskrise in Form einer national-egozentrischen Wirtschaftspolitik auch von den meisten anderen Staaten zumindest ansatzweise oder partiell als zeitgemäß betrachtet wurde, hier aber zugleich auf einer ideologischen Basis beruhte. Unter der Führung des schon zur Zeit der Weimarer Republik einflußreichen Währungsfachmanns und Reichsbankpräsidenten Hjalmar Schacht, der dieses Amt seit 1934 in Personalunion mit dem Reichswirtschaftsministerium ausübte, wurden sogleich eine Politik der Devisenbewirtschaftung, protektionistische Maßnahmen und bilaterale Präferenzverträge eingeführt, die als Ersatz für die fehlenden kolonialpolitischen Möglichkeiten sich handelspolitischen Einfluß in Ostmitteleuropa und in lateinamerikanischen Staaten zu verschaffen wußte.

Die Wirtschaftspolitik der nationalsozialistischen Diktatur profitierte von verschiedenen Faktoren: der Erholung der Weltwirtschaft seit 1933/34; der strengen – bis heute umstrittenen – Deflationspolitik der Regierung Brüning, die ohne Rücksicht auf die gesellschaftspolitischen Kosten zur Haushaltssanierung des Deutschen Reiches erheblich beitrug, ohne selbst von diesem allerdings teuer erkauften Erfolg profitieren zu können; der endgültigen Streichung der Reparationen 1932; der kurzentschlossenen Realisierung der schon zu Zeiten der Präsidialregierungen ausgearbeiteten Arbeitsbeschaffungsmaßnahmen, beispielsweise durch den Bau von Autobahnen; schließlich einer Ankurbelung der Wirtschaft, wofür die bedenkenlose Ausgabepolitik auf spätere Refinanzierung durch Ausbeutung eroberter Gebiete setzte und indem man nur zu bald die der Kriegsvorbereitung dienende Rüstungspolitik auch zur Produktivitätssteigerung nutzte. Hinzu kamen Maßnahmen, die wirtschaftspolitische Effekte mit sozialpolitischen koppelten: Hierin lag ein durchgängiges Kennzeichen dieser sich zumindest kurz- und mittelfristig ökonomisch positiv auswirkenden Entscheidungen. Dies galt beispielsweise für die Verstärkung des Automobilbaus mit Hilfe eines „Volkswagens", also eines Automobils für alle, das im Krieg durch Requirierung ebensogut anderen Aufgaben als dem Familienausflug am Wochenende dienen konnte; schließlich der Produktion von Radios, die dem allgemeinen Bedarf Rechnung trug, der Unterhaltung diente, aber als „Volksempfänger" auch der nationalsozialistischen Propaganda die beabsichtigte Breitenwirkung verschaffte.

Das sichtbare Ergebnis all dieser und anderer gezielter Investitionen war die Belebung der Wirtschaft und die Schaffung von Arbeitsplätzen, wodurch im übrigen Mittel der Arbeitslosenunterstützung für staatliche Investitionsspritzen freigesetzt werden konnten. So sank die Erwerbslosigkeit zwar seit 1933 in den meisten Staaten, mit Ausnahme vor allem Frankreichs und Schwedens, doch in Deutschland schneller und nachhaltiger – wie beispielsweise der Vergleich mit der anderen besonders betroffenen führenden europäischen Industriemacht Großbritannien zeigt: Schon 1933 lag sie in Deutschland im Jahresdurchschnitt mit 26,3% erheblich niedriger als im Vorjahr, was allerdings nur partiell auf die erwähnten wirtschaftspolitischen Maßnahmen zurückzuführen war. Danach aber sanken die Zahlen rapide: 1934 auf 14,9, 1935 auf 11,6, 1936 auf 8,3, 1937 auf 4,6 und 1938 auf 2,1 Prozent (Großbritannien 13,3%!): Dieser Stand war während der gesamten Zwischenkriegszeit nur einmal, 1922 mit 1,5%, unterschritten worden. Bei Kriegsbeginn gab es in Deutschland praktisch keine Arbeitslosigkeit mehr, in Großbritannien betrug sie noch 11,7%.

<small>Arbeitsbeschaffungsmaßnahmen zur Verminderung der Arbeitslosigkeit</small>

Von diesem in rasantem Tempo erzielten Resultat ging eine ungeheure Suggestionswirkung aus: Einem Großteil der durch Inflation und Weltwirtschaftskrise traumatisierten deutschen Bevölkerung erschien – unabhängig von ideologischen Gründen der Zustimmung oder Ablehnung – Hitler als Retter, ja als säkularisierter „Erlöser" – ein Bild, das die nationalsozialistische Propaganda nach Kräften ebenso skrupellos wie perfekt inszenierte, für das aber auch die Taten und Erfolge zu sprechen schienen, die ganz offenbar sogar das Ausland beeindruckten.

Diese Einschätzung schien im übrigen durch die fortdauernden Probleme der anderen europäischen Industriestaaten bestätigt zu werden. Bekam Großbritannien die Arbeitslosigkeit nicht wirklich in den Griff, so Frankreich nicht die Modernisierung und Steigerung der Industrieproduktion: Weder das Bruttosozialprodukt noch folglich der individuelle Lebensstandard ließen sich in der zweiten Hälfte der 1930er Jahre erhöhen. Obwohl die Weltwirtschaftskrise sich dort nie so massiv ausgewirkt hatte wie in den beiden anderen führenden Industriestaaten Europas, führten verschiedene Wege zur Lösung der anstehenden Probleme nicht zu dem gewünschten Ergebnis: Weder die stark deflatorische Politik der Regierung Pierre Laval 1935 noch die sozialpolitisch akzentuierten Experimente der Volksfront-Regierung Léon Blum 1936/37, die im Zeichen einer umfassenden Streikwelle im Mai und Juni 1936 ihr Amt antrat, erwiesen sich als erfolgreich. War erstere von vornherein auf Kosten der Arbeitnehmer gegangen, so verfehlte die Regierung Blum trotz ihrer gegenteiligen Intention und ihrer Inflationspolitik sogar ihre sozialen Ziele, wozu gerade die mangelnde Flexibilität in bezug auf die

„sozialen Errungenschaften", vor allem die 40-Stunden-Woche, beitrug. Nach der 1936 erfolgten massiven Abwertung des Franc wurden 1937 und 1938 zwei weitere Abwertungen nötig, sein Wert fiel zwischen 1936 und 1939, als die deutsche Wirtschaft sich erholt hatte, um nicht weniger als 57%, zugleich erlebte Frankreich bei stagnierender Produktivität eine enorme Preisteigerung von 40%.

Auch der europäische Vergleich ließ also die Wirtschaftspolitik des nationalsozialistischen Regimes zumindest mittelfristig als äußerst effizient erscheinen; seine wirtschafts- und vor allem arbeitsmarktpolitischen Erfolge trugen zu seiner inneren Festigung und wachsenden gesellschaftlichen Akzeptanz deshalb wohl mehr bei als andere spektakuläre Aktionen.

Die Desintegration der weltwirtschaftlichen Ordnung

Obwohl die Krise sie noch stärker heimsuchte als die Deutschen, blieben die Amerikaner, die seit dem Ersten Weltkrieg zum Hauptgläubigerland geworden waren, weltwirtschaftlich führend und erholten sich mit dem „New Deal" Präsident Franklin D. Roosevelts relativ schnell. Doch waren sie auch in den 1930er Jahren noch nicht bereit, die nur durch sie zu bewältigende Leitfunktion – an der sich Großbritannien während der 1920er Jahre überhoben hatte – wahrzunehmen und ihrer Verantwortung gerecht zu werden. Auch dies trug zur „Desintegration der internationalen Wirtschaftsbeziehungen" bei. Sowjetrußland spielte in diesem Prozeß insofern eine Art Vorreiterrolle, als es als erster Staat zu einer weitgehend isolierten Wirtschaftspolitik übergegangen war, die lediglich durch einige bilaterale Abkommen gemildert wurde. Auf diese Weise wurde ein riesiger Staat aus dem weltwirtschaftlichen Kreislauf herausgenommen. Zwar bedeutet „Desintegration" nicht zwangsläufig Krieg, doch unterliegt es keinem Zweifel, daß die weltwirtschaftliche Entwicklung ihrerseits auf Auseinandersetzungen zusteuerte, die auch kriegerische Formen annehmen konnten. Die allgemeine Wirtschaftskrise bewirkte dann schließlich eine sich beschleunigende Auflösung des Weltwirtschaftssystems. Außer diesen ökonomischen Verheerungen zählte eine fundamentale Erschütterung des gesellschaftlichen Gefüges und der demokratischen Strukturen zu den gravierendsten Konsequenzen.

b) Sozialer Wandel und gesellschaftliche Wirkungen der Krise

Sozialer Wandel in Europa

Die Sozialstruktur der europäischen Staaten wandelte sich nach 1918 nicht überall in gleichem Tempo und vergleichbarem Ausmaß, neben der Fortdauer traditioneller Strukturen in den einen stand atemberaubender Wandel in den anderen Gesellschaften. Aus diesem Grunde ist es schwierig, die europäische Sozialgeschichte der Zwischenkriegszeit in generalisierender Form zu erfassen. Neben den endogenen, meist langfristigen Faktoren sozialen Wandels, die aus der Entwicklung der demographischen Struktur, der Technologie, der Arbeitswelt, der Bürokratisierung, der Urbanisierung und Industrialisierung erwuchsen, gab es immer wieder auch exogene, in der Regel kurzfristig auf die gesellschaftliche Struktur oder die soziale Mobilität einwirkende Ereignisse oder rechtliche Vorgaben.

Die durch Revolutionen oder ideologischen Fanatismus ausgelösten Massen-   Bevölkerungs-
emigrationen, Vertreibungen und sog. Umsiedlungsaktionen großer Bevölke-   verschiebungen
rungsgruppen oder ganzer Ethnien machten das 20. Jahrhundert erneut zu einer
Zeit der Völkerwanderung, die mit dem Massenexodus aus Rußland nach 1917
begann und sich mit der erzwungenen Emigration aus Deutschland nach 1933
bzw. später aus dem vom nationalsozialistischen Deutschland okkupierten
Machtbereich fortsetzte. Hinzu kam die Emigration aus faschistischen oder autoritären Diktaturen wie Italien und Spanien, die allerdings einen geringeren
Umfang besaß, da sie sich auf die politisch Oppositionellen beschränkte. Solche
Bevölkerungsbewegungen gewannen aufgrund äußerer Anstöße oder Zwänge
ebenfalls Einfluß auf das gesellschaftliche Gefüge. Nach Schätzungen wechselten
zwischen 1918 und 1939 infolge der Grenzveränderungen ungefähr 10 Millionen
Menschen ihre Staatszugehörigkeit, etwa 4,5 Millionen – vor allem in Osteuropa –
wurden „umgesiedelt".

Während beispielsweise die Vergrößerung der Angestellten- und Beamten-   Ausdehnung des
schicht aus einem strukturellen Wandel resultierte, zu dem unter anderem die   tertiären Sektors
Ausdehnung der Staatstätigkeit, die Konzentrationstendenz innerhalb der Wirtschaft, die Ausdehnung des tertiären Sektors und die technologische Entwicklung
beitrugen, erwuchsen aus den Revolutionen in Mitteleuropa schubweise Veränderungen der Sozialstruktur, die folglich nicht allen europäischen Staaten gemeinsam
waren. Sind solche kurzfristigen Veränderungen präzis zu erfassen, so gilt dies
nicht für den langfristigen sozialen Wandel, der zwar ebenfalls exogen beschleunigt oder modifiziert werden kann, beispielsweise durch Krieg, aber nicht
zwangsläufig aus ihm entsteht. Insofern ist eine Zeitspanne von zwei Jahrzehnten
für eine angemessene sozialhistorische Analyse zu kurz bemessen. Es zeigt sich
hier wie im Bereich der Kultur, daß viele derjenigen Phänomene, die für die 1920er
Jahre als charakteristisch gelten, ihre Ursachen bereits im späten 19. Jahrhundert
oder in den Jahren vor dem Ersten Weltkrieg haben.

Schließlich sind intendierte gesellschaftliche Veränderungen von ungeplanten
zu unterscheiden, gesellschaftspolitische Maßnahmen aber auch daraufhin zu
untersuchen, wieweit die Realisierung der Zielsetzung entspricht.

Eine geplante Folge der Revolutionen lag in der rechtlichen Beseitigung des   Das Ende des
Adels als Herrschaftselite, vor allem in Rußland, Deutschland, Österreich-   Adels als Herr-
Ungarn und mehreren ostmitteleuropäischen Ländern. In anderen, monarchi-   schaftselite
schen Staaten, insbesondere in West- und Nordeuropa bestand der Adel fort, da
keine revolutionäre Veränderung der Sozialstruktur durch Umsturz der am Ende
des Ersten Weltkriegs vorhandenen Staatsform auf der Tagesordnung stand. Auch
dann mußte allerdings der Adel keine statisch-abgeschlossene Schicht darstellen,
wie insbesondere das englische Beispiel bewußt durchlässiger Standesgrenzen
zeigt. In Großbritannien wird die soziale Mobilität in dieser Hinsicht durch die
Existenz der „life-peers" sowie die vergleichsweise häufige Nobilitierung gesichert. Auch Labour-Politiker können nach Ende ihrer aktiven politischen Laufbahn als Lords Mitglieder des Oberhauses werden, das Oberhaus ist also weder in

bezug auf die soziale Herkunft der Mitglieder noch im Hinblick auf ihre politische Orientierung homogen.

Schließlich existiert eine dritte Gruppe von Staaten, die wie Frankreich und die Schweiz bereits vor 1918 Republiken waren, in denen Angehörige des Adels also keine rechtlich definierte, privilegierte Schicht darstellen. Daneben spielte, wie bereits am Beispiel der Agrarreformen in den neugegründeten Staaten Ostmitteleuropas deutlich geworden ist, die nationale Komponente insofern eine Rolle, als die adlige Oberschicht in vielen dieser Staaten aus der Habsburger Doppelmonarchie stammte, die Vertreibung des Adels also nicht allein sozialrevolutionären Motiven, sondern zugleich oder primär nationalistischen entsprang.

Für die revolutionäre Veränderung der Sozialstruktur bedeutete die rechtliche Gleichstellung des Adels, also die Beseitigung seiner Privilegierung, nicht allein einen sozialen Wandel, sondern auch einen der Herrschaftsstruktur, weil es sich zugleich um den Wechsel einer Funktionselite handelte. Ein solcher Wechsel kennzeichnet nachrevolutionäre Gesellschaften wie die sowjetrussische seit 1917, die deutsche seit 1918/19 bzw. 1933/34 und einige der neugegründeten Staaten Ostmitteleuropas.

Allerdings bewirkten die dargestellten ökonomischen Probleme der Zwischenkriegszeit, vor allem Inflation und Weltwirtschaftskrise, aber auch Modernisierung von Arbeitswelt und technologischer Fortschritt selbst in den traditionsgeleiteten europäischen Gesellschaften sozialen Wandel, der jedoch die soziale Herkunft der Herrschaftseliten oder ihr soziales Selbstverständnis in der Regel nicht betraf. So blieb beispielsweise die französische Bourgeoisie im Vergleich zum deutschen Bürgertum in den Jahrzehnten nach dem Ersten Weltkrieg vergleichsweise stabil.

Land-Stadt-Wanderung und Urbanisierung

Zu den Auslösern sozialen Strukturwandels zählten nicht allein in Industrieländern, sondern auch in primär von der Landwirtschaft dominierten Volkswirtschaften neue bzw. fortgeführte Industrialisierungsschübe, die mit Urbanisierungen verbunden waren, etwa die Entstehung und Verstärkung urbaner Ballungsräume. So wuchs z. B. Berlin zwischen 1920 und 1930 von 3,8 auf 4,33 Millionen Einwohner, Hamburg von 997 000 auf 1,147 Millionen, Rom von 692 000 auf 958 000, Neapel von 772 000 auf 991 000, Genua von 316 000 auf 632 000, Warschau von 936 000 auf 1,1 Millionen, Bukarest von 348 000 auf 633 000, Amsterdam von 647 000 auf 752 000, Kopenhagen von 561 000 auf 772 000, Athen von 1920 bis 1928 von 293 000 auf 459 000 Einwohner. Wenn im Jahre 1930 London mit 4,41 Millionen und Paris mit 2,87 Millionen Einwohnern im Vergleich zu 1920 etwas weniger dicht besiedelt schienen, sagt dies nichts über das tatsächliche Wachstum aus, wurden doch in beiden Fällen die Vororte nicht mitgezählt, während für Berlin seit dem Groß-Berlin-Gesetz vom 24. April 1920 die Eingemeindung von 90 vorher selbständigen umliegenden Vororten berücksichtigt ist.

Solche Bevölkerungsvermehrung veränderte nicht allein die innerstädtische Struktur, sondern oft auch die Berufsausübung, das Verhältnis zum sozialen

Umfeld, Wohnungsstil, Einkommen und Lebensweise der von ihnen betroffenen Bevölkerungsgruppen, die vor allem aus ländlichen und kleinstädtischen Bereichen stammten, eher den Unterschichten oder unteren Mittelschichten zugehörten und zum erheblichen Teil als Industriearbeiter tätig wurden. Sozialer Wandel vollzog sich schichtenspezifisch, bevor er die gesamte Sozialstruktur veränderte, er wies oftmals regionale Schwerpunkte auf, was sich wiederum aus der wirtschaftlichen Struktur ergab. Allerdings geht vom sozialen Wandel innerhalb ganzer Klassen langfristig auch eine Veränderung des gesamten Sozialgefüges aus.

Im europäischen Maßstab sind selbst für vergleichbare soziale Schichten enorme Unterschiede feststellbar, beispielsweise in bezug auf die Mittelschichten der Industriestaaten, die in Deutschland erheblich labiler als in den meisten anderen Staaten, vor allem in Frankreich, waren. Solche Differenzen wirkten sich auch auf das Wahlverhalten massiv aus, beispielsweise in Deutschland in der Anfälligkeit der unteren Mittelschichten für den Nationalsozialismus. In Großbritannien wiederum führte das schichtenspezifische Syndrom sozialer Deklassierung bzw. ökonomischen Abstiegs – was nicht unbedingt der Realität entsprechen mußte – nicht zu einer massenhaften Radikalisierung des Wahlverhaltens dieser Schicht, obwohl zum Teil ähnliche Bedrohungsängste bestanden, die sich dann in Ressentiments vor allem gegen die Arbeiterklasse richteten: „Die Malaise der Mittelklassen hatte... ihre Ursache nicht etwa darin, daß sie ärmer wurden, nicht einmal darin, daß sich die Klassenunterschiede gewandelt hatten... Die Ursache dafür lag vielmehr in einer Struktur- und Funktionsveränderung der mittleren Gesellschaftsgruppen Großbritanniens. Es war die Malaise derjenigen, die sich nicht anpassen mochten, und derjenigen, die in dieser Gesellschaft keinen adäquaten Ort für sich fanden, weil die Veränderung sehr langsam erfolgte..." [603: E. J. HOBSBAWM, Industrie und Empire, Band II, 119].

<small>Mittelschichten und die Erosion des sozialen Gefüges</small>

Schließlich bewirkten sowohl Vermögensverluste durch Inflation als auch Massenarbeitslosigkeit für große Sozialgruppen eine mit ihrem gesellschaftlichen Selbstverständnis in Widerspruch stehende finanzielle Egalisierung, die bereits in der Sammelbezeichnung „erwerbslos" oder „arbeitslos" zum Ausdruck kam. Sie machte es den Gewerkschaften schwerer, die Betreffenden zu organisieren, sie entwertete aus ökonomischen Gründen oftmals gesellschaftliche Hierarchien und schürte zugleich kollektive soziale Ängste der zumindest materiell absteigenden Schichten: Insofern erlebte die „Panik im Mittelstand" (Theodor Geiger) in den besonders von der Weltwirtschaftskrise betroffenen Ländern – an ihrer Spitze Deutschland – eine Neuauflage, wenngleich sie nun verstärkt auch Industriearbeiterschaft und kleine Angestellte heimsuchte. Diese Nivellierung im gemeinsamen materiellen Elend stärkte nicht zwangsläufig soziale Solidarität, aber kollektive politische Anfälligkeit für gesellschaftlich integrative „Bewegungen" anstelle der bestehenden Klassenparteien: Die Erosion des sozialen Gefüges bildete die Bedingung ihrer Massenwirksamkeit. Dies galt mutatis mutandis für all diejenigen Staaten, in denen die Demokratie durch autoritäre, faschistische oder nationalsozialistische „Bewegungen" beseitigt wurde.

Wandel der Erwerbsstruktur: Primärer, sekundärer und tertiärer Sektor

Industrialisierung und Urbanisierung, also eine hochdifferenzierte Gesellschaftsstruktur, hatten sich in den europäischen Staaten in ganz unterschiedlichem Ausmaß durchgesetzt. Von einem agrarischen Anteil an der Erwerbsstruktur von 85% in Sowjetrußland, 81,6% in der Türkei, 80,8% in Bulgarien, 79,4 in Litauen und 76,2% in Polen, 70,5% in Finnland, 58,8% in Ungarn, 57% in Spanien, 55,7% in Italien und 49,6% in Griechenland bis zu 7,8% in Großbritannien reichte die Skala. Frankreich mit 38,3% und Deutschland mit 30,5% landwirtschaftlichem Anteil an der Erwerbstätigkeit zählten zu den führenden drei Industriestaaten, wiesen aber im Vergleich zu Großbritannien, Belgien mit 19,3% und der Schweiz mit 25,9% doch relativ hohe agrarische Beschäftigungsquoten auf.

Die einzelnen Staaten zeigten jedoch erhebliche regionale Unterschiede, neben hochaggregierten industriellen Ballungszentren standen bei den meisten größere landwirtschaftlich dominierte Provinzen.

Schließlich sind weitere Indikatoren wesentlich für ein angemessenes Gesamtbild, vor allem die industrielle Produktion: Eine prozentual ähnliche Erwerbstätigkeit in kleineren und größeren Staaten sagt allein noch nichts aus, hier bedarf es auch der absoluten Zahlen. So ist es beispielsweise aussagekräftig, daß in einem der industrialisiertesten Staaten, in Belgien, nur ungefähr 1,5 Millionen Menschen in Industrie und Bergbau arbeiteten, für die Schweiz lautete die Zahl 821 200. Demgegenüber lag sie in Frankreich im Jahr 1926 bei über 7,2, in Großbritannien bei knapp 8,6 (1921) und in Deutschland bei 13,2 Millionen. Deutlich wird der noch sehr starke Anteil der Agrarwirtschaft in Frankreich im Vergleich zu den beiden anderen führenden europäischen Industrienationen auch bei den absoluten Zahlen, stärker noch in bezug auf Großbritannien als gegenüber Deutschland: In Frankreich waren 1926 bei erheblich geringerer Bevölkerungzahl (40,2 Millionen) mit etwas über 9 Millionen Menschen fast gleich viele in der Landwirtschaft tätig wie 1925 im Deutschen Reich, das eine Gesamtbevölkerung von 63,18 Millionen hatte, von denen 9,7 Millionen im primären Sektor beschäftigt waren. Großbritannien hatte 1931 etwa 46 Millionen Einwohner, doch lebten nur etwas mehr als 1,5 Millionen (1921) von der Landwirtschaft. Wie ausgeführt worden ist, schwächte dieser hohe agrarische Anteil in Frankreich die negativen Wirkungen der Weltwirtschaftskrise im Vergleich zu Deutschland und Großbritannien stark ab.

Der Anteil der Erwerbstätigen im sekundären Sektor, also in Industrie und Bergbau war am höchsten in Belgien (46,8%), in Großbritannien (44,3%), der Schweiz (44,1%), Deutschland (41,4%), den Niederlanden (37,6%), der Tschechoslowakei (36,3%), Frankreich (33,8%) und Österreich (33,2%). Am niedrigsten lag die industrielle Beschäftigung in der Türkei (5,6%), Sowjetrußland (6,0%), Litauen (6,1%) und Bulgarien (9,1%). Für Italien betrugen die Vergleichszahlen 22,9%, für Spanien 21,3%.

Der tertiäre Sektor, also Handel und Verkehr, war am ausgeprägtesten entwickelt in Großbritannien mit 27,2%, den Niederlanden mit 21,4%, in Norwegen (19,7%), Belgien (18,3%), Deutschland (16,5%), Frankreich (16,3%), Österreich

(15,4%) und der Tschechoslowakei (10,1%). Das Schlußlicht bildete wiederum Sowjetrußland mit 2,9%.

Insgesamt bestätigt sich hier das Bild, das auch die Industrieproduktion gezeigt hat. Die drei führenden großen Industriestaaten waren (in dieser Reihenfolge): Großbritannien, Deutschland, Frankreich; unter den kleineren Staaten wiesen Belgien, gefolgt von der Schweiz, den Niederlanden und Österreich den höchsten Anteil an industrieller Beschäftigung sowie am tertiären Sektor auf. Die Weltwirtschaftskrise mußte sich aufgrund der sozialökonomischen Differenzen in den europäischen Gesellschaften unterschiedlich auswirken: Dies gilt nicht nur für Industriestaaten auf der einen und Agrarstaaten auf der anderen Seite, sondern auch für strukturell ähnliche Staaten wie Deutschland, Frankreich und Großbritannien.

Auffällig ist, daß der Erfolg totalitärer Ideologien in den eher vormodernen Gesellschaften erheblich größer war als in den hochindustrialisierten; die einzige Ausnahme bildete Deutschland, dessen sozialökonomische Struktur aber immer noch durch einen nennenswerten agrarischen Anteil, also durch regionalspezifische extreme Gegensätze mitbestimmt wurde. Das singuläre Gegenbeispiel bot Frankreich, wo der hohe landwirtschaftliche Anteil an der ökonomischen Mischstruktur keinen Sieg faschistischer oder faschistoider Bewegungen mitbedingte, obwohl auch dort während der 1930er Jahre ein „Faschismus auf dem Dorfe" begegnet (ROBERT PAXTON). Diese Gesamteinschätzung wird im übrigen durch die überproportionalen Anteile landwirtschaftlicher Berufe sowohl an der Mitgliedschaft des italienischen Faschismus als auch des Nationalsozialismus bestätigt. Erfolg totalitärer Ideologien in vormodernen Gesellschaften

Die Mehrzahl der europäischen Gesellschaften des 20. Jahrhunderts war durch politische Revolutionen bzw. kriegsbedingte ökonomische Probleme nach dem Ersten Weltkrieg von vornherein konfliktträchtig; ein weitreichender gesellschaftlicher Konsens bestand kaum, insofern müßten sie, da der soziale Strukturwandel eher aus dem Konflikt als dem Konsens entsteht, außerordentlich instabile, sich wandelnde Gesellschaften gewesen sein. Tatsächlich aber gingen von den zeitgenössischen Problemen in einer Reihe von Ländern auch retardierende Wirkungen aus, so daß – vom Sonderfall Sowjetrußland abgesehen – das Tempo des politischen Wandels in der Regel erheblich größer war als dasjenige des sozialen. Die Gründe sind komplex: Die weltwirtschaftliche bzw. europäische Verflechtung hinderte gerade in den großen Staaten nationale Alleingänge, die tägliche Problembewältigung ließ in den Demokratien keine planmäßige gesellschaftliche Entwicklung nach dem Umbruch von 1918/19 zu, in vielen Bereichen notwendige Innovationen konnten aufgrund von Inflation und Weltwirtschaftskrise oftmals nicht gezielt ins Werk gesetzt werden, während sich beispielsweise in Deutschland der Investitionsschub in der zweiten Hälfte der 1920er Jahre aufgrund des wirtschaftlichen Zusammenbruchs nicht mehr strukturwandelnd auswirkte. Nach der weltwirtschaftlichen Erholung in der Mitte der 1930er Jahre aber standen die Probleme der Friedenswahrung auf der einen, die der Kriegsvorbereitung auf der anderen Seite im Vordergrund politischer Entscheidungen für Gesellschaft und Revolution und sozialökonomischer Wandel

Wirtschaft; wiederum zeigte sich, in welchem Maße die beiden Jahrzehnte zwischen 1919 und 1939 zugleich Nachkriegs- und Vorkriegszeit waren.

Die Zunahme der Erwerbstätigkeit in Europa zwischen dem Beginn und dem Ende des 20. Jahrhunderts, die das Bevölkerungswachstum erheblich überschritt, die Abnahme der Durchschnittsarbeitszeit, die Veränderung der Arbeitswelt, die Zunahme der Frauenarbeit – dies alles sind Entwicklungen, die sich nur längerfristig erfassen lassen. Der auch die gesellschaftlichen Strukturen verändernde Wandel aufgrund der zunehmend nun den Osten Europas ergreifenden Industrialisierung beschleunigte sich nach 1945 sehr viel stärker als nach 1918, im Westen spielte dafür die Technologisierung eine ausschlaggebende Rolle. Für den Wandel von Agrargesellschaften zu Industriegesellschaften, der insgesamt für die europäische Geschichte des 19. und 20. Jahrhunderts charakteristisch ist, gibt es in der Zwischenkriegszeit nur ein wirklich spektakuläres Beispiel, die Sowjetunion. Doch sind in diesem Fall extreme regionale Unterschiede zu konstatieren. Die weitere Ausdehnung des sekundären und vor allem des tertiären Sektors, die für die bereits industrialisierten Staaten kennzeichnend ist, erfolgte ebenfalls sehr viel schneller und umfassender nach dem Zweiten als nach dem Ersten Weltkrieg.

Zu der im Anteil an den wirtschaftlichen Sektoren erfaßbaren Sozialstruktur treten weitere Kriterien, nämlich die Frage nach dem Eigentum sowie nach der Rechtsstellung der Erwerbstätigen. Außer in der Sowjetunion blieb während der 1920er und 1930er Jahre das Eigentumsrecht im Prinzip unangetastet, wenngleich es davon faktische Ausnahmen gegeben hat, vor allem die rechtsstaatlichen Grundsätzen hohnsprechende faktische Enteignung der jüdischen Deutschen während der nationalsozialistischen Diktatur, in geringerem Ausmaß und anderer Form die Bodenumverteilung im Zuge der Agrarreformen in den mittelosteuropäischen Ländern.

Konzentration der Wirtschaft, Verminderung selbständiger Tätigkeit

Die Konzentration in der Wirtschaft, zu der die Entstehung bzw. Ausweitung von nur industriell zu erzeugenden Massenprodukten beitrugen, die Vergrößerung der Angestelltenschicht durch Anwachsen des Dienstleistungssektors, Bürotätigkeit und Bürokratisierung, schließlich Inflation und Wirtschaftskrisen führten zu einer deutlichen Verminderung des Anteils der Selbständigen sowie der mithelfenden Familienangehörigen an der Erwerbstätigkeit; korrespondierend stieg die Zahl der abhängig Beschäftigten – ein Trend, der sich ebenfalls nach 1945 verstärkt fortsetzte und der vor allem aus der ständigen Verringerung des agrarischen Anteils, d. h. also der Aufgabe von Gütern und Bauernhöfen resultierte. Damit verbunden war die schon im 19. Jahrhundert sich ständig verstärkende Land-Stadt-Wanderung.

In Deutschland zum Beispiel ging zwischen 1907 und 1939 der Anteil der Selbständigen und ihrer Angehörigen um mehr als die Hälfte auf 14,1% zurück, in absoluten Zahlen hieß dies von 13,7 auf 9,5 Millionen. Zählt man nur die Erwerbspersonen, so umfaßten die Selbständigen 1925 17,3% der Bevölkerung. Im gleichen Zeitraum vergrößerte sich von 1907 bis 1939 der Anteil der Angestellten unter Einschluß ihrer Familienangehörigen von 6,7 auf 11,97 Millionen Menschen, prozentual gesehen auf 17,8%. Diese Tendenz gilt mit Unterschieden für die meisten westeuropäischen Industriegesellschaften und dokumentiert die abnehmende Bedeutung der Selbständigkeit für die Arbeitswelt. Demgegenüber wuchs die Rolle der Ausbildung bzw. der berufsspezifischen Qualifikationen, die eine differenzierte berufliche Aufgabenstellung erforderte; keineswegs nahm bloß die Mechanisierung mit gleichförmigen ungelernten Tätigkeiten zu, auch die vom Marxismus prophezeite „Proletarisierung" blieb in langfristiger Perspektive auf die unmittelbaren materiellen Auswirkungen der Wirtschaftskrisen beschränkt. Insgesamt stieg das Realeinkommen in den drei führenden Industriemächten sogar an, wenngleich äußerst geringfügig: In Großbritannien und Deutschland zwischen 1913 und 1937/38 um knapp 1 Prozent, in Frankreich noch geringer.

Im Hinblick auf den gesellschaftlichen Wandel lassen sich insgesamt vier Gruppen in den europäischen Gesellschaften zwischen den Kriegen unterscheiden: 1. diejenigen Agrargesellschaften, vor allem im Osten und Süden Europas, die sich sehr langsam industrialisierten und insgesamt nur geringe Strukturveränderungen aufwiesen; 2. die westeuropäischen Industriegesellschaften (unter Einschluß Nordeuropas und der industrialisierten Regionen Südeuropas), bei denen sich die mit Industrialisierung, Urbanisierung und Bürokratisierung verbundenen Tendenzen – teilweise verlangsamt – fortsetzten; 3. der durch fundamentale Revolutionierung der Gesamtgesellschaft charakterisierte Typus, also Sowjetrußland; 4. die ideologisch geleitete totalitäre Erfassung und Gleichschaltung der Gesellschaft ohne Änderung der Eigentumsordnung und ohne grundsätzliche Änderung der sozialen Struktur insgesamt, in faschistischen und nationalsozialistischen Diktaturen. *Vier Typen gesellschaftlicher Entwicklung in Europa*

Die zweifellos radikalste und zugleich nach ideologischer Zweckrationalität geplante revolutionäre Umwandlung der Gesellschaft fand in Sowjetrußland statt, wo zur Erreichung der durch den Kommunismus definierten Ziele die physische Ausrottung oder zumindest die soziale Eliminierung ganzer Sozialschichten betrieben wurde. Zu einer derart revolutionären „Gesellschaftspolitik" existierte in den faschistischen Diktaturen keine Parallele, wenngleich die Nationalsozialisten anstelle des „Klassenmords" den „Rassenmord" setzten (ERNST NOLTE). Aufgrund ihres rassistischen Antisemitismus definierten sie die Juden als Rasse, als Feind schlechthin und betrieben eine sich zwischen 1933 und 1938 in mehreren Schüben verschärfende antisemitische Politik. Nach legalistisch inszenierten Berufsverboten seit 1933, den Nürnberger Rassegesetzen 1935, weiteren diskriminierenden Maßnahmen und einzelnen brutalen Übergriffen nahm diese unter den Augen der Öffentlichkeit in der sog. Reichskristallnacht am 9. November 1938 die Form eines inszenierten terroristischen Pogroms gegen die jüdische Minderheit an, bevor sie im Zweiten Weltkrieg zum rassistisch motivierten, fabrikmäßig geplanten – und insofern singulären – millionenfachen Massenmord überging: Bereits am 30. Januar 1939 erklärte Hitler, ein Weltkrieg würde die „Vernichtung der jüdischen Rasse in Europa" bedeuten – eine grauenhafte Prophezeiung. *Revolutionäre Gesellschaftspolitik in Sowjetrußland in vergleichender Perspektive*

Zwar weist auch der Nationalsozialismus sozialrevolutionäre Züge auf, doch wurzelten sie im ideologischen Ressentiment und in seiner Herrschaftstechnik; sein anti-bürgerlicher und anti-adliger Affekt resultierte nicht – wie im Kommunismus – aus einer Klassentheorie.

War die Bourgeoisie auch der primäre Klassenfeind der kommunistischen Revolutionäre, so gab es in dieser Hinsicht in Sowjetrußland keine hinreichende Masse, man spricht sogar vom „nicht vorhandenen Bürgertum" [208: R. PIPES, Rußland vor der Revolution, 197 ff.]. Weder existierten vergleichbare städtische Strukturen noch ein der westlichen Kapitalisierung der Wirtschaft ähnelnder bedeutender Geldumlauf; bis ins letzte Drittel des 19. Jahrhunderts blieben Kredit- und Bankwesen rudimentär. Die angeblich die „Herrschaft der Bourgeoisie" repräsentierende Erste Duma (1906) wies nur einen Delegiertenanteil von 5,8% auf, der als Vertretung des Bürgertums bezeichnet werden könnte. Tatsächlich existierte in Rußland nur eine sehr schmale, nicht nach westeuropäischen Maßstäben zu definierende, bürgerliche Schicht: Nach allen geschichtstheoretischen Prämissen des Marxismus-Leninismus war Rußland bekanntlich nicht für die proletarische Revolution reif, besaß es doch weder eine Bourgeoisie noch ein breites Industrieproletariat. Es fehlte im übrigen auch die für die westlichen Industriegesellschaften typische, stetig wachsende Schicht von Angestellten. Die sozialgeschichtliche Ausgangslage unterschied sich also vor und nach der Oktoberrevolution von 1917 fundamental von der der westlichen Gesellschaften, wo es in sich differenzierte, starke bürgerliche Schichten gab, die in der Regel ein Viertel bis zu einem Drittel der Bevölkerung umfaßten. Eine auch nur prinzipiell verwandte Sozialstruktur existierte in Sowjetrußland nicht.

Die offiziellen sowjetrussischen Sozialstatistiken sind im Interesse marxistischer Interpretation abgefaßt, bilden also nur eine anfechtbare, bestenfalls annäherungsweise zu verwendende Grundlage der sozialgeschichtlichen Analyse. Aber selbst sie belegen die zunächst dominante agrarisch geprägte Sozialstruktur. Nach der offiziellen Lesart gab es vor der Revolution 1913 66,7% Einzelbauern und nicht genossenschaftlich organisierte Dorfhandwerker, 17% Arbeiter und Angestellte sowie 16,3% Angehörige der Bourgeoisie, Gutsbesitzer und Kulaken, also Großbauern, die nicht zur Familie gehörige Arbeitskräfte beschäftigten. Gemäß offiziellen Angaben verminderte sich der Anteil dieser Schicht bis 1924 auf 8,5%, 1928 auf 4,6%, 1939 existierten weder Bürger, noch Gutsbesitzer oder Kulaken – eine wohl zutreffende Feststellung. Der Anteil der Einzelbauern stieg in den 1920er Jahren zunächst auf 75,4% (1924), blieb einige Jahre in dieser Größenordnung und sank bis 1939 auf 2,6%. Als Ergebnis der Zwangskollektivierung stieg die Zahl der Kolchosbauern, die 1924 noch bei 1,3% gelegen hatte, bis 1939 auf 47,2%; da auch die Zahl der Arbeiter und Angestellten sich von 14,8% im Jahre 1924 bis auf 50,2% 1939 steigerte (davon waren 33,5% Arbeiter), waren die gesellschaftspolitischen Ziele dieser Etappe, die Egalisierung und Uniformierung der sowjetischen Gesellschaft erreicht; obwohl nun bestimmte regionale Zentren in rapidem Tempo industrialisiert worden waren, verminderte sich die soziale Differenzierung eher noch – auch dies ist für die europäische Entwicklung atypisch.

Aufgrund der 1917 eindeutig agrarisch geprägten sozialökonomischen Struktur war es konsequent, daß die Bolschewisten die Revolutionierung der Gesellschaft bei der dominierenden sozialen Schicht unterhalb der sofort beseitigten zaristischen Herrschaftselite, nämlich den Großgrundbesitzern und schließlich den selbständigen Bauern begannen. Diese Politik erfolgte in Stufen unterschiedlichen Radikalisierungsgrades, aber auch mit einigen Kehrtwendungen. So bestimmte das „Dekret über Grund und Boden" vom 8. November 1917 die entschädigungslose Enteignung aller Großgrundbesitzer, die unter der Aufsicht sog. Bauernsowjets und Landkomitees durchgeführt wurde. „Eine Umverteilung größten Ausmaßes, eine Agrarrevolution folgte" [206: H. ALTRICHTER, Kleine Geschichte, 26]. Sie schien zunächst noch die kleinen Bauern zu begünstigen, bis zugleich mit dem seit 1928 praktizierten 1. Fünfjahresplan seit 1927/28 auch die zweite Zwangskollektivierung der Landwirtschaft eingeleitet wurde: Nach den Großgrundbesitzern wurden nun auch die selbständigen Bauern als soziale Schicht beseitigt.

Für ein noch immer durch die Landwirtschaft charakterisiertes Land wie Sowjetrußland bedeutete die Revolution der Agrarverfassung nach der terroristischen – zum Teil mörderischen, zum Teil durch Vertreibung und Flucht bewerkstelligten – Ersetzung der adligen Herrschaftseliten und Oppositionellen durch die bolschewistischen Funktionärskader den zweiten revolutionären Angriff auf die Gesellschaftsstruktur des zaristischen Rußland. Nach den Jahren des sog. Kriegskommunismus 1917 bis 1920, der in einem wirtschaftlichen Desaster endete, war Lenin allerdings schon im März 1921 zu einem „Kurswechsel" (GEORG VON RAUCH) gezwungen: Aufgrund der katastrophalen Versorgungslage wurden Kürzungen der ohnehin zu knappen Rationen nötig, worauf sich in Petersburg seit Februar 1921 vorher noch begrenzte Streiks der Arbeiter ausweiteten und sich ihre Enttäuschung über die ökonomischen Ergebnisse der Oktoberrevolution in regelrechten Aufständen entlud. An ihnen entzündete sich schließlich im März 1921 der Kronstädter Matrosenaufstand. Diese Lage war nicht allein deshalb bedrohlich für die bolschewistische Führung, weil sich die Aufständischen auch zum Anwalt der Bauern machten, sondern weil eine größere Peinlichkeit für eine im Selbstverständnis proletarische Revolutionsregierung kaum denkbar ist, als sich einer breiten Welle von Arbeiter- und Soldatenprotesten gegenüberzusehen: Mit der brutalen Niederschlagung des Kronstädter Aufstands, dem wohl 14 000 Soldaten zum Opfer fielen, verlor Lenin und mit ihm der Leninismus auch in dieser Hinsicht seine ideologische Unschuld, lange bevor Stalin den Weg der brutalen Ausmerzung in viel größerem Umfang fortzusetzen begann.

Mit der „Neuen Ökonomischen Politik" 1921 bis 1928 ging auch in der Landwirtschaft eine zeitweilige Liberalisierung einher, da sich die erste hastige Kollektivierung als Fehlschlag erwiesen hatte. Um die Ernährung der Bevölkerung wieder zu sichern, mußte Lenin 1923 den Bauern ihr Eigentumsrecht garantieren, wodurch sich besonders die mittleren und größeren Höfe wirtschaftlich erholen konnten, was der nachhaltigen Verbesserung der Ernährungslage zugute kam und vor allem unter Bucharins Einfluß zwischen 1925 und 1927 zu einer bauernfreundlichen Politik führte. Der „Jubiläumsparteitag", der auch eine Bilanz zehnjähriger bolschewistischer Herrschaft sein mußte, stand im Zeichen der doppelten Programmatik von Kollektivierung und Industrialisierung. Zu ihrer Realisierung wurden dann die „Fünfjahrespläne" entwickelt, auf deren Basis mit gewaltigen Schritten eine „Politik der forcierten Industrialisierung" [626: H. RAUPACH, Geschichte der Sowjetwirtschaft, 82] betrieben wurde, die sich mit dem Konzept des „Sozialismus in einem Lande" verband.

Die angebliche Nichtablieferung von Getreide und die Befürchtung einer erneuten Hungersnot dienten der bolschewistischen Führung als Alibi, seit Januar 1928 auch die Zwangskollektivierung in ihren Formen zu radikalisieren und im Tempo zu forcieren. Stalin ging es dabei nicht zuletzt um die Schaffung riesiger, rationaler zu bewirtschaftender und leistungsfähigerer landwirtschaftlicher Einheiten, der Kolchosen. Sie sollten ihrerseits der beschleunigten Industrialisierung durch Sicherung der Ernährung eine Basis geben. Wenngleich es in Stalins Position auch in dieser Zeit noch agrarpolitische Widersprüchlichkeiten gab, blies er, nachdem die Kulaken bereits 1927 zu „Ausbeutern" und „Volksfeinden" erklärt worden waren, schließlich Ende 1929 zum „Generalangriff gegen die Kulaken", die als Klasse ausgerottet werden müßten. Die Charakterisierung in I. Tifonows „Geschichte des Klassenkampfes in der UdSSR" entsprach dem erzielten Ergebnis: „Die Zerschlagung der konterrevolutionären Schädlingsgruppe der Kulakenpartei hat die Voraussetzung für einen rascheren Aufbau des Sozialismus auf dem Lande geschaffen und schwerwiegende Hindernisse auf dem Weg zum Aufbau der Landwirtschaft beseitigt" [Zitat bei 374: A.B. ULAM, Rußlands gescheiterte Revolutionen, 501]. Indem man sie direkt ermordete oder verhungern ließ, starben Millionen von Kulaken, was durch die Wortwahl „Schädlingsgruppe" gerechtfertigt wurde!

Wenngleich die Schätzungen über die Zahl der Opfer und die Interpretationen über die Motive auseinandergehen, so erscheint doch ein Moment charakteristisch für die fanatischen Ideologien des 20. Jahrhunderts überhaupt: Der Terror bildete „einen Bestandteil der Erziehungskampagne, mit der die Bevölkerung davon überzeugt werden sollte, daß all die Schrecknisse, die mit der Zwangskollektivierung einhergingen, etwa die Hungersnot, die 5 Millionen Menschenleben forderte, daß all die Entbehrungen und Leiden, welche die im Eiltempo vorangetriebene Industrialisierung mit sich brachte, nicht etwa eine Folge der Politik der Regierung waren, sondern das Werk der Volksfeinde, die den Sozialismus sabotierten" [ebd., 499]. Solche Scheinlegitimationen dienten immer wieder für „Volksfeindideologien" jeglicher Art, in denen eine Gruppe als schuldig für alle sozialökonomischen Probleme denunziert wurde.

Schauprozesse und Liquidierung politischer Gegner

Die Schauprozesse der 1930er Jahre und die mit ihnen inszenierte Auswechslung vermeintlicher oder potentieller Gegner innerhalb der kommunistischen Funktionärsschicht implizierten keinen sozialen Wandel der Herrschaftselite, sie wurden umfassender organisiert als in allen faschistischen Diktaturen. Auch die Beseitigung der SA-Führungsriege 1934, die durch die Behauptung legitimiert wurde, SA-Führer Ernst Röhm habe einen Putsch vorbereitet, ist in Form und Ausmaß nicht vergleichbar, zumal in der Sowjetunion die Liquidierung kommunistischer Kader und Militärs über einen längeren Zeitraum systematisch betrieben wurde und einen großen Teil der eigenen Funktionärsschicht dezimierte – dies war auch für Diktaturen singulär. Die Deportierung vieler Millionen Menschen in Arbeitslager diente nicht nur zur Rekrutierung von Zwangsarbeitern, sondern auch als Instrument zur Eliminierung potentiell Oppositioneller oder verfolgter sozialer Gruppen; sie war in Intention und Brutalität den nationalsozialistischen Konzentrationslagern im Reichsgebiet vergleichbar. Die nationalsozialistischen Vernichtungslager, die unter deutscher Besatzungsherrschaft im Zweiten Weltkrieg errichtet wurden, waren demgegenüber von vornherein stärker als „Todesmaschinen" für viele Millionen Opfer, denn als Ausbeutungsinstrumente – die sie teilweise außerdem waren – konzipiert worden.

Das sowjetrussische Beispiel totalitär intendierter, geplanter und realisierter „Gesellschaftspolitik" ist für die Zwischenkriegszeit zweifellos singulär, wenngleich zum Teil schwache Reflexe der frühen Phase in den Agrarreformen mancher Nachbarländer erkennbar waren. Das sowjetische Beispiel ist aber auch deswegen nicht zu verallgemeinern, weil Rußland zum Zeitpunkt der Revolution die einzige ganz überwiegend agrarisch geprägte Großmacht gewesen ist. Kein zweiter Staat Europas hat zwischen den beiden Weltkriegen eine solch fundamentale Umwälzung der traditionellen Sozialstruktur erlebt.

Selbst wenn in westeuropäischen Staaten Revolutionen stattfanden, wurden die abgelösten adligen Herrschaftseliten weder vollständig liquidiert noch vertrieben, sondern lediglich ihre rechtliche und soziale Privilegierung beseitigt, wobei das revolutionäre Frankreich 1793/1794 allerdings vergleichsweise radikal vorging. In den westeuropäischen Industriestaaten Großbritannien, Frankreich, Deutschland, Italien oder Belgien waren im übrigen die Herrschaftseliten selbst dann nicht mehr adlig dominiert, wenn nach 1918 die Monarchie beibehalten wurde. Adlige Herrschaft war in weitestem Sinn agrarische Herrschaft, insofern leiteten schon vor den sozialen Revolutionen seit dem 19. Jahrhundert Industrialisierung und Urbanisierung ihre Delegitimierung ein. Die gewalttätige Modernisierung, die seit 1917 Sowjetrußland bzw. die Sowjetunion kennzeichnete, hatte im Westen keine Basis, weil sich die ständische Gesellschaftsordnung schon seit dem Ende des 18. Jahrhunderts aufzulösen begann, auch wenn dieser Prozeß in den einzelnen Staaten in unterschiedlichem Tempo verlief.

Die faschistischen Diktaturen haben zwar, wenngleich weniger systematisch und in geringerem Ausmaß, ebenfalls ihre politischen Gegner verfolgt, wobei auch sie nicht vor Terror und Mord zurückschreckten, doch ist dies insgesamt weder mit dem bolschewistischen noch dem nationalsozialistischen Terror vergleichbar. Zwar strebten auch diese Diktaturen eine Gleichschaltung der Gesellschaft im ideologischen Sinne an, nicht aber im sozialen. Die italienischen Faschisten tasteten die bestehende Gesellschaftsstruktur (und die Monarchie) im Prinzip nicht an, wollten sie aber für ihre zugleich nationalen und imperialen Ziele instrumentali- *Faschistische Diktaturen* sieren. Diese Konsequenz resultierte bereits aus dem Aufstieg des Faschismus zur größten Massenbewegung in der Geschichte des italienischen Nationalstaats, die aus allen bürgerlichen Schichten Zulauf hatte. Dem formell erst im November 1921 aus den „Fasci" gegründeten Partito Nazionale Fascista gehörten schon im Mai 1922 322 310 Mitglieder an, nachdem die Bewegung es bis Ende 1920 erst auf 21 000 gebracht hatte. Bis 1929 stieg die Mitgliederzahl auf 1 123 549 an, obwohl seit 1926 eine restriktive Aufnahmepraxis herrschte.

Wenngleich sich vor der Parteigründung die radikalen Anhänger Mussolinis seinem Verständigungskurs gegenüber verschiedenen sozialökonomischen Interessen und politischen Parteien widersetzt hatten, gelang es ihm schließlich doch, die auf einen gewissen Ausgleich mit den Gegnern angelegte Taktik zur Machteroberung, die den kompromißbereiten Teil der bestehenden Führungseliten einschloß, durchzusetzen: Damit aber stand hinter dem theatralisch inszenierten Marsch auf Rom im Oktober 1922 ein weiterreichendes politisches Kalkül, das keineswegs den Umsturz der Gesellschafts- und Wirtschaftsordnung zum Ziel hatte. Jenseits aller Thesen, die den italienischen Faschismus (mit zum Teil kontroversen) Zuordnungen als mittelständische Klassenbewegung oder als Agenten der „Großbourgeoisie" deuten, ist sein „sozialer Mischcharakter" (GIOVANNI ZIBORDI) auffällig. Der italienische Faschismus war „zumindest in seiner Bewegungs- und Machtergreifungsphase (1919–1922 und 1922–1929) einem durchaus unregelmäßigen sozialen Wandel unterworfen", der seinerseits mit dem „Organisationswandel der Partei" (WOLFGANG SCHIEDER) zusammenhing. Wenngleich einzelne Berufsgruppen, insbesondere Angestellte über-, andere wie Industriearbeiter, Landarbeiter und Landbesitzer gemessen an ihrem Bevölkerungsanteil erheblich unterrepräsentiert waren, so bleibt doch unbestreitbar, daß alle sozialen Schichten mit einem nennenswerten Anteil vertreten waren. Gilt eine analoge soziologische Einschätzung auch für den Nationalsozialismus, so ist doch bemerkenswert, daß dieser in bezug auf Landbesitzer und Landarbeiter einen deutlich ausgeprägteren Schwerpunkt besaß als der Faschismus.

Allein schon die Tatsache, daß nach der formellen Parteigründung 1921 die Landarbeiter im Partito Nazionale Fascista mit 24,3% vor den Industriearbeitern mit 15,4% die stärkste soziale Schicht stellten, verbietet es, den Faschismus als „mittelständische" Klassenbewegung zu interpretieren. Aufgrund der deutlichen Überrepräsentation der gesamten Landbevölkerung (60,46% in der Partei gegenüber 47,2% Bevölkerungsanteil) dominierte zeitweilig der „Agrarfaschismus" sogar quantitativ gegenüber dem städtisch-bürgerlichen. Die soziale und politische Heterogenität zwang Mussolini zum Kompromiß innerhalb der seit 1919 bestehenden „Bewegung" wie der späteren Partei, die sich 1923 mit den Nationalisten zusammenschloß. Was für die innerparteilichen Strömungen galt, spiegelte sich im gesellschaftlich-politischen Umfeld wieder, auch dies nötigte aufgrund der tatsächlichen Machtkonstellation zu einer partiellen Verständigung mit anderen politischen Richtungen, der Monarchie und schließlich auch der katholischen Kirche. Diese Ausgangslage führte in Italien – verglichen mit dem Nationalsozialismus, der bis 1933 zwar auch auf deutschnationale Verbündete angewiesen blieb, sich ihrer aber schon 1934 entledigt hatte – zweifellos zu einer Mäßigung der Gleichschaltungspolitik gegenüber den gesellschaftlichen Gruppen. Allerdings änderte dieser Verzicht auf eine fundamentale Revolution der Gesellschaftsordnung nichts an der zunehmend diktatorischen Herrschaftsstruktur des faschistischen Regimes.

Ein konstitutives Phänomen der Diktaturen lag naturgemäß in der Ausbildung einer Herrschaftselite, für die freilich ihre unterschiedliche Dauer und die Frage nach ihrem revolutionären Charakter ein wesentliches Kriterium darstellten. Schließlich müssen auch für die innere sozialökonomische Struktur der Diktaturen Friedens- und Kriegsphasen unterschieden werden. Jedenfalls liegt hier ein gemeinsames Strukturmerkmal aller drei Typen der damaligen Diktaturen: Sie alle lösten die alte Herrschaftselite durch eigene ideologisch fixierte Parteikader ab.

Nationalsozialistische Volksgemeinschaftsideologie und „Gleichschaltung"

Ohne Zweifel gingen die sozialrevolutionären Ziele der nationalsozialistischen Diktatur sehr viel weiter als die der faschistischen, obwohl sie nicht das hohe geschichtsphilosophische Reflexionsniveau marxistischer Gesellschaftstheorie erreichten und weit hinter der Revolutionierung der sowjetischen Gesellschaft zurückblieben. Doch spielt gerade hier der Zeitfaktor eine wesentliche Rolle: Hätte das sowjetische Regime 1923 einen Weltkrieg entfesselt und wäre es aufgrund einer Niederlage nach insgesamt zwölfjähriger Dauer 1929 zusammengebrochen, dann wäre die Umwälzung der Gesellschaft letztlich nicht sehr weit gediehen, unternahm man doch dort gerade am Ende der 1920er Jahre einen erneuten Anlauf, weil die erste Phase nicht die gewünschten Ergebnisse erbracht hatte.

Die Instrumentalisierung der Gesellschaft für die Herrschaft der NSDAP und ihre „nationalen" Ziele, seit 1939 ihre „großgermanischen" Kriegsziele, bildete deren primäre Antriebskraft. Die Ideologie der Volksgemeinschaft, die Klassenkampf, Parteienzersplitterung und ökonomische Partikularinteressen aufheben wollte, wurde organisatorisch strukturiert. So faßte das Regime in der Deutschen Arbeitsfront sowohl Arbeitgeber als auch Arbeitnehmer zusammen. Das zum Teil konkurrierend konzipierte System von Hitler-Jugend, Blockwarten, Berufsverbänden, Parteigliederungen, halbstaatlichen Herrschaftsinstrumenten oder den Gauleitern strebte eine totalitäre Erfassung der gesamten Bevölkerung an. Verschiedene Terrorinstrumente, von den „Volksgerichten", der Gestapo, der SA, der SS bis zum „Reichssicherheitshauptamt" verliehen diesem System gewaltigen Nachdruck, in nahezu allen gesellschaftlichen Institutionen waren Parteifunktionäre gemäß dem Führerprinzip tätig, das totalitär konzipierte Organisationsnetz wurde hierarchisch den bestehenden Strukturen auch dort übergestülpt, wo sie fortbestanden. Wo aber die existierende gesellschaftliche Struktur der Herrschaftsausübung nicht im Wege stand, blieb sie im Prinzip erhalten. Insgesamt ist also der instrumentelle Charakter der nationalsozialistischen Gesellschaftspolitik in Verbindung mit ihrer relativ kurzen Dauer einer bloß sechseinhalbjährigen Friedenszeit wesentlich. Hieraus folgte die entscheidende Priorität, nämlich die

Ersetzung der alten oder nach 1918 neuen Herrschaftseliten durch nationalsozialistische Funktionäre und die politisch-ideologische Gleichschaltung mithilfe einer umfassenden gesellschaftlichen Organisierung aller Sozialgruppen vom Jugendalter an. Charakteristisch war die rassistisch definierte nationale Integration gesellschaftlicher Antagonismen durch Gleichschaltung von Interessenverbänden und eine aktive Sozialpolitik, um die Unterdrückung durch Belohnung und Verführung zu kompensieren. Institutionen, die sich solcher Gleichschaltung tendenziell oder faktisch entzogen, beispielsweise die Kirchen, wurden – weniger extrem als in der programmatisch atheistischen Sowjetunion – bedrängt oder auch verfolgt, wenn ihre Instrumentalisierung mißlang.

Der Ersetzung der Herrschaftseliten wurde durch ein institutionelles Strukturprinzip nationalsozialistischer und kommunistischer Diktaturen Nachdruck verliehen, nämlich der Herrschaft der Partei über den Staat. Differenzen resultierten vor allem aus der Verwaltungstradition mit ihren unterschiedlichen Graden administrativer Intensität des Staates, die in Westeuropa im Unterschied zur Sowjetunion sehr hoch war. In der nationalsozialistischen Diktatur entstand daraus ein prinzipieller Dualismus, der im übrigen auch die Justiz, partiell auch das Militär beherrschte.

5. BEISPIELE POLITISCHER KRISENLÖSUNG: FRANKREICH, DEUTSCHLAND UND GROSSBRITANNIEN IM VERGLEICH

Auch die beiden europäischen Großmächte, die die Zwischenkriegszeit überstanden, ohne in einer Diktatur zu enden, durchliefen Phasen der Instabilität. Die Wirtschaftskrise rief allerdings nur in Großbritannien extreme Wirkungen hervor, die denen in Deutschland am nächsten kamen. Frankreich dagegen blieb von Arbeitslosigkeit, Vermögensumschichtungen durch Inflation, einer rapiden Auflösung der traditionellen Sozialstruktur weitgehend verschont, obwohl es mit Deutschland zu denjenigen Staaten gehörte, die besonders durch die Kriegsfolgen belastet waren und im Unterschied zu diesem die schwersten materiellen Zerstörungen erlitten hatte. Auch im Vergleich mit den beiden anderen großen europäischen Industriestaaten wurde Deutschland mit Abstand am schwersten von den ökonomischen Konsequenzen des Friedensschlusses, der Inflation und vor allem der Weltwirtschaftskrise heimgesucht; anders als jene mußte das Deutsche Reich erhebliche territoriale Verluste am eigenen Staatsgebiet und in Übersee hinnehmen, während sich Frankreich durch Elsaß und Lothringen vergrößerte und sich wie Großbritannien ehemals deutschen Kolonialbesitz aneignete.

Unterschiedliche Entwicklung der drei führenden großen Industriemächte Europas

Wurde auch Großbritannien wirtschaftlich sehr viel schwerer getroffen, so blieb doch wie in Frankreich seine gesellschaftliche Struktur weitgehend intakt. Diese beiden Großmächte erlebten weder eine Revolutionierung der Staatsform noch des Regierungssystems wie das Deutsche Reich, in dem nahezu alle fundamentalen Strukturen 1918/19 und dann in mehreren Schüben erschüttert und delegitimiert wurden, ohne daß die neue Ordnung auf einen dauerhaft mehrheitlichen Konsens in der Bevölkerung stieß. In Deutschland wurde die 1918/19 begonnene Revolution nicht wirklich abgeschlossen, vielmehr standen zwischen fundamentalen Erschütterungen lediglich ruhigere Phasen: Am Ende der Weimarer Republik war selbst ein großer Teil der Demokraten überzeugt, daß es so nicht bleiben könne. Dies bedeutete in jedem Fall eine andere Republik, wahrscheinlich eine autoritäre, an den deutschen Konstitutionalismus anknüpfende, nicht notwendig eine faschistische oder gar eine nationalsozialistische Diktatur. Die 43,9% der Deutschen, die am 5. März 1933 Hitler wählten, entschieden sich vermutlich in ihrer großen Mehrheit für den Typus der Diktatur, der dem italienischen Faschismus ähnelte und der von 1933 bis 1939 in Deutschland bestand, kaum aber für den (totalen) Krieg und noch weniger für Auschwitz: Beides lag für die meisten außerhalb des Vorstellbaren.

Eine Legitimationskrise des demokratischen Rechtsstaats gab es weder in Großbritannien noch in Frankreich. Beide hatten den Weltkrieg gewonnen, also ihre Stärke bewiesen, in beiden Staaten war das existierende Herrschaftssystem nicht allein legal, sondern durch Geschichte und Wähler immer wieder legitimiert worden, es ging in Großbritannien immer um Alternativen innerhalb des bestehenden Systems: Monarchie, Rechtsstaat, Parlamentarismus hatten sich in Jahrhunderten bewährt; Labour Party und Trade Unions wuchsen als Vertretung der Arbeiterklasse immer stärker in die Rolle hinein, die zuvor die Liberals eingenommen hatten, erlangten also eine tragende, unabdingbare Funktion innerhalb des Zwei- bis Dreiparteiensystems. Mit der Integration dieser politischen und sozialen Opposition bewies das britische System trotz aller politischen Kämpfe, trotz aller Auseinandersetzungen um Industrial Relations, Tarifbedingungen u.a.m. ein weiteres Mal seine Reformfähigkeit; sie manifestierte sich schließlich in der Regierungsübernahme durch einen Labour-Premier, Ramsay MacDonald, von Januar bis November 1924.

Stabilisierung trotz Krise in Großbritannien

Wenngleich diese Regierung auch Ausdruck der Krise war und nur kurz Bestand hatte, so hinderte dies nicht, daß MacDonald in der Zeit schwerster Erschütterungen infolge der Weltwirtschaftskrise zwischen 1929 und 1935 wiederum Premier wurde, nach der Krise von 1931 allerdings einer „Nationalen Regierung", die von den Konservativen, den Liberalen und nur noch wenigen Labour-Abgeordneten unterstützt wurde.

Vorausgegangen war der Widerstand der Gewerkschaften, des Trade Union Congress (TUC), gegen die Wirtschafts- und Finanzpolitik, vor allem gegen Lohnsenkungen und Beibehaltung des Goldstandards. Die Regierung war gespalten, MacDonald trat zurück. Als er unmittelbar darauf am 24. August 1931 erneut den Auftrag zur Regierungsbildung annahm, verschärfte sich der Druck der TUC-Führung auf die Labour Party, so daß der Premierminister und seine im „National Gouvernment" verbliebenen Parteifreunde aus ihrer Partei ausgeschlossen wurden. Allerdings handelte es sich keineswegs um die erste oder letzte Abspaltung von der Labour Party, hatte doch beispielsweise Sir Oswald Mosley, der seit 1932 als Führer der britischen Faschisten fungierte, bereits 1930 aus Protest gegen die Sozialpolitik der Regierung MacDonald mit vier weiteren Abgeordneten die Labour Party verlassen.

Die ‚Nationale Regierung' MacDonalds widersprach eigentlich der Praxis des englischen Parlamentarismus, dokumentierte aber auch die Fähigkeit zum pragmatischen Kompromiß der politischen Kräfte in einer nationalen Notlage: Genau daran gebrach es aber dem Weimarer Vielparteiensystem, das unter dem fatalen Einfluß eines seinem Amt nicht gewachsenen Reichspräsidenten und seiner Umgebung selbst in der Notsituation des Frühjahrs 1930 nicht zur so bitter nötigen Kooperation der demokratischen Parteien fand. War die Weimarer Republik durch die „Vorbelastungen des deutschen Parlamentarismus" (ERNST FRAENKEL) geprägt – unter anderem also durch ein noch den Regeln des bis zum Ersten Weltkrieg im Kaiserreich herrschenden Konstitutionalismus verhaftetes Parteiensystem – so das britische Regierungssystem durch die Tugenden seiner Tradition, zu denen die Wandlungs- und Anpassungsfähigkeit an neue Herausforderungen gehörte: Herkunftsgeleitet, war es zugleich zukunftsoffen.

Kommunismus und Nationalsozialismus in Deutschland zukunftsorientiert

Die einzigen politischen Kräfte, die in Deutschland nicht von rückwärtsgewandter Orientierung am untergegangenen Konstitutionalismus gebannt und gelähmt wurden, waren totalitäre Bewegungen, waren Kommunismus und Nationalsozialismus, was sich nicht zuletzt am überproportionalen Anteil jugendlicher Wähler manifestierte. Beide bildeten nach 1918 die einzig wirklich neuen Parteien in Deutschland; beide waren zukunftsorientiert und revolutionär, sie wollten eine neue Gesellschaftsordnung auf den Trümmern der alten errichten: Dieser revolutionäre Grundzug, den schon die meisten Zeitgenossen im In- und Ausland unterschätzten, galt auch für die Nationalsozialisten.

In Frankreich, wo wie in Deutschland das politische Denken weniger pragmatisch als in Großbritannien und traditionell stärker durch ideologische Komponenten geprägt war, bestand die ebenfalls aus der Niederlage einer Monarchie 1871 hervorgegangene Dritte Republik zum Zeitpunkt der schärfsten Krise immerhin seit zwei Generationen. Sie hatte ihre eigene Legitimität nicht bloß durch die Katastrophe Napoleons III. erworben, sondern in Jahrzehnten politischer Bewährung und mußte sich also nicht wie in Deutschland nach einem Wechsel von politischem System und Staatsform erst noch stabilisieren und Anerkennung erwerben. Ungeachtet der grundlegenden, das neunzehnte Jahrhundert bis ins zwanzigste durchziehenden Gegensätzlichkeit des linken und des rechten Lagers galten doch die durch Revolutionen geschaffene Republik und die Ideen von 1789 als allgemeinverbindlich. Diesem mehrheitlich stabilen nationalen Grundkonsens entzogen sich ungeachtet zahlreicher sonstiger Divergenzen nur kleine Gruppierungen, vor allem um den antisemitischen und neo-royalistischen Schriftsteller Charles Maurras, der 1935 nicht davor zurückschreckte, den Parlamentsabgeordneten mit Ermordung zu drohen, wofür er 1936/37 inhaftiert wurde. Die *Action Française* war keine Massenbewegung, sondern wie die Konservative Revolution in Deutschland eine lockere und vielfältige Gruppierung nationalistischer Intellektueller.

Ähnlich wie in Deutschland an der Jahreswende 1918/19 entstand auch in Frankreich als wirkliche parteipolitische Neugründung – neben vielen Umgründungen – durch Abspaltung von der SFIO 1920 in Tours der *Parti Communiste* als radikale Alternative zum bestehenden, allerdings nie so wie in Deutschland verfestigten Parteiensystem. Anders als in Deutschland, wo es die Kommunisten nicht vermochten, in die organisierte Gewerkschaftsbewegung einzudringen, gelang dies nach der Spaltung der CGT im Dezember 1921 dem PCF; trotz der fortbestehenden kommunistischen Orthodoxie bewirkte die Existenz einer kommunistischen Gewerkschaftsbewegung im Vergleich zur KPD einen gewissen, stärker auf die Arbeitsbedingungen als die Weltrevolution gerichteten Pragmatismus.

Wie in Deutschland waren auch in Frankreich Regierungskrisen an der Tagesordnung. Während der Dritten Republik wurden zwischen 1875 und 1940 insgesamt 100 Regierungen gebildet, allein zwischen Juni 1932 und Februar 1934 amtierten sieben Kabinette. Trotzdem fällt im Vergleich zu Deutschland die über alle Umbrüche durchgehaltene starke Traditionsbindung der „politischen Klasse" auf. Und ebenso bemerkenswert war die prägende Wirkung von Persönlichkeiten, so dominierten die beiden Intimfeinde Clemenceau und Poincaré bereits während des Krieges. Eine Jahrzehnte währende politische Laufbahn erreichten im ersten

Stabilität und Krise der 3. Republik in Frankreich

Jahrhundertdrittel in Deutschland nur wenige Persönlichkeiten, vor allem Ebert und Stresemann. In Frankreich aber waren es neben den genannten noch Briand, Herriot, Blum, Millerand, Laval und viele andere. In Großbritannien gilt dies vor allem für Winston Churchill.

Stabilisierung durch politische Tradition in Großbritannien und Frankreich

Der Vergleich der drei Staaten zeigt eindeutig, welch politisch stabilisierende und konsensstiftende Rolle eine die Generationen überdauernde politische Tradition haben kann. In Deutschland fehlte sie oder war doch zumindest derart ins Wanken geraten, daß sie in Krisenzeiten keinen Halt bot. In Großbritannien und Frankreich gab es in gewisser Weise einen „natürlichen" Konservativismus, der durchaus Reformen erlaubte und sogar bei den politisch „Fortschrittlichen" anzutreffen war. In Deutschland erreichte hingegen das deutschnationale Unverständnis gegenüber der Entwicklung von Politik und Gesellschaft seit dem Ersten Weltkrieg eine bedenkliche Breitenwirkung; die von den Altkonservativen mißverstandenen, als konservativ angesehenen Komponenten des Nationalsozialismus waren tatsächlich pseudokonservativ.

Ähnlichkeiten und Unterschiede in Frankreich und Deutschland

Allerdings begegneten auch in Frankreich neben stabilisierenden Faktoren solche der Instabilität bis hin zum politischen Mord, zu dem es in Großbritannien keine Analogie gibt. In Deutschland fielen ihm schon zu Beginn der Republik unter vielen anderen Rosa Luxemburg, Karl Liebknecht, Kurt Eisner, Matthias Erzberger, Walther Rathenau sowie – aus nicht ganz geklärten Motiven – Hugo Haase zum Opfer, in Frankreich am 6. Mai 1932 Staatspräsident Paul Doumer, der kaum ein Jahr im Amt war. Immer wieder kam es auch in Frankreich zu politischen Unruhen, die verschiedentlich blutiger verliefen als in der Weimarer Republik, wenngleich das Gewaltpotential hier deutlich geringer war. Zum erheblichen Teil ähnelten sich auch die Ursachen, vor allem im Hinblick auf soziale Probleme und Tarifstreitigkeiten. Beispiele sind die Zusammenstöße zwischen Gewerkschaften und Polizei am 1. Mai 1919 oder die blutigen Straßenkämpfe auf der Place de la Concorde am 6. Februar 1934, in denen die gewaltsamen innenpolitischen Auseinandersetzungen, die zeitweilig die Form von Klassenkämpfen annahmen, kulminierten. Große Streiks waren nicht allein in Großbritannien und Deutschland, sondern auch in Frankreich an der Tagesordnung, im Mai und Juni 1936 beispielsweise verbanden sie sich auch mit Fabrikbesetzungen.

Nicht selten wurden sie, wie im Februar 1934, durch politische Skandale ausgelöst, in diesem Fall durch den Korruptionsskandal um den Finanzspekulanten Stavisky, dessen rumänische Herkunft eine fremdenfeindliche Agitation in Gang setzte. Affären dieser Art ähnelten durchaus denjenigen der Weimarer Republik um Sklarek oder die Brüder Barmat. Auch in bezug auf die Organisation paramilitärischer oder zumindest gewaltbereiter politischer Kampfverbände kennt man in Deutschland und Frankreich, nicht aber Großbritannien Parallelen. So bildeten die „Camelots du Roi" in gewisser Weise den bewaffneten Arm der Action Française und verliehen ihren Zielen am 6. Februar 1934 mit gewalttätigen antiparlamentarischen Demonstrationen Nachdruck. Schließlich ähnelte sich in Deutschland und Frankreich die feindliche Polarisierung zwischen Rechtsextremen und

„antifaschistischen" Aktionen. Hier wie dort organisierten die Kommunisten eigene Kampftruppen, die sie zu Straßenkämpfen einsetzten, hier wie dort diffamierten sie die Sozialdemokraten als „Sozialfaschisten" und Verräter. Weitere uniformierte Bewegungen wie die „Jeunesses Patriotes" oder die als Frontkämpferverband gegründeten „Croix-de-Feu" bekämpfte die Linke als faschistisch.

Die für die Zwischenkriegszeit typischen Krisen entwickelten sich in Frankreich in der Regel später als in Deutschland und Großbritannien, meist in deutlich abgeschwächter Form. So blieb die französische Innenpolitik nach dem erregten Frühjahr 1920, das auch in Deutschland mit Kapp-Putsch und Generalstreik turbulent verlief, bis zur finanziellen Krise und dem Zerfall des Linkskartells unter Herriot im Juli 1926 relativ ruhig, während in Deutschland mit der Beendigung von Ruhrkampf, Inflation, Währungsreform, Dawesplan und amerikanischer Finanzspritze erst 1924 eine (trügerische) Stabilisierung eintrat, die im Winter 1929/30 endete. In Frankreich, das im europäischen Vergleich eher atypisch um 1930 sogar eine ökonomische und kulturelle Glanzzeit erlebte, setzte die analoge Krise erst zwei Jahre später ein, dauerte dann aber in gemäßigter Form erheblich länger. „Die Weltwirtschaftskrise erreichte Frankreich Ende des Jahres 1931. Sie erschütterte die Gesellschaft, sie schwächte die demokratischen Einrichtungen, und die innenpolitischen Auseinandersetzungen erreichten ihren Höhepunkt" [164: R. RÉMOND, Frankreich im 20. Jahrhundert, Band I, 48]. Diese Krise wirkte wie ein Schock und wurde als von außen hereinbrechendes Unheil begriffen, lag es doch nicht in der Macht der französischen Politik, die Weltwirtschaftskrise oder die Destabilisierung der internationalen Ordnung zu verhindern.

Partiell glichen sich auch die Lösungsversuche; dies gilt nicht allein für die rigorose Sanierungs- und Sparpolitik zur Bewältigung der Währungs- und Haushaltskrise des am 23. Juli 1926 erneut sein Amt antretenden Premierministers Poincaré, dessen Franc-Abwertung (Franc-Poincaré) bis 1936 Bestand hatte. Der Abbau des Defizits und das von ihm verwendete klassische Repertoire wiesen manche Ähnlichkeit mit Brünings Sparkurs nach 1930 auf. Ebenfalls charakteristisch für Deutschland und Frankreich war die Kritik am parlamentarischen System, die selbst während der ruhigen Jahre nicht verstummte und hier wie dort eine vergleichbare Antwort provozierte: autoritäre Lösungen zur Stärkung der Regierung bzw. des Staatspräsidenten gegenüber Parlament und Parteien. In Frankreich allerdings stärkte gerade der Erfolg Poincarés zeitweise – bis zu Beginn der 1930er Jahre – den Parlamentarismus, den er durchaus anerkannte, während Brüning eine verfassungspolitische Rückkehr zum Konstitutionalismus anstrebte und ihm der Erfolg versagt blieb: Er hätte kaum das parlamentarische System, wohl aber den Rechtsstaat retten können.

Vergleichbar war auch die Parlamentarismuskritik eines der profiliertesten Politiker der Zwischenkriegszeit, des vielfachen Ministerpräsidenten und Ministers André Tardieu, der 1932 von den Linksrepublikanern zum Republikanischen Zentrum gewechselt war. Auf dem Höhepunkt der Krise Mitte der 1930er Jahre und vor dem Volksfrontexperiment von 1936 attackierte er die „Allmacht" der

<small>Die europäische Krise des Parlamentarismus</small>

Nationalversammlung, was sehr an die in Deutschland seit 1919 verbreitete Behauptung vom „Parlamentsabsolutismus" erinnerte. Schließlich lag auch in den „décrets-lois", die unter anderem der Regierung Laval vom Parlament bewilligt wurden, eine unübersehbare Analogie zu den in Deutschland bis 1924 und 1930 bis 1933 praktizierten Notverordnungen: Beides bewirkte mit Billigung des Parlaments eine Entparlamentarisierung der legislativen Arbeit und eine Verlagerung auf die Exekutive. Die immer wieder propagierte autoritäre Lösung mit der Übernahme der Regierungsgeschäfte durch den Marschall Pétain und seinen Ministerpräsidenten Laval ähnelte – trotz der Verursachung durch die deutsche Besatzung im Frühjahr 1940 – der Präsidialregierung durch Reichspräsident von Hindenburg und seinen Reichskanzler Brüning. Es war kein Zufall, daß es sich bei beiden, Pétain und Hindenburg, um politikferne, antiparlamentarisch und antidemokratisch orientierte Feldmarschälle des Ersten Weltkriegs handelte. Dies stellte wiederum eine Parallele zu zahlreichen anderen europäischen Staaten dar, die zum erheblichen Teil früher oder später von Generälen regiert wurden, sei es nun Marschall Pilsudski in Polen oder General Franco in Spanien. Tatsächlich symbolisierte dies eindringlich den desolaten Zustand des demokratischen Parlamentarismus in Europa, wenngleich wiederum mit einem anderen zeitlichen Rhythmus: Die Chronologie konnte zwar auch politische Wirkung haben – wie beispielsweise das Mussolinische Vorbild für Hitler – doch liegt diese temporäre Differenz in den je spezifischen nationalen Bedingungen begründet. Sie erklären überdies den jeweils unterschiedlichen Verlauf der Krise, die auch in Frankreich nicht allein ein Ergebnis der Kriegsniederlage von 1940 war, sondern im Scheitern des Parlamentarismus begründet lag, nachdem das Desaster der Volksfrontregierung 1936/37 auch diese Alternative entwertet hatte: Bevor Europa zum Krieg zurückkehrte, hatte es in vielen Fällen die Generäle für die Politik rekrutiert; daß dem Generalfeldmarschall in Deutschland der „böhmische Gefreite" folgte, indizierte den Wandel vom autoritären Regime zur sozialrevolutionären Diktatur. Hierbei handelte es sich um eine der möglichen Konsequenzen der Instabilität, aber keine zwangsläufige. Die im west- und mitteleuropäischen Vergleich extreme Radikalität der deutschen Diktatur entsprach dabei dem viel extremeren Charakter der nationalen Ausgangslage seit 1918/19 und der ungleich fundamentaleren Krise.

Die politische Entwicklung innerhalb der großen europäischen Staaten kann nicht allein vom Resultat einer autoritären, faschistischen oder nationalsozialistischen Diktatur aus gesehen werden, worin sich die nationalen Wege schließlich trennten, sondern muß von ihrer Verursachung her interpretiert werden, nämlich der Instabilität der parlamentarischen Demokratie, die das gemeinsame Kennzeichen bildete: In kaum einem größeren Staat hatte sie sich als wirklich funktionsfähig erwiesen.

Großbritanniens Sonderweg zur Rettung der parlamentarischen Demokratie

Unter den Großmächten brachte schließlich nur Großbritannien die notwendige Krisenlösungskapazität auf, und auch dies nur unter schweren Erschütterungen. Zu den Stabilitätsfaktoren zählten unter anderem: Politische Tradition, pragmatische Flexibilität in bezug auf die soziale Struktur und die Rekrutierung politischer Eliten, in Jahrhunderten bewährte institutionelle Bedingungen, ein Zwei- bis Dreiparteiensystem statt einer Parteienzersplitterung, Abwesenheit totalitärer Ideologien, schließlich das nach wie vor kräftige nationale und insulare Selbstvertrauen einer in allen vorangegangenen Kriegen siegreichen Nation, die anders als das in seiner nationalen Demütigung aggressive Deutschland nach wie vor eine (koloniale) Weltmacht blieb.

Aufschlußreich ist, daß Kriegsende und Etablierung des Versailler Systems 1918/19 keinen innenpolitischen Einschnitt brachten, regierte doch die 1916 unter Führung des Liberalen David Lloyd George gebildete Kriegskoalition bis 1922 weiter; während der Kriegsjahre war der Premierminister mit außerordentlichen, geradezu diktatorischen Vollmachten ausgestattet, die er nach dem Krieg erfolgreich nutzte, um die Stellung des Regierungschefs politisch und administrativ zu festigen. Diese angesichts der internationalen Ereignisse ungewöhnliche Kontinuität erlaubte es Großbritannien wie Frankreich, den Übergang aus der Kriegs- in die Friedenszeit ohne Eruptionen zu vollziehen. Damit unterschieden sich beide Staaten gravierend von der revolutionären Situation in Deutschland. Da außerdem trotz der hohen Kriegsverschuldung die Rückführung der Soldaten in die Wirtschaft sehr viel reibungsloser als in Deutschland gelang, ja eine kurze Nachkriegskonjunktur keine Arbeitslosigkeit aufkommen ließ, startete Großbritannien – trotz durchaus vorhandener struktureller Probleme, von denen die Rede war – nach 1918 zunächst mit einer zwar kurzen, aber stabilen Phase, während in Deutschland dem Wechsel von politischem System und Staatsform sofort Krisen folgten, die schon bis 1920 das gesellschaftliche Prestige der neuen Ordnung ruinierten, wie bereits die Reichstagswahlen vom 6. Juni 1920 dokumentierten.

Eine gewisse Instabilität der parlamentarischen Situation trat erst nach dem Wahlsieg der Konservativen am 15. November 1922 ein, nachdem aus wirtschaftspolitischen Gründen bereits am 6. Dezember 1923 Neuwahlen stattfanden: Sie trugen ihnen Verluste ein, so daß am 22. Januar 1924 die erwähnte Minderheitsregierung der Labour Party gebildet wurde, die aber schon nach wenigen Monaten scheiterte. Die daraufhin notwendig werdenden nächsten Wahlen am 29. Oktober 1924 bescherten den Konservativen unter Führung des Industriellen Stanley Baldwin wiederum einen Erfolg und damit die Regierung. Zugleich war die mit der Gründung der Labour Party 1906 und ihrer Reorganisation 1918 erfolgende Erweiterung des britischen Parteienspektrums mit dieser Wahl fast wieder auf das ursprüngliche Gegenüber von Regierungs- und Oppositionspartei reduziert, da die Liberalen nach dem Einbruch von 1922 und der zeitweiligen Behauptung 1923 erneut erhebliche Einbußen hinnehmen mußten und nun endgültig durch die Labour Party als zweite große politische Kraft abgelöst wurden. Damals errangen die Konservativen 415, Labour 152 Mandate, die Liberalen fielen von 153 auf 40 Sitze; im britischen Unterhaus waren damals drei Parteien vertreten, im wenige Wochen später gewählten Deutschen Reichstag waren es zwölf, in der im gleichen Jahr 1924 gewählten Chambre des Députés zehn. Mit dieser Wahl war der Niedergang der Liberalen besiegelt. Er hatte schon im Weltkrieg mit der Spaltung in zwei

Flügel um Asquith und Lloyd George begonnen und war später nur durch dessen innenpolitisch überragende Persönlichkeit verzögert bzw. überdeckt worden. Die kurzfristige Beteiligung am „national government" 1931/32 und später an der Kriegsregierung im Zweiten Weltkrieg konnte ihn nicht mehr aufhalten. Mit dem Verschwinden der liberalen Parteien am Ende der Weimarer Republik ist dieser Vorgang allerdings nur formal zu vergleichen. Insgesamt bedeutete er eine Stabilisierung des britischen Zweiparteiensystems, das sich – gemeinsam mit dem Mehrheitswahlrecht, an dem 1928 erstmals auch die Frauen (ab dem vollendeten 21. Lebensjahr) gleichberechtigt partizipieren konnten – in der Krise sehr viel besser bewährte als die Vielparteisysteme der anderen europäischen Demokratien. Mit dem Labour-Wahlsieg 1929 war diese Entwicklung faktisch abgeschlossen, auch wenn die Regierung des bis 1935 regierenden MacDonald noch auf liberale Tolerierung angewiesen blieb.

Anders als alle anderen großen Demokratien trat Großbritannien mit einem stabilen Parteiensystem in die schwere Krise ein; das kann für die Bewältigung der gravierenden wirtschafts- und sozialpolitischen Probleme gar nicht überschätzt werden. Welche Belastung sie darstellten, zeigte nicht allein der Generalstreik vom Mai 1926, sondern auch das Streikgesetz vom 28. Juni 1927, mit dem sowohl Sympathiestreiks als auch Generalstreiks verboten wurden – für eine Demokratie eine ungewöhnliche Maßnahme. Auch Premierminister MacDonald, der als Führer der Labour Party 1929 erneut die Regierung übernahm, blieb trotz des Auseinanderbrechens seiner Partei wegen der Beteiligung am „national government" 1931 ungewöhnlich lange im Amt, obwohl seitdem die Konservativen die stärkste Koalitionsfraktion stellten: Er amtierte bis 1935. Während auf dem Höhepunkt der Krise in den anderen größeren Staaten Europas die Regierungen ständig wechselten, erwiesen sie sich in Großbritannien ein weiteres Mal als stabil, die politischen Parteien waren zur parlamentarischen Mehrheitsbildung und zum Kompromiß trotz oder gerade wegen des ökonomischen und sozialen Desasters fähig: Dieser Grundkonsens war in Deutschland gar nicht, in Frankreich wenn überhaupt, nur für kurze Zeitspannen zu erzielen.

Die beiden großen britischen Parteien (und auch die drittstärkste) waren systemkonform. Dies besaß weder in Deutschland noch in Frankreich eine Analogie, da hier immer auch Parteien existierten, die die bestehende Verfassungsordnung beseitigen wollten: So gliederte sich die Labour Party – die die einzige große Arbeiterpartei blieb – sogleich in das politische System des Landes ein, während in den beiden anderen Großstaaten neben verfassungstreuen sozialdemokratischen bzw. sozialistischen auch kommunistische Parteien existierten. Die 1920 in Großbritannien erfolgte Gründung einer Kommunistischen Partei erwies sich bald als Fehlschlag, zumal Labour alle Anbiederungsversuche abschlägig beschied.

Im Zwei- oder Dreiparteiensystem erwiesen Konservative und Labour ihre gesellschaftliche Integrationsfähigkeit, milderten also ihren Klassencharakter, statt zur Spaltung der Gesellschaft in bezug auf Grundfragen beizutragen. Dies zeigte sich zunächst in der Konservativen Partei, die sich wegen ihrer Zielsetzung in der irischen Frage zeitweise die „Unionistische" nannte: Sie wurde immer stärker aus einer Partei, die vor allem den Landadel repräsentierte, zu einer Partei, die nach dem Bedeutungsverlust der Liberalen – die zwar zum Teil ihre bürgerliche Basis, nicht aber ihre Mandate behaupten konnten – nun verstärkt das Wirtschaftsbürgertum vertrat. Die Konservativen schlugen während der Zwischenkriegszeit in sozialpolitischer Hinsicht manche Volte, um nach allen Seiten offen zu bleiben. Die Labour Party setzte nach einer Spaltung im Krieg, die auf den Pazifismus des Flügels um MacDonald zurückging, auf das von ihm verfochtene und von Sydney Webb verfaßte Parteiprogramm: Dies bedeutete seit 1918 unter MacDonalds wegweisendem Einfluß in erster Linie, einen demokratischen und evolutionären Weg zur sozialistischen Wirtschaftsordnung einzuschlagen. In ihr sollten bestimmte Schlüsselindustrien und andere Bereiche verstaatlicht, „nationalisiert" werden; gemeinschaftlicher Landbesitz zählte ebenfalls zu den Programmpunkten. Indem die Labour Party die sozialpolitischen Reformen aufnahm bzw. sehr viel weitertrieb, die Lloyd George schon vor dem Krieg begonnen und danach fortgesetzt hatte, brachte sie die Liberalen nicht nur um einen Teil ihrer Wähler, sondern integrierte ihrerseits deren gesellschaftspolitisch gemäßigtere Tendenz. Die Tatsache, daß die Labour Party aus der Gewerkschaftsbewegung hervorgegangen war, verlieh ihr eine pragmatisch auf die Arbeitsbeziehungen konzentrierte Zielsetzung. Hatten die Gewerkschaften auch ihre Mitgliederzahl gegenüber der Vorkriegszeit mehr als verdoppeln können, so erwies sich der Versuch von 1921, die Lohnstreitigkeiten in der Kohleindustrie in eine politische Gemeinschaftsaktion mehrerer Gewerkschaften, also in einen allgemeineren politisierten Arbeitskampf umzusetzen, als Fehlschlag und damit als Wendepunkt in der politischen Stärke der Gewerkschaften. Dies begünstigte mittelfristig die Tendenz, politische Entscheidungen stärker in die Partei zu verlagern.

Nach dem erneuten Zwischenspiel des Premierministers Stanley Baldwin bildete 1937 Arthur Neville Chamberlain die bis in den Kriegsanfang hinein amtierende Regierung, deren Hauptaugenmerk trotz einer erneuten wirtschaftlichen Krise auf Friedenswahrung gerichtet war; damit scheiterte sie angesichts der Kriegsabsicht Hitlers.

Der Vergleich der innenpolitischen Entwicklung der großen europäischen Staaten zeigt eindeutig, daß Großbritannien im Hinblick auf die immer wieder gerettete Stabilität der parlamentarischen Demokratie einen Sonderweg ging, der gegen die in anderen Ländern gewählten Alternativen im Frieden und seit 1939 ebenso im Krieg bewies, daß auch eine parlamentarische Demokratie ausreichende Kapazität zur Lösung fundamentaler politischer und sozialökonomischer Krisen aufbringen kann.

II. Grundprobleme und Tendenzen der Forschung

1. DIE ZWISCHENKRIEGSZEIT IN DER GESCHICHTE DES 20. JAHRHUNDERTS: PERIODISIERUNG

Die chronologische Abgrenzung der Zwischenkriegszeit bereitet keine Schwierigkeiten: In der deutschen, aber auch der außerdeutschen Geschichtsschreibung herrscht Einverständnis, daß es sich um eine klar abgrenzbare zeitgeschichtliche Periode handelt. Dies ist so selbstverständlich nicht, weil Periodisierungsfragen oftmals zu sektoral und national unterschiedlichen Antworten führen. Der Konsens liegt indes nahe, weil die beiden Weltkriege derart fundamentale Zäsuren für die gesamte europäische Geschichte bedeuten, daß Kontinuitätslinien, die es in Teilbereichen durchaus gab, im Hinblick auf die gewaltige und gewaltsame Diskontinuität zweitrangig werden. In bezug auf den Beginn dieser Epoche, das Ende des Ersten Weltkriegs, wurde in Verbindung mit dem Jahr 1917 sogar der Beginn der Zeitgeschichte datiert, da seitdem durch den Eintritt zweier bipolarer Mächte, die zueinander im ideologischen Gegensatz standen, die europäische Geschichte zur Weltgeschichte geworden sei. Der hier gemeinte Eintritt der USA in den Krieg und die bolschewistische Oktoberrevolution bilden dabei die konstituierenden Faktoren [122: H. ROTHFELS, Zeitgeschichtliche Betrachtungen, 11]. Wenngleich der Ausbruch des Zweiten Weltkrieges für die Periodisierung keine vergleichbare methodisch relevante Rolle spielt, weil damit nicht das Ende, sondern der Höhepunkt der säkularen Auseinandersetzung zwischen den totalitären Ideologien untereinander und des Ringens der Demokratien mit einer von beiden erreicht wurde, so doch eine faktische, an der keine Geschichtsschreibung vorbei kann. Es fragt sich jedoch, ob nicht trotzdem die gravierende strukturelle Veränderung der Diktaturen im Krieg in der künftigen Forschung stärkerer Berücksichtigung bedarf: Dies gilt insbesondere im Hinblick auf die weitere Radikalisierung der nationalsozialistischen Diktatur vor und nach 1939/40. Die Verursachung der Diktaturen und ihre historische Wirkung kann auch zu einer zeitlichen Ausdehnung führen, wenn die Zeit von 1918/19 bis 1945 insgesamt als Zeit revolutionärer Krisenhaftigkeit in Europa begriffen wird, der eine tiefgreifende Instabilität des europäischen Mächtesystems korrespondierte [vgl. 116: H. MÖLLER, Zeitgeschichte, 6].

<small>Methodische Probleme der chronologischen Abgrenzung</small>

II. Grundprobleme und Tendenzen der Forschung

Weltkriege als Epochenscheide

Indem international beide Weltkriege als ausschlaggebende Grenzen für die Definition der Zwischenkriegszeit angesehen werden, wird aber auch eine eindeutige Priorität gesetzt. Eine derartige Abgrenzung historischer Epochen durch Kriege bzw. die internationalen Beziehungen gilt keineswegs als gleichermaßen verbindlich für alle Epochenscheiden. Im 20. Jahrhundert aber prägte die Zäsur durch die weltweiten militärischen Konflikte und den Bruch der bis dahin zumindest dem Anspruch nach gültigen internationalen Ordnung 1939 entscheidend alle europäischen Nationalgeschichten. Eine solche Priorität liegt auch der in dieser Darstellung vorgenommenen Periodisierung zugrunde. Allerdings erfolgt die Definition der Zwischenkriegszeit hier in einer dialektischen Interpretation dieser außenpolitischen Dominanz, insofern die äußere und innere Destabilisierung als ein sich bedingendes Wechselverhältnis angesehen werden.

Revolutionen als Wendemarken

Diese Abgrenzung besagt freilich nicht, daß oft sehr unterschiedliche nationale Epochenmarkierungen innerhalb der beiden Jahrzehnte, die ihrerseits fundamentale Bedeutung gewannen, zu vernachlässigen wären; Beispiele bilden 1922 die faschistische, 1933 die nationalsozialistische Revolution und 1936 der Spanische Bürgerkrieg – Ereignisse, in denen auf je spezifische Weise der unaufhebbare Gegensatz von Demokratie und Diktatur zum Ausdruck kam.

Unterschiedliche Veränderungsdynamik verschiedener Sektoren

Schließlich muß als drittes, jede Periodisierung relativierendes Kriterium die unterschiedliche Veränderungsdynamik der verschiedenen Sektoren historischer Realität berücksichtigt werden: So bilden Zeitabschnitte, die politisch als Einheit zu definieren sind, nicht notwendig kultur-, wirtschafts-, gesellschafts- oder mentalitätsgeschichtlich vergleichbar geschlossene Perioden. So ist mit guten Gründen die Erforschung der deutschen Nachkriegsinflation mit der der Kriegsinflation verbunden worden, weil diese die wesentliche Ursache darstellt, also die eine ohne die andere nicht erklärbar ist [vgl. vor allem G. D. FELDMAN in 591: O. BÜSCH (Hg.), Historische Prozesse, 3 ff., und jetzt sein monumentales Werk 598: The Great Disorder].

Differenz zwischen Zeitgenossenschaft und Historiographie

Eine vierte Kritik am Begriff der Zwischenkriegszeit resultiert aus dem Hiatus zwischen Zeitgenossenschaft und Historiographie: Während erstere aus der unmittelbar erfahrenen Perspektive herrührt, die zwar die Vorgeschichte, nicht aber die Wirkungsgeschichte einbeziehen kann, beruht letztere gerade darauf, daß sie den Folgen historischer Ereignisse einen hohen Stellenwert einräumt. Geschichtswissenschaftliche Analyse muß alle drei Dimensionen der Zeit berücksichtigen, neben dem zeitgenössischen Selbstverständnis auch die beabsichtigten und die unbeabsichtigten Wirkungen: Nur wer neben der Entstehung und der Erscheinung auch die Wirkung kennt, kennt ein historisches Phänomen wirklich. Trotzdem ist der Einwand für die Analyse der Verhaltensweisen historischer Individuen und Gruppen ernstzunehmen: Es ist ihnen nicht vorzuwerfen, daß sie die spätere Erfahrung der nachlebenden Generationen oder gar die wissenschaftliche Objektivierung historischer Ereignisse durch die Geschichtsschreiber nicht zur Handlungsmaxime machen konnten.

1. Die Zwischenkriegszeit in der Geschichte des 20. Jahrhunderts: Periodisierung

So beantwortet RENÉ RÉMOND in bezug auf die französische Geschichte die Frage „Gab es eine Zwischenkriegszeit?" folgendermaßen: „Das Ende des Ersten und den Beginn des Zweiten Weltkriegs in der Weise miteinander zu verknüpfen, wie es der fragliche Begriff tut, bedeutet, daß dem Erleben der Zeitgenossen die Sichtweise der späteren Generationen übergestülpt wird – diese Periode konnte logischerweise erst seit 1939 als Zwischenkriegszeit angesehen werden. Deshalb mißdeutet man mit diesem Begriff die Denkweise der französischen Bevölkerung im Jahre 1918 und den Folgejahren: Sie betrachteten den soeben beendeten Völkermord als den letzten aller Kriege... Je weiter man jedoch in die dreißiger Jahre vordrang, um so mehr verdunkelte sich der Horizont; das innen- wie außenpolitische Klima wurde immer frostiger." [164: R. RÉMOND, Frankreich im 20. Jahrhundert, Band I, 47f.]. Doch trotz seiner kritischen Reflexion beläßt es auch RÉMOND für die eigene Darstellung – aus pragmatischen Erwägungen – bei diesem Begriff. Und selbst das historische Kaleidoskop zahlreicher, auch alltagsgeschichtlicher Themen, das OLIVIER BARROT und PASCAL ORY 1990 veröffentlichten, trägt den Titel „Entre Deux Guerres – la création française entre 1919 et 1939" [153].

<small>Die Zwischenkriegszeit in Frankreich</small>

Schließlich existiert innerhalb der auf amerikanische Anstöße zurückgehenden sog. Alltagsgeschichte, die sich mit der individuellen und sozialspezifischen Erfahrung lebensweltlicher Themen, beispielsweise Familie, Beruf, Wohnen oder Ernährung befaßt, eine andere zeitliche Abgrenzung. Sie geht von den Kontinuitätslinien innerhalb dieser Bereiche aus und gelangt deshalb für die deutsche Geschichte zu dem Schluß, weder das Jahr 1933 noch das Jahr 1945 seien tatsächlich epochale Einschnitte gewesen, vielmehr gelte dies für die Jahre 1930 und 1960. Die traditionelle Periodisierung sei durch die „Große Politik" vorgegeben, ohne deshalb für das alltägliche Leben der Menschen diejenige Bedeutung zu erlangen, die ihr eine politikorientierte Historiographie zuschreibe [vgl. 534: L. NIETHAMMER (Hg.), Lebensgeschichte und Sozialkultur].

<small>„Alltagsgeschichte", Relativierung politischer Periodisierung</small>

Gegen diese Einschätzung sind sowohl sozialgeschichtliche als auch methodologische Einwände vorgebracht worden, da die von dieser Forschungsrichtung angenommenen Zäsuren nicht der realen sozialökonomischen Entwicklung entsprechen und die begrenzte lebensweltliche Perspektive mehr oder weniger zufällig ausgewählter einzelner dazu führt, die Konturen der wertorientierten Polarität zwischen Demokratie und Diktatur – und auch ihre Wirkung auf das alltägliche Leben – zu verwischen. Dadurch wird das extrem begrenzte individuelle Bewußtsein – nicht einmal die diesem zugrundeliegende Realität selbst – durch künstliche Rekonstruktion als Maßstab weltgeschichtlichen Realitäten übergeordnet bzw. diese werden überhaupt ignoriert.

Da im übrigen die alltagsgeschichtliche Perspektive lokal- oder bestenfalls regionalgeschichtlich begrenzt ist, kann sie für eine übergreifende nationale oder europäische Periodisierung keine ausschlaggebende Rolle spielen. Dies schließt allerdings nicht aus, daß derartige Fragestellungen in anderen Zusammenhängen, übrigens auch als Teilbereich der Sozialgeschichte, erhebliche Relevanz besitzen können: Wenn ihre begrenzte Aussagekraft berücksichtigt wird, bilden sie eine wesentliche, für bestimmte Fragestellungen auch notwendige Bereicherung zur Erfassung historischer Komplexität.

2. DIE KRISE DER EUROPÄISCHEN DEMOKRATIEN UND DER AUFSTIEG DIKTATORISCHER SYSTEME

a) Grundmuster der Interpretation

Obwohl viele Kriterien die chronologische und systematische Periodisierung einer Zwischenkriegszeit erlauben, sind nur wenige Überblickswerke ausschließlich diesem Zeitraum gewidmet, die meisten behandeln ihn in zeitlich übergreifenden Darstellungen zur Geschichte des 20. Jahrhunderts oder solchen, die vom späten 19. Jahrhundert bis zum Ende des Zweiten Weltkriegs reichen: Diese Feststellung gilt sowohl für die europäische Geschichte als auch diejenige einzelner Nationen, für die jeweils unterschiedliche Grenzen gezogen werden. So dauerte die Dritte Republik in Frankreich von 1870 bis 1940, das Ende des Weltkriegs brachte also wie in vielen anderen westeuropäischen Staaten keinen verfassungspolitischen Einschnitt, während die innenpolitischen Zäsuren der Jahre 1918/19 und 1933 für Deutschland ebenso offensichtlich sind wie die der Jahre 1922 für Italien oder 1936 für Spanien. Anders wiederum verhält es sich mit sachthematisch angelegten Untersuchungen, die zeitlich entweder enger oder weiter gefaßt sind, beispielsweise Wirtschafts- oder Sozialgeschichten des 20. Jahrhunderts.

Die Zwischenkriegszeit in historischer Perspektive

Bedeutende Gesamtdarstellungen liefern in der Regel Grundmuster für spätere Interpretationen, sie erlauben folglich auch die Einordnung jüngster Detailforschung in größere Zusammenhänge.

Eine der frühesten umfassend angelegten Darstellungen, die mehrfach überarbeitet wurde, stellt HANS HERZFELDS „Die moderne Welt 1789–1945" [100] dar, zuerst 1951 veröffentlicht und 1970 in 4. Auflage als ergänzte Neubearbeitung erschienen. HERZFELD behandelt souverän und in seiner Art von unvermindert hohem Rang innerhalb dieses Werkes „Die Zwischenepoche von 1919–1939", wobei er sich auf die Schlüsselprobleme der europäischen und der Weltgeschichte konzentriert. Dabei leitet er aus der historischen Realität eine historiographische Programmatik ab: Es hänge mit der auch nach 1918 fortbestehenden „bedenklichen Tendenz zu nationaler Isolierung eng zusammen, daß im ganzen zwischen 1919 und 1939 aus den Lehren des ersten Weltkrieges so wenig gelernt worden ist. Dem Versuch, die Betrachtung der Zwischenkriegszeit von einer erneuten national beengten Fragestellung fernzuhalten, ist daher unerläßlich geboten, den Ausgangspunkt von der Krise der modernen Welt als Gesamterscheinung zu nehmen" [ebd., Band II, 217]. Seine Grundthese lautet: „Staaten- und Völkerwelt der Zwischenkriegszeit haben die tiefe Krise, in die sie die Erschütterung des ersten Weltkrieges gestürzt hatte, von 1919 bis 1939 nie recht zu überwinden vermocht...Die Epoche war zur Krisenstunde der modernen Demokratie im Augenblick ihres scheinbaren Endsieges geworden". Hinter dem grundlegenden Gegensatz von Demokratie und Diktatur sei der zunächst aktuelle Unterschied zwischen Monarchie und Republik fast nur noch eine „Formfrage" geblieben.

Hans Herzfelds Interpretation

II. Grundprobleme und Tendenzen der Forschung

Strukturprobleme der modernen Demokratie

HERZFELD verweist auf Strukturprobleme der Demokratie, unter anderem die Wirkungen des Wahlrechts, dessen Bedeutung am deutschen Beispiel bereits FERDINAND A. HERMENS 1941 hervorgehoben hatte, indem er in dem 1919 eingeführten Verhältniswahlrecht eine entscheidende Ursache für Hitlers Wahlerfolge sah [263: Demokratie oder Anarchie], über die JÜRGEN W. FALTER 1991 eine zusammenfassende, den modernen Forschungsstand repräsentierende Darstellung vorgelegt hat [475: Hitlers Wähler; vgl. schon vorher 278: H. MÖLLER, Parlamentarismus in Preußen]. Wenngleich HERMENS These überspitzt ist, so kann doch die Bedeutung des Wahlrechts für die unterschiedliche Entwicklung der parlamentarischen Demokratien zwischen den Kriegen kaum überschätzt werden, wie der vergleichende Blick auf das beim Mehrheitswahlrecht bleibende Großbritannien (und auch auf die USA) zeigt [vgl. 277: K. LOEWENSTEIN, Staatsrecht und Staatspraxis, Band I, 90ff.; insges.: 250: K. BRAUNIAS, Das parlamentarische Wahlrecht; 290: D. STERNBERGER/B. VOGEL (Hg.), Die Wahl der Parlamente, Band I].

Gewalt und Freund-Feind-Ideologie

Die vom Krieg hervorgerufenen Spannungen provozierten, so HERZFELD, für das Einleben der Demokratie eine ungünstige Atmosphäre; Gewaltsamkeit sei als Folge des Krieges ein Grundzug der Zwischenkriegszeit gewesen. Hiermit berührt HERZFELD eher beiläufig ein zentrales Problem, dem sich später KARL DIETRICH BRACHER in systematischer Weise zugewandt hat: „Durch die Machtergreifungen unseres Jahrhunderts seit Lenin, Mussolini und Hitler haben wir erfahren, und die Analysen von Hannah Arendt bis Leonhard Schapiro verdeutlichen es: Gewalt und Terror, in welchem ideologischen Gewande auch immer, sind integrierender Bestandteil totalitärer Bewegungen und Regime; und jeder politische Terror enthält totalitäre Wurzeln und Motive. Terroristische Mentalität richtet sich auf die völlige Vernichtung des politischen Feindes, des Kompromisses und des Rechtsstaates, und zwar mit allen Mitteln" [394: Geschichte und Gewalt, 117 f.]. Tatsächlich bedeutete dieser gesellschaftliche und politische Antagonismus im Sinne CARL SCHMITTS, der den Begriff des Feindes im Kontext des Krieges abgehandelt und schon 1938 auf den „totalen Krieg" bezogen hatte [48: Über das Verhältnis der Begriffe Krieg und Feind], zunächst ein zentrales innenpolitisches Problem der Zwischenkriegszeit, bevor es ein außenpolitisches wurde: Die totalitären Ideologien kannten keine politischen Gegner, sondern nur Feinde – Feinde aber wurden vernichtet, nicht bekämpft. Zutreffend sieht HERZFELD im Ersten Weltkrieg die Initialzündung dieser modernen Gewaltbereitschaft. Sie erhielt durch ihre Verbindung mit dem völkischen Rassegedanken, der seine Wurzeln im 19. Jahrhundert hatte, im „deutschen Nationalsozialismus schließlich ihre letzte verzerrte Steigerung und Widerlegung" [100: HERZFELD, Moderne Welt, Band II, 220].

Sozialökonomischer Wandel als Auslöser politischer Krisen

In enger Wechselwirkung mit der politischen Krise stand „ein tiefgreifender sozialer Umschichtungsprozeß", der schon im 19. Jahrhundert begann und im Weltkrieg das Zeitalter des Bürgertums zu Grabe getragen habe, wofür der unaufhaltsame Niedergang des englischen Liberalismus das politische Symbol bilde; in Deutschland komme der „Selbstpreisgabe" und dem „Selbstverrat" des bürgerlichen Liberalismus ähnliche Bedeutung zu. Die anwachsende Angestelltenschicht, die sich zwischen das Proletariat und die oberen Klassen der Gesellschaft schiebe, könne das zertrümmerte alte Bürgertum schon aufgrund ihrer wirtschaftlichen Abhängigkeit nicht ersetzen, die zunehmende Industrialisierung und Land-Stadt-Wanderung zeige, warum Arbeiterschaft und Sozialismus in der Geschichte des 20. eine noch größere Macht gewönnen als im 19. Jahrhundert. Schließlich zählen für HERZFELD das weitere Bevölkerungswachstum, die wirtschaftlichen Krisen mit der Massenarbeitslosigkeit, durch fanatische Ideologien erzwungene Wanderungsbewegungen zu den weiteren Kennzeichen der Epoche. „Unter dem Eindruck von Kriegskatastrophe und bolschewistischer Revolution rollt sich die Frage auf, ob das Ende des bürgerlichen und kapitalistischen Zeitalters nicht bereits unvermeidlich geworden sei" [ebd., 224]. Sein Ergebnis lautet, „daß die Wirtschaftspolitik der Zwischenkriegszeit die Gefahren der freien, individualistischen Wirtschaft nicht ausschaltet, ohne sich ihre Vorzüge erhalten zu können. Die Produktionskraft steigt zwar durch Fortschritt der Technik und Rationalisierung in atemberaubendem Tempo an, aber sie überholt ... vor allem in den Vereinigten Staaten auch die Kaufkraft der Zeit in einem bisher beispiellosen Ausmaß" [ebd., 227]. Die Staatseingriffe in die Wirtschaft, die zu Restriktionen im Außenhandel führten, prägen sowohl die binnenwirtschaftliche Entwicklung als auch den Welthandel. Ein weiteres wesentliches Merkmal der Zwischenkriegszeit, ja ihre Summe, sieht HERZFELD in der religiösen, künstlerischen und geistigen Krise. Zugleich aber betont er, trotz Säkularisierung und naiven Fortschrittsglaubens, trotz der religiösen Krise seien die „großen christlichen Bekenntnisse, katholische Kirche wie Bekenntniskirche im protestantischen Lager ... in diesem Kampfe gegen den Omnipotenzanspruch des totalen Staates die wohl festesten Bollwerke eines weltanschaulich grundsätzlichen Widerstands geworden...", den der Diktaturstaat überhaupt gefunden hat." [ebd., 228].

Zu den umfassenden Darstellungen zählt zweifellos J. R. VON SALIS' „Weltgeschichte der neuesten Zeit", dessen dritter Band „Von Versailles bis Hiroshima: 1919–1945" [124] zuerst 1960 veröffentlicht wurde. Wie HERZFELD souverän in Kenntnis und Deutung, schlägt er doch einen anderen Weg der Darstellung ein, obwohl beide neben der europäischen auch eine weltgeschichtliche Perspektive verfolgen. Während HERZFELD sich schon aufgrund des knappen Raums auf die großen übergreifenden Probleme beschränken muß, finden sich bei VON SALIS daneben auch nationalgeschichtliche Abschnitte, wobei er weniger als HERZFELD von der grundlegenden Krisenhaftigkeit der Epoche als einer chronologischen Entwicklung ausgeht. VON SALIS will „die Tatbestände in ihrem zeitlichen Ablauf und inneren Zusammenhang methodisch" ordnen, dabei bildet „die kausale Verknüpfung der Geschichte unserer ersten Jahrhunderthälfte mit der Geschichte der zweiten Hälfte des 19. Jahrhunderts ... den Leitgedanken dieser Weltgeschichte von drei Menschenaltern". Dabei unterliegt für SALIS die Priorität keinem Zweifel, bildet doch für ihn die „politische Geschichte ... das Rückgrat aller Geschichtsschreibung. Politik ist Völkerschicksal, im Zeitalter der totalen Erfassung des

Politische Geschichte als Kern der Interpretation: J. R. von Salis

Menschen durch Staat, Wirtschaft und Technik auch Einzelschicksal". [124: J. R. VON SALIS, Weltgeschichte, Band III, 1]. Auch in thematischer Hinsicht bestimmt SALIS präzis seinen Gegenstand, wenngleich er ihn durch viele andere Aspekte ergänzt: „Die Geschichte von 1914 bis 1945 handelt notwendigerweise von einer tragischen Auseinandersetzung zwischen Deutschland und der Außenwelt."

Werner Näfs Verknüpfung der Geschichte der Staaten und der Staatengemeinschaft

WERNER NÄF, ebenfalls einer der großen Schweizer Historiker, behandelt im 1946 veröffentlichten zweiten Band seiner „Epochen der neueren Geschichte" [118], der die Entwicklung von „Staat und Staatengemeinschaft" vom ausgehenden 18. bis zur Mitte des 20. Jahrhunderts analysiert, ebenfalls „Weltkrisen und Weltkriege". Er setzt 1910 mit der Vorgeschichte des Ersten Weltkriegs ein und verfolgt wie HERZFELD und SALIS eine weltpolitische Perspektive. Die Besonderheit dieses Werkes liegt in der Vernüpfung der innerstaatlichen Verfassung mit der der internationalen Ordnung: Seine beiden Hauptthemen sind folglich „Macht- und Vertragspolitik in der Zwischenkriegszeit" und „Krise der Staatsform und des Staatsgedankens". Die internationale Entwicklung teilt er in vier Phasen ein, die unmittelbare Nachkriegszeit bis 1922/23, in der die geschlossenen Friedensverträge in Kraft gesetzt werden sollten, die ruhigere Phase 1923 bis 1930, als hoffnungsvolle Ansätze einer Verständigung die Kluft zwischen Siegern und Besiegten partiell überbrückten, sowie schließlich die dritte bis 1935/36 reichende Phase, in der „die Friedensordnung neuerdings in Frage gestellt" wurde und die „Massenarbeitslosigkeit innere Bewegungen auslöste, die auf die äußere Politik hinüberwirkten, ... Machtpolitik tritt wieder offen mit dem Mittel der kriegerischen Gewalt hervor" [ebd., Band II, 450]. Die Konsequenz lag in der Vorbereitung des Krieges, der vierten Phase [ebd., 522]. Die thematische Umsetzung dieser Konzeption erfolgt problemorientiert und chronologisch, wobei NÄF geopolitisch mehrere Fragenkreise als Ursachen für die Dynamik der internationalen Beziehungen sieht: den „mitteleuropäisch-westlichen", den „mitteleuropäisch-östlichen", den Orient, Ostasien, Amerika, das Britische Commonwealth. Systematisch umrahmt wird diese Darstellung durch eine Analyse der Ausgangslage 1919/20 und eine Darstellung der „Versuche zwischenstaatlicher Organisation" vom Völkerbund bis zur Dominanz offener Machtpolitik. Die „Krise der Demokratie" behandelt NÄF dann jeweils länderspezifisch am Beispiel der vier führenden europäischen Mächte, der Vereinigten Staaten und der Schweiz als einem stabilen föderativ verfaßten neutralen Kleinstaat, der in bewegter Umwelt Festigkeit bewahrt.

NÄFS Deutung der Krise der Demokratie in der Zwischenkriegszeit greift historisch weit zurück: „Wenn sich im Verlaufe dieser Krise die bemerkenswerte Tatsache konstatieren läßt, daß die importierten, aufgepfropften demokratischen Verfassungen zerbrachen, die gewachsenen, erdauerten dagegen hielten, so enthüllt sich darin der tiefe Unterschied in Wesen und Entwicklung der Staaten, der durch die Jahrhunderte der neueren Geschichte läuft... Er bricht seit 1920 neu hervor, als eben die demokratischen Verfassungsformen allgemein und äußerlich einander verhältnismäßig ähnlich geworden waren" [ebd., 486].

2. Die Krise der europäischen Demokratien und der Aufstieg diktatorischer Systeme   125

Aus den unterschiedlichen historischen Voraussetzungen der nach 1919 bestehenden europäischen Demokratien erklärte später auch THEODOR ESCHENBURG ihre unterschiedliche Widerstandskraft, als er drei Zonen „innerstaatlicher Ordnung" vor dem Ersten Weltkrieg unterschied: die demokratischen Staaten Westeuropas (einschließlich Skandinaviens), die „altlegitimen Staaten", also die konstitutionellen Monarchien, in denen er ein „Erbe des Absolutismus" erhalten sah, schließlich in modifizierender Form an SALIS anschließend, „jenes Gebiet Ost-, Mittel- und Südosteuropas mit ausgesprochen oder überwiegend agrarischem Charakter, in dem ständische Vorstellungen und feudale Gesellschaftsordnungen noch stark vorherrschten" [402: TH. ESCHENBURG, Zerfall der demokratischen Ordnungen, 9 ff., das Zitat 12]. Aus der Vorkriegsgeschichte leitet ESCHENBURG wie NÄF die Instabilität bzw. Beharrungskraft der Demokratie nach Versailles ab, woraus letztlich folgt: Nur diejenigen Demokratien hatten Bestand, die in die Krise der Zwischenkriegszeit mit einem seit Jahrzehnten bewährten parlamentarisch-demokratischen System eintraten. Diese Sicht spezifizierte ERNST FRAENKEL in seinen wegweisenden Aufsätzen über „Deutschland und die westlichen Demokratien" mit komparativem Blick auf die deutsche Geschichte: Der mehrfache Konstitutionalismus des Kaiserreichs (Verfassung, Parteiensystem, politische Kultur) zählte zu den „Historischen Vorbelastungen des deutschen Parlamentarismus" [257: E. FRAENKEL, Deutschland, insbes. 11 ff., 32 f.], die den „Semiparlamentarismus" (K. D. BRACHER) des politischen Systems der Weimarer Republik prägten und damit dessen Strukturmängel verursachten.

Theodor Eschenburgs Typologie demokratischer Resistenz

Die „improvisierten Demokratien" im mittelosteuropäischen Raum hingegen waren „ohne geistige Vorbereitung und ohne die Entwicklungsstufe, welche die traditionelle Demokratie erlebt hatte", in die Krise eingetreten. „Da das parlamentarische demokratische System versagte und deswegen die Staatsorganisation nicht mehr funktionierte, entstanden in den meisten dieser Staaten im Laufe der nächsten fünfzehn Jahre Diktaturen verschiedenster Art... Man kann von funktionalen Diktaturen reden, deren Aufgabe es war, einfach den Staat intakt zu halten" [402: TH. ESCHENBURG, Zerfall der demokratischen Ordnungen, 15, 16 f.]. Die vergleichende Darstellung von POLONSKY spricht dann auch von „kleinen Diktatoren" [233: A. POLONSKY, The Little Dictators].

Der Typus „improvisierter Demokratien"

Den hier skizzierten Typus beurteilt ESCHENBURG als vergleichsweise gemäßigt, es handele sich um „mehr oder minder unideologische Diktaturen". Als Ausnahmen dieser Entwicklung gelten in dieser Typologie Finnland und die Tschechoslowakei. Finnland ging als einziger demokratischer Staat im Zweiten Weltkrieg ein Bündnis mit der nationalsozialistischen Diktatur ein, blieb aber aufgrund demokratischer Traditionen und einer intakten Ober- und Mittelschicht demokratisch. Die Tschechoslowakei war ein vergleichsweise industrialisierter Staat mit einem starken Bürgertum, funktionsfähiger administrativer Tradition sowie einer relativ liberalen Minoritätenpolitik: Hier konnte sich bis zum deutschen Einmarsch 1938 das demokratische System halten, sie war also der einzige neugegründete Staat, dessen demokratische Ordnung aus exogenen und nicht aus endogenen Gründen zusammenbrach.

Die beiden anderen Ausnahmebeispiele ESCHENBURGS passen nicht recht in diesen Zusammenhang, belegen jedoch im Hinblick auf die Destabilisierung der demokratischen Ordnung sowohl Österreichs als auch Ungarns eher den Normalfall, da in beiden Staaten schon vor der nationalsozialistischen Offensive die Demokratie durch autoritäre Systeme abgelöst worden war, was freilich in Hinblick auf Verursachung, Struktur und Chronologie unterschiedlich verlief. Allerdings ist ESCHENBURG insofern zuzustimmen, als Österreich „mehr eine ideologische als eine funktionale Diktatur" war.

„Ideologische Diktatur bürgerlicher Oberservanz"

Als Modell der dritten Staatengruppe, derjenigen „ideologischer Diktatur bürgerlicher Observanz", gilt dieser Interpretation Italien, dessen Vorbild aber allein in Deutschland – allerdings mit nahezu elfjähriger Verzögerung und weitaus radikaler – erfolgreich war. Zu den Gründen dieser Mäßigung zählte wohl auch die Tatsache, daß Italien vor dem Krieg Jahrzehnte liberaler Herrschaft erlebt hatte, während der bürgerliche Liberalismus in Deutschland während der Jahrzehnte zwischen der Reichsgründung und dem Ersten Weltkrieg auf gesamtstaatlicher Ebene nur wenige Jahre in seiner nationalliberalen Variante im Bündnis mit Bismarck in einem konstitutionellen System Einfluß auf die Regierung besessen hatte.

Die Diktaturen in Spanien und Portugal

Die Diktaturen in Spanien und Portugal ähnelten trotz aller Unterschiede eher der österreichischen als der italienischen. Die Differenzen bestanden im wesentlichen auf ökonomischem, sozialem und kulturellem Gebiet: So waren die beiden iberischen Staaten wirtschaftlich gegenüber Österreich rückständig und im Falle Portugals im letzten Drittel des 19. Jahrhunderts außerdem durch politische Krisen heimgesucht. Noch nach dem Ersten Weltkrieg waren etwa 90 Prozent der Portugiesen Analphabeten. In allen drei Ländern aber ging die Diktatur aus „anhaltenden funktionalen Störungen" hervor, in allen zählte die katholische Kirche mehr oder weniger zu ihren Stützen: „Franco war konservativer Monarchist mit ausgesprochen klerikaler Orientierung" [402: TH. ESCHENBURG, Zerfall der demokratischen Ordnungen, 25]. Kennzeichnend war im übrigen, daß die Partei jeweils eine untergeordnete Rolle spielte, so instrumentalisierte Franco die Falange erst nach seinem Machtantritt für die eigenen Zwecke. Salazar war seit 1928 ein äußerst erfolgreicher Finanzminister ohne parteipolitisch gebunden zu sein, er fand die Diktatur bereits bei seinem Amtsantritt vor.

In der relativen Bedeutungslosigkeit der Partei bzw. einer von ihr organisierten Massenbewegung zur Diktaturbegründung bzw. Herrschaftsstabilisierung liegt denn auch ein entscheidender struktureller Unterschied zur faschistischen Diktatur in Italien und zur nationalsozialistischen in Deutschland.

ESCHENBURGS früher Vorstoß, der auf der Grundlage von Autoren wie NÄF und SALIS erfolgte, zählt zweifellos zu den anregendsten Skizzen zur Destabilisierung der europäischen Demokratie; seine methodischen Nachteile liegen in der allen Typologien innewohnenden Zurückdrängung nationaler Unterschiede zugunsten der Herausstellung von Ähnlichkeiten, sie liegen in der Vernachlässigung der Chronologie, die auch übernationale Wirkung haben kann, beispielsweise in der zum Teil bloß plakativen, zum Teil aber auch bedingenden Vorbildrolle über nationale Grenzen hinaus, sie liegen schließlich in der mangelnden Verschränkung der Innenpolitik mit der korrespondierenden Destabilisierung der internationalen Ordnung. So kann die Entstehung der nationalsozialistischen Diktatur zwar nicht allein als Konsequenz der Krise in Deutschland begriffen, sondern muß zugleich im Kontext der europäischen Krise der Demokratie gesehen werden, doch ist sie wiederum nicht ausschließlich aus dieser zu erklären. Die Destabilisierung der internationalen Beziehungen, und schon zuvor die Nichtbewältigung der Kriegsfolgen durch die nationale und internationale Politik, sind ihrerseits wesentliche Faktoren innenpolitischer Destabilisierung geworden. Schließlich war die Wechselwirkung über nationale Grenzen hinweg oft recht konkret. Um ein Beispiel zu nennen: „Franco hatte offensichtlich das Modell der Diktatur Primo de Riveras oder auf jeden Fall ein System vor Augen, das dem portugiesischen Neuen Staat Oliveira Salazars ähneln sollte, dessen Denken auf vielfältige Weise dem seinen verwandt war" [1010: J. P. FUSI, Franco, 41]. Von diesem Vorbild leitete er die Bildung eines Kabinetts fachlicher Kompetenz und politischer Leichtgewichte ab. Auf der anderen Seite unterschied sich die nationalsozialistische Diktatur trotz des Vorbilds Mussolini in entscheidendem Ausmaß von dessen diktatorischem System und gesellschaftspolitischem Konzept. Es muß jeweils im einzelnen geklärt werden, welche Wirkung das zeitliche Nacheinander auf die Entwicklung des politischen Systems anderer Staaten erlangt hat: Kaum je konnte die Entstehung der Diktatur in einem Land im anderen bloß reproduziert werden, die jeweils vorhergehenden Erfahrungen spielten ebenso eine Rolle wie autochthone nationale Voraussetzungen.

Solche Einwände richten sich in der Regel aus geschichtswissenschaftlicher Perspektive gegen politologische oder soziologische Typisierungen. Es ist insofern kein Zufall, daß diese selten von Historikern stammen, meist aber von Politikwissenschaftlern wie THEODOR ESCHENBURG oder KARL J. NEWMAN, dessen wichtiges Werk „Zerstörung und Selbstzerstörung der Demokratie. Europa 1918–1938" [429] noch zu besprechen ist. Gleichwohl erlauben es nur Konzeptionen der erwähnten Art, zu Aussagen und Einordnungen zu gelangen, die die europäische Dimension der Zwischenkriegszeit erfassen und nicht bloße Additionen nationalgeschichtlicher Vorgänge darstellen.

Zu den frühesten Versuchen, die Zwischenkriegszeit in eine umfassendere historische Darstellung einzubeziehen, gehört das Werk des britischen Historikers und Politikers HERBERT ALBERT LAURENS FISHER, der während des Untersuchungszeitraums bis 1922 sowohl Unterrichtsminister als auch Delegierter beim Völkerbund war. Wenngleich seine zunächst dreibändige Darstellung „A History of Europe" aufgrund des Erscheinungsdatums nicht den Gesamtzeitraum behandelt, sondern 1937 endet, geht der Autor aus zeitgenössischer Perspektive doch auf wesentliche Probleme ein [95].

Zeitgenossenschaft und historische Interpretation: H. A. L. Fisher und Winston Churchill

In dieser Zeitgenossenschaft stimmt dieses Buch mit dem ersten Band von WINSTON CHURCHILLS Werk „The Second World War" (1948) [88] überein, der einen umfangreichen ersten Teil enthält: „From war to war. 1919–1939". Anders als FISHERS Darstellung nähert sich jedoch diejenige CHURCHILLS vielfach dem Genus der politischen Memoiren. Beide Werke sind weltpolitisch orientiert und beziehen – aus englischer Sicht im Unterschied zur deutschen selbstverständlich – auch die Kolonialpolitik ein, die ja Teil der europäischen Außen- und Wirtschaftspolitik war. CHURCHILL verfährt chronologisch und konzentriert sich auf die Außenpolitik, vor allem die Auseinandersetzung von Hitler-Deutschland mit Europa, da er die Jahre 1919 bis 1939 nach einer Einleitung „The follies of the victors, 1919–1929" als Vorgeschichte des Krieges behandelt. In gewisser Weise spitzt er damit die Thematik auf den von SALIS konstatierten tragischen Konflikt der ersten Jahrhunderthälfte zu.

FISHER geht exemplarisch auf den europäischen Charakter der Krise der Demokratie ein. So behandelt er in seinem Kapitel „New Dictatorships and old Democracies" neben der „Bolshevik religion" unter anderem auch die „Weimar revolution", die „Fascist revolution", die Weltwirtschaftskrise, Hitler und Stalin, jedoch auch die britische Nachkriegspolitik und das Flüchtlingsproblem. Auch FISHER betont die Schwächen der damaligen parlamentarischen Regime, sein Werk enthält indes auch Urteile, die sich durch den späteren Verlauf der Geschichte als falsch erwiesen haben: Einmal mehr demonstrierte er so die Schwierigkeit der Zeitgenossen, zu einer angemessenen historischen Einschätzung zu gelangen; so hieß es unter anderem bei ihm: „The Hitler revolution is a sufficient guarantee that Russian Communism will not spread westward. The solid German bourgeois holds the central fortress of Europe. But there may be secrets in Fascism or Hitlerism which the democracies of the West will desire, without abandoning their fundamental character, to adopt" [95: H. A. L. FISHER, A History of Europe, Band II, 1209].

Hinter der Einschätzung des nationalsozialistischen Deutschland als Schutzwall gegen den Bolschewismus stand zum einen die Furcht vor dem Kommunismus, zum anderen die Übernahme der von den Nationalsozialisten verbreiteten Selbsteinschätzung. Sie trug gewiß zur Unterschätzung der von Hitler ausgehenden Gefahr bei – ganz so wie später das sowjetische Bedrohungspotential für den Westen unterschätzt wurde. Allerdings verwies FISHER auf die Unkalkulierbarkeit der damaligen Situation: „Two questions, then inevitable suggest themselves to the observer of contemporary Europe: Will the peace be preserved? Can liberty survive? These questions have often been asked before, but never with the implications which they must now carry, for to each question there is today attached an aspect which is entirely novel and unprecedented" [ebd., 1217].

Zu den neuen Faktoren zählt FISHER unter anderem die moderne Technologie und Kriegstechnik, aber auch die Möglichkeiten der drei wichtigsten, ideologisch geprägten Diktaturen, sich neuer technischer Mittel zur Durchsetzung ihrer Herrschaft zu bedienen, die durch die „spiritual servitude of the totalitarian State" charakterisiert waren. Und FISHER, der wohl zu den ersten gehört, der die technischen Möglichkeiten moderner Diktaturen auf den Begriff bringt, schließt aus seiner Kennzeichnung ohne formelle Konzeption des Totalitarismus oder der sozialen Revolution durchaus zutreffend: „The Russian and German dictators, nominally poles apart, are nearer to one another than they affect to believe, for Russia is steadily evolving in the nationalist direction, while little now remains of the old feudal caste system which prevailed under the Hohenzollerns in Germany". Und auch die über Deutschland hinausreichende Wirkung des Nationalsozialismus, zugleich aber die spezifische nationale Prägung erkennt FISHER: „National socialism is not then a German monopoly, but, divorced from its special German harshness and persecution, pervades, with many differences of tone and intensity, the thoughts and feelings of European peoples" [ebd., 1245].

Zu den größten Unruhefaktoren, die den Frieden Europas gefährdeten, zählt FISHER „the fear of revolution", die revolutionäre Absicht, die Mittelklassen zu zerstören und alle moralischen und religiösen Werte zu beseitigen, die Europa bestimmten. Die hier und an anderen Stellen des Werkes erkennbare Einschätzung der stalinistischen Sowjetunion, die mit der Unterschätzung Hitlers einhergeht, besitzt durchaus historische Gründe: Zum Zeitpunkt der Niederschrift bis 1937 hatte der leninistische und stalinistische Terror schon millionenfache Massenmorde zu verantworten, während diejenigen Hitlers noch bevorstanden.

WINSTON CHURCHILL, der verschiedene Gründe der europäischen Instabilität als Voraussetzung für den Weg zum Zweiten Weltkrieg analysiert und dabei auf die unmittelbare Nachkriegszeit, also die Pariser Friedensverträge und die Begründung der Versailler Ordnung rekurriert, gelangte unter anderem zu der bemerkenswerten Feststellung: „Fascism was the shadow or ugly child of Communism. While Corporal Hitler was making himself useful to the German officerclass in Munich by arousing soldiers and workers to fierce hatred of Jews and Communists, on whom he laid the blame of Germany's defeat, another adventurer, Benito Mussolini, provided Italy with a new theme of government which, while it claimed to save the Italian people from Communism, raised himself to dictatorial power. As Fascism sprang from Communism, so Nazism developed from Fascism" [88: W. CHURCHILL, Second World War, Band I, 12].

Einige weitere Werke behandeln die Zwischenkriegszeit im Kontext der europäische Geschichte des 19. und 20. Jahrhunderts; sie sind allerdings, von wenigen Ausnahmen abgesehen, [vgl. 107: M. KITCHEN, Europe between the Wars] wie die bisher erwähnten bis zur Mitte der 1970er Jahre erschienen und ebenfalls mit umfassenderer Perspektive konzipiert. Dies ist bezeichnend, konzentrieren sich Forschung und Darstellung seitdem doch wieder verstärkt auf nationalgeschichtliche Perspektiven. In diese Reihe gehört GEORGE LICHTHEIMS 1972 veröffentlichtes Buch „Europe in the Twentieth Century" [110], das 1979 in deutscher Übersetzung erschien. Auch LICHTHEIM behandelt internationale Zusammenhänge und die Krise der liberalen Demokratie, beides allerdings recht knapp, der eigentliche Schwerpunkt seiner Darstellung liegt auf der kulturellen Signatur die-

Moderne Darstellungen der Zwischenkriegszeit

ser beiden Jahrzehnte, wobei er auch die Naturwissenschaften einbezieht. LICHTHEIM betont: „Der Kommunismus löste ... indirekt auch die faschistische Reaktion mit aus, deren Nährboden die Angst und der Haß des ruinierten Mittelstands waren" [ebd., 248]. Wenngleich dieses Problem heute aufgrund intensiver Forschungen differenzierter beurteilt wird, bleibt die so vereinfachte Grundkonstellation doch bedeutsam. Ähnliches gilt auch für andere Schlußfolgerungen dieses Buches, in dem die Kernfrage nach dem Scheitern der Versailler Ordnung letztlich auf den Untergang der Weimarer Republik zurückgeführt wird, der seinerseits durch Rückführung auf einen zentralen Grund reduziert ist: „Der Sturz der Weimarer Republik 1933 wurde unmittelbar von der großen wirtschaftlichen Depression herbeigeführt, und diese politische Katastrophe führte dann wieder unaufhaltsam zum Krieg von 1939". Und in noch weiterer Konzentration auf eine monokausale Erklärung heißt es dann, der amerikanische Börsenkrach 1929 habe „den Gang der Ereignisse ausgelöst, die dann zum Zweiten Weltkrieg führten" [ebd., 249 f.]. Allerdings versucht LICHTHEIM auch, die intellektuelle und moralische Krise, die zwar nicht mit dem Ersten Weltkrieg begann, aber in ihm kumulierte, als eine Grundbedingung der Orientierungslosigkeit und der ihr folgenden ideologischen Verführbarkeit als Signum der Zeit herauszuarbeiten und dies mit dem Hinweis auf nationale Spezifika zu verbinden.

Zu den neueren Werken, die die Zwischenkriegszeit im Zusammenhang der europäischen Geschichte des 19. und 20. Jahrhunderts behandeln, gehört GORDON A. CRAIGS „Geschichte Europas 1815–1980", die im englischen Original 1974 veröffentlicht wurde; in der gründlich überarbeiteten und verbesserten deutschen Fassung werden vergleichsweise ausführlich die internationalen Beziehungen und exemplarisch auch die Krise der Demokratie und die Begründung der Diktatur dargestellt. CRAIG geht von der Beobachtung aus, daß der Weltkrieg mehr Probleme produziert als gelöst habe: Der „Konflikt zwischen Parteien und sozialen Schichten" habe „so gewalttätige Formen" angenommen, „wie man es vor 1914 nicht gekannt hatte". Dies sei selbst in einem Land „mit einer starken Tradition von geordnetem Wandel und Achtung vor dem Gesetz" wie England der Fall gewesen, wo sich die Beziehungen zwischen Arbeitgebern und Arbeitnehmern zu einem „ununterbrochenen Klassenkampf" entwickelt hätten [89: G. A. CRAIG, Geschichte Europas, 351 f.]. In CRAIGS Interpretation spielt wie bei BRACHER die Gewalt als Kennzeichen der gesellschaftlichen und politischen Entwicklung eine wichtige Rolle, doch wendet er sich dagegen, das kulturelle, wissenschaftliche und künstlerisch-literarische Potential der Zeit zu übersehen.

Der Kommunismus und die totalitären Bewegungen

Auch CRAIG betont den Bedingungszusammenhang zwischen der bolschewistischen Revolution und dem Aufstieg faschistischer Bewegungen, wie sie ERNST NOLTE schon in seinem Werk „Der Faschismus in seiner Epoche" [430] und später zugespitzt in „Der europäische Bürgerkrieg" [120] als fundamentales Kennzeichen der Epoche interpretiert hat. Bei CRAIG heißt es: „Der Sieg des Kommunismus in Rußland und der allgemein bekannte Wunsch der russischen Führungsspitze, seine Lehren über die ganze Welt zu verbreiten", begünstigten „besonders

2. Die Krise der europäischen Demokratien und der Aufstieg diktatorischer Systeme 131

in Ländern, die für kommunistische Unterwanderung potentiell empfänglich schienen", den „Aufstieg totalitärer Bewegungen auf seiten der Rechten, deren starke Anführer versprachen, ihr Land von marxistischer Infektion frei zu halten" [89: G.A. CRAIG, Geschichte Europas, 425]; allerdings sieht CRAIG hierin nicht den einzigen Grund für den Aufstieg des Faschismus, er verweist wie die meisten Autoren darauf, in welchem Ausmaß die wirtschaftliche Krise seit der Jahreswende 1929/30 die Demokratien auf eine harte Probe gestellt habe, selbst Großbritannien, in dem der Parlamentarismus am festesten verwurzelt war, „machte Augenblicke durch, in denen das gesamte Rechtssystem ernstlich Anfechtungen ausgesetzt war" [ebd., 479].

Als Geschichte Europas im 20. Jahrhundert angelegt ist KARL DIETRICH BRACHERS großes Werk „Die Krise Europas seit 1917" [84], das zuerst 1976 erschien und an seine frühere knappe Darstellung in der von GOLO MANN und ALFRED HEUSS veröffentlichten „Propyläen Weltgeschichte" (1964) anknüpft. Meisterhaft die großen Linien zeichnend, handelt es sich hier weniger um eine Rekonstruktion der Ereignisgeschichte als um eine auf die Schlüsselbegriffe gebrachte Interpretation, die sich an der Dichotomie von Krieg und Frieden, Revolution und Evolution, vor allem aber Demokratie und Diktatur orientiert. Der Weg zum Krieg wird als Konsequenz der „Politik der Diktatoren" analysiert.

Auf diese Weise gelingt es BRACHER, die innere und äußere Instabilität der Zwischenkriegszeit stringent zu deuten und Strukturmerkmale der europäischen Entwicklung sowohl in bezug auf die Demokratien als auch die „totalitäre Versuchung" [vgl. dazu 440: J. F. REVEL] und die strukturell ähnlichen, totalitären Diktaturen für die Gesamtdeutung fruchtbar zu machen.

b) GESAMTDARSTELLUNGEN DER ZWISCHENKRIEGSZEIT

Die Signatur der Epoche in deren Interdependenzen sichtbar zu machen, ist die Aufgabe derjenigen Werke, die sich dem gesamten Zeitraum widmen, aber auch ausschließlich auf ihn konzentriert sind. Eine der frühesten groß angelegten Untersuchungen, in manchem HERZFELDS „Moderner Welt" [100] verwandt, aber auf die beiden Jahrzehnte 1918 bis 1939 konzentriert, ist das Werk des französischen Historikers und Diplomaten MAURICE BAUMONT, das zu den ersten wissenschaftlichen Gesamtdarstellungen dieses Themenkomplexes überhaupt zählt und über die Jahrzehnte eine der bedeutendsten blieb. Sie erschien in zwei Bänden unter dem Titel „La faillite de la paix" in der hochangesehenen Reihe „Peuples et Civilisations" [83]. Das Werk des ehemaligen Völkerbundsdelegierten behandelt keineswegs nur die internationale Politik, sondern trotz seines besonderen Gehalts in diesem Themenkomplex ebenso Innenpolitik und Ökonomie im chronologischen Ablauf der Begründung und Zerstörung der Versailler Ordnung.

BAUMONTS Werk liefert wie die anderen hier zu nennenden eine geschichtswissenschaftliche Rekonstruktion und Summe der Epoche, weniger aber eine Gesamt-

Die Gesamtdarstellung Maurice Baumonts

deutung im Zusammenhang der Geschichte des 19. und 20. Jahrhunderts; deshalb kann es in der Fülle der Einzelerträge hier nicht resümiert werden. Doch gibt auch BAUMONT einige allgemeine Charakteristika des Zeitalters, zu denen beispielsweise die später von HERZFELD, BRACHER und HOBSBAWM konstatierte Gewalttätigkeit zählt, aber auch die extreme, ja kaum vergleichbare Beschleunigung und Widersprüchlichkeit der historischen Abläufe: „Brutal et chaotique, agité de passions farouchement contradictoires, l'entre-deux-guerres se transforme rapidement sous le souffle d'évènements immenses par quoi tout semble remis en question. Rarement on avait vu se succéder si vite pareils changements: ils vont faire un monde nouveau" [83: M. BAUMONT, La faillite, Band II, 534]. Dabei geht BAUMONT von einer grundlegenden Beobachtung aus, die sich auch bei späteren Autoren findet, nämlich der großen Hoffnung der Kriegsgeneration, der 1918 beendete Weltkrieg würde der letzte sein: „Je pars pour la dernière guerre", hatte der schon wenige Wochen nach Kriegsbeginn in der Marneschlacht gefallene Dichter Charles Péguy geschrieben. Die Tatsache, daß sich diese nach 1918 verbreitete Hoffnung auf eine friedliche Welt nicht erfüllte und schon das Jahr 1919 innen- wie außenpolitisch durch eine feindselige Atmosphäre beherrscht wurde, trägt zur Erklärung der extremen gesellschaftlichen Unzufriedenheit nach der Katastrophe des Weltkriegs und der enttäuschten Hoffnungen bei: „Le glas des espérances n'a pas tardé à retentir, suscitant le choc en retour des faillites et des catastrophes."

Der Erste Weltkrieg hatte, so BAUMONT, die Ideen und die Dinge revolutioniert, hatte gegensätzliche Konzeptionen von Staat, Gesellschaft und internationaler Ordnung herbeigeführt, „elle (la guerre) provoquait une véritable révolution économique et entraînait un profond déséquilibre de l'organisme social, mêlant dans les esprits le regret du passé et une 'glorieuse incertitude' sur l'avenir" [ebd., Band I, 1]. Kaum eine Zeit erlebte derartig viele außergewöhnliche Ereignisse, diplomatische Querelen, ökonomische Zusammenbrüche, eine solche Zusammenballung von Krisen und Problemen. „Dans un tumulte de convulsions, toutes sortes d'éboulements font suite au meurtrier tremblement de terre de 1914, en un perpétuel branle-bas. L'instabilité orageuse et chaotique qui succède à la paix trompeuse de 1919, fait dominer une sensation de provisoire" [ebd., Band I, 2].

Nach dieser Charakterisierung der Epoche drängt sich ebenfalls die Schlußfolgerung auf, daß der Weg vom Ersten in den Zweiten Weltkrieg nahezu zwangsläufig war, Zwischenkriegszeit also die angemessene Kennzeichnung ist. Auf dieser Basis unterscheidet BAUMONT vier Phasen: 1. vom Kriegsende 1918 bis 1923, Jahre im Schatten des Krieges, der ungelösten Probleme und der Unsicherheit; 2. von 1924 bis 1929, als der Frieden zur Realität wurde; 3. von 1930 bis 1935, als die Weltwirtschaftskrise neue Erschütterungen der internationalen Ordnung bewirkte; schließlich 4. die Jahre bis 1939, als der nächste Krieg zur Zwangsvorstellung wurde. Diese Chronologie verfolgt BAUMONT allerdings nicht dogmatisch, enthält sein Werk doch auch allgemeinere, zeitlich übergreifende Abschnitte, in denen mittel- oder langfristige materielle und geistige Wandlungen dargestellt werden.

2. Die Krise der europäischen Demokratien und der Aufstieg diktatorischer Systeme 133

Weltgeschichtlich orientierte, doch die europäischen Belange stark berücksichtigende Werke, die allerdings nicht ausschließlich auf die Zwischenkriegszeit zielen, sind R. A. C. PARKERS Darstellung [121: Das Zwanzigste Jahrhundert, Band I] sowie das Buch von J. A. S. GRENVILLE, [98: A World History]. Beide Werke behandeln zwar auch die außenpolitischen Probleme bzw. die internationale Konstellation, doch legen sie einen deutlichen Akzent auf die innere Entwicklung der großen Staaten. So zählt es zu den Fragen GRENVILLES: „Why were some countries dominated by fascism while others remained democracies? Why was there a communist revolution in Russia and what were its worldwide consequences?" Auch GRENVILLE betont, das 20. Jahrhundert sei „the age of the masses. Those who govern have the opportunity for the first time to communicate directly with those they govern ... Those who ruled could create images of themselves, of their policies and objectives, of society and the world around them and so seek to lead and manipulate the masses. Mass persuasion became an essential ingredient of government." Die technischen Möglichkeiten nutzten bereits in den zwanziger und dreißiger Jahren nicht allein die Diktatoren, sondern auch der britische Premierminister Stanley Baldwin während des britischen Generalstreiks 1926 sowie der amerikanische Präsident Franklin D. Roosevelt; „... the totalitarian leaders, Stalin, Mussolini and Hitler, put on gigantic displays which could be 'witnessed' by millions through the cinema. Mussolini's and Hitler's raucous speeches became familiar to every German and Italian... In countries with strong traditions of representative government and democratically inspired institutions this new force of the 'masses' might be won over and representative institutions so adapted to win their allegiance to them. This is essentially what happened in Britain and the United States in the 1920s and 1930s and, less convincingly, in France, too. In the Soviet Union the mass of people were brought into harmony with the rulers by propaganda, appeals to communist idealism and, where this did not suffice, by force and terror. The revolution created an entirely new class of privileged and bound these to the regime" [98: J.A.S. GRENVILLE, A World History, Band I, 279 f.].

Britische Deutungen: J.A.S. Grenville und R.A.C. Parker

Tatsächlich ist der auch von anderen Autoren gesehene „Aufstieg der Massen" und die durch ihn revolutionierte politische Entscheidungsbildung im Kontext der medialen Revolution zu beurteilen. Es mag paradox erscheinen, doch bilden die im 20. Jahrhundert ausgeformten technischen Möglichkeiten für die Mobilisierung und Disziplinierung der Massen entscheidende Voraussetzungen der beiden grundlegenden modernen Herrschaftsformen Demokratie und Diktatur. Die epochenspezifischen Auswirkungen für die totalitäre Herrschaft bedürften vertiefter Analyse.

Neben der instabilen Nachkriegssituation, der bolschewistischen Revolution und der Beteiligung der Massen an der Politik sieht GRENVILLE einen vierten Faktor: „The expectations of expanding national frontiers and financial reparations that would follow victory and recompense the people for the sacrifices of war... Among the defeated powers the sense of loss now suffered made the sacrifices of war seem all the more unbearable. Unrequited nationalism was a powerfull destabilizing force in post-war Europe ... Whenever representative institutions had no established hold there was a tendency towards authoritarian forms of government which promised to meet the multiplicity of problems" [ebd., 279–281].

R. A. C. PARKER, dessen Darstellung von den Friedensschlüssen und der Konstituierung der internationalen Ordnung ausgeht, behandelt zwar die außenpolitischen Zielsetzungen und die weltwirtschaftlichen Veränderungen für Europa komparativ, nicht aber eingehender die innenpolitischen Probleme, die er in geschlossenen Länderkapiteln über die großen europäischen Staaten Großbritannien, Frankreich, Deutschland, Italien und Spanien darstellt. Dabei sieht er Großbritannien, dessen wesentlichstes Problem die Massenarbeitslosigkeit gewesen sei, in scharfem Kontrast zu den kontinentaleuropäischen Industriemächten und sogar zu den USA, zumal er die britische Stabilität stark, ja zu stark akzentuiert: „Die bemerkenswertesten Tatsachen dieser Jahre sind das Fehlen politischer Unruhen, die Stabilität des parlamentarischen Systems, das Ausbleiben von Gewalttätigkeit, die Schwäche extremistischer Parteien, das Vorhandensein eines Zusammengehörigkeitsgefühls, das ausreichte, um Klassenkampf und Revolution oder extremistische Reaktion zu verhindern" [121: R. A. C. PARKER, Das Zwanzigste Jahrhundert, 111].

Zwar bildete Großbritannien in gewisser Weise eine Insel der Seligen, aber doch nur auf dem Hintergrund des europäischen Vergleichs, in bloß nationalgeschichtlicher Perspektive galt eine solche Einschätzung keineswegs: Nicht die Abwesenheit der tiefgreifenden Krise unterschied Großbritannien, sondern die Fähigkeit, sie zu meistern.

Eine weitere Einschränkung ist vonnöten: Angesichts der internationalen Verflechtung von Wirtschaft und Politik in Europa muß auch die Fähigkeit, Krisen zu lösen, unter doppelter Perspektive betrachtet werden, der nationalen und der übernationalen. Und unter diesem Gesichtspunkt wird deutlich, daß selbst Großbritannien zwar die nationale, nicht aber die internationale Orientierungsfähigkeit einer Großmacht besaß: Es bedürfte weiterer Forschung, um zu klären, wieweit eine krisenvermeidende Steuerung der internationalen Politik vor allem in den ersten Nachkriegsjahren möglich gewesen wäre, oder ob der Machtverlust Europas sich schon nach dem Ersten – und nicht erst nach dem Zweiten – Weltkrieg darin kundtat, daß es anders als bei früheren Friedensschlüssen nicht mehr in der Lage war, seine eigenen Angelegenheiten zu regeln.

Der Vorzug von PARKERS Darstellung liegt darin, neben der internationalen Konstellation auch innenpolitische Hauptprobleme der großen europäischen Staaten zu behandeln, wobei der Schwerpunkt auf der Ökonomie liegt. Rußland, sofern es nicht in der außenpolitischen Thematik erscheint, wird allerdings fast nur in bezug auf das Ende des Ersten Weltkriegs einbezogen. Dies kann durch die Tatsache begründet werden, daß es von Beginn an nicht allein in bezug auf die internationale Ordnung, sondern auch sein gesamtes inneres System eine nicht vergleichbare Sonderrolle spielte. Jedoch werden auch die anderen nationalen Entwicklungen kaum komparativ interpretiert, weshalb PARKER auf die Grundfrage der Destabilisierung der europäischen Demokratien und die Begründung unterschiedlicher Diktaturen kaum Antworten gibt.

c) Massendemokratie und Nationalismus

Als dominierende Phänomene der vom 19. zum 20. Jahrhundert sich durchsetzenden Moderne verweist BRACHER auf die „Bewegungskräfte eines Zeitalters der Klassen- und Massengesellschaft, die zunehmend nach Berücksichtigung und Mitwirkung im politischen Prozeß verlangen, oder die zu solcher Forderung gebracht werden. In jedem Fall spielen Idee und Praxis der modernen Demokratie eine entscheidende Rolle. Doch ihre weite Ausbreitung am Ende des Ersten Weltkrieges rief zugleich die extremen Entartungs- und Gegenerscheinungen der modernen Diktatur und des Totalitarismus hervor. Sie gehören dem 20. Jahrhundert zu, weil sie im Unterschied zu früheren Ausprägungen der Autokratie und traditionellen Diktatur die Möglichkeiten voraussetzen, die unser hoch technisiertes Zeitalter für die Mobilisierung und Lenkung großer Bevölkerungsmassen mittels einer radikalen Erfassung, Gleichschaltung und Indoktrination auf breiter Basis bietet" [84: K. D. BRACHER, Krise Europas, 12]. „Zeitalter der Klassen- und Massengesellschaft": K. D. Brachers Interpretation

Tatsächlich liegt hier ein entscheidender Fixpunkt der Geschichte des 20. Jahrhunderts, der auf paradoxe und tragische Weise Demokratie und Diktatur trotz ihrer fundamentalen Feindschaft an ähnliche soziologische und technologische Voraussetzungen bindet – wie es frühe Diagnostiker der Massengesellschaft wie JOSÉ ORTEGA Y GASSET in seinem Essay „Der Aufstand der Massen" (1929, dt. 1931) [43] befürchteten. Diese Paradoxie gilt auch dem inhaltlichen Kern zumindest der faschistischen und nationalsozialistischen Diktatur: „Der moderne Nationalismus ist ein Produkt der politisch-sozialen Emanzipationsbewegungen, die im 19. Jahrhundert zur Erfüllung drängten... Die großdeutsche Mobilmachung unter Hitler war die letzte, totalitäre Konsequenz eines forcierten Nationalismus, der die übernationalen, europäischen und menschheitlichen Bindungen der deutschen Kultur zerstört hat" [84: K.D. BRACHER, Krise Europas, 15].

Wenngleich der moderne Nationalismus in den einzelnen Staaten unterschiedliche Ausprägungen fand, änderte dies doch nichts an seiner prinzipiellen übernationalen Geltung. Nicht genug damit, daß selbst die bolschewistische Sowjetunion trotz ihrer internationalistischen Ideologie nationalistische Zielsetzungen des großrussischen Imperialismus adaptierte, auch Demokratien schlossen nationalistische Massenbewegungen oftmals ein und waren deshalb nicht per definitionem friedlich, wie es im Kontext der Ideen Wilsons 1918/19 scheinen mochte. Der Grund liegt in der zeitgemäßen gesellschaftlichen Integrationsfähigkeit nationalistischer Bewegungen, bedarf doch gerade eine demokratische Gesellschaft, deren Strukturen flexibel sind, integrativer Komponenten. Obwohl der Nationalismus in der Geschichte des 20. Jahrhunderts eine zentrale Rolle spielt, Europäischer Nationalismus im 20. Jahrhundert ist er für das 19. Jahrhundert ungleich besser erforscht. Auch die Mehrzahl der grundsätzlichen älteren Studien bzw. neuere Forschungsprojekte haben dort ihren Schwerpunkt. Darüber hinaus gehen z. B. Eugen LEMBERG [109: Nationalismus, Band I, 165 ff.], ERIC J. HOBSBAWM [102: Nationen und Nationalismus, 155 ff.], ERNST GELLNER, [96: Nationalismus und Moderne], PETER ALTER [80: Nationalismus] und OTTO DANN [90: Nation und Nationalismus].

<small>Nationalismus als Instrument gesellschaftlicher Integration</small>

Tatsächlich bildet der Nationalismus in den demokratischen Staaten nach 1918 ein spezifisches Integrationsmodell nicht mehr im Sinne der staatlichen Einigungsbewegungen, sondern der gesellschaftlichen Integration. Bedrohungssyndrome bzw. die Nationalitätenproblematik traten hinzu, wirtschaftliche Krisen bildeten oftmals den Auslöser. So konstatiert HANS LEMBERG [773: Transformationen, 233]: „Infolge der Weltwirtschaftskrise fielen die osteuropäischen Staaten in eine Phase nationalistischer Introversion." Innerhalb der Nationalismusforschung sind soziologische und politikwissenschaftliche Typologien entwickelt worden. Für das 20. Jahrhundert sind neben einem modifizierten Typus des „Integrations-Nationalismus" vor allem „Konfrontations-" bzw. „Hegemonial-Nationalismus" charakteristisch.

„Der Nationalismus tritt als Träger einer Politisierung aller Bevölkerungsschichten und des demokratischen Selbstbestimmungsgedankens auf; er bildet aber auch die Ideologie zur populären Sanktionierung oder zur Verhüllung autoritär-totalitärer und national-imperialer Regime" [84: K.D. BRACHER, Krise Europas, 16]. Insofern traf Karl Marx' Deutung des Nationalismus als bürgerliches Herrschafts- und Steuerungsinstrument nicht zu, weil die egalitären Massenbewegungen des 20. Jahrhunderts den Klassengedanken der Bourgeoisie sprengten und die hierarchische Struktur der bürgerlichen Gesellschaft einebneten: Hieraus resultierte der in einem Teil der Forschung bis heute verkannte gesellschaftspolitisch revolutionäre Charakter des Nationalsozialismus. Hierin lag aber auch das innenpolitische Dynamit der Vermehrung der Nationalstaaten seit 1918/19, die die Versailler Ordnung nicht ihrer Intention gemäß stabilisierte, sondern von vornherein funktional destabilisierte. Gerade die große Zahl der Nationalstaaten nach dem Ersten Weltkrieg verlangte nach dominanten Ordnungsmächten der internationalen Szenerie: Sie aber fehlten politisch und ökonomisch; bezeichnend dafür war, in welcher Weise Hitler seit Mitte der 1930er Jahre dieses Machtvakuum der internationalen Ordnung nutzte und die Gewichte immer mehr zu seinen Gunsten verschob. So gelangt HANS LEMBERG zu dem Schluß: „Die starke quantitative Vermehrung der Small Nations im internationalen System um 1919 ist in eine Qualitätsänderung des Systems umgeschlagen [773: Transformationen, 232].

2. Die Krise der europäischen Demokratien und der Aufstieg diktatorischer Systeme 137

d) TOTALITARISMUS, FASCHISMUS, NATIONALSOZIALISMUS: MODELLE UND KONTROVERSEN

Gegen die Deutung des Zeitalters als „Konfrontation von Revolution und Konterrevolution", wie sie insbesondere der Neomarxismus der 1960er und 1970er Jahre betrieb, betont BRACHER den Ursprung der nach 1918 herrschaftsbegründenden Doktrinen aus dem Weltkrieg; zugleich handelte es sich um drei welthistorische „Antworten auf die Herausforderung nicht nur des Krieges, sondern auch auf industrielle Revolution, Modernisierung, Nationalismus und Imperialismus – jene Kräfte also, die sich im Krieg entluden" [84: BRACHER, Krise Europas, 20]. Diese die politische Kontur des Zeitalters formenden Kräfte waren: der Marxismus-Kommunismus; die liberale Demokratie; der Faschismus-Nationalsozialismus. Dabei verkannten all diese Bewegungen aufgrund ihres Eurozentrismus die tatsächlichen weltpolitischen Machtverhältnisse, die BRACHER als „das große Stichwort der Nachkriegszeit" nennt: „die Krise des europäischen Zeitalters". Auf dieser Grundlage sieht er vier Hauptfaktoren, die die Kriegs- und Nachkriegszeit bestimmen: „die neue Bedeutung Amerikas; die widersprüchliche Struktur der Kriegs- und Friedensziele; das Nationalitätenproblem und der Zusammenbruch Österreich-Ungarns; endlich die Durchsetzuung und Krise der Demokratie" [ebd., 19, 21]. Der Vorzug dieser Interpretation der Zwischenkriegszeit liegt darin, daß sie langfristige Strukturprobleme seit dem 19. Jahrhundert und mittelfristige Bedingungsfaktoren, die sich daraus im Ersten Weltkrieg ergaben, verbindet und sie zur Analyse der Zwischenkriegszeit nutzbar macht.

„Konfrontation von Revolution und Konterrevolution" als Signatur des Zeitalters?

Wenngleich die einschlägigen, schon erwähnten Werke ERNST NOLTES sich auf die Zwischenkriegszeit konzentrieren, gehen sie doch in ihrem hohen geschichtsphilosophischen Deutungsanspruch darüber hinaus und erstreben, um sie mit einem Buchtitel ALEXANDER RÜSTOWS zu charakterisieren, eine historisch argumentierende „Ortsbestimmung der Gegenwart" [123]. Dabei verweisen sie zugleich auf das methodologische, in anderer Weise von KARL DIETRICH BRACHER verfolgte Ziel einer Typologie totalitärer Herrschaft. Geht sie bei BRACHER auf Problemstellungen und Kategorisierungen zurück, die in rudimentärer oder stark abstrahierend-typisierender Form in den frühen Totalitarismusmodellen der 1930er Jahre zur vergleichenden Charakterisierung der bolschewistischen und der nationalsozialistischen Diktatur vorliegen, so bei NOLTE auf eine komparative Phänomenologie faschistischer Bewegungen; schon in seinem ersten großen Werk werden sie in ihrer historischen und dialektischen Bezüglichkeit auf die bolschewistische Oktoberrevolution gesehen, wenngleich sich dieser Aspekt später verstärkt und modifiziert.

Ernst Noltes und Karl Dietrich Brachers Interpretationsansätze

Das Totalitarismusmodell zur Charakterisierung der bolschewistischen und nationalsozialistischen Diktatur wurde unter anderem von HANS KOHN, CARL J. FRIEDRICH, ZBIGNIEW BRZEZINSKI entwickelt [vgl. 445: B. SEIDEL/S. JENKNER (Hg.), Wege der Totalitarismus-Forschung; K. D. BRACHER, Der umstrittene Totalitarismus: Erfahrung und Aktualität, in 395: ders., Zeitgeschichtliche Kon-

Strukturen totalitärer Herrschaft

troversen 33–61; 393: ders., Schlüsselwörter in der Geschichte, 103 ff.; 396: ders., Die totalitäre Erfahrung; sowie die historiographische Umsetzung in 468: ders., Die deutsche Diktatur; schließlich 410: K. HORNUNG, Das totalitäre Zeitalter]. Schon vorher hatte FRIEDRICH MEINECKE in seinem Aufsatz „Nationalsozialismus und Bürgertum" (1930) [in 38: ders., Politische Schriften, 441 ff.] eine „gemeinsame soziologische Ursache" für den Aufstieg von Kommunismus und Nationalsozialismus erkannt. Außerhalb Frankreichs weitgehend unbekannt blieb ein Vortrag des französischen Philosophen und Historikers ELIE HALÉVY von 1936, der die Ähnlichkeit zwischen Kommunismus, faschistischen und nationalsozialistischen Diktaturen betonte [vgl. 31: L'ère des tyrannies]. In HANNAH ARENDTS historisch weit ausholendem Werk „Elemente und Ursprünge totaler Herrschaft" (zuerst engl. 1951) [387] sowie bei JACOB TALMON, dessen dritter das 20. Jahrhundert betreffender Band über den Totalitarismus anders als die beiden ersten nicht ins Deutsche übersetzt wurde, fand diese Interpretationsrichtung ihre bis ins 18./19. Jahrhundert zurückgreifende geistesgeschichtliche Dimensionierung [450: J. TALMON, The Myth of the Nation].

Theorien über den Faschismus

In Abkehr von früheren, meist marxistisch beeinflußten Theorien [vgl. 431: E. NOLTE (Hg.), Theorien über den Faschismus] hat NOLTE durch die konsequente Historisierung des Faschismusbegriffs zugleich seine geschichtswissenschaftliche Brauchbarkeit erreicht. Dagegen hat BRACHER, ebenfalls historisch argumentierend, vor allem die Unterschiedlichkeit der Bewegungen und Regime – und damit auch die Singularität des Nationalsozialismus – betont und den Faschismusbegriff kritisiert [vgl. K. D. BRACHER, Kritische Betrachtungen zum Faschismusbegriff, in 395: ders., Zeitgeschichtliche Kontroversen, 13 ff.]. Auch die Einbeziehung der Action Française als eine Variante des Faschismus durch NOLTE ist bestritten worden, sie findet in EUGEN WEBERS „L'Action Française" [460] und „Varieties of Fascism" [459] sowie bei EDWARD R. TANNENBAUM [451: Action Française] und zuletzt in einem von GILBERT MERLIO herausgegebenen Sammelband [422: Ni gauche, ni droite] genuine Darstellungen. Einzelstudien enthält der Band „Internationaler Faschismus 1920–1945" [411]. Nur marginal behandelt ZEEV STERNHELL [446: Ni droite, ni gauche] die Action Française. S. G. PAYNE [436: History of Fascism] liefert die neueste Gesamtdarstellung.

Differenz von Faschismus und Nationalsozialismus

Die offensichtliche Differenz von Faschismus und Nationalsozialismus liegt vor allem darin, daß ersterer keinen rassistischen Antisemitismus kannte und folglich auch keinen durch ihn motivierten massenmörderischen Vernichtungskrieg führte. Die Diskussion über den Faschismusbegriff flaute nach intensiven Kontroversen [vgl. etwa das Kolloquium des Instituts für Zeitgeschichte 1978, 453: Totalitarismus und Faschismus] wieder ab bzw. konzentrierte sich auf den italienischen Faschismus oder spezifischere Fragestellungen [vgl. 444: W. SCHIEDER, Faschismus; 443: ders. (Hg.), Faschismus als soziale Bewegung]. Eine originelle Umkehrung der Perspektive, nämlich die Darstellung des „Antifaschismus" am Beispiel institutioneller Opposition, parteipolitischer Auseinandersetzung, der politischen Emigration sowie spektakulärer Aktionen wie des Spanischen Bürgerkriegs bietet JACQUES DROZ: „alors que les régimes fascistes ont suscité tant de travaux, l'histoire de l'antifascisme a été jusqu' à présent délaissée" [399: Histoire de l'antifascisme, 5].

Demgegenüber führte die Debatte über den Totalitarismus zunächst in den Streit über die Herrschaftsstruktur des Nationalsozialismus, bevor dieses Erklärungsmodell seit den 1960er Jahren als ideologisches Versatzstück des „Kalten Krieges" – aus politischen Motiven, die oftmals von einer apologetischen Tendenz gegenüber kommunistischen Diktaturen geleitet waren – kritisiert wurde. Der Zusammenbruch der kommunistischen Diktaturen 1989/91 führte indes zu einer intensiven Neuauflage der Diskussion über totalitäre Herrschaftsstrukturen und ihre komparative Aussagekraft [vgl. u. a. 419: H. MAIER (Hg.), „Totalitarismus" und „Politische Religionen"] sowie zur modifizierenden Verbesserung, die unter anderem dem Einwand Rechnung trägt, das Totalitarismusmodell sei statisch und deswegen ungeeignet, die jeweilige historische Spezifik und Veränderungsdynamik angemessen zu erfassen. Auf solchen Überlegungen basiert die komparative Untersuchung über extremistische politische Bewegungen in Paris und Berlin nach dem Ersten Weltkrieg durch ANDREAS WIRSCHING, der den Begriff „totalitäre Bewegung" am empirischen Material entwickelt [vgl. 464: Vom Weltkrieg zum Bürgerkrieg?].

Kontroverse über das Totalitarismusmodell

Die geschichtswissenschaftliche Kontroverse über die Anwendbarkeit des Totalitarismusmodells auf die nationalsozialistische Diktatur konzentrierte sich in erster Linie auf die Frage, ob es sich um eine zielgerichtet-planmäßige Diktatur gehandelt habe, die der politischen Intention ihres Führers Adolf Hitler folgte, oder um eine improvisierte, situationsgebunden handelnde. Die letztere Interpretation betont die Existenz keineswegs planmäßig entstandener konkurrierender Machtzentren, also einer polykratischen Struktur, die chaotische Züge aufwies, die zumindest zum Teil aus einer Überforderung Hitlers resultierten [vgl. dazu vor allem das grundlegende Werk 472: M. BROSZAT, Der Staat Hitlers, sowie Aufsätze von H. MOMMSEN, unter anderem: 489: Nationalsozialismus; 490: Der Nationalsozialismus und die deutsche Gesellschaft; schließlich das kontrovers geführte Kolloquium des DHI London 1979: 481: Der „Führerstaat": Mythos und Realität].

Aufgrund solcher Kontroversen, aber auch reicher Forschung, ist die Interpretationsgeschichte immer wieder Gegenstand von Untersuchungen geworden [vgl. u. a. 480: K. HILDEBRAND, Das Dritte Reich; 495: G. SCHREIBER, Hitler. Interpretationen 1923–1983; 485: I. KERSHAW, Der NS-Staat; 478: U. von HEHL, Nationalsozialistische Herrschaft].

Eine Analogie beider interpretatorischer Zugänge – bei BRACHER strukturanalytisch, bei NOLTE phänomenologisch – liegt darin, daß beide mit einem Gegensatzpaar operieren, das die historische Realität der Zwischenkriegszeit und zum Teil auch der zweiten Nachkriegszeit kennzeichnet: Ging BRACHER vom unversöhnlichen Gegensatz zwischen Demokratie und Diktatur aus, so NOLTE zunächst von demjenigen des „Liberalen Systems" und der faschistischen Bewegungen, bevor er sich später ganz entschieden auf denjenigen von Bolschewismus

Varianten des Diktaturvergleichs

und Nationalsozialismus konzentrierte, sie aber dabei immer enger aneinanderrückte und mit seiner Interpretation des „europäischen Bürgerkriegs" ebenfalls eine diktaturvergleichende und dadurch dem Totalitarismusmodell verwandte Perspektive einnahm [vgl. 493: E. NOLTE, Streitpunkte; 494: ders., Die historischgenetische Version der Totalitarismustheorie]. Beide Interpretationsrichtungen haben für die innenpolitische Analyse der Herrschaftssysteme der Zwischenkriegszeit große historiographische Bedeutung, weil mit ihrer Hilfe epochenadäquate, wenngleich nicht auf sie beschränkte komparative Analysen möglich und auch einzelne Phänomene erfaßt werden.

Nationalsozialistische Herrschaft als Doppelstaat: Ernst Fraenkel

Da eine Darstellung der innenpolitischen Entwicklung der europäischen Staatenwelt in der Zwischenkriegszeit bloß auf additive Weise erfolgen könnte, also nur in Handbuchform sinnvoll ist, haben Typenbildungen die heuristische Aufgabe, eine komparative Darstellung überhaupt erst zu ermöglichen. Sie führen allerdings dann ebenfalls in die nationalgeschichtliche Analyse, wie beispielsweise die frühen methodologisch-reflektierten Untersuchungen zur Erfassung der nationalsozialistischen Herrschaft zeigen. Zu nennen sind hier ERNST FRAENKELS Buch „The Dual State", das zuerst 1941 in den USA erschien, später auch in deutscher Sprache unter dem Titel „Der Doppelstaat" [476]. Ähnliches gilt für FRANZ NEUMANNS, ebenfalls zuerst im amerikanischen Exil veröffentlichtes Werk „Behemoth. Struktur und Praxis des Nationalsozialismus 1933–1944" [492]. Beide Werke gaben wesentliche Anstöße zur Strukturanalyse nationalsozialistischer, ja diktatorischer Herrschaft im 20. Jahrhundert überhaupt.

Ernst Nolte: „Der Faschismus in seiner Epoche"

Alle Probleme der Interpretation totalitärer Herrschaftsstrukturen der Zwischenkriegszeit können sich in einem biographischen Brennglas spiegeln, wenn die führenden Politiker selbst zum vorrangigen Gegenstand der Forschung werden. Dies läßt ERNST NOLTES epochemachendes Werk „Der Faschismus in seiner Epoche" [430] insbesondere in der stark biographisch am Beispiel von Mussolinis Weg vom Sozialisten zum Faschisten verfahrenden Interpretation deutlich werden. Das zeigt sich selbstverständlich auch in RENZO DE FELICES monumentaler Biographie „Mussolini" [1035], ALLAN BULLOCKS „Hitler", dessen Untertitel „Eine Studie über Tyrannei" [1023] den Zugriff verrät, oder JOACHIM FESTS „Hitler" [1025].

Die Voraussetzung der Etablierung von Diktaturen war in den westlichen Staaten das Scheitern der Demokratien, weswegen hier bis heute eine zentrale, nur ansatzweise in Angriff genommene komparative Forschungsaufgabe liegt. Dies gilt weniger für den Gesamtüberblick als für den konkreten Vergleich nationalgeschichtlicher Spezifika und politisch-gesellschaftlicher Systeme. Liegen Grundzüge hierfür beispielsweise in den erwähnten Werken KARL DIETRICH BRACHERS und der von THEODOR ESCHENBURG entwickelten Typologie, so ist ein empirischer Vergleich mehrerer nationalgeschichtlicher Entwicklungen, die durch die Instabilität der europäischen Demokratien zwischen den Kriegen charakterisiert waren und sowohl innenpolitische als auch internationale Destabilisierungsfaktoren einbeziehen, nur für Subsysteme – beispielsweise die Parteien – erfolgt [vgl.

dazu 111: J. J. LINZ, Crisis, Breakdown, and Reequilibration] oder in stark typologisierend-abstrahierender Form möglich.

Ein politikwissenschaftlich orientiertes Pionierwerk ist das Buch von KARL J. NEWMAN „Zerstörung und Selbstzerstörung der Demokratie" [429], in dem sowohl Ideologien als auch Strukturen, sowohl Zielsetzungen als auch Realisierungen anhand des historischen Materials einordnend untersucht werden. NEWMAN geht von der Feststellung CARL J. FRIEDRICHS im Vorwort seines Werkes aus: „Die totalitären Bewegungen des zwanzigsten Jahrhunderts sind aus demokratischen Gegebenheiten erwachsen. Sie stellen eine Perversion des demokratischen Verfassungsstaates dar." *Karl J. Newman: „Zerstörung und Selbstzerstörung der Demokratie"*

Vergleichbar argumentiert ERNST NOLTE, wenn er bemerkt: „Das liberale System ist die erste der Voraussetzungen des Faschismus: ohne Giolitti kein Mussolini, mindestens kein siegreicher Mussolini ... Wenn das liberale System die erste Voraussetzung des Faschismus ist und wenn dieses System in jedem Lande Europas ein verschiedenes Aussehen hat, dann kann auch das Bild einer kleinen Gruppe zur Erhellung einer großen Bewegung oder eines Regimes dienlich sein, und die Mannigfaltigkeit... mag zugleich die Korrektur einer allzu starren Begrifflichkeit bedeuten." *„Die Krise des liberalen Systems" und „Der europäische Bürgerkrieg"*

Für NOLTE galt allerdings schon damals: „Es gibt keinen Faschismus ohne die Herausforderung des Bolschewismus. Aber Faschismus ist deshalb nicht ein bloßer Antibolschewismus... Die Herausforderung des liberalen Systems in den Jahren 1919/20 durch den in Rußland siegreichen, sich in der Kommunistischen Internationale zu einer Weltpartei organisierenden Bolschewismus ist das grundlegende Ereignis der Geschichte Europas in der Epoche zwischen den Weltkriegen" [432: Die Krise des liberalen Systems, 14/15; vgl. im übrigen dazu: 426: H. MÖLLER, Ernst Nolte und das „liberale System"].

Hieraus ergibt sich der doppelte Kampf der totalitären Ideologien gegeneinander und gegen das „liberale System", wobei er später den welthistorischen Kampf zwischen den beiden Ideologien als „europäischen Bürgerkrieg" deutete: „Das vorliegende Buch nimmt sich vor, die Beziehung zwischen Kommunisten und Nationalsozialisten und weiterhin diejenige zwischen der Sowjetunion und dem Dritten Reich als die für Deutschland, für die Sowjetunion und für die ganze Welt bedeutendste aller Beziehungen in den Mittelpunkt zu stellen. Es bleibt dabei insofern auf dem Boden der phänomenologischen Faschismustheorie, als es von der essentiellen Feindschaft zwischen Kommunismus und Nationalsozialismus ausgeht und eine Gleichsetzung zu keinem Zeitpunkt für gerechtfertigt hält. Aber es verläßt gleichwohl den Rahmen der Totalitarismuskonzeption nicht, weil es sich am Begriff und an der Wirklichkeit des *Liberalen Systems* orientiert, das mit seiner Sicherung der ökonomischen und geistigen Bewegungsfreiheit der Individuen *nicht* durch die Herrschaft einer Ideologie bestimmt und dennoch der Ursprung sowohl der kommunistischen wie der nationalsozialistischen Ideologie ist." Indem einer der beiden Ideologien Priorität zugeschrieben werde, erhalte die Totalitarismustheorie eine „historisch-genetische Dimension, die ihr bisher fehlte" [120: E. NOLTE, Der europäische Bürgerkrieg, 17 f.].

e) KRIEGSFOLGEN, REVOLUTIONEN UND KRISENLÖSUNGSKAPAZITÄT DER EUROPÄISCHEN DEMOKRATIEN

E. Hobsbawm: „Das Zeitalter der Extreme"

Unter dem Leitmotiv „Das Zeitalter der Extreme" behandelt ERIC HOBSBAWM in seinem 1994 veröffentlichten Werk die „Weltgeschichte des 20. Jahrhunderts", die von der Erfahrung des gesamten Jahrhunderts und damit auch vom Scheitern der letzten der drei Typen totalitärer Diktaturen lebt, in dieser Form also erst seit 1989 /91 geschrieben werden kann. Die charakteristischen Bezeichnungen der ersten Jahrhunderthälfte lauten für HOBSBAWM „Katastrophenzeitalter" und „Zeitalter des totalen Krieges". Indem er den Ersten Weltkrieg als den „Zusammenbruch der (westlichen) Zivilisation des 19. Jahrhunderts" und Initialzündung des 20. betrachtet, folgt bereits daraus die fundamentale Orientierungskrise Europas, zumal HOBSBAWM wie BRACHER die Entstehung der ersten totalitären Diktatur des Jahrhunderts, der sowjetischen, aus dem Weltkrieg betont: „Ohne den Zusammenbruch der bürgerlichen Gesellschaft des 19. Jahrhunderts im Zeitalter der Katastrophe hätte es keine Oktoberrevolution und keine Sowjetunion gegeben" [103: E. HOBSBAWM, Zeitalter, 23, 78 ff.]. Wenngleich diese prinzipielle Aussage kaum bestreitbar ist, so bedarf es doch einer sehr viel differenzierteren Analyse, die die lang- und mittelfristigen Voraussetzungen mit einem Querschnittspanorama des Schlüsseljahrs 1917 verbindet. Dies leistet jetzt das umfassende Werk von HELMUT ALTRICHTER [244: Rußland 1917; vgl. auch 243: ders., Staat und Revolution in Sowjetrußland].

Die Revolutionen 1917/18 waren, so HOBSBAWM, „Revolutionen gegen den Krieg", „Revolution war das Kriegskind des 20. Jahrhunderts". Und einen weiteren Angelpunkt seiner Interpretation, die einen Akzent auf die Geschichte des Kapitalismus legt, bildet der ökonomische Zusammenbruch seit 1929: „Eine Weltwirtschaftskrise von bis dahin ungekanntem Ausmaß zwang selbst die stärksten kapitalistischen Wirtschaftssysteme in die Knie und schien die Schaffung einer einzigen universalen Weltwirtschaft zunichte zu machen, die eine so bemerkenswerte Errungenschaft des liberalen Kapitalismus des 19. Jahrhunderts gewesen war. Selbst die Vereinigten Staaten, von Krieg und Revolution verschont, schienen dem Kollaps nahe" [103: E. HOBSBAWM, Zeitalter, 22]. HOBSBAWM deutet die drei Jahrzehnte vom Ausbruch des Ersten bis zum Ende des Zweiten Weltkriegs als „Geschichte des einunddreißigjährigen Weltkriegs" und steht damit in Analogie zur Interpretation der deutsche Geschichte von 1918 bis 1945 als „Zeitalter der Revolution": Die NS-Revolution von 1933/34 stellt tatsächlich den Höhe- und Wendepunkt einer revolutionären Epoche dar, die von 1918 bis zur Niederlage des nationalsozialistischen Regimes 1945 gedauert hat [vgl. 144: H. MÖLLER, Weimar, 221].

2. Die Krise der europäischen Demokratien und der Aufstieg diktatorischer Systeme   143

Die „Ur-Katastrophe" (George F. Kennan) des Ersten Weltkriegs, in den alle Großmächte verwickelt waren, und die daraus abgeleitete Erfahrungswelt erklärt HOBSBAWM unter anderem damit, daß es bis 1914 überhaupt keine Weltkriege gegeben hatte. Aber schon der Vergleich mit dem letzten großen Krieg in den einhundert Jahren zwischen 1814 und 1914 zeige, wie inkommensurabel der Weltkrieg war, forderte doch der deutsch-französische Krieg von 1870 150000 Opfer – eine Zahl, die schon in begrenzteren Konflikten des 20. Jahrhunderts um ein Vielfaches übertroffen wurde: „Kurz gesagt, 1914 begann das Zeitalter des Massakers" [103: E. HOBSBAWM, Zeitalter, 41]. Die Kriegsgreuel trugen folglich zur Brutalisierung von Krieg und Politik bei. Aufgrund dieser Konstellation, aber auch wegen einer Reihe von Strukturmängeln, beurteilt HOBSBAWM die Versailler Ordnung als nahezu chancenlos: Der Versailler Vertrag konnte „keine Basis für einen dauerhaften Frieden sein... Er war von Anfang an zum Scheitern verurteilt, und daher war ein neuer Krieg praktisch gewiß" [ebd., 53]. Diese Interpretation ist also deterministisch, der Weg in den Zweiten Weltkrieg erscheint zwangsläufig, wenngleich der Autor zwei hypothetische Ausnahmen gelten läßt: Eine geringe Chance zur Rettung des Friedens hätte in der Integration der beiden Außenseiter Deutschland und Sowjetrußland bestanden, doch sei sie von den Siegermächten torpediert worden. Im übrigen hätte nur „ein global expandierendes System des wachsenden Wohlstands" auf der Basis einer Wiederherstellung der Vorkriegswirtschaft vielleicht den Krieg verhindern oder verzögern können [ebd., 54], doch machte spätestens die Weltwirtschaftskrise solche Möglichkeiten zunichte.

Die Bevölkerung der Industriestaaten empfand die Weltwirtschaftskrise überwiegend als Massenarbeitslosigkeit, die neben dem Krieg als schrecklichste Geißel der Zeit erlebt worden sei, für ein halbes Jahrhundert habe die Weltwirtschaftskrise den ökonomischen Liberalismus zerstört [ebd., 125 ff.], die wirtschaftlichen Ursachen der Katastrophe lagen demzufolge vor allem in den USA, die politischen vornehmlich in Europa. Die Weltwirtschaftskrise ließ den Faschismus „zu einer Weltgefahr werden", mit seinem Sieg kollabierten „die politischen Institutionen und intellektuellen Werte der liberalen bürgerlichen Gesellschaft des 19. Jahrhunderts" [ebd., 142]. Weltwirtschaftskrise und Massenarbeitslosigkeit als destabilisierende Faktoren

Diese Entwicklung erschien zunächst paradox, betonen doch die meisten Autoren, unter ihnen ESCHENBURG, BRACHER und HOBSBAWM, daß sich nach dem Ersten Weltkrieg in allen europäischen Staaten westlich Sowjetrußlands zunächst der Typus der liberalen Demokratie durchgesetzt habe. Auch HOBSBAWM geht auf eine der Grundfragen der modernen Forschung ein, warum sich in so vielen Staaten binnen weniger Jahre autoritäre oder diktatorische Regierungen etabliert haben: „Die einzigen europäischen Staaten mit adäquaten politischen Institutionen, die ohne Unterbrechung während der gesamten Zwischenkriegszeit funktionieren konnten, waren Großbritannien, Finnland (mit knapper Not), der Freistaat Irland, Schweden und die Schweiz" [ebd., 145]. Diese Rechnung vergißt indes einige Länder, z. B. die Niederlande. Der Rückgang des politischen Liberalismus war weltweit, die Machtübernahme Hitlers habe diesen Trend zwar beschleunigt, nicht aber herbeigeführt. Man kann in bezug auf Deutschland hinzufügen, daß der Niedergang des politischen Liberalismus zu den Faktoren gehörte, die den Aufstieg des Nationalsozialismus ermöglicht haben [vgl. dazu zuletzt 348: H. MÖLLER, Bürgertum].

Die Krise der liberalen Demokratie und ihre sozialen Ursachen: Duverger und Hobsbawm

Neben den jeweiligen innenpolitischen Belastungen und der von Beginn an offensichtlichen Instabilität der internationalen Ordnung ist die mangelnde Fähigkeit der Nachkriegsdemokratien zur Lösung von Krisen das Hauptproblem der historischen Kausalanalyse. „... die liberale Demokratie (hat) zwischen 1919 und 1939 schlechter funktioniert als politische Systeme im Durchschnitt", bemerkte MAURICE DUVERGER [93: Demokratie im technischen Zeitalter, 135]. Dabei handelt es sich insofern um fundamentale Probleme, als von ihrer Interpretation die Antwort auf die Frage abhängt, ob es eine wirkliche Chance gegeben habe, den Zweiten Weltkrieg zu vermeiden, und – im Falle ihrer Bejahung – auf welche Weise die tatsächlich zum Krieg führende Entwicklung hätte verhindert werden können. In der einen oder anderen Weise beziehen sich also alle historischen Interpretationen – auch der Innenpolitik der Großmächte – auf dieses Grundproblem, das folglich ebenfalls für die historiographischen Teilbereiche relevant ist. Dabei können die Antworten prinzipieller, also relativ allgemeiner Natur sein oder sehr spezifisch ausfallen. Doch erklärt beispielsweise die bloß nationalgeschichtlich verfahrende Analyse der Niederlage des liberalen Rechtsstaats nicht, warum er in der Mehrzahl der europäischen Länder scheiterte. Andererseits entzieht ein europäischer Vergleich vorurteilsbehafteten Klischees den Boden, denenzufolge etwa nur die Deutschen aufgrund einer vermeintlich autoritären Disposition zu diktatorischen Lösungen neigten: Wäre dies so, bliebe unerklärt, warum die parlamentarischen Demokratien in einer Reihe anderer europäischer Staaten ebenfalls scheiterten. Eine angemessene Analyse muß beide Ursachenkomplexe, den jeweils nationalgeschichtlichen und den übernationalen, gleichermaßen berücksichtigen, d. h. also typologische Einschätzungen epochen- und nationalspezifisch vertiefen, Abstraktion und Konkretion aufeinander beziehen. So stellt HOBSBAWM zweifellos zu Recht fest: „Demokratische Systeme funktionieren nur dann, wenn bei der Mehrheit der Bürger ein Grundkonsens über die Akzeptabilität ihres Staates und ihres Gesellschaftssystems besteht, oder zumindest die Bereitschaft, für Kompromißlösungen offen zu sein. Beides wird von Wohlstand gefördert. Zwischen 1918 und dem Zweiten Weltkrieg waren solche Bedingungen in den meisten europäischen Ländern einfach nicht gegeben. Soziale Katastrophen schienen sich anzukündigen oder waren bereits geschehen" [103: E. HOBSBAWM, Zeitalter, 177].

Unterschiedliche Diktaturtypen als Folge von Wirtschafts- und Staatskrise

Einschätzungen dieser Art sind in gewisser Weise epochenunabhängig und deswegen historisch nicht ausreichend, sie erklären zwar in allgemeiner Weise die Schwäche der europäischen Nachkriegsdemokratien, aber noch nicht, warum es in Italien zum Faschismus, in Deutschland zum Nationalsozialismus, in Österreich zu autoritärer Regierung kam, warum aber in Großbritannien die Demokratie überlebte. Aus diesen Gründen spielt in allen historischen Erklärungen die

Wirtschaftskrise eine Rolle, die Frage, welches Ausmaß sie annahm und unter welchen spezifischen Voraussetzungen sie geschichtsmächtig wurde. Und an diesem Beispiel haben sich erhebliche Differenzen zwischen den Nachbarländern Deutschland und Frankreich gezeigt, die zur Erklärung beitragen, warum in einem Land die Demokratie zwar erheblich gefährdet wurde und antiparlamentarische Lösungen versucht wurden, im anderen aber zweifelsfrei und innerhalb weniger Jahre der liberaldemokratische Rechtsstaat durch eine Diktatur ersetzt wurde. Auf dieser Ebene ist jedoch nicht klärbar, warum die an die Stelle der Demokratien tretenden Herrschaftsformen eine derart unterschiedliche Radikalität erlangten. Anders gewendet: Warum überlebte in Deutschland nicht eine restaurativ-autoritäre, aber immerhin rechtsstaatliche Lösung nach Art Brünings? Warum nicht einmal eine solche Papens? Warum nicht einmal eine faschistische nach Art Mussolinis?

Zur Antwort trägt die Analyse der besonderen Situation Deutschlands in den internationalen Beziehungen und der Versailler Ordnung bei, ja man könnte den Grad der Radikalisierung im Falle Sowjetrußlands und Deutschlands aus dem Grad der Isolierung ableiten, was beispielsweise auch für den Vergleich der Situation Italiens und Deutschlands bei den Pariser Vorortverträgen und danach aufschlußreich sein könnte. Doch monokausale Erklärungen dieser Art reichen nicht aus, weil beispielsweise die allmähliche Verbesserung der internationalen Situation Deutschlands zwischen 1924 und 1936 dieses nicht friedlicher, sondern offensiver gemacht hat. Der internationale Vergleich bedarf also in jedem Fall der nationalgeschichtlichen Fundierung und der sektoralen Multiperspektivität. Ihr wird beispielsweise nicht hinreichend Rechnung getragen, wenn ein zweifellos gewichtiger Faktor als ausschlaggebend interpretiert wird, indem er von seinen historischen Voraussetzungen, aber auch seinem epochalen Kontext gelöst wird. So sieht HOBSBAWM, weil er die Priorität auf die Ökonomie legt, den entscheidenden Grund in den Arbeitsbeziehungen: „Die Weimarer Republik brach vor allem deshalb zusammen, weil die stillschweigende Vereinbarung zwischen Staat, Arbeitgebern und Arbeiterorganisationen, die sie über Wasser gehalten hatte, in der Wirtschaftskrise unmöglich aufrechtzuerhalten war. Industrie und Regierung glaubten, daß sie keine andere Wahl hätten, als wirtschaftliche und soziale Beschneidungen vorzunehmen, und den Rest besorgte dann die Massenarbeitslosigkeit" [ebd., 178].

Diese Deutung hat zunächst für sich, daß der sozialpolitische Grundkonsens, der durch die Zentralarbeitsgemeinschaft und die fundamentalen Weichenstellungen 1918/19 symbolisiert worden war, im Frühjahr 1930 endgültig zerbrach, also Begründung und Auflösung der Weimarer Demokratie in einen Zusammenhang rücken. Doch fehlen hier wiederum eine ganze Reihe anderer wesentlicher Ursachen, beispielsweise der schon 1920 einsetzende Niedergang der demokratischen Parteien, die internationale Konstellation, das Verfassungssystem, die bereits durch den Weltkrieg und die Nachkriegsinflation bedingte Schwächung der Wirtschaft, usw. Eine solche Reduktion würde auch nicht erklären, warum die Niederlage der englischen Arbeiterbewegung durch den Mißerfolg des Generalstreiks 1926 keine analogen Wirkungen gehabt hat.

Große Handbuch-
darstellungen
Aus solchen Gründen versuchen die großen Handbücher zur europäischen Geschichte, die umfassenden Überblicke durch nationalgeschichtliche Abschnitte zu ergänzen. Dies gilt etwa für das von THEODOR SCHIEDER herausgegebene „Handbuch der europäischen Geschichte", dessen siebenter, 1979 veröffentlichter Band „Europa im Zeitalter der Weltmächte" [125] neben Länderkapiteln eine souveräne Darbietung des Forschungsstandes, konzentriert auf Bevölkerung, Gesellschaft, Wirtschaft, nationale und internationale Politik durch THEODOR SCHIEDER enthält: Zweifellos handelt es sich hierbei um die gehaltvollste deutschsprachige Handbuchdarstellung über die Zwischenkriegszeit im Rahmen einer europäischen Geschichte des 20. Jahrhunderts. Sie ist aufgrund des Genres weniger interpretativ als die bisher erwähnten Darstellungen, dafür bietet sie eine Fülle von äußerst konzentriert dargebotenen Einzelinformationen, die keineswegs bloß additiv sind, sondern in einem reflektierten, argumentativen Zusammenhang stehen. Dies gilt analog für Werke wie „The New Cambridge Modern History", die allerdings anderen Periodisierungen und einem anderen Gestaltungsprinzip folgt: Der 12. Band erschien in 2. veränderter Auflage 1968 unter dem Titel „The Shifting Balance of World Forces 1898–1945", herausgegeben von C. L. MOWAT [117], der seinerseits eine grundlegende Darstellung der britischen Geschichte für diesen Zeitraum veröffentlicht hat [171: Britain], die neben der von A. J. P. TAYLOR weiterhin Bestand hat [174: English History].

Schließlich ist die 1991 in 5. neubearbeiteter Auflage erschienene Behandlung des Stoffs durch den Altmeister der französischen Diplomatiegeschichtsschreibung JEAN-BAPTISTE DUROSELLE in der Reihe „Nouvelle Clio" zu nennen [92: L'Europe de 1815 à nos jours]. Allerdings fallen aufgrund des weiten Darstellungszeitraums die Abschnitte über die Zwischenkriegszeit recht kurz aus. Gemäß dem Reihencharakter geht es nicht um Interpretation, auch nicht um eine Synthese der modernen Forschung, sondern um Darstellung der Hilfsmittel von den Quellen bis zur Literatur und die allerknappste Information – „Nos connaissances" –, die für diesen Zeitraum weniger als zwanzig Seiten umfaßt, schließlich die etwas ausführlichere problemorientierte Darbietung der wichtigsten Forschungsprobleme, die aber zeitlich übergreifend erfolgt und in vier Kapitel gegliedert ist: „L'homme d'État et les forces profondes"; „Les Révolutions"; „La guerre et la paix"; „Colonisation et décolonisation". Als Hilfsmittel äußerst nützlich, dient dieses Buch, wie die anderen der Reihe, der Einführung und Anregung, der archivalischen und bibliographischen Orientierung, schließlich einer knappen Skizze der zentralen Probleme, nicht aber einer abgerundeten Darstellung dieses Zeitraums.

f) KOMPARATISTIK UND DIVERGENZEN DER NATIONALEN FORSCHUNG (DEUTSCHLAND, FRANKREICH, GROSSBRITANNIEN)

Wenngleich also einige Darstellungen zur Zwischenkriegszeit auf allgemeinerer Ebene vergleichend Aspekte der Krisenanfälligkeit europäischer Demokratien zwischen den Kriegen behandeln, steckt doch eine empirische Komparatistik noch in den Anfängen. Dazu zählen methodische Schwierigkeiten, aber auch die chronologische Differenz, die selbst bei prinzipiellen Analogien zu beachten ist. Schließlich bedarf der je spezifische historische Kontext einer angemessenen Berücksichtigung: So ist zwar die Aussage wichtig, sowohl Frankreich als auch Deutschland seien im Unterschied zu Großbritannien durch ein Vielparteiensystem charakterisiert worden, doch ist daraus allein die Krise der Demokratie nicht abzuleiten. Nicht nur die verfassungspolitischen Voraussetzungen und langfristigen politischen Traditionen müssen in die weitergehende Analyse einbezogen werden, sondern eine Reihe zusätzlicher, jeweils konstitutiver Komponenten, die die negativen Begleiterscheinungen des Vielparteiensystems verstärkt, vermindert oder verzögert haben. Schließlich existieren national unterschiedliche Schlüsselprobleme und daraus resultierende Forschungspräferenzen.

Historische Differenz und historiographische Konsequenzen

Gerade sie sind es aber, die bei einer komparativen Themenstellung in bezug auf die innenpolitische Entwicklung Deutschlands, Frankreichs und Großbritanniens neue Perspektiven eröffnen. So gibt es zwar für die in Deutschland traditionell hoch entwickelte Verfassungsgeschichte, die nicht zuletzt von juristischen Fragestellungen profitiert, in Frankreich oder Großbritannien keine exakte Analogie, dafür aber andere geschichtswissenschaftliche Zugänge, die wiederum dort sehr viel entwickelter sind, beispielsweise in Frankreich seit jeher eine stärkere Berücksichtigung demographischer, geographischer oder mentalitätsgeschichtlicher Problemstellungen, die der „longue durée" und folglich den „forces profondes" eine prominente Stellung einräumen.

Schwierigkeiten der Komparatistik

Der Gegenstand selbst führt auch bei analoger exemplarischer Fragestellung, nämlich nach der Fähigkeit der drei bedeutendsten europäischen Mächte, innenpolitische Krisen zu lösen, zu differierenden Forschungsansätzen: Da Großbritannien im fraglichen Zeitraum gar keinen Systemwechsel erlebte, die britische Monarchie auch nicht unterging – wie binnen einer Generation nacheinander das deutsche Kaiserreich, die Weimarer Republik, die nationalsozialistische Diktatur – und nicht einmal zeitweise seine territoriale Integrität und nationale Identität verlor – wie Frankreich zwischen 1940 und 1944 – kann die für die deutsche Geschichtsforschung zentrale Frage: „Warum scheiterte die Weimarer Demokratie?" gar keine Entsprechung haben. Und für Frankreich, dessen Vichy-Regime in der nationalen Perzeption ohne Sieg, partielle Okkupation und Besatzungsherrschaft durch das nationalsozialistische Deutschland kaum erklärbar ist, lautet deswegen die zentrale Frage eher: Was waren die Ursachen dafür, daß die Siegermacht von 1918/19 kaum mehr als zwei Jahrzehnte später dem im Ersten Weltkrieg besiegten Deutschland nahezu wehrlos ausgeliefert war: Wie kam es zu dieser „décadence"?

Für Großbritannien, wo weltpolitische Themen und solche der internationalen Beziehungen überhaupt durch keine aktuelle Mode je verdrängt wurden, spielte weniger die innere Schwäche im engeren Sinne eine Rolle, als die Frage nach den binnenwirtschaftlichen Gründen für den weltpolitischen und weltwirtschaftlichen Bedeutungsverlust der über Jahrhunderte hinweg führenden Großmacht. Insofern stellt sich auch das Problem des Appeasement, das in Großbritannien selbst, aber auch außerhalb, insbesondere in Deutschland, zu den zentralen Forschungsfeldern gehört, nicht allein als außenpolitische Thematik, sondern als Resultat innerer, vor allem ökonomischer Schwäche und Krise. Die Krise der europäischen Demokratien bezeichnet zwar einen gemeineuropäischen, übernationalen Tatbestand, der als solcher zu untersuchen ist, zugleich aber besaß jede dieser Krisen spezifische nationale Ursachen, Verlaufsformen und Ergebnisse: Auf sie konzentriert sich jeweils ein Großteil der Forschung, die dadurch mehr Intensität erlangt, aber von nationalen Verengungen auch nicht frei ist.

Wirtschafts- und sozialgeschichtliche Vergleiche

Empirisch fundierte Vergleiche erstrecken sich bisher nicht auf die jeweilige Gesamtgeschichte, sondern auf Teilbereiche oder Subsysteme, allerdings handelt es sich dabei fast immer um solche, die die Funktionsfähigkeit der Demokratien betreffen. So existieren vor allem im Bereich der Wirtschafts- und Sozialgeschichte Ansätze, etwa in bezug auf ökonomische Kriegsfolgen und amerikanische Wiederaufbauleistung in Europa [vgl. u. a. 113: CH. S. MAIER, Recasting Bourgeois Europe; 656: S. A. SCHUKER, The End of French Predominance; 657: ders., American „Reparations" to Germany] oder die Wirkungen der Weltwirtschaftskrise [vgl. u. a. 576: CH. P. KINDLEBERGER, Die Weltwirtschaftskrise, zuletzt für Deutschland, aber mit prinzipielleren Fragestellungen 586: T. BALDERSTON, The Origins and Course of the German Economic Crisis, womit in gewisser Weise das Grundlagenwerk 598: G. D. FELDMAN, The Great Disorder, fortgesetzt wird].

In diesen Zusammenhang gehören auch die wirtschaftsgeschichtlichen Untersuchungen, die europäische Orientierung mit Vergleichen und auf die einzelnen Staaten bezogenen Längsschnitten verbinden, allen voran Band V der von CARLO M. CIPOLLA und KNUT BORCHARDT herausgegebenen „Europäischen Wirtschaftsgeschichte" [573] sowie Band VI des von WOLFRAM FISCHER herausgegebenen und eingeleiteten „Handbuchs der europäischen Wirtschafts- und Sozialgeschichte" [575], schließlich als Gesamtschau zweier Autoren die „Sozial- und Wirtschaftsgeschichte Europas im 20. Jahrhundert" von GEROLD AMBROSIUS und WILLIAM H. HUBBARD [570] sowie das brillante Werk von D. S. LANDES [578: Unbound Prometheus].

Weiterhin liegen vergleichende Untersuchungen über Entstehung und Entwicklung des Sozialstaats durch GERHARD A. RITTER vor [vgl. v.a. 537: Der Sozialstaat, insbes. 102–144], der feststellt: „Die wichtigste Entwicklung in der Zwischenkriegszeit war die allmähliche Übernahme einer gewissen staatlichen Gesamtverantwortung für den *Arbeitsmarkt*" [ebd., 109]. Hierzu zählten beispielsweise staatliche Arbeitsbeschaffungsprogramme oder auch die Arbeitslosenunterstützung, deren Bedeutung angesichts der Massenarbeitslosigkeit in der

Weltwirtschaftskrise nur zu offensichtlich ist. Die Arbeitsmarktpolitik zählt im übrigen in bezug auf Großbritannien [vgl. 535: J. PAULMANN, Staat und Arbeitsmarkt in Großbritannien] und Deutschland – wo bei der Historischen Kommission zu Berlin eine ganze Reihe einschlägiger Studien veröffentlicht wurde [vgl. u. a. 515: K. C. FÜHRER, Arbeitslosigkeit] –, zu einem Schwerpunkt der Forschung.

Vergleichende Untersuchungen gelten auch der Geschichte der Arbeiterbewegung [vgl. etwa 546: K. TENFELDE (Hg.), Arbeiter und Arbeiterbewegung im Vergleich], kaum aber dem Bürgertum, wo es an einer umfassenderen Forschung selbst für einzelne Staaten wie Deutschland fehlt [vgl. 348: H. MÖLLER, Bürgertum]. Ansätze zum Vergleich existieren am ehesten für die unteren Mittelschichten [vgl. einzelne Beiträge in 525: R. KOSHAR (Hg.), Splintered Classes; sowie 532: H. MÖLLER/G. RAULET/A. WIRSCHING (Hg.), Gefährdete Mitte?, insbes. die Einleitung von A. WIRSCHING, 11–17, und den Beitrag von H. G. HAUPT, La petite bourgeoisie en France et en Allemagne dans l'entre-deux-guerres, ebd. 35–55; 523: J. KOCKA (Hg.), Angestellte im europäischen Vergleich; 524: ders., Angestellte zwischen Faschismus und Demokratie]. *Europäische Arbeiterbewegung*

Zwei Forschungsschwerpunkte der Historischen Kommission zu Berlin galten jedenfalls ansatzweise komparativen Studien, vor allem die Inflationsforschung, welche durch G. D. FELDMAN, C. L. HOLTFRERICH, G. A. RITTER und P.C. WITT inspiriert wurde, die gemeinsam die Reihe „Beiträge zu Inflation und Wiederaufbau in Deutschland und Europa 1914–1924" herausgaben: Zwar sind die Monographien dieser Serie vor allem auf Deutschland konzentriert, doch enthalten die Tagungsbände auch Beiträge zu europäischen Themen [vgl. vor allem Band 2: G. D. FELDMAN u. a. (Hg.), Die Erfahrung der Inflation im internationalen Zusammenhang und Vergleich. The Experience of Inflation. International and Comparative Studies, Berlin u. a. 1984 sowie Band 11: dies. (Hg.), Konsequenzen der Inflation. Consequences of Inflation, Berlin u. a. 1989]. Schließlich initiierte und leitete OTTO BÜSCH den Forschungsschwerpunkt über europäische Wahlforschung und Wählerbewegungen in der europäischen Geschichte, der zwar nicht auf die Zwischenkriegszeit beschränkt war, aber auch für sie wichtige methodische und empirische Erträge brachte [251: O. BÜSCH (Hg.), Wählerbewegung in der europäischen Geschichte; sowie 252: ders./P. STEINBACH (Hg.), Vergleichende europäische Wahlgeschichte]. *Vergleichende Inflationsforschung* *Vergleichende Wahlforschung*

Zahlreiche Beiträge zum deutsch-britischen Vergleich enthalten die von ADOLF M. BIRKE initiierten und mitherausgegebenen, jeweils einer vergleichenden Thematik gewidmeten Bände der Prinz-Albert-Studien, die sich zum Teil auch auf die Zwischenkriegszeit beziehen (bisher 13 Bände, München 1983–1996), darunter etwa „Deutscher und britischer Parlamentarismus", hg. von A. M. BIRKE und K. KLUXEN [247], ein Thema, dem sowohl GERHARD A. RITTER [282] als auch K. KLUXEN weiterführende Studien gewidmet haben [vgl. etwa Nr. 273: K. KLUXEN, Geschichte und Problematik des Parlamentarismus; sowie 272: ders. (Hg.), Parlamentarismus; zu diesem Problemkreis auch 279: H. MÖLLER, Parlamentarismus- *Vergleichende Parlamentarismusforschung*

Diskussion]. Die große, vergleichend angelegte Darstellung von FRIEDRICH GLUM [258: Das parlamentarische Regierungssystem] beruht auf einem vor allem juristisch und politikgeschichtlich angelegten Zugang und kann eine der heutigen Problemorientierung entsprechende Untersuchung nicht ersetzen, zumal ihr beispielsweise jede parteigeschichtliche Fundierung und allgemeine politische Einordnung fehlt. Das ungleich umfassender angelegte Werk von KLAUS VON BEYME [245: Die parlamentarischen Regierungssysteme] ist in erster Linie politikwissenschaftlich orientiert und im historischen Teil für die Zwischenkriegszeit äußerst knapp.

Diesem Themenkreis gelten im übrigen auch Forschungen zu den einzelnen Staaten, war doch das Scheitern der Demokratien die Voraussetzung für die Etablierung der Diktaturen. In bezug auf die hier exemplarisch skizzierte unterschiedliche Fähigkeit der drei größten demokratischen Staaten Europas nach dem Ersten Weltkrieg zur Lösung von Krisen zeigen sich die geschilderten Schwierigkeiten komparativer Forschung massiv, zugleich aber auch die Notwendigkeit, sie zu überwinden.

Die britische Krise   Für den fraglichen Zeitraum liegen jeweils konkurrierende, unterschiedlich akzentuierte Gesamtdarstellungen für die einzelnen Länder vor, die allerdings auf national spezifische Weise periodisiert sind: Während etwa das 1955 veröffentlichte Werk von C. L. MOWAT [171] noch die Zwischenkriegszeit Großbritanniens von 1918 bis 1940 behandelt, konzentriert A. J. P. TAYLOR seine „English History" auf die Jahre 1914–1945 [174], bezieht also wie etwa JOHN STEVENSONS bedeutende Sozialgeschichte, deren Schwerpunkt auf dem sozialen Wandel liegt, ebenfalls die beiden Kriege ein [544: J. STEVENSON, British Society 1914–1945]. Andere Untersuchungen, beispielsweise SIDNEY POLLARDS Wirtschaftsgeschichte erstrekken sich sogar noch auf die Zeit nach dem zweiten Krieg [624: Development of the British Economy]. Diese Akzentsetzung ergibt sich aus verschiedenen Gründen, zum einen der erwähnten methodischen Unmöglichkeit, mittel- und längerfristige ökonomische und gesellschaftsgeschichtliche Trends in politisch definierten, begrenzten Zeiträumen zu fassen, zum anderen aber, weil das Kriegsende 1918 in Großbritannien keine Revolution und keinen Systemwechsel brachte.

Die Endphase der 3. Republik in Frankreich   Dies gilt auch für Frankreich, wo von JACQUES CHASTENET [159], EDOUARD BONNEFOUS [158], CHARLES BLOCH [157], JEAN-PIERRE AZÉMA und MICHEL WINOCK [151], bis zur jüngsten Darstellung von JEAN-YVES MOLLIER und JOCELYNE GEORGE [163] die meisten Autoren nicht den Krieg als Periodisierungskriterium wählen, sondern die Integrität von Staatsform und Regierungssystem: Insofern betrachten sie die Dritte Republik als Einheit. Davon weichen aus den genannten Gründen vor allem viele wirtschafts-, sozial-, kultur- und mentalitätsgeschichtliche Studien ab, allerdings auch einige jüngere Reihenwerke: So RENÉ RÉMOND in der von JEAN FAVIER herausgegebenen „Histoire de France" mit dem Band „Notre siècle de 1918 à 1991" [164] und MAURICE AGULHON [150: La République de Jules Ferry à François Mitterand] sowie die anders angelegte Reihe „Nouvelle Histoire de la France contemporaine", von der drei Bände die Zwi-

2. Die Krise der europäischen Demokratien und der Aufstieg diktatorischer Systeme 151

schenkriegszeit behandeln, ohne sich indes an diese Chronologie zu halten [154, 156, 152].

Will RÉMOND eine Geschichte Frankreichs im 20. Jahrhundert erzählen und geht in Übereinstimmung mit der Historiographie anderer Länder, etwa der deutschen, davon aus, daß der Erste Weltkrieg das „lange" 19. Jahrhundert abschloß und diese „Ur-Katastrophe" das 20. einleitete, so orientiert sich AGULHON mit einem zwar einleitend begründeten, aber gleichwohl etwas willkürlichen Beginn am Kriterium der republikanischen Staatsform, als die Ideen von 1789 in bezug auf diese politisch realisiert worden seien und für sechzig Jahre Stabilität erlangt hätten.

Die Autoren der „Nouvelle Histoire de la France contemporaine" aber entscheiden sich für einen dezidiert problemorientierten Zugang, der nicht zuletzt neuere Forschungstendenzen bezeichnet, indem sie Weltkrieg und zwanziger Jahre einerseits, die dreißiger Jahre andererseits im Zusammenhang behandeln und die Vorkriegszeit seit der Münchner Konferenz 1938 mit dem Vichy-Regime zusammenfassen. So trägt der Band von JEAN-JACQUES BECKER und SERGE BERSTEIN den bezeichnenden Titel „Victoire et frustrations 1914–1929" [154], der folgende ist ebenso aufschlußreich betitelt und heißt in der von DOMINIQUE BORNE und HENRI DUBIEF umgearbeiteten Ausgabe „La crise des années 30, 1929–1938" [156]; der dritte schließlich, dessen Autor JEAN-PIERRE AZÉMA ist, läßt ebenfalls in der Titelgebung die Problemorientierung erkennen: „De Munich à la Libération, 1938–1944" [152].

Die deutsche, aber auch die internationale Historiographie über das Deutschland der Zwischenkriegszeit nimmt – von wirtschafts- und sozialgeschichtlichen Werken abgesehen – nahezu einhellig eine Zweiteilung vor. Sie bewertet die politischen Einschnitte 1918/19, 1933 und 1945 als schlechthin fundamental, da sie den unaufhebbaren Gegensatz von Demokratie und Diktatur bezeichnen. Allein hieraus ergibt sich eine andere nationale Periodisierung und eine eigene Problemorientierung. Sieht man von wenigen Ausnahmen ab, etwa dem dritten Band von HAJO HOLBORNS „Deutsche Geschichte in der Neuzeit", der „Das Zeitalter des Imperialismus (1871–1945)" [142] behandelt, oder GORDON A. CRAIGS „Deutsche Geschichte 1866–1945" [139], so entscheiden sich die Autoren von Gesamtdarstellungen nahezu immer für eine geschlossene Behandlung der Weimarer Republik oder der nationalsozialistischen Diktatur. Das schließt nicht aus, in Übereinstimmung mit der Einzelforschung – beginnend mit KARL DIETRICH BRACHERS noch heute gültigem Fundamentalwerk „Die Auflösung der Weimarer Republik" [467] bis zu GERHARD SCHULZ' gewichtigen Forschungen „Zwischen Demokratie und Diktatur" [287, Band 2 und 3] – für die Zeit der Präsidialkabinette 1930 bis 1932/33 eigene Akzente zu setzen und den Systemwandel zu betonen. Und ähnliches gilt für die Veränderung Deutschlands nach 1939, also unter den Bedingungen des Weltkriegs. Doch bleiben auch dann die grundsätzlichen Einschnitte bestehen, wenn einzelne Phasen der jeweiligen Gesamtperiode unterschieden werden. Solche Epochengrenzen schließen die Frage nach Kontinuitäten

Die Auflösung der Weimarer Republik und die Begründung der nationalsozialistischen Diktatur

keineswegs aus, die über das Ende des Weltkrieges und insbesondere die nationalsozialistische Revolution 1933 hinweg wirksam blieben [vgl. stellvertretend die grundsätzlichen Reflexionen von T. NIPPERDEY in 119: 1933 und die Kontinuität der deutschen Geschichte].

Dieses historiographische Grundmuster, das Kontinuität und Diskontinuität in ein angemessenes Verhältnis rückt, speist sich aus der historischen Erfahrung der Deutschen, für deren Mehrheit sich aus dem Dualismus von Demokratie und Diktatur mit der Demokratiegründung in Westdeutschland nach dem Zweiten Weltkrieg ein antitotalitärer Grundkonsens ergab, der für die ersten Nachkriegsjahrzehnte auch die Forschung beeinflußte [vgl. dazu H. MÖLLER, Die Weimarer Republik in der zeitgeschichtlichen Perspektive der Bundesrepublik Deutschland, in: 138: K. D. BRACHER/M. FUNKE/H.-A. JACOBSEN (Hg.), Die Weimarer Republik, 587–616].

Aus solcher jeweils national geprägten Perspektive resultieren allein schon Probleme für die komparative Erforschung, muß sie doch anders, als dies bei den erwähnten sektoralen Vergleichen der Fall ist, für die Analyse der unterschiedlichen Krisenlösungsfähigkeit in europäischen Staaten jeweils das gesamte politische, gesellschaftliche, ökonomische System und die internationale Konstellation einbeziehen.

Parlamentarismus und Parteienstaat in Deutschland und Frankreich

Aus der differenten Grundkonstellation entwickelten sich Forschungstraditionen, die beispielsweise schon den Vergleich der Parteiensysteme selbst dann schwierig machen, wenn – wie im Falle Deutschlands und Frankreichs – die Analogien überwiegen. So hat sich teilweise im Kontext der erwähnten Verfassungsgeschichtsschreibung, zum Teil aber auch im Hinblick auf ideologie-, organisations- oder sozialgeschichtliche Fragestellungen in Deutschland eine ausgeprägte politik- und geschichtswissenschaftliche Parteienforschung entwickelt, die für die meisten Parteien der Weimarer Republik einen beachtlichen Ertrag erbracht hat. Zahlreiche grundlegende Studien und Quellen hat die Kommission für Geschichte des Parlamentarismus und der politischen Parteien in Bonn veröffentlicht, deren Gründung und Zielsetzung 1951 nicht zuletzt durch das Scheitern des parteienstaatlichen Parlamentarismus von Weimar und seine Neugründung 1949 inspiriert wurde. Eine solche Forschungsaufgabe wurde in bezug auf die Dritte Republik nicht auf vergleichbare Weise in Angriff genommen, dazu war die historische Ausgangslage zu unterschiedlich.

Zwar existieren grundlegende Werke zur Parteienforschung, beginnend mit dem Klassiker von MAURICE DUVERGER [312: Die politischen Parteien] oder auch Überblicksdarstellungen wie die von FRANÇOIS GOGUEL [316: La politique des partis sous la IIIe République], doch sind sie eher soziologisch bzw. politikwissenschaftlich orientiert. Eine empirisch fundierte moderne Geschichte der französischen Parteien existiert für die Zwischenkriegszeit nicht, in Deutschland ist die Zeit der Weimarer Republik immerhin durch eine Reihe von Übersichtsdarstellungen intensiv einbezogen, wenngleich auch hier eine den modernen Kenntnisstand wirklich zusammenfassende Darstellung fehlt. Dies gilt umsomehr, als eine überaus reiche parteigeschichtliche Einzelforschung in den letzten Jahrzehnten diese notwendig macht.

Auch in bezug auf die einzelnen Parteien ist die Erforschung signifikant unterschiedlich: Für Deutschland insgesamt sind sowohl die politische Mitte als auch die Extreme intensiv erforscht worden – mit der grotesken Ausnahme, daß eine aufgrund der heute verfügbaren Quellen und Problemstellungen erarbeitete moderne Geschichte der NSDAP für den gesamten Zeitraum der Weimarer Republik fehlt. Für Frankreich ist die Kommunistische Partei, zum Teil angestoßen durch zahlreiche Pionierstudien von Annie Kriegel, besser und umfassender untersucht worden als alle anderen [vgl. u. a. 330a: A. KRIEGEL, Aux origines du communisme français; allerdings erschienen in den letzten Jahren auch wichtige Arbeiten über einige kleinere, insbesondere extremistische Parteien bzw. Gruppen, darunter in erster Linie faschistische bzw. faschistoide: Nach den frühen, 1962 bzw. 1963 veröffentlichten großen Werken von EUGEN WEBER [460: L'Action Française] sowie ERNST NOLTE [430: Der Faschismus in seiner Epoche] hat seit den 1980er Jahren eine intensivere Forschung eingesetzt [vgl. grundsätzlich 427: K.-J. MÜLLER, Protest – Modernisierung – Integration; 446: Z. STERNHELL, Ni droite, ni gauche; 425: P. MILZA, Fascisme français u. a.]. Dabei hat sich über die Angemessenheit des Begriffs Faschismus eine kontroverse Diskussion entwickelt [vgl. dazu 437: A. C. PINTO, Fascist Ideology Revisited; auch 422: G. MERLIO (Hg.), Ni gauche, ni droite]. Für Großbritannien hat sich zuletzt ARND BAUERKÄMPER mit analogen Themen befaßt [388].

Einzelne politische Strömungen und Parteien

Für die Sozialisten (SFIO) beispielsweise fehlt eine umfassende moderne geschichtswissenschaftliche Untersuchung [am eingehendsten 331: G. LEFRANC, Le Mouvement Socialiste], während sie für die Geschichte der SPD in dem dreibändigen Werk von HEINRICH AUGUST WINKLER geleistet worden ist [381, 382, 383]. Aber auch die Parteien der bürgerlichen Mitte sind nur vereinzelt erforscht, sofern sie nicht in die großangelegten Werke zur „Rechten" einbezogen wurden, etwa in die die Zeit von 1815 bis zur V. Republik umfassende – und deshalb für die Zwischenkriegszeit nicht sehr ausführliche – klassische Darstellung von René Rémond [358: Les Droites en France] bzw. das große dreibändige von JEAN-FRANÇOIS SIRINELLI herausgegebene Werk [364: Histoire des droites en France]. Für den Parti Radical liegt die „Histoire du Parti Radical" von SERGE BERSTEIN [303] vor. JEAN-MARIE MAYEUR untersuchte die christlichen Gruppierungen, die allerdings angesichts des laizistischen Grundzugs der Dritten Republik keinen der Zentrumspartei in der Weimarer Republik vergleichbaren Einfluß besaßen [343: Des partis catholiques à la démocratie chrétienne], von ihm stammt auch eine übergreifende Darstellung des politischen Lebens in Frankreich während der Dritten Republik [162: La vie politique sous la Troisième République].

Da aber die Regierungen – abgesehen von der Volksfrontregierung Léon Blum, die durch biographische Studien, Quellensammlungen, Chroniken, intensive französische, britische und amerikanische Forschungen sowie ein umfangreiches

Volksfront in Frankreich

Handbuch [275: G. LEFRANC, Histoire du Front populaire; 267: J. JACKSON, Popular Front] erschlossen ist – überwiegend aus der politischen Mitte bis zur SFIO gebildet wurden, sind Untersuchungen in diesem Bereich von besonderer Bedeutung: Dies demonstriert vor allem die umfangreiche Studie von NICOLAS ROUSSELLIER [285: Phénomène de majorité; vgl. auch 286], der chronologisch und im Hinblick auf die politische „Wachablösung" JEAN-NOËL JEANNENEY [269: Leçon d'histoire pour une gauche au pouvoir] folgt.

<small>Föderalismus, Regionalismus und die Krise der Demokratie in Deutschland</small>

Wenn schon die Forschungssituation in den einzelnen Staaten sich so ungleichgewichtig entwickelt hat, muß dies naturgemäß den Vergleich erschweren, zumal für die deutsche Geschichte der Föderalismus bis 1933 (und nach 1945) eine wesentliche Funktion besaß [vgl. u. a. 280: T. NIPPERDEY, Der Föderalismus in der deutschen Geschichte; H. MÖLLER, Regionalismus und Zentralismus in der neueren Geschichte, in 488: DERS./A. WIRSCHING/W. ZIEGLER (Hg.), Nationalsozialismus in der Region, 9–22; 112: G. LOTTES (Hg.), Region, Nation, Europa], die wiederum mit dem Regionalismus im französischen Zentralstaat nicht vergleichbar ist. Beide Phänomene ähneln auch nicht dem für Großbritannien außerordentlich bedeutsamen Irlandproblem, selbst die eigenen Traditionen von Schottland und Wales führten nicht zu einer föderativen staatlichen Struktur wie in Deutschland [vgl. dazu die parallele Behandlung in 248: A. M. BIRKE/H. WENTKER (Hg.), Föderalismus im deutsch-britischen Meinungsstreit].

Für die Weimarer Republik war diese indes charakteristisch und wurde zu einem politischen Dauerthema der Debatte über die Reichsreform [vgl. dazu grundlegend 287: G. SCHULZ, Zwischen Demokratie und Diktatur, Band I]. Der sog. Preußenschlag des Reichskanzlers von Papen am 20. Juli 1932 versetzte der föderativen Grundstruktur den Todesstoß, beseitigte den politischen Dualismus von deutschnationaler Reichsleitung und Weimarer Koalition in Preußen [vgl. dazu 278: H. MÖLLER, Parlamentarismus in Preußen] und bedeutete einen nicht zu unterschätzenden Schritt zur nationalsozialistischen Machtergreifung, die selbstverständlich zu den außerordentlich intensiv bearbeiteten Forschungsthemen seit dem Grundlagenwerk von KARL DIETRICH BRACHER, WOLFGANG SAUER und GERHARD SCHULZ von 1962 [469] zählt. Für diese Themen, wie auch den Beginn der Weimarer Republik, also die Erforschung der Revolution 1918/19, die jahrelang die Diskussion bestimmt hatte, gibt es ebensowenig wie für das zentrale Problem der nationalsozialistischen Herrschaftsstruktur Analogien zur französischen oder britischen Geschichte, deren Krisenphänomene man geradezu komplementär untersuchen könnte, eben als ihre Meisterung und damit Vermeidung der Diktatur.

<small>Vergleichende Erforschung französischer und deutscher Eliten zwischen den Kriegen</small>

Diese wenigen Beispiele zeigen fundamentale Differenzen, die konstatiert, aber nicht phänomenologisch, sondern nur wirkungsgeschichtlich sinnvoll verglichen werden können.

Die Analogien liegen in den Krisenphänomenen selbst, beispielsweise den gesellschaftlichen und politischen Vorbedingungen von Parlamentarismus und Parteiensystem sowie in ihrer Funktionsweise, der wirtschaftlichen und sozialen

2. Die Krise der europäischen Demokratien und der Aufstieg diktatorischer Systeme   155

Entwicklung im allgemeinen sowie der Arbeitslosigkeit im besonderen. Diese Aufgabe ist zwar seit längerem erkannt, aber nur rudimentär gelöst worden. So hat OSWALD HAUSER schon 1969 einen Sammelband mit Vorträgen zum Thema „Politische Parteien in Deutschland und Frankreich 1918–1939" [323] veröffentlicht, was verdienstvoll war, aber schon damals an die auch später oft zu beobachtenden Grenzen stieß: Die meisten Beiträge behandeln entweder Deutschland oder Frankreich und bieten folglich keine komparatistische Analyse. Dies aber ist das Ziel einer zweibändigen Aufsatzsammlung über „Eliten in Deutschland und Frankreich im 19. und 20. Jahrhundert", herausgegeben von RAINER HUDEMANN und GEORGES-HENRI SOUTOU bzw. LOUIS DUPEUX, RAINER HUDEMANN und FRANZ KNIPPING [511]. Sie enthält weiterführende Beiträge insbesondere über kulturelle, wirtschaftliche, militärische, diplomatische und politische Eliten.

Ein vergleichendes Forschungsvorhaben des Instituts für Zeitgeschichte untersucht an ausgewählten, aber komplementären Einzelthemen die gesellschaftliche Entwicklung und den politischen Extremismus am Beispiel der beiden metropolitanen Ballungsräume Berlin und Paris [464: A.WIRSCHING, Vom Weltkrieg zum Bürgerkrieg?] sowie in noch laufenden Arbeiten das agrarische Gegenstück, die soziale und politische Entwicklung in der Provinz, exemplarisch konzentriert auf Franken und die Corrèze (MANFRED KITTEL), die Abgeordneten (und ihr Politikverständnis) von Assemblée Nationale und Reichstag unter Einschluß eines Vergleichs außerparlamentarischen, exekutiven Krisenmanagements der Notverordnungen bzw. der „Décrets lois" (THOMAS RAITHEL). Allerdings steht für die Weimarer Republik noch immer der Band des „Handbuchs der Geschichte des deutschen Parlamentarismus" über den Reichstag aus, was die vergleichende Untersuchung erschwert. Schließlich wird die politische Mitte in beiden Ländern erforscht (DANIELA NERI). Diese Studien sind Teil eines größeren thematischen Zusammenhangs, stehen sie doch unter der Leitfrage nach der Instabilität der europäischen Demokratien zwischen den Kriegen, für die weitere komparative Studien sowohl im deutsch-französischen als auch im weiteren übernationalen Rahmen erforderlich sind. Einen instruktiven Vergleich der stadtspezifischen Lebensbereiche, Erscheinungsformen und Kultur zweier europäischer Weltstädte bietet der von PETER ALTER herausgegebene Band [500: Im Banne der Metropolen].

Komparative Untersuchung politischer Strukturen in Deutschland und Frankreich

Nicht nur die erwähnten realhistorischen sowie darauf beruhenden historiographischen Unterschiede stellen ein Problem dar, sondern auch die Chronologie und die tatsächlichen historischen Resultate, die nationalsozialistische Diktatur auf der einen, das Vichy-Regime auf der anderen Seite. Geht es auch weniger um die historischen Konsequenzen der Krise in beiden Ländern, als um diese selbst und die Fähigkeit oder Unfähigkeit, sie zu meistern, so führt doch allein schon die im Vergleich zu Deutschland und Großbritannien sich später und gemäßigter auswirkende Weltwirtschaftskrise und die erheblich geringere Arbeitslosigkeit zu einer anderen Forschungslage: So zählen die 1930er Jahre als Jahre der Krise mit dem Volksfront-Experiment, dem Weg nach Vichy und in die Niederlage zu einem zunehmend bevorzugten Forschungsfeld der französischen, aber auch der inter-

Der Weg nach Vichy

nationalen Geschichtsforschung über die letzten Jahrzehnte der Dritten Republik. Eines der letzten größeren Werke zu diesem Thema verfaßte der amerikanische Historiker EUGEN WEBER [165: La France des années 30], nachdem schon zuvor einige große Biographien veröffentlicht worden waren, die ebenfalls die „décadence" Frankreichs und das Ende der Dritten Republik behandeln, so die Biographien über Léon Blum von JEAN LACOUTURE [989], GILBERT ZIEBURA [990; erfaßt nicht die Volksfrontzeit und reicht nur bis 1934], neuerdings ILAN GREILSAMMER [988]; über Pierre Laval von FRED KUPFERMAN [1029] und JEAN-PAUL COINTET [1028] sowie über Edouard Daladier von ELISABETH DU RÉAU [1003].

Ohne Zweifel erscheinen diese Jahre auch unter innenpolitischem, sozialem und ökonomischem Aspekt als Jahre der Krise, einer Krise, die nicht mehr zeitgleich mit der deutschen war, wo sie bereits 1933 in die Diktatur geführt hatte, die zur gleichen Zeit bereits zentrale Probleme gelöst zu haben schien, als die Krise in Frankreich erst gravierende Ausmaße annahm.

Die französische Forschung hat im übrigen neben den Untersuchungen, die der politischen Entwicklung und Krise gewidmet sind, zeitgleich immer auch großangelegte Studien zu anderen Themen durchgeführt, vor allem zur Bevölkerungsgeschichte, zur Kultur- und Bildungsgeschichte, zur Geschichte der öffentlichen Meinung, zur Geschichte des ländlichen bzw. des städtischen Frankreich, zur Geschichte der Kirche und der Religion – um nur diese Themen zu nennen. Zu erwähnen sind auch großangelegte wirtschaftsgeschichtliche Darstellungen, beispielsweise von ALFRED SAUVY [631: Histoire économique], FRANÇOIS CARON [592: Histoire économique] sowie die Beiträge in dem entsprechenden von BRAUDEL und LABROUSSE herausgegebenen Band der „Histoire économique et sociale de la France" [590]. Für manche einschlägigen Werke von Rang gibt es in Deutschland kein Pendant, genannt seien nur Bücher wie das von ANTOINE PROST „Les anciens combattants et la société française 1914–1939" [536] oder von JEAN-FRANÇOIS SIRINELLI „Générations intellectuelles. Khâgneux et normaliens dans l'entredeux-guerres" [541]. Diese Werke behandeln neben geschichtsmächtigen Traditionen, Institutionen und Mentalitäten auch deren Erschütterung in der Zwischenkriegszeit, die ihrerseits zur Erklärung der Krise der immerhin seit 1870/75 bestehenden Dritten Republik beiträgt. Zugleich aber demonstrieren sie, wie solche Traditionen die Stabilität in der Instabilität fördern.

Gesellschaftlicher Wandel in Großbritannien

Diese Thematik spielt auch für die britische Geschichte der Zwischenkriegszeit eine wesentliche Rolle, wenngleich ein erheblicher Teil der Forschung der internationalen Politik Großbritanniens, seiner Rolle in der Welt einschließlich der Kolonialpolitik bzw. europäischen Politik gewidmet ist. Überhaupt ist das Spannungsverhältnis von sozialer Traditionsbindung und gesellschaftlichem Wandel ein wesentliches Thema der ohnehin außerordentlich üppigen, alle Bereiche, auch die Alltagsgeschichte, einbeziehenden sozialgeschichtlichen Forschung in Großbritannien. Wie in Frankreich finden dabei auch die bürgerlichen Schichten ein breiteres Interesse, während sich dieses in Deutschland lange Zeit auf die Frage zugespitzt und reduziert hatte, wie sie sich zum Nationalsozialismus verhalten haben.

2. Die Krise der europäischen Demokratien und der Aufstieg diktatorischer Systeme   157

Stellvertretend für neuere Darstellungen sei neben dem Buch von J. STEVENSON [544] und R. GRAVES/A. HODGE [516: Long Weekend] die mehr interpretativ-soziologische, an langfristigen Trends orientierte Studie von A. H. HALSEY genannt [518: Change in British Society], der das ganze 20. Jahrhundert durchmißt. Im Hinblick auf die Entwicklung des Wahlverhaltens wird diese Interpretation durch D. E. BUTLER und D. STOKES [291: Political Change in Britain] ergänzt. D. E. BUTLER, „The Electoral System in Britain since 1918" [253] bietet nicht allein Informationen über das Wahlrecht, sondern auch über alle allgemeinen Wahlen.

Die Wahlforschung ist seit den 1970er Jahren im übrigen im Hinblick auf den Bedeutungsverlust des Liberalismus und den Aufstieg des Nationalsozialismus auch für die Geschichte der Weimarer Republik zentral geworden [vgl. u. a. 475: J. W. FALTER, Hitlers Wähler; 278: H. MÖLLER, Parlamentarismus in Preußen; 347: ders., Weimarer Parteiendemokratie]. Dabei behielt die Persönlichkeitswahl aufgrund des Mehrheitswahlsystems für Großbritannien eine stärkere Bedeutung; für Frankreich gilt Analoges, zumal für die meisten Parteien der Mitte und Rechten der Honoratiorencharakter und die stärkere personelle Kontinuität der politischen Elite auffällig ist und in der Forschung auch entsprechende Ansätze vorliegen. Wahl-, Eliten- und Parteienforschung in Deutschland und Großbritannien

Demgegenüber bedarf der Wandel der politischen Eliten vom Kaiserreich über die Weimarer Republik und die nationalsozialistische Diktatur bis in die Jahrzehnte nach 1945 intensiverer, auch komparativer Analyse. Historische Elitenforschung aber steckt in Deutschland – anders als in Frankreich und England – trotz des frühen Anstoßes durch die soziologische Studie von WOLFGANG ZAPF [554: Wandlungen der deutschen Elite] noch in den Anfängen und ist selbst für die parlamentarisch-parteipolitischen Gruppen nur partiell erfolgt. Für Großbritannien liegen unter anderem die Werke von J. F. S. ROSS „Parliamentary Representation" [284], W. L. GUTTSMAN [517: British Political Elite] und P. STANWORTH/A. GIDDENS [543: Elites and Power] vor. [Vgl. stellvertretend zu Deutschland: 350: R. MORSEY, Die deutsche Zentrumspartei 1917–1923, 149 ff., 559 ff.; 278: H. MÖLLER, Parlamentarismus in Preußen, 226–315; 366: J. STANG, Die Deutsche Demokratische Partei in Preußen 1918–1933, 107 ff, 191 ff.; 977: M. SCHUMACHER (Hg.), M.d.R. Die Reichstagsabgeordneten der Weimarer Republik in der Zeit des Nationalsozialismus; sowie allgemeiner unter Berücksichtigung auch der Politiker für die Emigration: 972: Biographisches Handbuch der deutschsprachigen Emigration nach 1933]. Die in Deutschland im Vergleich zu Großbritannien und Frankreich geringere politische Widerstandskraft gegenüber totalitärer Versuchung müßte auch unter diesem Doppelaspekt der Verminderung der Traditionsbindung und des Elitenwandels infolge von Krieg, Revolution und Emigration erforscht werden, wobei die in der Geschichtswissenschaft vielfach konstatierte Parteienzersplitterung für die Zeit bis 1933 Ausdruck dieser Situation ist.

Zu den klassischen Domänen in der Forschung zur britischen Geschichte zählt wie in Deutschland auch die Parteigeschichte, die schon mit R. T. MACKENZIE [339: Politische Parteien in England] eine auf das Machtgefüge zwischen den Konservativen und der Labour Party bezogene klassische Darstellung gefunden hatte und durch weitere Studien zur Parteigeschichte, aber auch zur Entwicklung des Parlamentarismus ergänzt wird. Dabei spielte der Bedeutungsverlust des Liberalismus – der mit dem Ersten Weltkrieg, also mehr als ein Jahrzehnt vor der analogen Entwicklung in Deutschland – einsetzte [vgl. 380: T. WILSON, Downfall], ebenso eine Rolle wie der Aufstieg der Labour Party, die wie in Deutschland, wenn auch fünf Jahre später, erstmals in der Nachkriegszeit in die Regierung kam [vgl. etwa 344: MCKIBBIN, Evolution of the Labour Party; 346: R. MILIBAND, Parliamentary Socialism; 353: B. PIMLOTT, Labour and the Left]. Insgesamt hat sich die Parteien- und Parlamentarismusforschung stärker politologisch entwickelt und hat – beispielsweise in bezug auf die Konservativen – eher einen Schwerpunkt im 19. Jahrhundert als in der Zwischenkriegszeit. Dies gilt vor allem für die Konservative Partei [vgl. zu ihr u. a. 305: R. A. BUTLER (Hg.), The Conservatives; 304: R. BLAKE, Conservative Party; 336: T. F. LINDSAY, Conservative Party 1918–1970].

Charakteristisch ist für die Parteigeschichte die insgesamt reichhaltige biographische Forschung, auch die Regierung ist Gegenstand verschiedener Darstellungen geworden, u. a. durch F. M. G. WILLSON [295: Organization of British Central Government]. Insgesamt ist die innenpolitische Untersuchung der britischen Zwischenkriegszeit nach 1945 nicht in vergleichbarem Maße expandiert wie in Deutschland und Frankreich, zumal die Materialbasis durch viele ältere Werke schon recht groß war. Daneben spielen Untersuchungen zu den Trade Unions, den Industrial Relations, zum Welfare State und zum Poor Law eine wichtige Rolle, zumal sie mit Forderungen der Labour Party bzw. der Gewerkschaftsbewegung verbunden waren. In solchen Zusammenhängen kommt auch für die Interpretation der britischen Geschichte der fatalen Wirkung der Weltwirtschaftskrise und der hohen Arbeitslosigkeit eine erstrangige Bedeutung zu. Dies gilt im Hinblick auf die Stabilität der Demokratie vor allem auch dem Konfliktaustrag, für den der Generalstreik von 1926 eine Schlüsselfunktion gewann. Für diese Vorgänge existieren deswegen analoge Forschungsbemühungen wie für die Streikbewegungen der Weimarer Republik, allerdings keine vergleichende Analyse.

Der Generalstreik von 1926 und die britische Krise

Die englische Geschichtswissenschaft bewertet den neuntägigen Generalstreik von 1926 als eine der zentralen Krisen in der britischen Geschichte, manche Autoren wie ALAN BULLOCK in seiner großen Biographie über Ernest Bevin [A. Bullock, The Life and Times of Ernest Bevin. Band I: Trade Union Leader. 1881–1940, London 1969] sehen in ihm fast den Auslöser einer Revolution, tatsächlich ging seine Bedeutung weit über den bloßen Tarifkonflikt im Kohlebergbau, der ihn auslöste, hinaus. Im Generalstreik von 1926 kam zum Ausdruck, daß die Nachkriegsdepression auf einen Höhepunkt gelangt war: Sinkende Löhne und steigende Arbeitslosigkeit gehörten zu den täglich fühlbaren Begleiterscheinungen, allein von 1925 bis 1926 war die Kohleförderung in Großbritannien von 243,2 Millionen Tonnen auf 126,3 Millionen gesunken, der Kohleexport im gleichen Zeitraum von 50,8 Millionen Tonnen auf 20,6. In dieser Situation wurde der Generalstreik, nicht ohne ideologischen Rückgriff auf deutsche und französische Theo-

2. Die Krise der europäischen Demokratien und der Aufstieg diktatorischer Systeme 159

retiker des Syndikalismus, beispielsweise Karl Kautsky, zur politischen Waffe. Es wäre „eine reizvolle Aufgabe", nach den Wirkungen des Generalstreiks, der scheiterte und doch die Sozialpartnerschaft in Großbritannien nachhaltig beeinflußte, auf das Verhalten von Gewerkschaften und SPD nach 1930 in Deutschland zu fragen, etwa aus Anlaß des sog. Preußenschlags 1932, als die Mehrheit in der jeweiligen Führung einen Generalstreik für aussichtslos hielt. Ebenso aufschlußreich könnte ein Vergeich mit den Generalstreiks in Frankreich 1934 und 1938 sein: „Eine unübersehbare Schwäche der Arbeiten britischer Historiker zum „Generalstreik" von 1926 ist es, die Vorgänge ganz aus der nationalen Perspektive zu sehen und internationale Querverbindungen und Folgewirkungen nicht in den Blick zu nehmen", konstatiert aufgrund dieser programmatischen Anregung zutreffend PETER ALTER [501: Der britische Generalstreik von 1926 als politische Wende; die Zitate 115, 116]. Diesem Einwand wird in dem von K. TENFELDE herausgegebenen Band [546: Arbeiter und Arbeiterbewegung im Vergleich] durchaus Rechnung getragen, allerdings liegt der Schwerpunkt der Beiträge auf dem 19. Jahrhundert bzw. auf historiographischen Fragen.

Auch Großbritannien ist nach einem schon seit den 1920er Jahren geflügelten Wort in einer Krise gewesen, die „englische Krankheit" [vgl. 506: A. M. BIRKE] seitdem immer wieder thematisiert worden. Dabei hat die Forschung sich auch um die inneren Ursachen gekümmert [vgl. dazu stellvertretend 538: K. ROHE und G. SCHMIDT (Hg.), Krise in Großbritannien?]. Eine minutiöse Analyse der Regierungs- und Parteipolitik vom Generalstreik 1926 bis zur „national crisis" 1930 – 1932, die im Gefolge der Weltwirtschaftskrise eine extreme Zuspitzung der ökonomischen und politischen Probleme brachte, bietet nun das umfangreiche Werk von PHILIP WILLIAMSON [176: National Crisis]. Er zeigt, wie die Konservativen durch ein stringentes Wirtschaftsprogramm (Steuerverminderung, Sparmaßnahmen, Reform der Arbeitslosenversicherung) den in sich gespaltenen Liberalen den Rang abliefen und sich auch gegen die Labour Party durchsetzten: Daraus folgte eine langfristige Prägung der parteipolitischen Konstellation in Großbritannien, in der die Liberalen keine entscheidende Rolle mehr spielten. Von Interesse ist aber auch, wie die Bankenkrise in Deutschland und Österreich 1931 haushalts- und währungspolitische Auswirkungen auf Großbritannien gewann und somit die dortige innenpolitische Krise offensichtlich machte. Anders als in Deutschland, wo Brünings Sparpolitik sowohl parteipolitisch als auch in der öffentlichen Meinung unpopulär war, erntete die dezidiert konservative Wirtschaftspolitik des „national government" in England Zustimmung.

Neben anderen Problemen geht es um die besondere Flexibilität des britischen politischen Systems, die die Krisenlösungskapazität erhöhte [vgl. insbesondere dazu G. SCHMIDT, in 538: K. ROHE/G. SCHMIDT (Hg.), Krise in Großbritannien?, 55–88]. Wie in der französischen Forschung die „décadence" der 1930er Jahre einen prominenten Platz einnimmt, so in der britischen und internationalen Englandforschung die Appeasementpolitik, die – wie erwähnt – einen doppelten Schwerpunkt hat, den innen- und den außenpolitischen [vgl. dazu stellvertretend

836: G. SCHMIDT, England in der Krise, sowie unten Kap. 5]. Auf der Grundlage des Niedergangsbewußtseins entstand geradezu eine „Krisenliteratur" [vgl. dazu: W. KRIEGER, Die britische Krise in historischer Perspektive, in: HZ 247 (1988) 585–602], die beide Dimensionen verbindet, wenngleich bis hin zu PAUL KENNEDYS großangelegter universalgeschichtlicher Interpretation [104] der weltpolitische Abstieg der Auslöser dieser Interpretation ist.

3. GRUNDPROBLEME DER INTERNATIONALEN ORDNUNG SEIT 1919

a) Quellenpublikationen

Die kritischen Einschätzungen der Pariser Vorortverträge durch die Zeitgenossen hat die Einzelforschung, die bis heute allerdings nicht zu einer definitiven Gesamtdarstellung gelangt ist, detailliert untersucht, aber nicht grundsätzlich revidiert. Allerdings ermöglichte erst die Zugänglichkeit der zentralen Quellen, zunächst aus amerikanischen, dann auch aus anderen Archiven eine empirische Untersuchung im engeren Sinne. Pioniertaten bildeten die Veröffentlichung der Verhandlungsprotokolle und anliegender Dokumente [11: Papers relating to the Foreign Relations of the United States, Supplement, Paris Peace Conference 1919], denen 1955 die Veröffentlichung der Stenogramme der Unterredungen von Wilson, Clemenceau, Lloyd George und Orlando im „Rat der Vier" durch den damaligen französischen Dolmetscher PAUL MANTOUX folgte [69: Les Délibérations du Conseil des Quatre]; diesem Werk ging die französische Publikation „La Paix de Versailles" [74] voran. Schließlich sind die durch ALMA LUCKAU herausgegebenen Akten der deutschen Delegation in Versailles, „The German Delegation at the Paris Peace Conference" [68] zu nennen, die die amtliche deutsche Publikation ergänzten [10: Materialien betreffend die Friedensverhandlungen].

Diese Veröffentlichungen bilden eine unentbehrliche Grundlage jeglicher Forschung zu den Friedensverhandlungen 1919, sie werden durch eine Reihe von Memoiren erweitert, deren wichtigste nach wie vor diejenigen von DAVID LLOYD GEORGE sind [36: The Truth about the Peace Treaties], die durch aufschlußreiche Informationen über die britische Verhandlungsführung, Differenzen und Ziele der Delegation in den Aufzeichnungen des britischen Historikers und Delegationsmitglieds Sir JAMES HEADLAM-MORLEY [32: A Memoir of the Paris Peace Conference 1919] ergänzt werden. Vittorio Emanuele Orlandos Aufzeichnungen gab 1960 R. MOSCA heraus: Memorie (1915–1919) [42].

Die Friedensverhandlungen 1919/20 in zeitgenössischer Deutung

Auf deutscher Seite stehen für diese Gattung ULRICH GRAF BROCKDORFF-RANTZAUS „Dokumente" [18], über dessen Verhandlungsführung und Zielsetzung im Kontext der deutschen Politik UDO WENGST [995: Graf Brockdorff-Rantzau] informiert. Memoirenwerke französischer Staatsmänner sind beispielsweise die Bücher von GEORGES CLEMENCEAU „Grandeurs et misères d'une victoire" [21] und von RAYMOND POINCARÉ „A la recherche de la paix 1919" [44].

Stellvertretend für eine Fülle weiterer amtlichen Schrifttums und persönlicher Zeugnisse verweisen die heute zugänglichen Quellen darauf, daß zahlreiche Fragen der Entscheidungsbildung innerhalb der Delegationen, ihre Konflikte und Verhandlungsspielräume gegenüber Partnern und Gegnern, ihre Zielsetzungen und die schließlich erzielten Ergebnisse erforschbar bzw. schon dargestellt sind.

Ähnliches gilt auch für die anderen Pariser Vorortverträge, für die ebenfalls reiches Quellenmaterial zur Verfügung steht.

Aufgrund dieser Quellenlage sind auch zahlreiche Einzelprobleme, die für Jahrzehnte umstritten waren oder irreführend dargestellt worden sind, heute im Hinblick auf die empirische Rekonstruktion, nicht unbedingt die urteilenden Einordnungen, weitgehend geklärt.

Bezeichnend ist es, daß die Pariser Vorortverträge, insbesondere der von Versailles, schon bei einigen kritischen Zeitgenossen diejenige Bewertung erfuhren, die auch die spätere Forschung geleitet hat. Das gilt von JACQUES BAINVILLES zeitgenössischer Deutung des Vertrags „trop doux pour ce qu'il a de dur" in seinem Buch „Les conséquences politiques de la paix" [14] – die Politiker wie Raymond Poincaré und Joseph Caillaux übernahmen.

Auch eine der frühesten farbigen, durchaus aber reflektierten und kenntnisreichen, durch Tagebuchaufzeichnungen von der Konferenz ergänzten Schilderungen, diejenige des Diplomaten, Politikers und Schriftstellers HAROLD NICOLSON [39: Friedensmacher 1919] betont den aufgrund der historischen Umstände zwangsläufigen Mangel:

„Die Stimmung jener Zeit vorausgesetzt und die leidenschaftliche Erregung, die sich in den vier Kriegsjahren aller Demokratien bemächtigt hatte, wäre es auch für Übermenschen unmöglich gewesen, einen Frieden der Mäßigung und Gerechtigkeit zu ersinnen. Die Aufgabe der Pariser Unterhändler war aber obendrein noch durch besonders verwirrende Umstände erschwert. Die Ideale, auf die sie durch den Präsidenten Wilson verpflichtet waren, waren nicht nur in sich unpraktikabel, sondern bedurften auch zu ihrer Durchführung der vertraulichen und ununterbrochenen Mitarbeit der Vereinigten Staaten. ‚Vertraulich' mochte gelten; aber ‚ununterbrochen' konnte diese Mitarbeit unmöglich sein. So war es an Männern wie Clemenceau und Lloyd George, einen Mittelweg zu finden zwischen den Wünschen ihrer Demokratien und den gemäßigteren Forderungen ihrer eigenen Erfahrung, sowie einen Mittelweg zwischen der Theologie des Präsidenten Wilson und den praktischen Bedürfnissen eines verstörten Europa. Diese Doppelkluft mußte durch Kompromisse überbrückt werden – Kompromisse, die einer späteren Generation heuchlerisch und betrügerisch erscheinen. Aber waren sie nicht unvermeidlich? Und konnte man erwarten, daß die menschliche Natur, nachdem sie eben erst im Wahnsinn des Krieges sich ergangen hatte, nun plötzlich die ruhige Gelassenheit fast übermenschlicher Weisheit an den Tag legen würde?" [ebd., 12 f.].

Die Ambivalenz des Vertragswerks von 1919/20

Ähnliche Urteile finden sich noch bei späteren Historikern, die wie KARL DIETRICH ERDMANN, ANDREAS HILLGRUBER oder HENRY A. KISSINGER dem Friedensschluß von Versailles gerecht werden wollen: Der Vertrag war entweder zu hart oder zu weich – zu hart, weil er eine Großmacht wie das Deutsche Reich demütigte; zu weich, weil er es trotz dieser Demütigung als Großmacht bestehen ließ. Und auch die systematische Kategorisierung RAYMOND ARONS betont die Ambivalenz des Vertragswerks: „Der Versailler Vertrag war in dem Sinne künstlich, als er nicht das wirkliche Verhältnis der Kräfte zum Ausdruck brachte, als Großbritannien und die Vereinigten Staaten ihm ihre Feindschaft erklärten bzw. sich gleichgültig zeigten. Wenn die Sowjetunion und das wiederbewaffnete Deutschland sich vereinigten, um ihn vom Tisch zu wischen, besaß Frankreich allein mit seinen kontinentalen Verbündeten nicht die Kraft, ihn zu retten" [81: R. ARON, Frieden und Krieg, 58].

Kritiker des Vertrags von Versailles gab es nicht allein unter den Politikern und nicht allein in Deutschland. Vielmehr stammte die berühmteste, sowohl sachlich als auch polemisch argumentierende damalige Auseinandersetzung von dem englischen Nationalökonomen und Leiter der Delegation des britischen Schatzministeriums in Versailles, JOHN MAYNARD KEYNES. Sein zunächst 1920 in englischer Sprache erschienenes Buch [34] wurde noch im gleichen Jahr auch in anderen Sprachen zum Bestseller – allein in Frankreich, wo André TARDIEU mit seinem auch Dokumente enthaltenden Buch „La Paix" [51] 1921 eine Verteidigungsschrift veröffentlichte, erreichte KEYNES' Darstellung innerhalb von sechs Monaten 13 Auflagen. „The economic consequences of the peace" sah er vor allem darin, daß die Reparationen die deutsche Volkswirtschaft ruinieren würden, doch beschränkte KEYNES – der aufgrund seiner kritischen Einschätzung der Reparationsforderungen aus der britischen Delegation ausgeschieden war – sich nicht auf die Ökonomie, sondern kritisierte auch Grenzziehungen und die Wiederbegründung Polens als künstlich, wobei er die Hauptschuld an den Mängeln des Vertrags Frankreich gab. KEYNES forderte sehr bald auch eine Revision des Vertrags [35: A revision of the treaty] (1922). Seine Zielsetzungen im Kontext der ökonomisch determinierten britischen Außenpolitik untersuchte jüngst MATTHIAS PETER, [807: John Maynard Keynes].

b) VERGLEICHE UND FORSCHUNGSBILANZEN

Ein Vergleich der Pariser Vorortverträge bzw. des Vertrags von Versailles liegt nicht nur mit früheren historischen Beispielen nahe, sondern auch mit einem anderen zentralen Friedensschluß der Epoche, nämlich dem Vertrag von Brest-Litowsk. Er wurde nicht allein durch die nachträgliche kommentierte Herausgabe eines damals unveröffentlichten Bandes des Untersuchungsausschusses der Verfassunggebenden Nationalversammlung und des Deutschen Reichstages durch WERNER HAHLWEG „Der Friede von Brest-Litowsk" [59], sondern vor allem durch WINFRIED BAUMGARTS grundlegende Untersuchung „Deutsche Ostpolitik 1918. Von Brest-Litowsk bis zum Ende des Ersten Weltkrieges" [677] erforscht. BAUMGART hat im übrigen auch die Friedensschlüsse von Brest-Litowsk und Versailles in dem von KARL BOSL herausgegebenen Tagungsband „Versailles – St.Germain – Trianon. Umbruch in Europa vor fünfzig Jahren" [687] verglichen; [vgl. außerdem 676: W. BAUMGART, Vom europäischen Konzert zum Völkerbund]. Der Band enthält vor allem Beiträge zu den Nachfolgestaaten der Habsburger Doppel-

Schwerpunktuntersuchungen, Bilanzen

monarchie. Eine Ausnahme bildet neben BAUMGART vor allem FRITZ FELLNERS einleitender Aufsatz, der den „Friedensmachern" von 1919 Gerechtigkeit widerfahren läßt und das Scheitern der Versailler Ordnung ausschlaggebend in ihrer Nichtakzeptanz durch Deutschland begründet sieht, was so ausschließlich jedoch keineswegs zutrifft.

Eine komparative zusammenfassende Darstellung aus einer Feder bietet demgegenüber das Buch von GERHARD SCHULZ „Revolutionen und Friedensschlüsse 1917–1920" [842], der die Problematik der Friedensschlüsse im revolutionären Zeitalter behandelt. Vergleichbar konzise ist die Studie von HOWARD ELCOCK [719: Portrait of a Decision] nicht, da die ausschließliche Orientierung an den handelnden Individuen und vor allem der Politik von Lloyd George durch die Ignorierung des gesamten internationalen politischen, wirtschaftlichen und sozialen Kontexts erkauft ist. Gemäß diesen und anderen Studien ergibt sich, daß der Handlungsspielraum der führenden Staatsmänner in Versailles zwar eingeschränkt, nicht aber irrelevant war; paradoxerweise besaß Wilson aufgrund seiner schwächer werdenden Stellung in der amerikanischen Öffentlichkeit und im Senat geringere Möglichkeiten zur innenpolitischen Durchsetzung seiner außenpolitischen Ziele als Clemenceau, ja sogar Lloyd George.

Klaus SCHWABE informiert aus intimer Kenntnis eigener Forschungen, die er in einem umfassenden Werk [844: Deutsche Revolution und Wilson-Frieden] publiziert hat, in seinem Aufsatz „Versailles – nach sechzig Jahren" kritisch über Ergebnisse, Thesen und Probleme der Forschung [845]. Dabei konzentriert er sich auf die Frage nach den Handlungsspielräumen auf seiten von Siegern und Besiegten, vor allem die innen- und wirtschaftspolitischen Zwänge im Gefolge des Ersten Weltkriegs, schließlich die Überlegung, inwieweit die „Friedensmacher" 1919 „subjektiv bereit waren, ihre im Kriege propagierten Ideale zu verwirklichen" [ebd., 447]. Aus der Perspektive amerikanischer Historiographie bewertet die Forschung MARC TRACHTENBERG – der mit seiner Monographie [662: Reparation in World Politics] selbst einen wesentlichen Beitrag zur Erhellung der Reparationsproblematik in der Kriegs- und Nachkriegszeit leistet [vgl. 857: Versailles after Sixty Years].

c) DIE FRIEDENSORDNUNG VON VERSAILLES IN KRITISCHER PERSPEKTIVE: WEDER REALPOLITIK NOCH LEGITIMITÄT?

Die Friedensverträge aus innen- und außenpolitischem Blickwinkel

Es ist deutlich geworden, in welchem Maße der Untersuchungsgegenstand selbst die Gewichtung der Faktoren beeinflußt, und auch welche Bedeutung einzelnen Ereignissen zugemessen wird: So spielt für die klassischen Darstellungen der internationalen Beziehungen der Zwischenkriegszeit ihre Grundlegung eine zentrale Rolle. Geht man, wie nahezu alle Interpreten, davon aus, daß eine wirkliche Etablierung des Versailler Systems aufgrund zahlreicher Mängel nicht gelungen ist, in ihm also bereits der Keim zu seiner Auflösung lag, dann müssen die Ergeb-

3. Grundprobleme der internationalen Ordnung seit 1919

nisse der Pariser Friedensverhandlungen eine ausschlaggebende Rolle in allen Darstellungen zur europäischen Geschichte dieser beiden Jahrzehnte spielen.

Zugleich aber müßte hiermit die Innenpolitik der beteiligten Staaten in den Blick genommen werden, wird doch das Symbol „Versailles" zu den wesentlichen Ursachen der innenpolitischen Destabilisierung vor allem Deutschlands gezählt. Allerdings wirft die Verknüpfung beider Frageebenen nach wie vor große Schwierigkeiten auf, soll sie analytisch und nicht bloß additiv erfolgen. Aus diesem Grunde ist der größte Teil der geschichtswissenschaftlichen Studien auch entweder den internationalen oder den nationalspezifischen Themen gewidmet. Dabei fällt auf, daß die Darstellungen zur Außenpolitik einzelner Staaten notwendigerweise den internationalen Kontext stärker berücksichtigen als die zur Innenpolitik, die erheblich seltener komparative Analysen bieten.

In den Darstellungen zur Außenpolitik einzelner Länder, beispielsweise in Peter Krügers Büchern „Die Außenpolitik der Republik von Weimar" [765], „Versailles. Deutsche Außenpolitik zwischen Revisionismus und Friedenssicherung" [764] oder KLAUS HILDEBRANDS großer Gesamtdarstellung der Außenpolitik des deutschen Nationalstaats zwischen 1871 und 1945 [741: Das vergangene Reich], bilden die Verhandlungen und das Ergebnis von Versailles 1919 zentrale Problemfelder. Dies gilt auch für außerdeutsche Werke, beispielsweise die magistrale „Histoire diplomatique de 1919 à nos jours" von JEAN-BAPTISTE DUROSELLE, die 1993 in 11. Auflage erschien [717] oder, in knapperer Form unter dem Rubrum „The Search of Stability", JAMES JOLLS „Europe since 1870. An International History" [754]. Bei PAUL KENNEDYS „Strategy and Diplomacy 1870–1945" [760] handelt es sich hingegen um eine Sammlung von z.T. sehr speziellen Aufsätzen.

Gesamtdeutungen der Friedensverträge in historischer Perspektive

Die großen Werke einer historisch oder systematisch orientierten Diplomatietheorie hingegen behandeln die Verhandlungen, die zu den Pariser Vorortverträgen führten, meist recht knapp: fast gar nicht RAYMOND ARON in seinem bedeutenden Werk „Frieden und Krieg. Eine Theorie der Staatenwelt" (zuerst 1962) [81]. HANS VON HENTIG, „Der Friedensschluß. Geist und Technik einer verlorenen Kunst" (zuerst 1952) [99], geht vor allem auf die Organisation und Technik der Verhandlungsführung ein. So gelangt er unter anderem zu dem Schluß, daß Präsident Wilson – wie auch andere Staatsmänner – allein schon deshalb für die Verhandlungsführung in Versailles ungeeignet war, weil er keine zureichende Kenntnis europäischer Angelegenheiten besaß und die Besetzung der Delegationen mit Staatsoberhäuptern dem Wesen diplomatischer Delegation widerspreche [ebd., 170 ff.]; gegen diese Auffassung richten sich zum Teil neuere Untersuchungen, die zeigen, daß Wilson sehr wohl informiert war bzw. sich in Paris informieren ließ.

Auf eine die Friedensordnung betreffende Grundkonstellation bezogen, interpretiert LUDWIG DEHIO [91: Gleichgewicht oder Hegemonie] stärker die weiterreichenden Folgen der Weltkriege als die Staatenordnung zwischen den Kriegen. Gemäß seinem Modell, daß das Gleichgewichtsdenken aus der britisch-insularen Politik und das Hegemonialstreben aus der kontinentalen resultiere, zerstörten

Die Deutung Ludwig Dehios

die von Deutschland im 20. Jahrhundert geführten Hegemonialkriege diese fundamentale Konstellation und ermöglichten so den Aufstieg der beiden Weltmächte. Auch DEHIO geht davon aus, daß die Friedensordnung von 1919 „aus widerspruchsvollen Kompromissen aufgebaut... keine dauerhafte Lebensordnung schuf" [ebd., 340]. Wie nach ihm andere Autoren, sieht DEHIO eine vor allem wirtschaftlich begründete „Gewichtsminderung" Europas seit dem Ersten Weltkrieg: die Hegemonialkämpfe hätten mit der Verschuldung Europas das finanzielle Gefälle zugunsten Amerikas verkehrt [ebd., 343].

Paul Kennedys Analyse der internationalen Beziehungen

Etwas eingehender befaßt sich PAUL KENNEDY [104: Aufstieg und Fall der großen Mächte] mit der Grundlegung der Versailler Ordnung, allerdings gilt sein Interesse kaum deren Entstehung, sondern vor allem ihrer Struktur, wobei er kritisch anmerkt: „In einer merkwürdigen und (wie wir sehen werden) künstlichen Form schien die Welt immer noch eurozentrisch zu sein. Die diplomatische Geschichtsschreibung dieser Zeit konzentriert sich stark auf Frankreichs ‚Suche nach Sicherheit' vor einem zukünftigen deutschen Wiederaufstieg" [ebd., 419]. Dies trifft indes nur zum Teil zu. So bietet schon G. M. GATHORNE-HARDY [722: A Short History] durchaus eine Übersicht, die die außereuropäische Welt einbezieht.

Paul KENNEDY erklärt die französische Politik keineswegs aus einem traditionellen deutsch-französischen Antagonismus, sondern aus der Ablehnung des Versailler Vertrags durch den amerikanischen Senat, durch die Frankreich die „angloamerikanische militärische Garantie verloren" hatte [104: P. KENNEDY, Aufstieg und Fall der großen Mächte, 419].

Ist KENNEDYS und anderer Autoren Kritik an der eurozentrischen Geschichtsschreibung über die internationalen Beziehungen angesichts ihrer seit dem Ersten Weltkrieg erkennbaren Globalisierung überwiegend berechtigt, so vermeidet er doch andererseits mit seiner eigenen Interpretation nicht den gegenteiligen Fehler, die europäischen Konstellationen, die letztlich die Versailler Ordnung – wenngleich auf illusionäre Weise – prägten, zu unterschätzen. Einen originellen Ansatz verfolgt KENNEDY aber insofern, als er – wiederum vor allem aufgrund amerikanischer Perspektive – die technologischen und industriellen Folgen des Ersten Weltkriegs keineswegs nur negativ bewertet, sondern im Gegenteil ihr innovatives Potential betont [ebd., 422 f.].

Schließlich hebt KENNEDY – wie vor ihm schon ARNO J. MAYER [782: Political Origins of the New Diplomacy] – hervor, daß die klassische Diplomatie nicht allein von Wilsons „Reformgeist", sondern durch die viel systematischere Herausforderung der bolschewistischen Revolution 1917 infrage gestellt worden sei: „... das Problem mit der ‚öffentlichen Meinung' nach 1919 lag darin, daß sie zum größten Teil der schönen Vision Gladstones und Wilsons von einer liberalen, gebildeten, aufrichtigen Bevölkerung, erfüllt von internationalistischen Ideen und utilitaristischen Annahmen, voller Respekt für Recht und Gesetz, *nicht* entsprach." [104: P. KENNEDY, Aufstieg und Fall der großen Mächte, 429]. Wie WILHELM G. GREWE [730: Epochen der Völkerrechtsgeschichte, 689 f.], RENÉ GIRAULT und ROBERT FRANK [726: Turbulente Europe et nouveaux mondes] verweist auch

KENNEDY auf den Hiatus zwischen der politischen Realität und dem Bewußtsein der Zeitgenossen bzw. der handelnden Staatsmänner. Diesen und anderen Urteilen liegt eine doppelte Perspektive zugrunde, die sowohl die damalige Realität der Mächtehierarchie als auch die Funktionalität grundlegender Weichenstellungen der Zwischenkriegszeit für die Zeit nach 1945 berücksichtigt, weniger aber ihre Intentionalität: Die Charakterisierung, die früheren Generationen seien durch ein „falsches Bewußtsein" geleitet worden, drängt sich dann geradezu auf.

In diesem Grundmuster bewegen sich sämtliche historischen Deutungen der Pariser Vorortverträge, kann doch kein historisches Urteil davon absehen, daß die damals begründete Friedensordnung scheiterte. Auf diese Weise ist es indes schwierig, den Zeitgenossen Gerechtigkeit widerfahren zu lassen; die Legitimität solcher Argumentation ist nicht allein durch die Einbeziehung der historisch unbestreitbaren Konsequenzen gegeben, sondern auch im zeitgenössischen Urteil selbst: Kaum ein völkerrechtlich bedeutendes Vertragswerk war bereits im Prozeß seiner Entstehung so heftig umstritten, kaum je war die Befürchtung oder die Hoffnung, die gerade erst gefundene Ordnung könne nicht dauern, derart ausgeprägt. Dennoch: Diese zeitgenössischen Beunruhigungen reichten nicht aus, bessere Alternativen zu finden oder durchzusetzen, die Tragik ist unverkennbar.

So spricht HENRY A. KISSINGER in seinem Werk „Diplomacy" [105] (das 1994 in englischer und gleichzeitig in deutscher Sprache unter dem abwegigen Obertitel „Die Vernunft der Nationen" erschien), vom „Dilemma der Sieger", aber auch vom „Ende der Illusionen" als sich herausstellte, daß sich nach 1918 keineswegs Recht und Moral als Leitbegriffe der internationalen Politik durchgesetzt hatten [ebd., 266]: „Letzten Endes scheiterte die kollektive Sicherheit an ihrer wichtigsten Prämisse; der Annahme, daß alle Nationen ein gleich starkes Interesse daran hätten, Aggressionen abzuwehren, daß alle bereit seien, dafür dasselbe Risiko einzugehen... Kein Akt der Aggression, in den eine Großmacht verwickelt war, ist je durch einen Appell an das Prinzip kollektiver Sicherheit beendet worden. Entweder weigerte sich die Völkergemeinschaft, die Aggression als solche zu bezeichnen, oder sie war sich über die angemessenen Sanktionen uneins" [ebd., 269].

Das Urteil Henry A. Kissingers

Tatsächlich trägt dieser Tatbestand auch zur Erklärung der Appeasementpolitik bei: die internationale Ordnung und das durch die Völkerbundsatzung kodifizierte neue Völkerrecht wurden selbst von ihren Protagonisten immer wieder in Frage gestellt, immer wieder gebrochen, immer wieder als sekundär gegenüber eigenen Machtinteressen behandelt – längst bevor die Außenseiter dieser Ordnung, längst bevor Hitler ihr den Todesstoß versetzte. Dieser Umgang mit geltendem Völkerrecht bewirkte zudem einen Gewöhnungseffekt und auch in der internationalen Szenerie die analoge Unterschätzung Hitlers, die bereits seinen Aufstieg in Deutschland ermöglicht hatte: Seine Verstöße erschienen zunächst zwar als radikal, aber doch nicht grundsätzlich anders als diejenigen, die man immer wieder hingenommen hatte. Vergleicht man die wenig systemkonforme Politik der demokratischen Parteien in Deutschland gegenüber der Weimarer Verfassungsordnung, dann drängt sich die fatale Analogie geradezu auf.

Das Problem der Legitimität: H. A. Kissinger und K. Hildebrand

Zugleich besitzt die offenkundige schleichende Delegitimierung der Versailler Ordnung eine tiefere Ursache: Diese Ordnung wurde selbst von ihren Geburtshelfern nicht als eine wirklich legitime Ordnung angesehen. Dieser Frage geht KLAUS HILDEBRAND in seinem Aufsatz „Krieg im Frieden und Frieden im Krieg. Über das Problem der Legitimität in der Geschichte der Staatengesellschaft 1931– 1941" [101] nach. Er konstatiert, daß in diesem Jahrzehnt eine „Gemengelage aus Krieg und Frieden verhängnisvoll die Stabilität der Staatengesellschaft" beeinträchtigt habe und sieht im Anschluß an Toynbee das Jahr 1931 als „Scheitelpunkt" an, wofür der japanische Einfall in die Mandschurei am 18. September 1931 die entscheidende Markierung bildet.

Dieses Modell der Legitimät hatte HENRY A. KISSINGER vor dem Hintergrund des Prinzips der frühneuzeitlichen „balance of power" im historischen Kontext des Wiener Kongresses entwickelt, daraus aber eine prinzipielle Schlußfolgerung gezogen, die durchaus für die Interpretation der Zwischenkriegszeit aufschließende Wirkung besitzt: „Die Stabilität beruhte... im allgemeinen nicht auf dem Streben nach Frieden, sondern auf einer allgemein anerkannten Legitimität. ‚Legitimität' darf man in diesem Zusammenhang nicht mit Gerechtigkeit verwechseln. Sie will nichts anderes sagen als ein internationales Übereinkommen über das Wesen brauchbarer Arrangements und über erlaubte Ziele und Methoden der Außenpolitik. Sie schließt in sich ein, daß alle Großmächte im großen und ganzen eine bestimmte internationale Ordnung respektieren... Eine legitime Ordnung schließt Konflikte nicht aus, begrenzt aber deren Zielsetzung. Es mag auch noch zu Kriegen kommen, doch sie werden ausgefochten im Namen der bestehenden internationalen Struktur, und der nachfolgende Friede wird als besserer Ausdruck der ‚legitimen' allgemeinen Überzeugung gerechtfertigt" [106: H. A. KISSINGER, Großmacht Diplomatie, 7 f.].

Unter diesen Prämissen wird die völlig andere Friedens- und Ordnungsidee Wilsons deutlich, die mit der noch in Versailles dominierenden traditionellen Diplomatie nichts anzufangen wußte. Sie maß und vermaß Diplomatie und völkerrechtliche Verträge an den Grundsätzen aufgeklärten Naturrechts, ja einer Identität innerer Demokratisierung und äußerer Friedenswahrung der Staaten. Dies erklärt aber auch, warum der Weimarer Revisionismus eines Stresemann noch in diesen Rahmen von Stabilität und Legitimität gehörte, der weltpolitisch orientierte Revisionismus Hitlers und Stalins aber nicht, während die Revisionismen Japans und Mussolinis zumindest starker zeitlicher Differenzierung bedürfen und anfangs nur „Teile des Systems, nicht aber dessen Existenz zu ändern trachteten" [101: K. HILDEBRAND, Krieg im Frieden, 6].

Auf dieser Grundlage ist auch die britische Politik zu verstehen, „im allgemeinen ohnehin bestrebt, den Status quo flexibel, großzügig und dynamisch zu bewahren" [ebd., 5]. Während neben Großbritannien nur Frankreich eine auf Bewahrung des Status quo ausgerichtete Macht blieb, entwickelte sich neben den im Rahmen des Systems konformen revisionistischen Mächten – die freilich zu seiner Unterminierung erheblich beitrugen – eine in sich heterogene Gruppe tatsächlich revolutionärer Mächte. Zu ihnen traten auf durchaus gegensätzliche Weise auch die USA, da sie sich „weder für die Existenz der auch ihnen obsolet vorkommenden Gleichgewichtsordnung der europäischen Westmächte noch für Stalins Konzeption kommunistischer Klassenherrschaft, sondern für die Unteilbarkeit des Welthandels, der Freiheit und des Friedens im Sinne amerikanischer Interessen" [ebd., 26] engagierten.

Da vor allem Großbritannien die konservierende Politik aber mit der Implikation betrieb, das Versailler System sei Deutschland aufgezwungen und dessen legitime Interessen seien nicht hinreichend berücksichtigt worden, war in Wahrheit 1919 keine internationale Ordnung begründet worden, die auch nur von einer der Großmächte wirklich als legitim eingeschätzt wurde. Hier liegt der entscheidende Grund der sich beschleunigenden Delegitimierung.

Diese mangelnde Legitimität der internationalen Ordnung besaß ihre innenpolitische Analogie in allen Staaten, deren Staatsform und Regierungssystem 1919 revolutioniert bzw. neubegründet wurde (mit Ausnahme der Tschechoslowakei): Diesen neuen Ordnungssystemen mangelte ebenfalls die gesellschaftliche und politische Akzeptanz, sie wurden mit jeder Krise weniger als legitime Ordnungen begriffen [vgl. 487: H. MÖLLER, Die nationalsozialistische Machtergreifung]: Die sich hieraus entwickelnde historische Dialektik von innenpolitischem und internationalem Legitimitätsdefizit macht das Verhängnis Europas in der Zwischenkriegszeit aus, weil es die Voraussetzung dafür bildete, alles zu ermöglichen und jeglicher totalitären Versuchung anheimzufallen. *Korrespondierendes Legitimitätsdefizit von innerer und internationaler Ordnung*

Diese Argumentation entspricht naturgemäß nicht der Perspektive normativen oder positiven Völkerrechts, unter dessen systematischen Kategorien die Pariser Vorortverträge in WILHELM G. GREWES „Epochen der Völkerrechtsgeschichte" [730] in den Blick kommen. Auch GREWE betont die Veränderungen infolge des Ersten Weltkriegs und bezeichnet deshalb das seit 1919 geltende Völkerrecht als „nachklassisch", wobei er es auf wiederum charakteristische Weise von der völkerrechtlichen Entwicklung seit 1945 unterschieden sieht. Zu den wesentlichen Voraussetzungen völkerrechtlichen Wandels gehören für ihn „die Brechung der überragenden alleinigen Vormachtstellung Englands in der Welt und ihre Aufteilung in eine doppelköpfige anglo-amerikanische Welthegemonie". Frankreich hingegen hatte – nach dem bereits im 19. Jahrhundert einsetzenden, seit 1870/71 unverkennbaren außenpolitischen Bedeutungsverlust – eindeutig seine hegemoniale Stellung in Europa verloren, insofern war die völkerrechtliche Fixierung auf einen von Großbritannien gemeinsam mit Frankreich dominierten Völkerbund, der beider Welthegemonie charakterisierte, „weltpolitisch gesehen ein Irrtum"; Frankreichs „hegemoniale Stellung in Europa bildete nur ein regionales Subsystem mit einer ihm zugewiesenen dienenden Funktion im Rahmen des anglo-amerikanischen Weltsystems" [ebd., 679 f.]. *Die völkerrechtliche Perspektive Wilhelm Grewes*

Das bedeutet für die Beurteilung der Pariser Vorortverträge und die durch sie begründete Ordnung, daß sie von falschen machtpolitischen Voraussetzungen ausgingen, die in der Dominanz Frankreichs bei den Friedensverhandlungen offenkundig wurden. Jenseits der Kritik an einzelnen Regelungen folgt aus dieser Diagnose WILHELM G. GREWES, RAYMOND ARONS und anderer Autoren, daß der Friedensordnung kaum größere Dauer beschieden sein konnte, ja daß der grundsätzliche Mangel an realpolitischer Adäquanz schwerer wog als problematische Detailregelungen.

Allerdings warnen andere Autoren trotz der auch von ihnen gesehenen Mängel und der Labilität der Versailler Ordnung vor einer deterministischen Betrachtungsweise. So gelangt KLAUS SCHWABE nach Sichtung neuerer wissenschaftlicher Studien zu dem Ergebnis: „Versailles – das geht aus den hier vorgeführten Arbeiten immer wieder hervor, und die künftige Forschung wird diesem Gedanken noch weiter nachgehen müssen – war kein von vornherein „verlorener Friede"... wohl aber ein in der breiten Öffentlichkeit unverstandener Friedensschluß" [845: KLAUS SCHWABE, Versailles – nach sechzig Jahren, 474].

Perspektivenwechsel der Forschung

Immer wieder fanden die Perspektivenwechsel und Forschungen zu den Pariser Konferenzen bilanzierende Bewertungen. Schon 1954 widmete LUDWIG DEHIO in seinem Aufsatz „Versailles nach 35 Jahren" dem durch die historische Erfahrung veränderten Zugang reflektierende Betrachtungen, der sein französisches Pendant in den Überlegungen von JEAN-BAPTISTE DUROSELLE „Pro und Contra in Frankreich" fand: Beide Artikel wurden zunächst in der Zeitschrift „Der Monat" [706; 713] veröffentlicht. Demgegenüber nennt MAX GUNZENHÄUSER [732: Die Pariser Friedenskonferenz 1919] die wichtigsten bis dahin erschienenen Veröffentlichungen.

Neben spezifischen Forschungen stehen auch Bilanzen, die sich entweder auf einzelne Neuerscheinungen oder generelle Interpretationen beziehen. In jedem Fall gelten sie einem der folgenreichsten Verträge in der Geschichte des 20. Jahrhunderts, der von Beginn an die Gemüter erregt hat und der als Kompromißfriede kaum jemanden wirklich befriedigte, der aber auch angesichts der Unvereinbarkeit der gegnerischen Positionen nichts anderes als ein Kompromißfriede sein konnte. Eine gekonnte knappe Zusammenfassung bietet PIERRE RENOUVIN, einer der großen französischen Diplomatiehistoriker: „Le Traité de Versailles" [821].

LUDWIG DEHIO, der den Vertrag von Versailles in historisch vergleichender Perspektive betrachtet, betont den grundsätzlichen Unterschied eines Friedensschlusses im labilen 20. Jahrhundert, in der Zeit des „Explosionsmotors", gegenüber der Epoche des Wiener Kongresses, dem Zeitalter der Postkutsche und vergleichsweise stabiler agrarischer und frühindustrieller Gesellschaften. Allein schon die „moderne Zivilisationsdynamik", die mit ihren „explosiven Kräften" das „alte feinmaschige Netz der politischen Grenzen in Europa zu zerreißen strebt" [L. DEHIO, Versailles, in 707: ders., Deutschland und die Weltpolitik, 97 ff., die Zitate 98 f.] schuf eine andere Ausgangsbasis und einen ungleich größeren Schwierigkeitsgrad für die 1919 Handelnden. Aber DEHIO verweist auch auf einen Tatbestand, der bei anderen Autoren damals kaum beachtet wurde, daß nämlich Deutschland nicht wie Frankreich 1814/15 am Ende seiner Kräfte gewesen sei, sondern sich ihrer im Ersten Weltkrieg vielmehr erst bewußt geworden sei: Allein mit dem Rückgriff auf kontinentales Gleichgewichtsdenken sei es deshalb 1919 nicht getan gewesen, der europäische Rahmen sei zu klein geworden, um die Titanen einzubinden. Nur „Euroamerika" konnte nun durch „Überkuppelung der gesamten freien Welt einschließlich Europas" [ebd., 101] das Sicherheitsproblem lösen. Doch fehlte ein der Restaurationsidee von 1814/15 vergleichbarer Kitt, ganz im Gegenteil war Revolution an der Tagesordnung – eben nicht allein die russische, von der DEHIO spricht: Vielmehr bildete der revolutionäre Charakter des Zeitalters den Hintergrund der Friedensverhandlungen.

DEHIO behandelt nicht Einzelfragen, sondern die unvereinbaren Handlungskonzeptionen Wilsons, seine kühnen, sich an der Realität und den beiden europäischen Großmächten, die in Versailles dominierten, stoßenden Ideen. Da die Verträge nicht gemäß der Intention der „Friedensmacher" ausgeführt wurden, traten die Mängel erst „verzerrend hervor". Vor allem aber hinterließ der plötzlich, vor allem infolge der Erkrankung Wilsons und des Widerstands des amerikanischen Kongresses gegen sein europäisches Engagement, auftretende amerikanische Isolationismus ein verhängnisvolles Vakuum, das sich erst deshalb auftat, weil die USA zuvor so prononciert auf den Plan getreten waren: „Der verkrüppelte Völkerbund blieb unfähig zur Ausübung der ihm eigentlich zugedachten Funktionen..." Die Kehrseite bestand in der Politik der in Versailles gedemütigten Großmacht: „Von innen wie von außen her wurde die deutsche Politik auf die alte Bahn der Macht gedrängt und auf eine Revanche, die unversehens in einen letzten und furchtbarsten europäischen Hegemonialkampf ausmünden konnte, wenn nicht mußte" [ebd., 108 f.].

JACQUES BARIÉTY veröffentlichte 1996 Betrachtungen zu einem Kernproblem [673: La Conférence de la paix], nachdem auch JEAN-BAPTISTE DUROSELLE [714: L'Europe de 1815 à nos jours, 334 ff.] kurz die Interpretation des Vertrags von Versailles behandelt hat: Er diskutiert sie unter der übergreifenden Fragestellung „Comment éviter la guerre?". Die Bewertung der Pariser Vorortverträge erfolgt funktionalistisch unter dem Aspekt, wieweit sie zur Vermeidung oder Ermöglichung des Zweiten Weltkriegs beitrugen. Die Perspektive ist also eindeutig durch die Wirkungs- und weniger durch die Entstehungsgeschichte bestimmt. Die militär- und rüstungspolitischen Wirkungen stehen hingegen im Vordergrund des Buches von JEAN DOISE und MAURICE VAÏSSE [712: Diplomatie et outil militaire].

d) KRIEGSSCHULDARTIKEL, REPARATIONEN, KONTINUITÄT DER DEUTSCHEN POLITIK

Die die Deutschen besonders erhitzenden Fragen des Kriegsschuldartikels und der Reparationen erfuhren eingehende Erforschung. So hat FRITZ DICKMANN in einem umfangreichen Aufsatz [708: Die Kriegsschuldfrage] grundlegend die Entstehungsgeschichte des (von John Foster Dulles formulierten) Artikels 231, des

Der Kriegsschuldartikel in der Forschung

„Kriegsschuldartikels", erörtert; er gelangte zu dem Ergebnis, daß dieser Artikel keineswegs juristisch verbindlich sein sollte, sondern über die moralische Verurteilung hinaus, über die sich die Siegermächte einig waren, eine Kompromißformel zur Überbrückung ihrer unterschiedlichen Auffassungen in bezug auf die Reparationsforderungen darstellt. Dieser Artikel sollte die vermutete innenpolitische Kritik an den Delegationen im eigenen Land abfangen. Die Verschärfung in der Interpretation dieses Artikels stellte nach Dickmann eine Reaktion auf den Notenwechsel mit Deutschland dar, die Reichsregierung hat also unfreiwillig zur überspitzten Auslegung durch die Sieger beigetragen.

Ungeachtet von Einzelkritik an DICKMANNS Interpretation, die sich vor allem auf die Unterschätzung der britischen Bestrafungsabsicht gegenüber Deutschland und die Überschätzung des Wilsonschen Anteils daran bezieht, da letzterer diesem Artikel ursprünglich gar nicht zustimmen wollte [vgl. 844: K. SCHWABE, Deutsche Revolution und Wilson-Frieden, 505], brachte DICKMANNS Studie einen beachtlichen Fortschritt.

Kontroverse zwischen Peter Krüger und Leo Haupts über die deutsche Außenpolitik 1918/19

Dies gilt auch für die Frage, in welcher Weise die Reparationsthematik in Versailles von deutscher Seite behandelt worden ist: Hierüber kam es zu einer kontroversen, aber gleichwohl weiterführenden Behandlung durch PETER KRÜGERS Buch [645: Deutschland und die Reparationen 1918/19] und die dagegen gerichtete Interpretation von LEO HAUPTS [735: Deutsche Friedenspolitik 1918–19. Eine Alternative zur Machtpolitik des Ersten Weltkrieges]. Wie schon der Untertitel von Haupts zeigt, richtete sich seine Kritik gegen eine der Grundthesen von KRÜGER, der die Kontinuität der deutschen Außenpolitik (und ihrer Funktionseliten) vom Kaiserreich zur Republik behauptete. Dahinter steht die Überlegung, daß eine konstruktivere deutsche Politik in Versailles mehr hätte erreichen können: 1919 habe es alternative Lösungen gegeben, die die deutsche Delegation bei anderer Zusammensetzung, Verhandlungsführung und Flexibilität hätte herbeiführen können. Träfe diese Einschätzung zu, wäre die gesamte Außenpolitik der 1920er Jahre erfolgreicher gewesen, ihre fatalen innenpolitischen Rückwirkungen also vermieden worden: Zweifellos handelt es sich um eine zentrale Frage in bezug auf die Anfänge der Außenpolitik der Weimarer Republik und ihre europäischen Konsequenzen. Die Schlußphase der Reparationsfrage behandeln: W. HELBICH, Die Reparationen in der Ära Brüning [642] und W. GLASHAGEN, Die Reparationspolitik Heinrich Brünings [640].

Gegen KRÜGERS These sind ungeachtet der erheblichen Erkenntnisfortschritte seines Buches sowie einiger ergänzender Aufsätze zur Reparationsfrage nicht allein von HAUPTS, sondern mit guten Gründen auch von KLAUS SCHWABE Bedenken erhoben worden. Sie werden unter anderem mit dem geringen Entscheidungsspielraum der unter sich uneinigen westlichen Siegermächte begründet: Selbst weiteres deutsches Entgegenkommen hätte an dieser Konstellation nichts geändert. Auch die Kontinuitätsthese, die in bezug auf die deutsche Außenpolitik in sehr viel schärferer Form schon FRITZ FISCHER im Anschluß an seine Studien zum Kriegsausbruch und zu den deutschen Kriegszielen im Ersten Weltkrieg erhoben hatte [vgl. u. a. 514: F. FISCHER, Bündnis der Eliten] blieb nicht unbestritten [vgl. dazu epochenspezifisch: 744: A. HILLGRUBER, ‚Revisionismus'; 745: ders., Die gescheiterte Großmacht; grundsätzlich unter differenzierender Abwägung aller Aspekte: 741: K. HILDEBRAND, Das vergangene Reich; schließlich 814: R. POIDEVIN, Die unruhige Großmacht. Vgl. im übrigen zu KRÜGERS Sicht: 845: K. SCHWABE, Versailles – nach sechzig Jahren, 451 ff.].

e) INNENPOLITIK, ÖFFENTLICHE MEINUNG UND VERTRAGSDIPLOMATIE

Daß der Friedensschluß „unverstanden" war, bildete tatsächlich einen der gravierendsten Destabilisierungsfaktoren, der die Chancen der Versailler Ordnung beträchtlich, wenn nicht ausschlaggebend verminderte: Sind diktatorische, autokratische, ja selbst konstitutionalistische Systeme nicht – oder in deutlich geringerem Maße – auf mehrheitliche Akzeptanz ihrer Politik angewiesen, so zweifelsfrei demokratische; im Zeitalter der Massendemokratie konnten Friedensschlüsse nur von Dauer sein, wenn die Mehrheit der jeweils betroffenen Bevölkerung sie akzeptierte oder der Öffentlichkeit dies zumindest suggeriert werden konnte.

Die Vertragsdiplomatie in der öffentlichen Kritik

Trotz seiner polemischen Zuspitzung ist die auf die Pariser Verhandlungen bezogene Beobachtung HAROLD NICOLSONS – immerhin Mitglied der britischen Delegation in Paris, zehn Jahre Unterhausabgeordneter der National Labour Party und später Mitglied der Labour Party – nicht von der Hand zu weisen, wenn er die dort 1919 verhandelnden Staatsmänner durch die „Fangarme des demokratischen Polypen" behindert sieht [39: Friedensmacher 1919, 67] und dies wie folgt spezifiziert: „Das zweite ganz unvermeidliche Mißgeschick der Pariser Konferenz lag darin, daß jeder der Bevollmächtigten der fünf Großmächte eine politische Stellung innehatte und Repräsentant einer ebenso wachsamen wie unwissenden Wählerschaft war." Lloyd George etwa sei dadurch „behindert und gestört" gewesen, „daß er sich ein Unterhaus geschaffen hatte, das von einer Daily-Mail-Gesinnung besessen war" [ebd., 65]. Und was für die Verhandlungen galt, intensivierte sich später bei der Realisierung der Verträge, denkt man beispielsweise nur an das Reparationsproblem.

Hier lag die tragische Paradoxie der Politik Woodrow Wilsons, der demokratische Rechtsstaatlichkeit mit gerechter internationaler Friedensordnung verbinden wollte und damit auch einen innenpolitischen Legitimationszwang für die gefundenen Regelungen schuf. Diese Dialektik zwingt dazu, auch die internationalen Beziehungen des 20. Jahrhunderts immer wieder unter ihrer innenpolitischen Korrespondenz und der jeweiligen „forces profondes" zu betrachten.

Die tragische Paradoxie in der Politik Wilsons

Einen wesentlichen Anstoß zur Einbeziehung der Innenpolitik und der gesellschaftlichen Kontexte in die Analyse und Deutung der Pariser Friedensverhandlungen gibt ARNO J. MAYERS Buch „Politics and Diplomacy of Peacemaking. Containment and Counterrevolution at Versailles 1918–1919" [781], der die Grundthese vertritt, daß die Stabilisierung der innenpolitischen Lage in den Siegerländern und die Eindämmung der von der bolschewistischen Revolution ausgehenden Gefahr das Leitmotiv der westlichen Politik gewesen sei, die Großmächte also keineswegs einem „Primat der Außenpolitik", sondern dem der Innenpolitik folgten. Diese Umkehrung der Perspektive auf der Grundlage einer Fülle neuerschlossenen amerikanischen Materials sowie der eingehenden Analyse der Innenpolitik wichtiger Staaten brachte sachlich und methodisch einen erheblichen Fortschritt, wenngleich die zentrale These überpointiert wird und dogmatisch eine Kausalität konstruiert; MAYERS Interpretation provoziert deshalb auch Widerspruch, unter anderem bei BARIÉTY [zuletzt in 673: La Conférence de la paix, 99].

Diplomatie im demokratischen Parlamentarismus: Die Interpretation Pierre Miquels

Auf ganz andere Weise behandelt PIERRE MIQUEL ein wesentliches Kapitel in der Wirkungsgeschichte der Pariser Friedensverträge, das nicht allein für Deutschland, sondern für die Rolle der Diplomatie im demokratischen Parlamentarismus kaum überschätzt werden kann. Er analysiert die Innenpolitik eines der Hauptbeteiligten, indem er instruktiv und plastisch die öffentliche Meinung Frankreichs nach unterschiedlichen politischen Richtungen, einschließlich ihrer Steuerung durch Zensur und Pressepolitik von Regierung und Parlament, darstellt. Die Akteure Clemenceau und Wilson, der nach hochgestimmten, an seine Person gebundenen Hoffnungen auf eine neue friedliche Welt einen rapiden Ansehensverlust in der französischen Öffentlichkeit erlitt, bilden einen Schwerpunkt. Was Wilson an Einbußen hinnehmen mußte, gewann Clemenceau an Spielraum, erwies er sich doch als Meister der Meinungsbeeinflussung gegenüber der Öffentlichkeit [565: P. MIQUEL, La paix de Versailles].

Öffentliche Meinung in Deutschland und Frankreich

Die Frage, welchen Einfluß die deutsche und die französische Innenpolitik bzw. öffentliche Meinung nach Versailles auf die Außenpolitik beider Staaten gewannen, untersucht mit Konzentration auf die schwierigen Anfänge der bilateralen Beziehungen und die Jahre 1923/24 bzw. 1929/30 HERMANN HAGSPIEL [890: Verständigung zwischen Deutschland und Frankreich]. Dabei wird deutlich, daß die Bereitschaft zur Verständigung auf französischer Seite ausgeprägter war als auf deutscher. Allerdings sind nicht wenige Schlußfolgerungen dieses Buches anfechtbar, so auch die überaus kritische, empirisch nicht abgesicherte Kritik an der Locarno-Politik beider Staaten, die der Autor als riskant und letztlich destabilisierend bewertet. Eine vergleichende innen- bzw. gesellschaftspolitische Perspektive verfolgt CHARLES S. MAIER [113: Recasting Bourgeois Europe].

Neben dem Mangel an öffentlicher Akzeptanz lag – wie jede Analyse unmißverständlich verdeutlicht – die Hauptschwäche der Versailler Ordnung darin, daß mehrere Großmächte in ihr System gar nicht oder nur mangelhaft eingebunden waren: Es muß immer wieder betont werden, daß es sich hierbei nicht allein um Deutschland handelte, sondern eben auch um Sowjetrußland, in gewisser Weise selbst um das ja durchaus beteiligte Italien, vor allem aber um die Vereinigten Staaten von Amerika, die mit dem Deutschen Reich und Österreich am 24. und 25. August 1921 separate Friedensverträge schlossen.

Die USA und der Wiederaufbau Europas nach 1919

Auf der anderen Seite trugen gerade die USA, wie die neuere Forschung eindrucksvoll gezeigt hat, zum Wiederaufbau Europas, vor allem Deutschlands und

Frankreichs entschieden bei – und damit auch zu einer zeitweiligen Stabilisierung: Dies gilt nicht allein für die amerikanische Politik seit dem Dawes-Plan 1924, sondern begann bereits in den frühen 1920er Jahren; grundlegende Forschungen leistete hierzu WERNER LINK [775: Die amerikanische Stabilisierungspolitik]. Weitere einschlägige Forschungen zu diesem Themenkomplex erbrachten u. a. DENISE ARTAUD [635: La question des dettes interalliées] sowie DAN P. SILVERMAN [851: Reconstructing Europe].

f) BIOGRAPHISCHE STUDIEN, AUSSENPOLITIK DER GROSSMÄCHTE UND DEUTSCH-FRANZÖSISCHE BEZIEHUNGEN

Persönlichkeit und Politik Wilsons spielten zweifellos eine Schlüsselrolle, nicht allein als acht Jahre (1913 bis 1921) amtierender, wesentliche Reformen durchführender Präsident („Progressive Movement") für die amerikanische Politik. In seiner z.T. willkürlichen Übertragung innenpolitischer Prinzipien auf die Außenpolitik gewann er auch großen Einfluß auf die europäische und Weltpolitik. Der amerikanische Präsident ist in dem monumentalen Werk von ARTHUR S. LINK gewürdigt worden, dessen fünfbändige, z.T. psychoanalytisch verfahrende Biographie [1056: Wilson] allerdings nur bis 1917 reicht; er hat sie in zwei weiteren Büchern ergänzt [1057: Woodrow Wilson. Revolution, War and Peace; und 774: Woodrow Wilson and a Revolutionary World]. Die Rolle der Persönlichkeit beim Friedenskongreß 1919/20

Neben diesen Werken sind Wilson zahlreiche weitere Arbeiten gewidmet worden, zuletzt von A. HECKSCHER [1055: Woodrow Wilson] und K. CLEMENTS [1054: The Presidency of Woodrow Wilson]. Die Probleme, denen sich Wilsons Friedenspolitik gegenübersah und bei denen scharfe wirtschaftspolitische Differenzen zwischen den USA und ihren europäischen Alliierten, schließlich auch der Grundwiderspruch zwischen nationaler Selbstbestimmung und den diese einschränkenden internationalen Vereinbarungen dominierten, stellt kenntnisreich vor allem ARTHUR C. WALWORTH [864: America's Moment] dar. Er steht damit in einer Reihe weiterer amerikanischer Studien, die die Friedenspolitik der Vereinigten Staaten vom Kriegsende bis in die Nachkriegsjahre untersuchen. WALWORTH arbeitet die sich aus Wilsons Persönlichkeit ergebenden Probleme ebenso klar heraus, wie die zum Teil mit ihnen in Wechselwirkung stehenden deutlichen Meinungsunterschiede in der amerikanischen Delegation – hierin unterschied sich diese also nicht von der britischen. In deutscher Sprache informiert knapp KLAUS SCHWABE [1058: Woodrow Wilson].

Die britische Politik wurde vor allem in dem Pionierwerk von WILLIAM N. MEDLICOTT untersucht [784: British Foreign Policy since Versailles]; über den britischen Premierminister informiert umfassend u. a. PETER ROWLAND [1030: David Lloyd George] wenngleich der Abschnitt über Versailles [ebd., 475 ff.] relativ kurz ausfällt und in der Quellenforschung ausschließlich auf die britische Politik, vor allem diejenige Lloyd Georges beschränkt bleibt. Der von A. J. P. TAYLOR heraus- Die britische Politik gegebene Sammelband [1031: Lloyd George: Twelve Essays] enthält auch einige Beiträge zur Zwischenkriegszeit, u. a. zur Innen- und Militärpolitik, aber auch zum Fehlschlag seiner „Griechenlandpolitik" in den ersten Nachkriegsjahren; über die Österreichpolitik informiert ANNE ORDE [801: Großbritannien und die Selbständigkeit Österreichs; sowie insgesamt 800: dies., Great Britain and International Security sowie 802: dies., British Policy].

Die jüngsten Studien zur britischen Politik bei den Friedensverhandlungen stammen von E. GOLDSTEIN [727: Winning the Peace] sowie A. SHARP [850: The Versailles Settlement]. Über die korrespondierenden innenpolitischen Aktivitäten – die schon während des Krieges einsetzten – informiert KEITH ROBBINS [927: The Abolition of War]. Eine Entwicklungsgeschichte des Völkerbunds liefert F. P. WALTERS [863: A History of the League of Nations], eine vorläufige Bilanz A. PFEIL [811: Der Völkerbund]; weiterhin informieren die Akten eines Symposions [769: The League of Nations in retrospect], C. M. KIMMICH [761: Germany and the League of Nations] und ZARA STEINER [930: The League of Nations]; schließlich jüngst mit Schwerpunkt auf der französischen Politik MARIE-RENÉE MOUTON [791: La Société des Nations].

Das Verhältnis Deutschlands zu Italien, dem vierten Mitglied des entscheidenden Gremiums, dem „Rat der Vier" thematisiert JOSEF MUHR [792: Die deutsch-italienischen Beziehungen], ohne indes die italienische Innenpolitik hinreichend zu verdeutlichen.

<small>Die deutsch-französischen Beziehungen 1918–1925</small>

Für das Schlüsselproblem der deutsch-französischen Beziehungen gilt, was der exzellente Deutschlandkenner, Politiker und Diplomat ANDRÉ FRANÇOIS-PONCET – von 1931 bis 1938 Botschafter Frankreichs in Berlin – in seinem Buch „De Versailles à Potsdam" [721] bemerkt hatte: Der Vertrag habe „pendant vingt ans pesé sur les relations franco-allemandes et empoisonné ces relations. Ayant mécontenté les Français, il semble qu'il aurait dû contenter les Allemands, et inversement, s'il a mécontenté les Allemands, il semble qu'il aurait dû contenter les Français. Ce ne fut pas le cas" [ebd., 60].

Die grundlegende Erforschung der ersten Nachkriegsjahre der deutsch-französischen Beziehungen bietet JACQUES BARIÉTY in seinem tiefdringenden Werk [884: Les relations franco-allemandes après la Première Guerre Mondiale], das vom Waffenstillstand 1918 bis zum Januar 1925 reicht und das auf ebenso umfassenden wie intensiven archivalischen Forschungen beruht. Es behandelt ein zentrales Thema der europäischen Nachkriegsgeschichte, konnte die Versailler Ordnung doch nur durch wirkliche deutsch-französische Aussöhnung eine Chance erhalten. Dabei geht er, wie später ANDREAS HILLGRUBER [744: ‚Revisionismus'] von der den Deutschen damals nicht hinreichend bewußten Tatsache aus, daß der Vertrag von Versailles Deutschland als Großmacht bestehen ließ und die Politik des ersten Nachkriegsjahrfünfts in dem französischen Versuch bestand, das „strukturelle" Gleichgewicht zwischen beiden Staaten zu halten bzw. herzustellen. Diese Einschätzung beruht auf der durch französische Autoren immer wieder hervorgehobenen Bedeutung der „forces profondes" – unter ihnen des demographischen

Faktors – selbst für die Diplomatiegeschichte, die JACQUES DROZ im Vorwort zu BARIÉTYS Werk betont.

Und in der Tat korrigiert BARIÉTY – wie auch WALTER A. MCDOUGALL [898: France's Rhineland Diplomacy] – unter vielen anderen Interpretationen das bis dahin gültige Bild einer strikten Entgegensetzung der Politik Briands und Poincarés, der tatsächlich eine Doppelstrategie betrieb, die die politische Instrumentalisierung der zunächst wirtschaftlich zu nutzenden Reparationen und die Abtrennung des Ruhrgebiets als alternative Möglichkeiten offenhielt. Auch Poincaré wollte und konnte nicht auf die Kooperation mit Großbritannien verzichten, auch er sah das Ruhrgebiet als zeitweiliges „Faustpfand", um die Sicherung Frankreichs zu erreichen und das durch die Weltkriegsniederlage Deutschlands erreichte „strukturelle Gleichgewicht" zu erhalten; damit sollte Großbritannien zu einer Politik der Garantie der französischen Sicherheitsinteressen bewogen werden. Doch bezieht BARIÉTY bei seiner Darstellung der deutsch-französischen Beziehungen das europäische Geflecht, in dem sie standen, insbesondere in bezug auf Großbritannien intensiv ein, so daß er auch hier vielfach zu neuen Einschätzungen gelangt, beispielsweise im Hinblick auf die tatsächliche Subtilität der Außenpolitik Ramsay MacDonalds.

BARIÉTY geht von der Beobachtung aus, daß „en 1919, la France victorieuse se croit assez forte pour penser pouvoir exiger de l'Allemagne vaincue l'exécution du traité de paix; cinq ans plus tard, en 1924, elle est déjà contrainte de négocier cette exécution, en attendant la révision". Diese Entwicklung untersucht er „par une analyse combinée du jeu des forces profondes et des actions politiques, comment on en vient de l'exécution à la négociation" [884: J. BARIÉTY, Les relations franco-allemandes après la Première Guerre Mondiale, XVf.]

Es zählt zu den wesentlichen Ergebnissen, daß die Reparations-Regelungen des Versailler Vertrags und die dort enthaltenen Sanktionsmöglichkeiten auf die französische Absicht zurückgehen, sie gegebenenfalls zur Revision des Vertrags im Sinne der eigenen Zielsetzungen zu nutzen. Hierin wird ein weiteres Mal deutlich, daß die in den Augen Deutschlands begünstigten Franzosen ihrerseits im Vertrag von Versailles ihre Ziele nur partiell erreicht sahen, daß also auch für sie eine – natürlich gegensätzliche – Revision wünschbar blieb. Für beide Seiten spielte das Problem der Sicherheit eine erstrangige Rolle, wie auch das Buch von KARL J. MAYER [897: Die Weimarer Republik und das Problem der Sicherheit] minutiös darlegt.

Doch führte die Krise des Franc 1924, die STEPHEN A. SCHUKER [656: The End of French Predominance] eindringlich untersucht, Edouard Herriots ungeschickte Politik und das Zusammenspiel von Amerikanern, Briten und Deutschen bei der Londoner Konferenz über den Dawes-Plan zu einer Wende in den deutsch-französischen Beziehungen bzw. der europäischen Konstellation, die vor allem ein Erfolg der Politik Stresemanns war [vgl. die präzise Rekonstruktion bei 884: J. BARIÉTY, Les relations franco-allemandes après la Première Guerre Mondiale, 505 ff. sowie zur Charakterisierung Stresemanns ebd., 214 ff.]. Über Stresemann liegt nun endlich mit dem Werk von CHRISTIAN BAECHLER [1047: Gustave Stresemann] eine umfassende Biographie vor. Eine magistrale Biographie über Clemenceau verfaßte JEAN-BAPTISTE DUROSELLE [1002: Clemenceau], über Poincaré schrieb PIERRE MIQUEL [1037: Poincaré].

<small>Die deutsche Außenpolitik und die deutsch-französischen Beziehungen in der Locarno-Ära</small>

Die Biographien ersetzen z.T. mit anderen Studien, vor allem der von FRANZ KNIPPING [893: Deutschland, Frankreich und das Ende der Locarno-Ära], die noch ausstehende Fortsetzung von BARIÉTYS Werk für die zweite Hälfte der 1920er Jahre, also die Zeit der Hoffnung nicht allein für die deutsch-französischen Beziehungen, sondern für die Stabilisierung des Systems von Versailles überhaupt. Die Wende in der Mitte der 1920er Jahre behandeln unter anderen JON JACOBSON [752: Locarno Diplomacy] sowie CLEMENS WURM [935: Die französische Sicherheitspolitik]. Über dieses Jahrfünft unterrichten für die französische Politik auch die beiden umfangreichen Biographien über Aristide Briand [993: G. SUAREZ, Briand sowie 992: F. SIEBERT, Aristide Briand]. Neben einer Reihe von thematisch begrenzten Monographien zu Briand und Stresemann sind für die Frühphase der deutsch-französischen Beziehungen jetzt auch die von STEFAN MARTENS im Auftrag des Deutschen Historischen Instituts Paris publizierten und gehaltvoll eingeleiteten Gesandtenberichte heranzuziehen [70: Documents Diplomatiques Français sur l'Allemagne 1920], die Lücke der „Documents Diplomatiques Français", die erst 1932 einsetzen, soll für die 1920er Jahre noch geschlossen werden.

Die in anderem Zusammenhang erwähnte Kontinuitätsproblematik hat weitere Dimensionen. Sie betrifft z. B. die Frage nach den die Revolution 1918/19 überdauernden Funktionseliten im Auswärtigen Amt, die PETER GRUPP [731: Deutsche Außenpolitik im Schatten von Versailles] positiv beantwortet. Es geht hier aber auch um die Einordnung der Außenpolitik Stresemanns in den Gesamtzusammenhang der Weimarer Republik, der in dem bisher wichtigsten Werk über dieses Thema, dem von PETER KRÜGER [765: Außenpolitik der Republik von Weimar], eine zentrale Rolle zukommt. Diesem Buch hat JACQUES BARIÉTY eine eingehende kritische Würdigung gewidmet [in: VfZ 37 (1989), 516–524]. KRÜGER versucht, die lange Debatte über den Stellenwert der Locarno-Verträge zu beenden. Sie betrifft die kontroverse Deutung, ob durch diese eine Konsolidierung der Versailler Ordnung erfolgte oder der neue Revisionismus begann (da sich das Deutsche Reich eine – friedliche – Revision der Ostgrenze vorbehielt). KRÜGER sieht diese Politik Stresemanns, – die er durch umfassende Quellenauswertung erforscht, die erstmals auch die Papiere seines engsten und wirksamsten Beraters, des Staatssekretärs Carl von Schubert, einbezieht –, als Versuch an, in den Kreis der Großmächte zurückzukehren. Damit sei die deutsche Außenpolitik gestärkt, aber auch mit neuen Methoden die Wiederherstellung des „europäischen Konzerts" und ein Zusammenwirken in ihm betrieben worden [vgl. 765: P. KRÜGER, Außenpolitik der Republik von Weimar, 295 ff.]. Demgegenüber betont BARIÉTY im Gegensatz zu KRÜGER stärker das revisionistische Anliegen insbesondere gegenüber Polen. Aufgrund der hinsichtlich Frankreichs schwächeren Quellenbasis KRÜGERS sieht er in bezug auf die zentralen deutsch-französischen Beziehungen hier ein Ungleichgewicht, das die Gefahr des Unverständnisses der französischen Politik berge. Dieser Mangel ist in dem in gewisser Weise komplementären Werk von KNIPPING, der die Schlußphase der Locarno-Ära 1928–1931 auf der gleichgewichtigen Grundlage deutscher und französischer Akten behandelt, behoben. Doch bleibt für die Zeit von 1926 bis 1928, zwischen WURMS und KNIPPINGS Studien, eine gravierende Lücke. Auch fehlt es an einer KRÜGERS Werk analogen, quellenintensiven Gesamtdarstellung der französischen Außenpolitik zwischen 1918 und 1932 – hinsichtlich der Detailprobleme bleibt deshalb für die deutsche Außenpolitik seine Darstellung umso unentbehrlicher.

Die Frage nach der Einordnung der Locarno-Politik bietet indes weitere Kernprobleme: So betrachtet KRÜGER den deutsch-sowjetrussischen Rapallo-Vertrag von 1922 – über den es schon früher kontroverse Deutungen gegeben hat [vgl. u. a. 737: H. HELBIG, Rapallo-Politik; 833: T. SCHIEDER, Rapallo-Vertrag; 834: ders., Entstehungsgeschichte; 728: H. GRAML, Rapallo-Politik] – als illusionäre Episode, die die westorientierte Verständigungspolitik nicht prinzipiell in Frage gestellt habe. Demgegenüber sieht BARIÉTY in dieser Politik eine außenpolitische Alternative für die Weimarer Republik, zumal auch die neuen Kenntnisse über die Konferenzen von Cannes im Januar und Genua im April/Mai 1922 eine andere Interpretation der diplomatischen Konstellation dieses Jahres nahelegen [vgl. 639: C. FINK, Genoa Conference]. Diese Fragen sind deswegen so zentral, weil von ihnen die Beurteilung der deutsch-französischen Verständigungschance insgesamt abhängt. BARIÉTY sieht in den Nachwirkungen Locarnos eine „Tragödie des Mißverständnisses zwischen Frankreich und Deutschland", eines Mißverständnisses, das durch das Gespräch zwischen Briand und Stresemann am 17. September 1926 in Thoiry verstärkt worden ist. „Das Scheitern des Plans von Thoiry hatte gezeigt, in welcher Hinsicht das große revisionistische Projekt von 1926 illusorisch, ja exzessiv war. Man muß sich klarmachen, daß jenseits der unmittelbaren Folgen des Scheiterns dieses Plans Ende 1926 weder Frankreich noch Polen, ja nicht einmal Belgien bereit war, Revisionen des europäischen Status von 1919 in dem Ausmaß, wie die deutsche Politik sie 1926 im Auge hatte, zu akzeptieren" [672: J. BARIÉTY, Tauziehen um ein neues Gleichgewicht, 110].

Deutschland zwischen Ost und West: Von Rapallo nach Thoiry

4. DIE INTERNATIONALEN BEZIEHUNGEN UND DIE WIRTSCHAFTSKRISE

a) Modelle und Kontroversen

Phasen der internationalen Ordnung zwischen den Kriegen: Die Interpretation Hermann Gramls

Eine Gesamtdarstellung der internationalen Politik dieses Zeitraums bietet HERMANN GRAMLS Werk „Europa zwischen den Kriegen" [97], das die Zwischenkriegszeit mit einer systematischen Chronologie gliedert. Er behandelt problemorientiert die Grundlegung der europäischen Außenpolitik im Jahre 1919 am Beispiel des Völkerbunds, des Rückzugs der USA aus der europäischen Politik und der Isolation Sowjetrußlands mit ihren jeweiligen Auswirkungen auf das internationale System, schließlich die Alternative von Revisionismus und Status-quo-Politik, für die die Außenpolitik Deutschlands und Frankreichs analysiert werden. Die zweite Phase sieht GRAML treffend durch die „künstliche Hegemonie Frankreichs" bis 1924 charakterisiert, das folgende Jahrfünft bis 1929 als „Zwischenspiel der Verständigung", was konsequent aus dem Scheitern dieser Politik seit 1930 abgeleitet wird, ihr aber auch von vornherein Aussichtslosigkeit attestiert.

Der Determinismus dieser Interpretation wird noch deutlicher aus der Tatsache, daß die Zeit seit 1930 als „Vorgeschichte des Zweiten Weltkriegs" erscheint, in der zwar ebenfalls Phasen unterschieden werden, aber doch solche, deren Endergebnis kaum zweifelhaft ist: „Das Ende der kollektiven Sicherheit (1930-1933)". Diese Einschätzung ist bemerkenswert, weil bereits die Präsidialkabinette, die die Wirtschaftskrise für einen außen- (und innenpolitischen!) Revisionismus instrumentalisierten, um die „außenpolitische Bewegungsfreiheit" wiederzugewinnen, nicht bloß als destabilisierende Faktoren beurteilt werden, sondern als Vorstufe späterer Aggressionspolitik. Das Indiz dafür sieht Graml weniger in Brünings schließlich erfolgreichem Versuch, die Streichung der Reparationen zu erreichen, sondern vielmehr in der seit Sommer 1930 vorbereiteten Polenpolitik. Er führt dafür unter anderem die Rede von Reichsaußenminister Curtius im Völkerbundsrat am 21. Januar 1931 an, deren offene Feindseligkeit Klarheit geschaffen habe und „jedermann verriet, daß sich Deutschland mit seinen Ostgrenzen nicht abfinden und eines Tages, sobald die militärische Schlagkraft zurückgewonnen war, ihre Korrektur versuchen wollte" [97: H. GRAML, Europa, 259].

Eine solche Politik stellte durchaus etwas anderes dar, als der auch von Curtius' Vorgänger Stresemann nicht aufgegebene Anspruch einer mit friedlichen Mitteln anzustrebenden Grenzkorrektur im Osten des Reiches. Doch bedeutete andererseits Curtius' Zielsetzung, selbst wenn sie den Krieg als Mittel der Politik einkalkuliert haben sollte, nicht einen Expansionismus Hitlerschen Ausmaßes. Vielmehr blieb Curtius Politik im Rahmen klassischer Staatenkonflikte um begrenzte und aus historischen, nationalitätenpolitischen und ökonomischen Gründen umstrittene Gebiete. Die Charakterisierung dieser Politik als aggressiv und als einer ersten Stufe zum Krieg meint weder intentional noch funktional denjenigen Krieg, der seit 1939 tatsächlich entfesselt und geführt wurde.

Auf der anderen Seite muß auch auf diesem Feld bedacht werden, daß die Instrumentalisierung der Kriegsgefahr zur Erreichung politischer Ziele die Aushöhlung der internationalen Ordnung und ihrer bis Ende der 1920er Jahre erreichten Verständigung über Kriegsächtung und Gewaltverzicht einkalkulierte. Insofern kann man, wie GRAML dies letztlich impliziert, hierin durchaus eine außenpolitische Analogie zur Entparlamentarisierung und Etablierung eines Präsidialsystems in der deutschen Innenpolitik sehen: Sie trug nicht allein zur Auflösung der Weimarer Demokratie bei, sondern in funktionaler Weise eben auch zur Vorbereitung der Diktatur – selbst dann, wenn eine solche nicht angestrebt wurde.

GRAML sieht den Rückfall in die „Anarchie der Vorkriegsjahre" seit der Jahreswende 1929/30 als unvermeidlich an, „nachdem die Weltwirtschaftskrise dem Geist internationaler Verständigung und Zusammenarbeit, wie er im Völkerbund manifest geworden war, eine vernichtende Niederlage bereitet und der hemmungslosen Entfaltung des Egoismus der einzelnen Staaten die letzten Hindernisse aus dem Weg geräumt hatte". Durch die „alle bisherigen Erfahrungen sprengende Katastrophe der Weltwirtschaft... fühlten sich jedenfalls die Regierungen praktisch aller Staaten zu der unvernünftigen – wenngleich verständlichen – und nur auf die eigene Rettung bedachten Rücksichtslosigkeit getrieben, wie sie auch bei einer von Panik ergriffenen Menschenmenge auftritt" [ebd., 237]. Auch E. J. HOBSBAWM bewertet diese Autarkiepolitik als Form des Nationalismus [103: E. J. HOBSBAWM, Zeitalter, 156 ff.].

Der Wendepunkt 1929/30

Tatsächlich mußte eine solche Politik schon deshalb aussichtslos sein, weil die internationale Verflechtung der Weltwirtschaft, insbesondere auch des amerikanischen Kapitals, in den europäischen Industriestaaten bloß nationale Lösungen ausschloß. Aber es war nicht die weltwirtschaftliche Depression allein, sondern ihre epochenspezifische Verquickung mit dem Nationalismus vor dem Hintergrund der noch nicht vernarbten Wunden des Ersten Weltkriegs, die ihre katastrophalen Auswirkungen erklärt: „Der Abfall in ökonomischen Nationalismus hätte allein schon genügt, auch die politischen Beziehungen zwischen den Staaten nachhaltig zu verschlechtern; er reflektierte und förderte jedoch zudem einen im Zeichen der Krise erfolgenden Ausbruch allgemeiner nationalistischer Emotionen, der die Erosion der Staatenwelt vollendete. So lag es in den Ländern, die unter der Pariser Friedensregelung gelitten hatten oder mit ihr unzufrieden waren, nahe, die Ursprünge der wirtschaftlichen Nöte in den politischen und wirtschaftlichen Bestimmungen der Friedensverträge zu suchen: Revisionismus und faschistischer Neo-Imperialismus, die ja seit langem mit den Parolen eines zwischenstaatlichen Klassenkampfes operierten (Habenichtse gegen Besitzende), gewannen im wirtschaftlichen Niedergang eine geradezu magnetische Anziehungskraft, die den entsprechenden außenpolitischen Forderungen zum ersten Mal seit 1923 wieder eine Massenbasis verschaffte und damit einen unvergleichlich kräftigeren Impuls verlieh" [97: H. GRAML, Europa, 239 f.].

Wechselwirkung von Weltwirtschaft und internationaler Ordnung: Die Kritik Gilbert Zieburas an der amerikanischen Politik

Diese Erklärung gilt einem der Hauptprobleme der Destabilisierung des internationalen Systems seit 1929/30, in der Revisionismen wieder auflebten, nachdem bereits ihre partielle Rationalisierung und Kanalisierung in friedliche Bahnen gelungen schien. Sie macht einmal mehr deutlich, welch zentrale Rolle die Wirtschaftskrise für die Auflösung der internationalen Ordnung spielte. Genau dieser Frage, „wie es geschehen konnte, daß der Versuch, eine durch Krieg und soziale Umwälzung tief erschütterte Welt wieder aufzubauen, nicht nur erfolglos blieb, sondern erneut in eine globale Krise mündete, die jenen Kräften den Weg öffnete, die eine weitaus größere Katastrophe vorbereiteten, als sie der Erste Weltkrieg dargestellt hatte", geht GILBERT ZIEBURA nach [582: Weltwirtschaft und Weltpolitik, 177). Er liefert dafür zwar nicht eine Gesamtdarstellung wie GRAML, sondern eine auf das zentrale Problem und den „annus terribilis" (Arnold Toynbee) 1931 konzentrierte Analyse der Wechselbeziehung von Weltwirtschaft und internationaler Ordnung, deren Chancen er ähnlich skeptisch beurteilt wie GRAML, bezeichnet er doch die „relative Stabilität" der Jahre 1924 bis 1929 schlichtweg als Legende [ebd., 83 ff.]. ZIEBURA bemüht sich darum, die „Grenzen sozialer und innenpolitischer Stabilisierung" aufzuzeigen, die ihrerseits in ihrer destabilisierenden Wirkung erklärt werden [ebd., 107 ff.]. Am Beispiel eines „Subsystems" hatte schon GYÖRGY RÁNKI [652: Economy and Foreign Policy] die existentielle Bedeutung des Außenhandels für die Staaten des Donauraums unter dem Aspekt des dortigen Engagements der europäischen Großmächte Großbritannien, Frankreich, Deutschland und Italien untersucht.

„Versailler und Washingtoner System"

Indem ZIEBURA die weltwirtschaftlichen Strukturprobleme nicht allein auf das Versailler System, sondern auch das „Washingtoner" unter Berücksichtigung Asiens bezieht und die Wechselbeziehung der wichtigsten Volkswirtschaften herausarbeitet, stellt seine Interpretation methodisch einen bedeutsamen Ansatz dar, der auch kontradiktorische Faktoren in ihrer krisenverschärfenden Wirkung analysiert. Trotz weltwirtschaftlicher Verflechtungen, die noch nicht das Ausmaß der Zeit nach dem Zweiten Weltkrieg erreicht hatten, muß die gegenläufige Tendenz ebenfalls in Rechnung gestellt werden. Allerdings setzt ZIEBURA sie zeitlich schon sehr (zu?) früh, also vor ihrer offenkundigen Bedeutung an, die erst in den 1930er Jahren erreicht wurde: „Protektionismus, der Trend zur Autarkisierung der nationalen Ökonomien sowie die Entstehung regionaler Währungs- und Handelsblöcke bremsten die Verstärkung der Interdependenz und trugen zum Verfall der Weltwirtschaft bei, erweiterten aber auch die Möglichkeiten nationaler Selbstbestimmung bis hin zum puren Egoismus, zum Kampf aller gegen alle, den die Weltwirtschaftskrise dann weiter anheizte" [582: G. ZIEBURA, Weltwirtschaft und Weltpolitik, 107].

ZIEBURA sucht die Ursachen der Destabilisierung in den „Modalitäten der Stabilisierungspolitik", die er als „konservative Offensive" beurteilt, die möglichst schnell zur „Vorkriegsnormalität" zurückkehren wollte und damit die Chance zu tragfähigen Lösungen vergab. Dazu zählte nicht allein die restaurative, mit den Amerikanern übereinstimmende Politik europäischer Herrschaftseliten, sondern vor allem die der kapitalistischen Vormacht USA, die den anderen Staaten nach ZIEBURAS Einschätzung die eigene Form der Stabilisierungspolitik aufgedrängt und zwei Partner privilegiert habe: in Ostasien Japan und in Europa Deutschland.

Diese Stabilisierungspolitik hatte, das ist unbestreitbar, nur einen begrenzten Erfolg. Der Kardinalfehler habe bereits darin gelegen, daß das Hauptgläubigerland USA, dessen Dollar die „faktische Weltleitwährung" gewesen sei, den Goldstandard als Bedingung für sein finanzielles Engagement in Europa zugrunde gelegt habe: Dies habe die Regierungen gezwungen, „der Währungspolitik absolute Priorität einzuräumen und damit einer deflationistischen Haushaltspolitik mit allen innergesellschaftlichen Belastungen, die von der Einkommensumverteilung ‚von unten nach oben' bis zu verzögerter oder unzureichender struktureller Anpassung reichten". Diese Art von Währungsstabilisierung habe sich „als ein Panzer" erwiesen, „der den wirtschafts- und sozialpolitischen Handlungsspielraum der nationalen Regierungen, besonders in Deutschland und Japan, auf verhängnisvolle Weise einschränkte" [ebd., 180]. Daß vom Weltmarkt kaum Stabilisierungsimpulse ausgingen, habe die negative Wirkung verstärkt. Dies und nicht etwa die Reparationsfrage sei einer der wichtigsten Gründe für das ökonomische und politische Scheitern der Stabilisierungspolitik gewesen. Hauptursache dieses Mißerfolgs war die wachsende Abhängigkeit beider privilegierter Partner von den USA; ihr wirtschaftlicher Niedergang mußte beide tatsächlich miteinander verflochtenen Ordnungssysteme, das atlantisch-europäische und das atlantisch-japanische, unweigerlich in den Sog ziehen: Die Wende zum autoritären Staat ist in Japan und Deutschland „vom gleichzeitigen Zerfall der beiden Ordnungssysteme in Europa und Südostasien nachdrücklich gefördert worden". Zwar seien die Krisenlösungsstrategien nicht zwangsläufig autoritärer Art gewesen, wie die Gegenbeispiele zeigten – Roosevelts „New Deal", die Volksfront in Frankreich und die Änderung der konservativen Währungspolitik in Großbritannien durch die Pfundabwertung –, doch weder in Japan noch Deutschland existierten derartige Alternativen. Der Zerfall der Weltwirtschaft in Währungs- und Wirtschaftsblöcke machte jegliche internationale Koordinierung zunichte; ein frappierendes Indiz bildete der plötzliche Verzicht auf die von Deutschland geforderten Reparationen: Nachdem dieses Problem vorher mehr als ein Jahrzehnt die „Welt in Atem gehalten" hatte, löste er doch keinerlei positive Impulse für Weltwährungssystem und Weltwirtschaft aus [ebd., 180-183].

Die in vielem originelle, in manchem von aktuellen Perspektiven der 1970er und 1980er Jahre beherrschte Interpretation trifft zweifellos einen wichtigen, sonst unterbelichteten Zusammenhang. Sie ist durch die Pointierung trotz der zeitlichen Eingrenzung des Untersuchungszeitraums letztlich auf die gesamte Zwischenkriegszeit bezogen, beansprucht sie doch, in einem Zugriff den Zusammenbruch der internationalen Ordnung durch eine verfehlte amerikanische Stabilisierungspolitik in Europa und Asien zu erklären, die den Interessen und Zielen der dortigen konservativen Herrschaftseliten entgegengekommen sei. Doch verkürzt diese

Interpretation die Komplexität der jeweiligen nationalen Voraussetzungen durch eine inhärente Monokausalität, die einen zwar zentralen, doch nicht einzigen Faktor der Weltwirtschaftspolitik zum Schlüssel nicht allein der gesamten ökonomischen und währungspolitischen Entwicklung, sondern zum ausschlaggebenden Faktor aller anderen Politikbereiche macht. Hierbei gibt die Übertragung zeitgenössischer Erfahrung der Unfähigkeit kapitalistischer Wirtschaftspolitik zur Krisenlösung durchgängig das Leitmotiv ab.

Auch ist die Kritik ZIEBURAS an der amerikanischen Währungspolitik insofern zu relativieren, als der Goldstandard nicht allein der Tradition auch anderer Staaten entsprach – beispielsweise Großbritanniens, Frankreichs und der Schweiz –, sondern nicht zuletzt vor dem Hintergrund der vorausgehenden Kriegs- und Nachkriegsinflation beurteilt werden muß: Alle inflatorischen Konzeptionen waren durch diese fundamentale währungspolitische Erfahrung diskreditiert, die negativen Wirkungen der Deflationspolitik, die sich im Rückblick zweifellos aufdrängen, konnten weder für die internationale Finanzpolitik noch für Reichskanzler Brüning ausschlaggebend sein. Während KNUT BORCHARDT eine wirkliche Alternative zu Brünings Wirtschaftspolitik ausschließt und die „Zwangslage" gegenüber den „Handlungsspielräumen" betont [572: K. BORCHARDT, Wachstum, Krisen, Handlungsspielräume, 165–224] sind ihm andere Autoren, u. a. CARL-LUDWIG HOLTFRERICH, entgegengetreten [vgl. u. a. 605: Alternativen zu Brünings Wirtschaftspolitik; zuletzt 606: Zur Debatte].

Die verheerenden Folgen der Arbeitslosigkeit für das politische System, die zu den zentralen Ursachen der Auflösung der Weimarer Demokratie zählten, lagen bis 1930/32 ebenfalls außerhalb der generationsspezifischen Erfahrung. An der Massenarbeitslosigkeit ist weder die britische Demokratie gescheitert, noch lagen hierin die entscheidenden Gründe für die faschistische Machtergreifung in Italien. Schließlich ist zu fragen, worin denn die Alternative zur amerikanischen Stabilisierungspolitik gemäß dem Dawesplan in Europa hätte liegen können, war doch die deutsche Volkswirtschaft bereits 1922/23 zusammengebrochen und nur durch Währungssanierung und anschließende amerikanische Wiederaufbauhilfe auf die Beine zu bringen. War es wirklich so, daß die außen-, wirtschafts- und finanzpolitischen Weichenstellungen des Jahrfünfts von 1924 bis 1929 keinerlei Chancen boten und nur eine Illusionen nährende Verzögerung der Katastrophe bildeten? Wenn diese Einschätzung zutrifft, dann besaßen weder die internationale Ordnung noch die Demokratiegründungen seit 1918/19 eine wirkliche Chance, dann wäre bereits damals der nächste Krieg unausweichlich gewesen.

Auf der anderen Seite wird auch bei ZIEBURA der grundsätzliche Ansatz aller komparativen Interpretationen unmißverständlich, der das Scheitern der Demokratien, auch der deutschen, von der Entwicklung der internationalen Konstellation ableitet und nicht primär von spezifischen nationalgeschichtlichen Voraussetzungen: Diese wirkten zwar auf der Basis einer fundamentalen Destabilisierung und Krise, die die einzelnen Staaten nicht steuern konnten, waren dann aber nicht deren Ursache. Wenngleich ZIEBURA von der Möglichkeit einer alternativen Politik der USA ausgeht, herrscht doch auch bei ihm wie bei GRAML die Einschätzung vor, daß die Destabilisierung und folglich der Weg in den Krieg kaum vermeidbar waren. Auf die zentrale nationalgeschichtliche Perspektive übertragen, bedeutet dies: Auch eine andere als die nationalsozialistische Regierung hätte in dieser Konstellation den Krieg zumindest nicht verhindert, weil er eine zwangsläufige Konsequenz der vorhergehenden Katastrophen gewesen sei. Auf diese Problematik ist noch gesondert einzugehen, doch liegt das Zwischenergebnis der Forschung offen zutage: Der Zweite Weltkrieg resultierte zumindest auch aus lang- und mittelfristigen weltwirtschaftlichen Ursachen, bevor Hitler eine skrupellose Politik der Kriegsvorbereitung und Kriegsentfesselung betrieb und diese für seinen „großgermanischen" und rassistischen Imperialismus instrumentalisierte. ZIEBURA gelangt konsequent zu dem Schluß: „So liegt die deprimierendste Erfahrung jener Jahre in der Tatsache, *daß die Doppelkrise von Weltwirtschaft und Weltpolitik erst durch den Zweiten Weltkrieg bewältigt wurde..."* [582: G. ZIEBURA, Weltwirtschaft und Weltpolitik, 186].

Auch GRAML analysiert die Destabilisierung der europäischen Ordnung nicht allein am Beispiel der deutschen Politik seit 1930, sondern mit einer weltpolitischen Perspektive, die den japanischen Einfall in die Mandschurei 1931 als „ersten schweren Schlag gegen die Autorität des Völkerbunds" ebenso einbezieht wie das Scheitern der Abrüstungskonferenz infolge deutsch-französischer Spannungen, Italiens Angriff auf Abessinien und die Annäherung Mussolinis an Hitlers aggressiven Revisionismus seit Mitte der 1930er Jahre oder auch die symbolische Bedeutung des Spanischen Bürgerkriegs für eine ideologisch verbrämte Neustrukturierung der europäischen Mächtekonstellation: „Die neue Partnerschaft ist nicht als Bündnis alten Stils, sondern als Ausdruck einer ideologisch-politischen Solidarität präsentiert worden. Tatsächlich lief sie auf eine gemeinsame Kriegserklärung an den Status quo hinaus, die das gestiegene Selbstvertrauen beider Diktatoren – Mussolini bemerkte seine wachsende Abhängigkeit von Berlin noch nicht – deutlich genug dokumentierte. Hitler und Mussolini haben sich auch deshalb schon beinahe als Herren der europäischen Lage betrachtet, weil die Westmächte weder zur eigenen Intervention in Spanien noch zur Verhinderung des deutschen und italienischen Engagements fähig waren" [97: H. GRAML, Europa, 341]. Hier lag der Schlüssel zur „gleitenden Machtverschiebung" [ebd., 343]: Sie brachte trotz des ideologischen Signals, das der Spanische Bürgerkrieg für die europäische Linke bedeutete, in keiner Weise deren Stärkung. Schon bald wurde sie durch die kommunistische Führung in Moskau selbst desavouiert: Der Hitler-Stalin-Pakt ordnete im August 1939 die „Realpolitik" der „ideological correctness" über.

Der europäische und weltpolitische Revisionismus seit 1931

GRAML rückt die internationale Konstellation immer wieder in den Mittelpunkt des Ursachengeflechts und deutet ihren Wandel als Ermunterung des nationalsozialistischen Deutschland, eine gegenüber dem klassischen deutschen Imperialismus, der auf den Erwerb von Kolonien zielte, neuartige Politik des kontinentalen Expansionismus im weltpolitischen Kontext zu betreiben. Doch berücksichtigt er

Hitlers Expansionismus und die internationale Ordnung

ungleich stärker als ZIEBURA die kriegstreibende Außenpolitik Hitlers. Hitlers Eroberungspolitik war tatsächlich etwas anderes als der Imperialismus der Vorweltkriegszeit, ging sie doch in ihrem Rassismus auf die Vernichtung oder Domestizierung ganzer Staaten und Völker aus, die die Beseitigung europäischer Großmächte einschloß. Die Forschungskontroverse, ob Hitlers Diktatur planmäßig ein Programm realisierte oder jeweils situationsgebunden improvisierte, erstreckt sich nicht allein auf die Herrschaftsstruktur und den Massenmord an den Juden im Zweiten Weltkrieg, sondern auch auf die Außenpolitik [vgl. dazu 953: A. HILLGRUBER, Deutschlands Rolle, 67 ff.; 746: ders., Die Zerstörung Europas, 121 ff.; 740: K. HILDEBRAND, Deutsche Außenpolitik 1933–1945].

Hermann GRAML hat später in seinem Buch „Europas Weg in den Krieg" [948] diese Fragestellung vertieft behandelt und trotz der Konzentrierung auf das Thema „Hitler und die Mächte 1939" den Konnex von Erstem und Zweitem Weltkrieg, Scheitern der Stabilisierungsversuche, Weltwirtschaftskrise und schließlich „Formierung der expansionistischen Mächte" und Kriegsvorbereitung 1938/39 hergestellt. Dabei hat er in einer minutiösen Rekonstruktion der Entscheidungsbildung zwischen Berlin, Rom und Moskau sowie des Scheiterns der Appeasementpolitik bis in die letzten Augusttage 1939 hinein keinen Zweifel daran gelassen, daß Hitler Europa in den Krieg gezwungen habe [ebd., 277 ff.]. Der Pakt mit der Sowjetunion, über dessen Dauerhaftigkeit sich weder Stalin noch Molotow einen Moment lang Illusionen gemacht hätten [ebd., 276], habe Hitler für den bevorstehenden Krieg den Rücken im Osten freigemacht und nach Stalins Einschätzung der Sowjetunion grandiose Chancen eröffnet.

Die verschiedenen Aspekte des Ursachenkomplexes sind in der Forschung inzwischen klar herausgearbeitet worden, kontrovers kann deshalb neben einer aufgrund neuer Quellenbestände möglicherweise genaueren Rekonstruktion der Entscheidungsprozesse im Kreml nur die Gewichtung der einzelnen Faktoren sein. Die Mehrzahl der geschichtswissenschaftlichen Arbeiten vermeidet indes eine monokausale Erklärung, beschreibt vielmehr den Weg zum Krieg auf der Basis der allmählichen bzw. schubweisen Destabilisierung der internationalen Ordnung: Sie ermöglichte es den Diktatoren, insbesondere Hitler, ihre expansionistischen Ziele in die Tat umzusetzen. Nahezu alle Autoren messen dabei der in den meisten Staaten zwischen 1929 und 1931 sich verschärfenden Wirtschaftskrise eine wesentliche, wenn nicht ausschlaggebende Rolle zu [vgl. dazu u. a. 576: C. P. KINDLEBERGER, Die Weltwirtschaftskrise; 678: J. BECKER/K. HILDEBRAND (Hg.), Internationale Beziehungen in der Weltwirtschaftskrise; 610: H. JAMES, Deutschland in der Weltwirtschaftskrise; 841: H. G. SCHRÖTER/C. WURM (Hg.), Politik, Wirtschaft und internationale Beziehungen].

b) Grundkonstellationen und Wendepunkte in den 1920er und 1930er Jahren

Zu denjenigen Interpreten, die zwar die Entwicklung der internationalen Ordnung ins Zentrum rücken, zugleich aber eine Fülle anderer Aspekte der Zwischenkriegszeit behandeln und sie mit mittelfristigen Perspektiven verbinden, gehören RENÉ GIRAULT und ROBERT FRANK. Ihr Werk [726: Turbulente Europe et nouveaux mondes 1914–1941] zählt zu den anregendsten Beispielen einer modernen Geschichte der internationalen Beziehungen. Sie sehen die Zwischenkriegszeit im Rahmen eines „premier vingtième siècle", das von 1900 bis 1945 dauerte, und beziehen damit den Ersten Weltkrieg, aber auch längerfristige Entwicklungen der „forces profondes" ein; zu ihnen zählen sie die demographischen Entwicklungen und ihre theoretische Reflexion ebenso wie welt- und europapolitische Konzeptionen oder wirtschaftliche Faktoren. Dabei spitzen sie heuristisch die Probleme auf alternative Erklärungsmuster zu. So zählt zu den mittelfristigen Fragestellungen die Überlegung, ob ein (europäischer) „Bürgerkrieg" die Ursache dafür war, daß das lange Zeit die Welt beherrschende Europa zusammenbrach und selbst in Abhängigkeit geriet. „N'est-ce pas en ces temps que les transformations économiques et technologiques déterminées par la Première Guerre mondiale et amplifiées par la grande crise des années trente détruisent les équilibres construits pendant le dix-neuvième siècle, avant d'accoucher d'un nouveau système international où les monnaies sont manipulées, où de puissants flux de capitaux sont capables de perturber les économies nationales, où semble triompher le principe de l'ouverture des frontières aux échanges de marchandises?"

Die Deutung der Zwischenkriegszeit durch René Girault und Robert Frank

Die chronologische Binnengliederung der Zwischenkriegszeit erfolgt in Übereinstimmung mit den schon erwähnten Werken, wenngleich die andere zeitliche Begrenzung, vor allem die des Jahres 1941, einer besonderen Begründung bedarf. Die Autoren nennen als spezifisches Ziel ihrer Darstellung: „L'histoire des relations internationales peut souvent être confondue avec une histoire du monde, tant il importe de suivre un déroulement multiforme, complexe, où interviennent États, peuples et cultures divers, distincts, antagonistes. En réalité, la mondialisation croissante des interrelations humaines impose cette vision élargie. Mais pour nous qui avons l'ambition, téméraire, de dégager les lignes de force, ,les forces profondes', des relations internationales au-delà des péripéties quotidiennes, nous avons voulu insister sur l'essentiel: d'un monde où l'Europe était reine, on passe progressivement à un monde où les nouveaux venus, U.S.A., U.R.S.S., Japon viennent troubler le jeu traditionnel... La turbulente Europe, où paradent les Puissances (Allemagne, France, Italie, Royaume-Uni) mésestime ces nouveaux venus jusqu'au moment où ceux-ci interviennent dans un conflit circonscrit jusque-là à l'Europe (et sa façade méditerranéenne-africaine): en 1941, la Seconde Guerre mondiale commence vraiment" [ebd., 9f.].

Das Schlüsseljahr 1941 als Wendepunkt

Diese Periodisierung bildet gewissermaßen ein Pendant zur Konstituierung der Zeitgeschichte durch den Ausbruch der russischen Oktoberrevolution und den

Kriegseintritt der USA 1917: Im Jahre 1941 erfolgte am 22. Juni der deutsche Angriff auf die Sowjetunion, und das immer offenere Engagement der USA auf seiten Großbritanniens, das am 14. August 1941 mit der Atlantik-Charta proklamiert wurde, dann am 7. Dezember der japanische Überfall auf Pearl Harbour, parallel dazu die amerikanische Kriegserklärung an Japan, schließlich am 11. Dezember 1941 die deutsche und italienische Kriegserklärung an die Vereinigten Staaten. Tatsächlich wurde in diesem Jahr der Krieg zum Weltkrieg und zugleich zum Krieg der feindlichen totalitären Ideologien Nationalsozialismus/ Faschismus und Kommunismus gegeneinander. Da demgegenüber die Atlantik-Charta das Selbstbestimmungsrecht der Völker proklamierte, bedeutete sie eine Absage an beide Formen der hegemonial orientierten Diktatur, insofern wies sie über die zeitweilige Anti-Hitler-Koalition hinaus auf den danach unvermeidlichen Kalten Krieg zwischen den nach 1945 übrigbleibenden westlichen Demokratien und den kommunistischen Diktaturen. Man könnte also die ‚Mondialisierung' der europäischen Politik des 20. Jahrhunderts auf drei katastrophale Schübe zurückführen, die den Jahrzehnten nach Ende des Zweiten Weltkriegs vorausgingen und den späteren weltpolitischen Dualismus vorbereiteten: die Ereignisse der Jahre 1917 und 1941 sowie die Weltwirtschaftskrise seit 1929.

GIRAULT und FRANK betonen, daß nicht allein die internationale Ordnung sich gewandelt habe, „mais c'est tout le système des relations internationales qui est affecté par le contrecoup des mutations qui à l'intérieur de chaque pays, à des degrés divers, touchent les attitudes sociales, les cadres psychologiques, les rapports économiques, les pratiques voire les institutions politiques. Même si les traités de paix ont tenu compte de quelques-uns de ces bouleversements, satisfait certaines revendications nationales, ils n'ont pu répondre à toutes les nouvelles aspirations collectives. Bien plus, ils ont crée d'autres injustices et laissé nombre de problèmes en suspens. Après une guerre si traumatisante et porteuse de tant de germes révolutionnaires, la paix ne pouvait être que fragile, et l'ordre dicté éphémère."

Auf der Basis der kritischen Einschätzung der Möglichkeit eines stabilen Friedens nennen die Autoren die alternativen Interpretationsmöglichkeiten. Sie zeigen im Hinblick auf die grundsätzlichen Konstellationen die Übereinstimmung der internationalen Forschung und werfen wiederum die bereits gestellte Frage nach der unterschiedlichen Gewichtung der wesentlichen, an sich nicht strittigen Faktoren auf:

Auflösungsphasen des Versailler Systems

1. „Le système de Versailles – au sense large du terme... - avec ses contradictions, ses failles et ses vices, peut être considéré comme une des causes principales des désordres qui mènent à la Seconde Guerre mondiale. Sa décomposition commence avant 1939" [ebd., 67]. Dabei bilden die Jahre 1931/32, 1935, 1936 und 1938 wichtige Etappen: Allerdings beziehen GIRAULT und FRANK die letztgenannten Daten zu ausschließlich auf die deutsche Politik; so konnte beispielsweise Hitlers Einmarsch in das entmilitarisierte Rheinland 1936 durchaus noch als Akt wiedergewonnener nationaler Souveränität unterschätzt werden, was für Mussolinis neoimperialistischen Einfall in Abessinien kaum gilt.

2. Diese Erklärung, „plus indulgente pour les traités de 1919–1920, prend en compte la conjoncture": Nach einer Periode wirtschaftlicher Probleme, die die Spannungen beförderten, gelang seit 1924 aufgrund der wirtschaftlichen Erholung die Stabilisierung, zu deren Beseitigung die ganze Macht der Weltwirtschaftskrise der 1930er Jahre und vor allem die Gewalttätigkeit Hitlers, der ebenfalls Produkt der großen Depression war, nötig wurde. Gemäß dieser Deutung also war die Versailler Ordnung nicht von vornherein zum Scheitern verurteilt.

3. Neuere Forschungen aber sprechen für eine dritte Hypothese, die von einer vertieften Kenntnis der Wende von 1924 ausgeht: „C'est à cette date que l'ordre versaillais est démantelé, qu'un *autre* ordre international lui succède, un peu mieux adapté aux forces profondes et aux rapports de puissance dans le monde...il annonce quelques aspects du système international de l'après 1945... Mais... il est trop fragile pour résister à la tourmente économique et sociale des années 1930."

Die Autoren gehen in jedem Fall davon aus, daß das Scheitern der Friedensordnung viele Ursachen hatte, unter denen eine allerdings wichtig und allgemein gewesen sei: „une insuffisante prise de conscience par les contemporains de changements dans les structures internationales. Deux choses ont été assez mal perçues: le renouveau des 'forces profondes' et le bouleversement des rapports de puissance". Dies erkläre den Mißerfolg der „neuen Diplomatie" [ebd., 67f.].

Von einer Veränderung der internationalen Szenerie, die in weiterem Zeitbogen als der Zwischenkriegszeit gesehen werden muß, geht auch GOTTFRIED NIEDHARTS Überblick [797: Internationale Beziehungen 1917–1947] aus, da nach der Entwicklung des Krieges zum Weltkrieg 1941 aufgrund seines späteren Ergebnisses ein von USA und UdSSR beherrschtes bipolares System entstand, in dem Europa aufgehört hatte, weltpolitisches Zentrum zu sein und weder Japan noch Deutschland auf der weltpolitischen Bühne Akteure blieben. Der „Ost-West-Konflikt, der seit 1917 als eine bis dahin unbekannte Konfliktformation in der internationalen Politik aufgetreten war, wurde 1947 zum beherrschenden Konflikt einer geteilten Welt" [ebd., 10].

Damit wird in anderem Kontext, aber doch auf analoge Weise ein Grundmodell wieder aufgenommen, das ERNST NOLTE in seiner geschichtsphilosophisch ausgreifenden Interpretation der weltpolitischen Konstellation nach dem Zweiten Weltkrieg gedeutet hatte. In „Deutschland und der Kalte Krieg" [798] hatte er nämlich den Gegensatz der beiden Flügelmächte historisch seit den Revolutionen des späten 18. Jahrhunderts hergeleitet und die USA als „ersten Staat der Linken" interpretiert, dem die „erfolgreichste Linke: der Marxismus" als Staat, die Sowjetunion, entgegengetreten sei: Es handelte sich letztlich um den Kampf zweier progressiver Mächte, was Lenin selbst betonte, indem er schon 1918 „die Verwandtschaft der beiden linken Revolutionen hervorhob" [ebd., 126]. Wie nach ihm bei GIRAULT und FRANK spielt auch in NOLTES Darstellung das Jahr 1941 eine wichtige Rolle für die Gesamtinterpretation der „Kriegskoalition als unmittelbare(r) Prämisse des Kalten Krieges" [ebd., 157ff.]; allerdings hat das Jahr für ihn eher eine systematische, denn eine chronologische Bedeutung.

Die Ursprünge des Kalten Krieges: Die Interpretation Ernst Noltes

1937 als „Entscheidungsjahr": Die Interpretation Gottfried Niedharts

Bei NIEDHART erscheint zwar die Ausweitung zum Weltkrieg 1941 ebenfalls als wichtiges Datum [797: Internationale Beziehungen 1917–1947, 142 ff.], doch sieht er anders als die meisten Darstellungen das Jahr 1937 als „Entscheidungsjahr" an: „Die Antagonismen sowohl im fernöstlichen als auch im europäischen Subsystem der Weltpolitik nahmen eine *offene Wende zum Krieg*, genauer: zum Krieg zwischen den Großmächten, der zur Ablösung der überkommenen multipolaren internationalen Ordnung führen sollte." Es sei zu diesem Zeitpunkt klar geworden, daß Kriege zwischen den Großmächten „nicht mehr beliebig lokalisierbar sein würden" – eine Entwicklung, die freilich in der deutschen, japanischen und italienischen Politik längst angelegt gewesen sei [ebd., 125].

Auf durchaus unterschiedliche Weise zeigt sich bei NOLTE, GIRAULT/FRANK und NIEDHART, daß die Einbeziehung der bipolaren Welt der zweiten Nachkriegszeit auch die Perspektive auf die Zwischenkriegszeit und damit die gesamte zeitgeschichtliche Periodisierung verändert: Sie wird damit noch stärker aus den spezifischen nationalgeschichtlichen Bezügen gelöst; bleiben diese auch bei der Kausalchronologie des Weges zum Krieg erhalten, so doch kaum in einer wirklich ausschlaggebenden Rolle.

5. DER WEG IN DEN KRIEG UND KRIEGSAUSBRUCH 1939: DIE ERSCHÜTTERUNG DER INTERNATIONALEN ORDNUNG 1931/32, APPEASEMENT, ENTFESSELUNG DES ZWEITEN WELTKRIEGS DURCH HITLER

Wenngleich in den umfassender angelegten Darstellungen zur Zwischenkriegszeit sowie den Werken zur Außenpolitik der Großmächte die Destabilisierung der internationalen Ordnung eine zentrale Rolle spielt und die Untersuchungen über die Pariser Vorortverträge in der Regel auch die Frage behandeln, in welcher Weise ihre Mängel den Zweiten Weltkrieg begünstigt, wahrscheinlich oder gar unausweichlich gemacht haben, so bildet doch die „Entfesselung des Zweiten Weltkrieges" [954], die WALTHER HOFER in seinem gleichnamigen, zuerst 1954 veröffentlichten und dann der Forschung für Jahrzehnte die Richtung weisenden Werk behandelt hat, ein zentrales Thema. Dabei stehen Chancen und Risiken einer Politik zur Kriegsverhinderung seit Mitte der 1930er Jahre, vor allem die Appeasementpolitik, ebenso im Mittelpunkt wie die Frage der unmittelbaren Auslösung des Krieges durch Hitler.

Ursachen des Zweiten Weltkriegs

Selbstverständlich behandeln auch die Werke über die Geschichte des Zweiten Weltkriegs mehr oder weniger eingehend die Ursachenproblematik und die Stationen, die vom Frühjahr bis zum Herbst 1939 den Weg in den Krieg markieren, stellvertretend seien erwähnt LOTHAR GRUCHMANN, „Der Zweite Weltkrieg" [950], und zuletzt die die bisherige Forschung weiterführende und zusammenfassende Darstellung von GERHARD L. WEINBERG [967: Eine Welt in Waffen]. Zwar wird hier die Vorgeschichte des Krieges nur knapp behandelt, doch hat sich WEINBERG schon früher sehr detailliert mit dem Weg in den Krieg beschäftigt [872: Foreign Policy].

Einen wesentlichen Fortschritt brachten schon die Studien von ANTHONY ADAMTHWAITE [937: Making of the Second World War], der betont, „daß die Ambivalenz der britischen Politik in den Jahren 1938/39 entscheidend zum Ausbruch des Krieges beigetragen hat. Die Appeasement-Politik mußte Hitler in dem Glauben bestärken, er habe in Mittel- und Osteuropa freie Hand" [So in 939: Großbritannien und das Herannahen des Krieges, 197].

Kritik der Appeasementpolitik: Anthony Adamthwaite

Die Gerechtigkeit gebietet es, nach den Erfahrungen des Ersten Weltkriegs, die den Staatsmännern der Zwischenkriegszeit gegenwärtig waren, alle Versuche zur Bewahrung des Friedens nicht allein als legitim, sondern als notwendig zu bewerten: Der Grundfehler lag auch außenpolitisch in der Unterschätzung Hitlers bzw. darin, daß seine Politik mit dem „normalen" deutschen Revisionismus verwechselt wurde. Dies machte ADAMTHWAITE in bezug auf Neville Chamberlain plausibel, der Hitler und Mussolini als rationale Politiker eingeschätzt habe, auf deren Wort man sich verlassen könne. Anhand von Meinungsumfragen kann er im übrigen zeigen, daß Chamberlain damit nicht allein stand: Die Mehrheit der britischen Öffentlichkeit wünschte zunächst keineswegs eine harte Reaktion gegenüber Hitler, erst im August 1939 meinten 76 Prozent der Befragten, daß Großbritannien im Falle der Einnahme Danzigs durch Deutschland [vgl. darüber 962: A. PRAZMOWSKA, Britain, Poland and the Eastern Front] notfalls militärisch einschreiten müsse, nachdem noch zwei Monate vorher 61 Prozent der Bevölkerung eine Weltfriedenskonferenz für sinnvoll, also aussichtsreich gehalten hatten. Doch noch am Tag vor Ausbruch des Krieges war die große Mehrheit der Engländer überzeugt, daß Hitler nur bluffe. „Nur langsam und zu spät stellte sich heraus, daß der Unterschied im Wertesystem zwischen Diktaturen und Demokratien unüberbrückbar war. Hitler stellte nicht nur den internationalen Status quo in Frage, sondern das ganze internationale System. Diesen Punkt schien Chamberlain nie voll erfaßt zu haben" [939: A. ADAMTHWAITE, Großbritannien, 199f.]. Die zweite Fehleinschätzung Chamberlains lag darin, das von ihm als ungerecht eingestufte Vertragssystem von 1919 stehe unmittelbar vor der Auflösung, die dritte beruhte auf der Fehlperzeption der britischen Stärke und der Annahme eines noch bestehenden Gleichgewichts der Kräfte. „Der einzige Kurs, mit dem ein größerer Krieg hätte vermieden und die Macht der Briten und Franzosen hätte erhalten werden können, wäre eine feste Haltung seit 1937/38 gewesen. Die Voraussetzung dafür wäre die britisch-französische Solidarität gewesen. Vieles spricht dafür, daß die demokratischen Länder weitgehend für den Krieg von 1939 verantwortlich sind. Der Zug war 1938 abgefahren. Statt nach München zu gehen, hätte man kämpfen müssen. Deutschland war nicht auf einen großen Konflikt vorbereitet. Aber man hat es niemals wirklich mit der Abschreckung versucht" [ebd., 213].

Demgegenüber gelangt KLAUS HILDEBRAND, der „von einer längst brüchig gewordenen Friedensordnung" ausgeht, zwar auf den August 1939 konzentriert, aber mit weitergehenderer Aussagekraft, zu dem Ergebnis: Es lag „keine den Kriegsausbruch verursachende Wirkung darin, daß die britische Garantie (für Polen) wieder einmal, wie schon so oft zuvor in der britischen Weltpolitik der dreißiger Jahre, Abschreckung und Beschwichtigung miteinander zu verbinden trachtete... Hitler also weder vom Krieg abzuhalten noch in eine Friedensordnung einzubinden vermochte..." [952: Entfesselung des Zweiten Weltkrieges, 5].

So sehr ADAMTHWAITES Kritik an der Appeasementpolitik etwas für sich hat, so sehr wird ihre Hypostasierung zu einer wesentlichen Kriegsursache durch den unbezweifelbaren Willen Hitlers zum Krieg relativiert. Aber auch unter Berücksichtigung dieses Aspekts bleibt klar, daß der Krieg zu einem für Hitler sehr viel ungünstigeren Zeitpunkt hätte kommen können und ihm dann – eine nicht ohne weiteres zu unterstellende realistische Einschätzung vorausgesetzt – nur die Alternative schneller Niederlage oder des zeitweiligen Rückzugs gelassen hätte: In dieser Situation hätten die Westmächte die Chance besessen, das Gleichgewicht wieder herzustellen.

Aspekte der Appeasementpolitik

Bei der Bewertung der Appeasementpolitik muß allerdings berücksichtigt werden, daß Staatsmänner demokratischer Staaten immer auch von der öffentlichen Meinung abhängen: Dies enthebt sie nicht ihrer Verantwortung, erklärt aber partiell die Kurzsichtigkeit, die sie mit der Mehrheit der Zeitgenossen teilen.

ADAMTHWAITES Gegenargument verweist auf die Presselenkung durch die britische und die französische Regierung, die die Öffentlichkeit besser auf die realen Gefahren hätten vorbereiten können, anstatt sie ihrerseits eher auf eine Appeasementpolitik einzuschwören. Auch ist die Appeasementpolitik als Teil jener schon 1919 einsetzenden Versuche anzusehen, die internationale Ordnung zu stabilisieren, die in dem ertragreichen Sammelband „The Quest for Stability. Problems of West European Security 1918–1957" [908], den ROLF AHMANN, ADOLF M. BIRKE und MICHAEL HOWARD herausgegeben haben, unter zahlreichen Einzelaspekten analysiert werden.

Die Appeasementpolitik, deren ökonomische Dimension vor allem BERND-JÜRGEN WENDT [665: Economic Appeasement] untersucht hat, entsprang auch insofern einem Mißverständnis, als Neville Chamberlain aus britischer Perspektive Hitler Wirtschaftsinteressen unterstellte, während dieser einen für die europäische Geschichte revolutionären, rassistisch akzentuierten Vernichtungskrieg führen wollte und schließlich auch führte.

Die Appeasementpolitik war nicht allein bei hellsichtigen Zeitgenossen wie Winston Churchill oder dem Diplomaten (Lord) Robert Vansittart umstritten, sie war nicht zuletzt auch die Konsequenz früherer „Sündenfälle" [vgl. 949: H. GRAML, Versagen, sowie 836: G. SCHMIDT, England in der Krise, und zuletzt 823: K. G. ROBBINS, Appeasement]. „Eine boshafte Ironie der Geschichte lag darin, daß den Trägern der Appeasementpolitik, als sie 1939 die Gefährlichkeit der Lage endlich erkannten, kein anderes Rezept einfallen wollte als die Rückkehr zu den Grundsätzen und den Mechanismen der kollektiven Sicherheit ... dieser Versuch mußte nun in wesentlich schwächerer Position und gegen einen wesentlich stärkeren Feind unternommen werden, als es 1931 gegen Japan und 1935 gegen Italien der Fall gewesen wäre" [949: H. GRAML, Versagen, 255 f.].

Dabei ist allerdings die qualitative Gewichtung der wesentlichen Stationen in der Auflösung der internationalen Ordnung zu beachten; unter ihnen gab der europäische Schauplatz stärkeren Ausschlag als der asiatische. Mit anderen Worten: Der Einfall Italiens in Abessinien und der Einmarsch Deutschlands in das entmilitarisierte Rheinland 1936 spielten dafür bedeutsamere Rollen als die vorhergehende Station, nämlich der japanische Einfall in die Mandschurei 1931. Die Mandschurei-Krise 1931 steht im Mittelpunkt zahlreicher Studien, die sich zum erheblichen Teil auf die jeweiligen bilateralen Beziehungen auch europäischer Mächte zu Japan konzentrieren bzw. die Ostasienpolitik dieser Staaten und der USA untersuchen. Dabei gelten die Jahre 1931/32 oftmals als Wendepunkt, in bezug auf die französische Außenpolitik gilt das Jahr 1932 mit der Erschütterung durch die Mandschurei-Krise gar als „année cruciale": Hier nicht allein einen chronologischen, sondern einen kausalen Zusammenhang aufzuzeigen, ist das Anliegen der Studie von JASPER WIECK [875: Weg in die „Décadence"], der beabsichtigt, „die Haltung Frankreichs während der mandschurischen Krise in den Gesamtkontext der französischen Außenpolitik der Zwischenkriegszeit einzuordnen" [ebd., 23]. Anhand minutiöser Rekonstruktion der außenpolitischen Konzepte der jeweili-

Der Wendepunkt 1931/32: Europa und Ostasien

gen Protagonisten Briand, Tardieu und Herriot gelangt er zu dem Ergebnis, daß Frankreich lediglich in bezug auf die territoriale Neuordnung Europas 1919/22 eine Status-quo-Macht war, nicht aber im Hinblick auf den pazifischen Raum, wie er in den Washingtoner Verträgen konzipiert worden war. Darüber hinaus befriedigten die Sicherheitsgarantien des Völkerbunds Frankreich überhaupt nicht, der Wandel der internationalen Ordnung 1931/32 sollte deshalb für die eigene Außenpolitik instrumentalisiert werden, bildete zugleich aber eine Stufe zur Auflösung des Staatensystems und erfolgte letztlich auch auf Kosten Frankreichs. Einmal mehr wurde so das Dilemma der internationalen Ordnung deutlich, das von ihr provozierte Ungenügen erstreckte sich selbst auf die Siegermächte, die sie deshalb nur unvollkommen verteidigten.

Der Spanische Bürgerkrieg 1936

Schließlich bildete der Spanische Bürgerkrieg 1936 jenseits innenpolitischer Voraussetzungen ein Fanal des säkularen Kampfes totalitärer Ideologien. Er hat deshalb die besondere Aufmerksamkeit der internationalen Forschung gefunden, wobei immer wieder auch der europäische und der weltpolitische Kontext im Zentrum standen. Erwähnt seien hier aus der umfangreichen Literatur stellvertretend: S. G. PAYNE, Falange [435]; H. THOMAS, Der Spanische Bürgerkrieg [201]; M. AZNAR, Historia militar de la guerra de España [187]; W. L. BERNECKER, Die soziale Revolution [505]; W. SCHIEDER/C. DIPPER (Hg.), Der Spanische Bürgerkrieg [199]. Der eigentliche Wendepunkt, das heißt die Einleitung der Auflösungskrise der internationalen Ordnung, datiert also auf das Jahr 1935/36 – wobei wiederum ein Paradox auffällt: Die Olympiade 1936 dokumentierte scheinbar die internationale Solidarität und die Chance auf Frieden, während die nationalsozialistische Führung diese Ruhe vor dem Sturm tatsächlich zum grandiosen propagandistischen Täuschungsmanöver nutzte.

Mussolini und Hitler 1939

Die Fehldiagnose überrascht indes nicht, wenn selbst Mussolini als engster Verbündeter Hitlers im Mai 1939 die Situation nur aus dem italienischen Interesse heraus beurteilte und damit verkannte. So konstatiert ENNIO DI NOLFO: „Italien brauchte den Frieden; gleichzeitig jedoch war Mussolini von der Unvermeidbarkeit des Krieges überzeugt. Kurzfristig war der Frieden von größter Wichtigkeit. Ein paar Jahre später könnte der Krieg (aus damaliger Sicht) möglich und nützlich sein". Doch hatte Hitler Mussolini längst die Rolle des potentiellen Schiedsrichters ‚entzogen'. Der ‚Stahlpakt' entsprach keineswegs – wie gewöhnlich angenommen – der Absicht Mussolinis nach engerer Verbindung mit der außenpolitischen Zielsetzung Hitlers, sondern „der Zwiespältigkeit von Mussolinis Revisionismus, denn sein wesentliches Ziel bestand darin, weiteren deutschen Initiativen ohne vorherige Konsultation Italiens vorzubeugen" [947: E. DI NOLFO, Der zweideutige italienische Revisionismus, 111 f.].

Frankreichs Außenpolitik in den 1930er Jahren und die deutsch-französischen Beziehungen: „La Décadence"

Die Bedeutung, die zweifelsfrei der britischen Deutschlandpolitik für die europäische Entwicklung in der Zwischenkriegszeit zukommt, darf nicht dazu verleiten, die der anderen Staaten zu unterschätzen; das gilt insbesondere für diejenige Frankreichs, die immer wieder im Mittelpunkt der Forschung steht. Beiträge eines deutsch-französischen Kolloquiums enthält der von KLAUS HILDEBRAND und

KARL FERDINAND WERNER herausgegebene Tagungsband „Deutschland und Frankreich 1936–1939" [891], der durch weitere Sammelwerke und Einzelstudien ergänzt wird.

Aus der französischen Historiographie ist das Werk von JEAN-BAPTISTE DUROSELLE „La décadence 1932–1939" [715] hervorzuheben, der wie ADAMTHWAITE die Fehler der französischen und britischen Beschwichtigungspolitik gegenüber Hitler hervorhebt, die auf französischer Seite vor allem durch den 1938/39 amtierenden Außenminister GEORGES BONNET vertreten wurde, der sie seinerseits noch nach dem Krieg in seinen Memoiren „Défense de la paix" [17] verteidigte.

Hans F. BELLSTEDT untersucht diese Politik von Daladiers Außenminister, dem „homme de Munich", und die deutsch-französische Erklärung vom 6. Dezember 1938. BELLSTEDT leistet mithilfe eines biographischen Zugangs einen Beitrag zur Analyse der „eigenständigen Beschwichtigungspolitik" Frankreichs im Wechselspiel der innen- und außenpolitischen Entwicklung während der Krise der Dritten Republik. Insbesondere seit 1938, als mit der Entlassung Edens durch Chamberlain der hartnäckigste Gegner der Appeasementpolitik aus dem britischen Kabinett ausschied, gewann die französische Konzessionspolitik gegenüber Deutschland größeren Spielraum. Bonnet war der Überzeugung, „daß nach dem Zusammenbruch der kollektiven Sicherheit Frankreich allein durch ein Abkommen mit jener Macht, die die Zwischenkriegsordnung umgestoßen hatte, unversehrt bleiben könne" [886: H. F. BELLSTEDT, „Apaisement" oder Krieg, 255]. Als sich aufgrund der Judenpogrome der sog. Reichskristallnacht am 9. November 1938 die britischen Beziehungen zum Reich abkühlten, verstärkte Bonnet sogar die Annäherung an das nationalsozialistische Deutschland, um die französische Sicherheit zu erhalten und selbst die Initiative zu gewinnen. In allgemeiner, Außen- und Innenpolitik verbindender Weise behandelt HANS-JÜRGEN HEIMSOETH [262: Zusammenbruch der Dritten Französischen Republik] Frankreichs Lage zwischen Münchener Abkommen und Kriegsbeginn.

Dieser Abschnitt der deutsch-französischen Beziehungen in der Vorgeschichte des Zweiten Weltkriegs ist also recht gut erforscht und kann in den weiteren Zusammenhang des europäischen Ursachenkomplexes eingeordnet werden, den PHILIP MICHAEL HITT BELL „The Origins of the Second World War in Europe" [942] dargestellt hat.

Schon das Thema des Buches von GERHARD L. WEINBERG verweist wie dasjenige HOFERS darauf, daß neben der als unzulänglich angesehenen Appeasementpolitik die außen-, militär- und wirtschaftspolitische Kriegsvorbereitung durch das nationalsozialistische Großdeutschland im Zentrum der Ursachenforschung steht, wenngleich beispielsweise auch die italienische Kriegspolitik Gegenstand der Untersuchung geworden ist [852: D. M. SMITH, Mussolini's Roman Empire; 762: M. KNOX, Mussolini Unleashed, 1939–1941; 709: E. DI NOLFO, Mussolini e la politica estera italiana; 947: ders., Der zweideutige italienische Revisionismus; 705: R. DE FELICE (Hg.), L'Italia fra Tedesci e Alleati; 809: J. PETERSEN, Die Außenpolitik des faschistischen Italien].

Kriegsvorbereitungen durch das NS-Regime und der internationale Kontext

Schließlich sind insbesondere die polnische, die japanische und die sowjetische Politik Thema einschlägiger Forschungen gewesen, wenngleich letztere aufgrund der Unzugänglichkeit der Moskauer Quellen erst seit dem Fall des Sowjetimperiums besser untersucht werden kann. Bisher standen die deutsch-sowjetischen Beziehungen vor und nach Kriegsausbruch im Mittelpunkt, über die zuerst GERHARD L. WEINBERG eine größere Studie veröffentlicht hat [871: Germany and the Soviet Union]. Das westliche Gravitationszentrum und seine Beziehungen zu Deutschland stellt DETLEF JUNKER [756: Kampf um die Weltmacht] dar; den fernöstlichen Kriegsschauplatz behandelt im Kontext westlicher Politik B. A. LEE [770: Britain and the Sino-Japanese War; vgl. im übrigen auch 960: M. MIYAKE, Der Weg des revisionistischen Japan].

Die nationalsozialistische Außenpolitik in der Forschung

Aufgrund der Schlüsselrolle der deutschen Außenpolitik befassen sich alle Werke zu diesem Thema ebenfalls eingehend mit der Kriegsverursachung: Dies gilt in bezug auf die weitere Vorgeschichte auch für HANS-ADOLF JACOBSENS Standardwerk „Nationalsozialistische Außenpolitik 1933–1938" [751]; vor allem aber trifft es zu für KLAUS HILDEBRANDS Darstellung „Deutsche Außenpolitik 1933–1945. Kalkül oder Dogma?" [740], die im Anhang der späteren Auflagen auch einen instruktiven Forschungsüberblick bietet, auf den hier ebenso verwiesen sei wie auf die Forschungsdiskussion in seinem Buch „Das Dritte Reich" [480] (über die Außen- und Rassenpolitik des nationalsozialistischen Regimes ebd., 189 ff.), schließlich seine umfassende Deutung [741: Das vergangene Reich, 618–704]. Einen informativen Bericht über die Quellenlage und Diskussion des Forschungsstandes enthalten auch BERND-JÜRGEN WENDT: „Großdeutschland" [873] sowie MARIE-LUISE RECKER, Die Außenpolitik des Dritten Reiches [818].

Eine eingehende, präzise Analyse bietet CHARLES BLOCH [685: Das Dritte Reich und die Welt, 151–280], der zu dem die Meinung der Forschung spiegelnden Schluß kommt: „Der Zweite Weltkrieg wurde ... im wahrsten Sinne des Wortes von Hitler ‚entfesselt' wie WALTHER HOFER richtig sagte. Er hatte ihn von Beginn seiner politischen Karriere an ins Auge gefaßt und geplant, und seine gesamte Politik seit der Machtergreifung hatte ihn unvermeidbar gemacht" [ebd., 278]. Diese Einschätzung steht in der Tradition der schon 1960 von HUGH TREVOR-ROPER überzeugend entwickelten Auffassung einer seit den 1920er Jahren von Hitler konzipierten planmäßigen, in sich schlüssigen Außenpolitik und Kriegsvorbereitung [966: Hitlers Kriegsziele].

Die in der Forschung unterschiedlich beantwortete Frage – so CHARLES BLOCH – sei lediglich, warum Hitler den Krieg 1939 früher begonnen habe als in seiner Geheimrede vom 5. November 1937 angekündigt. Über die Authentizität dieser im sog. Hoßbach-Protokoll wiedergegebenen Rede ist denn auch gerätselt worden [Text in 71: H. MICHAELIS/E. SCHRAEPLER (Hg.), Ursachen und Folgen, Band XI, 545–554]; ihre Echtheit stellte WALTER BUSSMANN in einer quellenkritisch Analyse fest [945]. Die völlige Übereinstimmung mit Graf Kirchbachs Ab bestätigte definitiv BRADLEY F. SMITH anhand amerikanischer Quel¹ Gleichwohl reicht dieser Text nicht aus, die in den ersten Nachkrieg verschiedentlich vertretene Meinung zu stützen, Hitler habe bis zu diesem Zeitpunkt eine revisionistische Außenpolitik betrieben und sei erst seit 1937 zu einer kriegsvorbereitenden Politik übergegangen. Vielmehr muß man, wie ANDREAS HILLGRUBER in seiner Arbeit „Endlich genug über Nationalsozialismus und Zweiten Weltkrieg? Forschungsstand und Literatur" [409] herausgestellt hat, von einer stufenweisen, geplanten Außenpolitik Hitlers ausgehen. HILLGRUBER analysiert im übrigen in einer Reihe konziser Rekonstruktionen und in größere Zusammenhänge stellenden Interpretationen ebenfalls den Weg in den Krieg, seine Studien zeichnen sich gleichermaßen durch Präzision und Reflexionsniveau der Gedankenführung aus [953: Deutschlands Rolle; 745: Die gescheiterte Großmacht; vgl. auch die einschlägigen Aufsätze seines Sammelbandes 746: Die Zerstörung Europas].

Wesentliche Beiträge auch zu den 1930er Jahren enthält der von WOLFGANG MICHALKA im Auftrag des Militärgeschichtlichen Forschungsamtes herausgegebene Band „Der Zweite Weltkrieg. Analysen, Grundzüge, Forschungsbilanz" [959], der wie zwei andere Sammelwerke den Forschungsstand repräsentiert. So publizierten HELMUT ALTRICHTER und JOSEF BECKER den Band „Kriegsausbruch 1939. Beteiligte, Betroffene, Neutrale" [941], der neben den historiographischen Einleitungen der Herausgeber im wesentlichen Länderkapitel über den Kriegseintritt einzelner Staaten enthält bzw. im Falle neutraler Länder wie der Schweiz ihr Heraushalten untersucht. Dabei geht HELMUT ALTRICHTER auf die Widersprüchlichkeit der sowjetischen Politik im Hinblick auf die Wechselwirkung von Innen- und Außenpolitik, von Militärpolitik und ideologisch motiviertem und herrschaftsstabilisierendem Terror ein. Die Rolle der Sowjetunion in den internationalen Beziehungen auch am Vorabend des Zweiten Weltkrieges analysieren die Autoren des von GOTTFRIED NIEDHART herausgegebenen Bandes „Der Westen und die Sowjetunion. Einstellungen und Politik gegenüber der UdSSR in Europa und in den USA seit 1917" [796]; die sowjetisch-britischen Beziehungen, insbesondere die britischen Versuche der Friedenswahrung hat der Herausgeber in einer eigenen Monographie behandelt: „Großbritannien und die Sowjetunion 1934–1939" [795].

Eine systematische Bestandsaufnahme der Grundprobleme sowie der Politik der einzelnen Staaten vor und bei Kriegsausbruch enthält die Publikation des im Reichstag zu Berlin von der Historischen Kommission zu Berlin und dem Institut für Zeitgeschichte München organisierten Kolloquiums von 1989, das zahlreiche international führende Experten versammelte und derzeit als umfassendste Bilanz gelten kann: „1939. An der Schwelle zum Weltkrieg. Die Entfesselung des Zweiten Weltkrieges und das internationale System" [951]. Das von KLAUS HILDEBRAND, JÜRGEN SCHMÄDEKE und KLAUS ZERNACK herausgegebene Werk enthält unter anderem einen Forschungsbericht von KLAUS HILDEBRAND und eine historische Einordnung des Zweiten Weltkriegs durch KARL DIETRICH BRACHER.

Insgesamt zeigen diese Untersuchungen und die schon erwähnte, aufgrund intensiver Quellenstudien zahlreiche Einzelfragen klärende Gesamtdarstellung

„Die Entfesselung des Zweiten Weltkriegs"

von HERMANN GRAML, „Europas Weg in den Krieg" [948]: Die „revisionistische" Interpretation der Außenpolitik Hitlers und der von ihm betriebenen Kriegsvorbereitung, die situationsbezogene Aktion und Reaktion unterstellt, also die langfristige Planung leugnet, findet weder in den Quellen noch in der auf diesem Feld äußerst intensiven internationalen Forschung Halt.

Steht die Entfesselung des Krieges zur Erreichung extremer Kriegsziele durch Hitler [vgl. dazu 963: NORMAN RICH, Hitler's War Aims] außer Zweifel, so liegen die offenen Detailfragen nach wie vor überwiegend in der Untersuchung der sowjetischen Deutschland- und Kriegspolitik im Sommer und Herbst 1939. Schließlich bleibt das historiographische Grundproblem aktuell: In welchem Verhältnis stand Hitlers Kriegstreiberei zur Instabilität und zunehmenden Destabilisierung der europäischen Ordnung zwischen den Kriegen, die er zwar extrem beschleunigt hat, die aber bereits lange vor der Machtergreifung eingesetzt hatte?

Das doppelte Machtvakuum: Innenpolitik und internationale Ordnung

Einer der Gründe für die krisenhafte Zuspitzung der internationalen Beziehungen lag jedenfalls darin, daß die Welt sich an die Instabilität und die Wahrscheinlichkeit eines künftigen Krieges zwei Jahrzehnte lang gewöhnt hatte. Diese Tatsache bildet freilich einen seltsamen Kontrast dazu, daß der Westen auf den Krieg kaum vorbereitet war, was insbesondere für Frankreich gilt. Dem „Machtbewußtsein in Deutschland am Vorabend des Zweiten Weltkrieges" [957], wie der Titel eines instruktiven Sammelbandes lautet, den FRANZ KNIPPING und KLAUS-JÜRGEN MÜLLER herausgegeben haben, fehlte das Gegengewicht. In Analogie zu dem für die Weimarer Innenpolitik durch KARL DIETRICH BRACHERS „Die Auflösung der Weimarer Republik" [467] schon 1955 konstatierten „Machtvakuum" kann man für die zweite Hälfte der 1930er Jahre auch von einem europäischen Machtvakuum sprechen: Es begünstigte die Niederlage von Rechtsstaat und Demokratie bzw. von Völkerrecht und internationaler Ordnung.

III. Quellen und Literatur

A. QUELLEN

1. AMTLICHE AKTENPUBLIKATIONEN ZUR AUSSENPOLITIK

1. Akten zur Deutschen Auswärtigen Politik (ADAP) 1918–1945. Serie A, 1918–1925, 14 Bände, Göttingen 1982–95; Serie B, 1925–1933, 21 Bände, Göttingen 1966–83; Serie C, 1933–1937, 6 Bände, Göttingen 1971–81; Serie D, 1937–1941, 14 Bände, Baden-Baden/Frankfurt a.M. 1950–76; Ergänzungsband zu den Serien A-E, Göttingen 1995.
2. Außenpolitische Dokumente der Republik Österreich 1918–1938. Hg. v. K. KOCH, W. RAUSCHER und A. SUPPAN. Bisher 3 Bände (1918–1921), Wien /München 1993–96.
3. I Documenti Diplomatici Italiani. Serie 6, 1918–1922, bisher 2 Bände, Rom 1956–80; Serie 7, 1922–1935, bisher 16 Bände, Rom 1953–90; Serie 8, 1935–1939, bisher 8 Bände, Rom 1952–97.
4. Documents Diplomatiques Belges 1920–1940. La politique de sécurité extérieure. 5 Bände, Brüssel 1964–66.
5. Documents Diplomatiques Français 1932–1939. Serie 1, 1932–1935, 13 Bände, Paris 1964–84; Serie 2, 1936–1939, 19 Bände, Paris 1963–86.
6. Documents on British Foreign Policy 1919–1939. Serie 1, 1919–1925, 27 Bände, London 1947–86; Serie 1A, 1925–1929, 7 Bände, London 1966–75; Serie 2, 1929–1938, 21 Bände, London 1946–84; Serie 3, 1938–1939, 10 Bände (einschl. Indexband), London 1949–67.
7. Dokumenty vnešnej politikii SSSR. Bisher 23 Bände (1917–1941), Moskau 1957–95.
8. Foreign Relations of the United States. 21 Bände in 69 Teilbänden (1919–1939), Washington 1934–83.
9. Der Friedensvertrag zwischen Deutschland und den Alliierten und Assoziierten Mächten nebst dem Schlußprotokoll und der Vereinbarung betr. die militärische Besetzung der Rheinlande. Amtlicher Text der Entente u. amtliche deutsche Übertragung. Im Auftrage des Auswärtigen Amtes, Charlottenburg 1919.
10. Materialien betreffend die Friedensverhandlungen, hg. v. Auswärtigen Amt. Geschäftsstelle für die Friedensverhandlungen, 12 Teile und 4 Hefte, Berlin 1919/20.

11. Papers relating to the Foreign Relations of the United States, Supplement, Paris Peace Conference 1919, 13 Bände, Washington 1942 ff.

2. MEMOIREN, TAGEBÜCHER, ZEITGENÖSSISCHE PUBLIZISTIK IN AUSWAHL

12. R. ARON, Mémoires. 50 ans de réflexion politique, Paris 1983.
13. C.R. ATTLEE, As it Happened, London 1954.
14. J. BAINVILLE, Les conséquences politiques de la paix, Paris 1920.
15. S. BALDWIN, A Memoir, London 1947.
16. M.J. BONN, Die Krisis der europäischen Demokratie, München 1925.
17. G. BONNET, Défense de la paix. Band I: De Washington au Quai d'Orsay, Genf 1946 [Neuauflage u.d.T.: Ders., De Munich à la guerre. Défense de la paix, Paris ²1967].
18. U. GRAF BROCKDORFF-RANTZAU, Dokumente, Berlin 1920.
19. H. BRÜNING, Memoiren 1918–1934, Stuttgart 1970.
20. G. GRAF CIANO, Tagebücher 1937/38, Hamburg 1949; Ders., Tagebücher 1939–1943, Bern ²1947.
21. G. CLEMENCEAU, Grandeurs et misères d'une victoire, Paris 1930 [dt.: Stuttgart u. a. 1930].
22. R. COULONDRE, Von Moskau nach Berlin, 1936--1939. Erinnerungen eines französischen Botschafters, Bonn 1950.
23. E. R. CURTIUS, Deutscher Geist in Gefahr, Berlin 1932.
24. J. CURTIUS, Sechs Jahre Minister der Deutschen Republik, Heidelberg 1948.
25. The Political Diary of HUGH DALTON. 1918–40, 1945–60. Hg. v. B. Pimlott, London 1986.
26. J. DEBÛ-BRIDEL, L'agonie de la Troisième République 1929–1939, Paris 1948.
27. F. EBERT, Schriften, Aufzeichnungen, Reden. Hg. v. F. Ebert jun. 2 Bände, Dresden 1926.
28. A. FRANÇOIS-PONCET, Als Botschafter in Berlin, 1931–1938, Mainz ³1962.
29. H. FREYER, Revolution von rechts, Jena 1931.
30. Die Tagebücher von JOSEPH GOEBBELS. Teil I: Sämtliche Fragmente. Aufzeichnungen 1924–1941. Im Auftrag des Instituts für Zeitgeschichte und in Verbindung mit dem Bundesarchiv hg. von E. FRÖHLICH. 4 Bände und ein Interimsregister, München u. a. 1987 [Neuedition unter dem Titel: Die Tagebücher von Joseph Goebbels. Teil I: Aufzeichnungen 1923–1941. Im Auftrag des Instituts für Zeitgeschichte und mit Unterstützung des Staatlichen Archivdienstes Rußlands hg. von E. FRÖHLICH. 9 Bände, München 1998 ff. (Bisher erschienen: Band 9 (Dezember 1940 – Juli 1941), bearbeitet von E. FRÖHLICH, München 1998)].
31. E. HALÉVY, L'ère des tyrannies. Etudes sur le socialisme et la guerre, Paris ⁴1938 [Neuauflage Paris 1990].

32. J. HEADLAM-MORLEY, A Memoir of the Paris Peace Conference 1919. Hg. v. A. Headlam-Morley u. a., London 1972.
33. H. GRAF KESSLER, Tagebücher 1918–1937. Hg. v. W. PFEIFFER-BELLI, Frankfurt ³1962.
34. J.M. KEYNES, The Economic Consequences of the Peace, London 1920 [dt.: Die wirtschaftlichen Folgen des Friedensvertrages, München 1920].
35. DERS., A Revision of the Treaty. Being a Sequel to the Economic Consequences of the Peace, London ²1971 [Erstausgabe London 1922].
36. D. LLOYD GEORGE, The Truth about the Peace Treaties, 2 Bände, London 1938.
37. K. MANN, André Gide und die Krise des modernen Denkens, Reinbek b. Hamburg 1988 [Erstausgabe: DERS., André Gide and the Crisis of Modern Thought, New York 1943].
38. F. MEINECKE, Politische Schriften und Reden. Hg. u. eingel. v. G. KOTOWSKI (FRIEDRICH MEINECKE, Werke. Hg. im Auftrage des Friedrich-Meinecke-Institutes der Freien Universität Berlin v. H. HERZFELD, C. HINRICHS, W. HOFER. Band II), Darmstadt 1958.
39. H. NICOLSON, Friedensmacher 1919, Berlin 1933; [engl.: Ders., Peacemaking 1919, London 1933].
40. DERS., Diaries and Letters, 1930–1939. Hg. v. N. NICOLSON, London 1966.
41. F. NITTI, Das friedlose Europa, Frankfurt a.M. 1921.
42. V.E. ORLANDO, Memorie (1915–1919), hg. v. R. Mosca, Milano 1960.
43. J. ORTEGA Y GASSET, Der Aufstand der Massen, Stuttgart 1931.
44. R. POINCARÉ, A la recherche de la paix 1919. Préface de P. RENOUVIN. Notes de J. BARIÉTY et P. MIQUEL, Paris 1974.
45. W. RATHENAU, Hauptwerke und Gespräche. Hg. v. E. SCHULIN (Walther-Rathenau-Gesamtausgabe II), München u. a. 1977 [erweiterte Taschenbuchausgabe München 1980].
46. DERS., Tagebuch 1907–1922. Hg. v. H. POGGE-V. STRANDMANN, Düsseldorf 1967.
47. P. REYNAUD, Mémoires. 2 Bände, Paris 1960/63.
48. C. SCHMITT, Über das Verhältnis der Begriffe Krieg und Feind (1938), in: DERS., Der Begriff des Politischen. Text von 1932 mit einem Vorwort und drei Corollarien, Berlin 1963, 102–111.
49. A. SIEGFRIED, Die englische Krise, Berlin ⁴1931 [engl.: DERS., England's crisis, New York 1931; frz.: Ders., La crise britannique au XXe siècle, Paris 1931].
50. G. STRESEMANN, Vermächtnis. Hg. v. H. BERNHARD. 3 Bände, Berlin 1932/33.
51. A. TARDIEU, La Paix. Préface de G. CLEMENCEAU, Paris 1921.
52. E. VON WEIZSÄCKER, Erinnerungen, München u. a. 1950.
53. F. WERTHEIMER, Auslandsdeutschtum und Deutschlandpolitik, in: B. HARMS (Hg.), Volk und Reich der Deutschen. Vorlesungen, gehalten in

der deutschen Vereinigung für staatswissenschaftliche Fortbildung, Band 3, Berlin 1929, 207–227.

3. Editionen, Dokumentationen, Geschichtskalender, etc.

54. Akten der Parteikanzlei der NSDAP. Rekonstruktion eines verlorengegangenen Bestandes, hg. v. Institut für Zeitgeschichte. 2 Teile, je 3 Bände Regesten und Register sowie 2 Bände Microfiches, München 1983–92.
55. Akten der Reichskanzlei. Weimarer Republik, 23 Bände, Boppard 1968–1990.
56. Akten der Reichskanzlei. Regierung Hitler 1933–1938, hg. v. K. Repgen und H. Booms. Teil I (1933/34), bisher 2 Bände, Boppard 1983.
57. Deutscher Geschichtskalender. Sachlich geordnete Zusammenstellung der wichtigsten Vorgänge im In- und Ausland. Begr. v. K. Wippermann, hg. v. F. Purlitz, 35. Jg. 1919 –49. Jg. 1933, Leipzig o.J. (Erg.Bde.: Die deutsche Revolution, 2 Bände, 1919; Vom Waffenstillstand zum Frieden von Versailles, 1919; Die deutsche Reichsverfassung vom 11. Aug. 1919, 1919).
58. Deutsch-sowjetische Beziehungen von den Verhandlungen in Brest-Litovsk bis zum Abschluß des Rapallo-Vertrages. 2 Bände, Berlin (Ost) 1967–71.
59. W. Hahlweg (Hg.), Der Friede von Brest-Litowsk. Ein unveröffentlichter Band aus dem Werk des Untersuchungsausschusses der Deutschen Verfassungsgebenden Nationalversammlung und des Deutschen Reichstages, Düsseldorf 1971.
60. E. Heilfron (Hg.), Die Deutsche Nationalversammlung im Jahre 1919 in ihrer Arbeit für den Aufbau des neuen deutschen Volksstaates. 9 Bände, Berlin 1920.
61. Hitler. Reden, Schriften, Anordnungen. Februar 1925 bis Januar 1933. Hg. v. Institut für Zeitgeschichte, 12 Teilbände, München 1992–98.
62. C. Horkenbach (Hg.), Das Deutsche Reich von 1918 bis heute, Berlin 1935.
63. E.R. Huber (Hg.), Deutsche Verfassungsdokumente 1918–1933, Stuttgart 1992.
64. Interparlamentarische Union (Hg.), Die gegenwärtige Entwicklung des repräsentativen Systems, Berlin 1928.
65. A.B. Keith (Hg.), Speeches and Documents on International Affairs 1918–1937. 2 Bände, Oxford 1938.
66. Konferenzen und Verträge. Vertrags-Ploetz Teil II, Band IV: Neueste Zeit 1914–1959, Würzburg ²1959.
67. Locarno-Konferenz 1925. Eine Dokumentensammlung, Berlin (Ost) 1962.
68. A. Luckau (Hg.), The German Delegation at the Paris Peace Conference. History and Documents, New York 1941 [Nachdruck New York 1971].

69. P. MANTOUX (Hg.), Les Délibérations du Conseil des Quatre (24 mars – 28 juin 1919). 2 Bände, Paris 1955.
70. S. MARTENS (Hg.), Documents Diplomatiques Français sur l'Allemagne 1920/Französische Diplomatenberichte aus Deutschland 1920. Band I: 9. Januar – 30. Juni 1920, Band II: 1. Juli – 31. Dezember 1920, Bonn 1992/1993.
71. H. MICHAELIS/E. SCHRAEPLER (Hg.), Ursachen und Folgen. Vom deutschen Zusammenbruch 1918 und 1945 bis zur staatlichen Neuordnung Deutschlands in der Gegenwart. Eine Urkunden- und Dokumentensammlung zur Zeitgeschichte. Band I–XIII, Berlin 1958 ff.
72. W. MICHALKA/G. NIEDHART (Hg.), Die ungeliebte Republik. Dokumentation zur Innen- und Außenpolitik Weimars 1918–1933, München 1980.
73. R. NECK/A. WANDRUSZKA (Hg.), Protokolle des Ministerrates der Ersten Republik [Österreich] 1918–1938. Abteilung 4 (20. 11. 1924–20. 10. 1926), Band 1, Wien 1991; Abteilung 5 (20. 10. 1926–4. 5. 1929), 2 Bände, Wien 1983/86; Abteilung 6 (4. 5. 1929–4. 12. 1930), Band 1, Wien 1988; Abteilung 8 (20. 5. 1932–25. 7. 1934), 7 Bände, Wien 1980–1986; Abteilung 9 (29. 7. 1934–11. 3. 1938), bisher 3 Bände, Wien 1988–1995.
74. La Paix de Versailles. 12 Bände, Paris 1930.
75. Quellen zur Geschichte der deutschen Gewerkschaftsbewegung im 20. Jahrhundert, Köln 1985 ff.
76. Quellen zur Geschichte des Parlamentarismus und der politischen Parteien, Düsseldorf 1959 ff.
77. Schulthess' Europäischer Geschichtskalender, Neue Folge. 35. Jg. 1919 – 55. Jg. 1939, München 1923–1940.
78. Statistisches Jahrbuch für das Deutsche Reich. Hg. v. Statistischen Reichsamt, Band 40 (1919) – 58 (1939/40).
79. Der Vertrag von Versailles. Mit Beiträgen von S. HAFFNER, G. BATESON u. a., Frankfurt a.M. 1988.

B. LITERATUR

1. Gesamtdarstellungen der Epoche, Allgemeines, Bibliographien

80. P. Alter, Nationalismus, Frankfurt a.M. ⁴1993.
81. R. Aron, Frieden und Krieg. Eine Theorie der Staatenwelt, Frankfurt a.M. 1986 [frz.: Ders., Paix et guerre entre les nations, Paris 1962; dt. Erstausgabe Frankfurt a.M. 1963].
82. U. Backes/E. Jesse/R. Zitelmann (Hg.), Die Schatten der Vergangenheit. Impulse zur Historisierung des Nationalsozialismus, Frankfurt a.M./Berlin 1990.
83. M. Baumont, La faillite de la paix (1918–1939). 2 Bände, Paris ⁵1967/68.
84. K.D. Bracher, Die Krise Europas seit 1917, Aktualisierte Neuausgabe Frankfurt a.M./Berlin 1993.
85. J.-P. Brunet/M. Launay, D'une guerre mondiale à l'autre, 1914–1945, Paris 1993.
86. J. Bryce, Modern Democracies. 2 Bände, London 1921 [dt.: Ders., Moderne Demokratien. 3 Bände, München 1923–26].
87. E.H. Carr, The Twenty Years' Crisis, 1919–1939, New York 1964.
88. W.S. Churchill, The Second World War. Band I: The Gathering Storm, London 1948, rev. ed. 1949; Band II: Their Finest Hour, London 1949, 3rd rev. ed. 1951; Band III: The Grand Alliance, London 1950; The Hinge of Fate, London 1951; Band V: Closing the Ring, London 1952; Band VI: Triumph and Tragedy, London 1954 [Mehrere Neuauflagen].
89. G.A. Craig, Geschichte Europas 1815–1980. Vom Wiener Kongreß bis zur Gegenwart, München 1995 [engl.: Ders., Europe since 1815, New York 1974].
90. O. Dann, Nation und Nationalismus in Deutschland, 1770–1990, München ³1996.
91. L. Dehio, Gleichgewicht oder Hegemonie. Betrachtungen über ein Grundproblem der neueren Staatengeschichte, Neuausgabe mit Nachwort von K. Hildebrand, Zürich 1996 [Erstausgabe Krefeld 1948].
92. J.-B. Duroselle, L'Europe de 1815 à nos jours. Vie politique et relations internationales, Paris ⁵1991.
93. M. Duverger, Demokratie im technischen Zeitalter. Das Janusgesicht des Westens, München 1973.
94. M. Eksteins, Tanz über Gräben. Die Geburt der Moderne und der Erste Weltkrieg, Reinbek b. Hamburg 1990.
95. H.A.L. Fisher, A History of Europe. 2 Bände, London ³1949.
96. E. Gellner, Nationalismus und Moderne, Hamburg 1995 [engl.: Ders., Nations and Nationalism, Oxford 1983].
97. H. Graml, Europa zwischen den Kriegen, München ⁵1982.

98. J. A. S. GRENVILLE, A World History of the Twentieth Century. Band I: Western Dominance, 1900–1945, Sussex u. a. 1980.
99. H. VON HENTIG, Der Friedensschluß. Geist und Technik einer verlorenen Kunst, München 1965 [zuerst Stuttgart 1952].
100. H. HERZFELD, Die moderne Welt 1789–1945. Teil II: Weltmächte und Weltkriege. Die Geschichte unserer Epoche, 1890–1945, Braunschweig ⁴1970.
101. K. HILDEBRAND, Krieg im Frieden und Frieden im Krieg. Über das Problem der Legitimität in der Geschichte der Staatengesellschaft 1931–1941, in: HZ 22 (1987), 1–29.
102. E.J. HOBSBAWM, Nationen und Nationalismus. Mythos und Realität seit 1780, Frankfurt a.M. 1991 [Taschenbuchausgabe München 1996].
103. DERS., Das Zeitalter der Extreme. Weltgeschichte des 20. Jahrhunderts, München 1995 [engl.: DERS., Age of Extremes. The Short Twentieth Century 1914–1991, London 1994].
104. P. KENNEDY, Aufstieg und Fall der großen Mächte. Ökonomischer Wandel und militärischer Konflikt von 1500 bis 2000, Frankfurt a.M. 1989.
105. H. A. KISSINGER, Die Vernunft der Nationen. Über das Wesen der Außenpolitik, Berlin 1994 [dt. Taschenbuchausgabe München 1996; engl.: DERS., Diplomacy, New York 1994].
106. DERS., Großmacht Diplomatie. Von der Staatskunst Castlereaghs und Metternichs, Frankfurt a.M. 1973.
107. M. KITCHEN, Europe between the Wars. A Political History, London/New York 1988.
108. P. KRÜGER (Hg.), Das europäische Staatensystem im Wandel. Strukturelle Bedingungen und bewegende Kräfte seit der Frühen Neuzeit, München 1996.
109. E. LEMBERG, Nationalismus. Band I: Psychologie und Geschichte, Reinbek bei Hamburg ²1964.
110. G. LICHTHEIM, Europa im 20. Jahrhundert. Eine Geistesgeschichte der Gegenwart, München 1979 [Taschenbuchausgabe München 1983; engl. Erstausgabe: Ders., Europe in the Twentieth Century, New York 1972].
111. J.J. LINZ/A. STEPAN (Hg.), The Breakdown of Democratic Regimes. Band I: Crisis, Breakdown, and Reequilibration, Baltimore/London 1978; Band II: Europe, Baltimore/London 1978.
112. G. LOTTES (Hg.), Region, Nation, Europa. Historische Determinanten der Neugliederung eines Kontinents, Heidelberg/Regensburg 1992.
113. Ch.S. MAIER, Recasting Bourgeois Europe. Stabilisation in France, Germany, and Italy in the Decade after World War I, Princeton 1975.
114. G. MANN/A. HEUSS (Hg.), Das Zwanzigste Jahrhundert, Berlin/Frankfurt a.M./Wien 1964.
115. P. MILZA/S. BERSTEIN, Dictionnaire historique des fascismes et du nazisme, Bruxelles 1992.

116. H. MÖLLER, Zeitgeschichte – Fragestellungen, Interpretationen, Kontroversen, in: Aus Politik und Zeitgeschichte. Beilage zur Wochenzeitung Das Parlament, B 2/88, 8. Januar 1988, 3–16.
117. C.L. MOWAT (Hg.), The New Cambridge Modern History. Band XII: The Shifting Balance of World Forces 1898–1945, Cambridge u. a. ²1968 [Nachdruck Cambridge 1988].
118. W. NÄF, Die Epochen der neueren Geschichte. Staat und Staatengemeinschaft vom Ausgang des Mittelalters bis zur Gegenwart. 2 Bände, München ²1970.
119. T. NIPPERDEY, 1933 und die Kontinuität der deutschen Geschichte, in: DERS., Nachdenken über die deutsche Geschichte, München 1986, 186–205.
120. E. NOLTE, Der europäische Bürgerkrieg 1917–1945. Nationalsozialismus und Bolschewismus, Frankfurt a.M. ⁴1987.
121. R.A.C. PARKER, Das Zwanzigste Jahrhundert. Band I: Europa 1918–1945, Frankfurt a.M. 1987.
122. H. ROTHFELS, Zeitgeschichtliche Betrachtungen. Vorträge und Aufsätze, Göttingen ²1963.
123. A. RÜSTOW, Ortsbestimmung der Gegenwart. Eine universalgeschichtliche Kulturkritik. 3 Bände, Erlenbach-Zürich 1950–1957.
124. J.R. VON SALIS, Weltgeschichte der neuesten Zeit. Band III: Von Versailles bis Hiroshima, 1919 – 1945, Zürich ²1962.
125. T. SCHIEDER (Hg.), Handbuch der Europäischen Geschichte. Band VII: Europa im Zeitalter der Weltmächte, 2 Teilbände, Stuttgart ²1992.
126. R. WITTRAM, Das Nationale als europäisches Problem. Beiträge zur Geschichte des Nationalitätsprinzips vornehmlich im 19. Jahrhundert, Göttingen 1954.

Wichtige Bibliographien in Auswahl:

127. Bibliographie zur Zeitgeschichte. Beilage der Vierteljahrshefte für Zeitgeschichte, 1 ff. (1953 ff.) [Verzeichnet Neuerscheinungen zur Geschichte des 20. Jahrhunderts mit den Schwerpunkten Deutsche Geschichte, Europäische Geschichte sowie Geschichte der Internationalen Beziehungen; hier finden sich auch Angaben zu weiteren einschlägigen bibliographischen Hilfsmitteln].
128. Bibliographie zur Zeitgeschichte 1953–1995. Im Auftrag des Instituts für Zeitgeschichte München begründet v. T. VOGELSANG, bearbeitet v. H. AUERBACH, C. WEISZ, U. VAN LAAK, H. STRAUB-WOLLER und I. ÜNAL. 5 Bände, München 1982–97 [Kumulierte Ausgabe der obengenannten Bibliographie].
129. Archivio Centrale dello Stato. Bibliografia. Le fonti documentarie nelle pubblicazioni dal 1979 al 1985, Roma 1992.
130. Bibliografia dell'Archivio Centrale dello Stato (1953–1978), Roma 1986.
131. Bibliographie annuelle de l'histoire de France du cinquième siècle à 1958, Paris 1956 ff.

132. R. DE FELICE (Hg.), Bibliografia orientativa del fascismo, Roma 1991.
133. European Bibliography of Soviet, East European and Slavonic Studies. Bibliographie européenne des travaux sur l'URSS et l'Europe de l'Est. Europäische Bibliographie zur Osteuropaforschung 1 (1975) – 15 (1989), Birmingham bzw. Paris 1977–93.
134. Historische Bibliographie. Berichtsjahr 1986 ff. Im Auftrag der Arbeitsgemeinschaft außeruniversitärer historischer Forschungseinrichtungen in der Bundesrepublik Deutschland hg. v. H. MÖLLER u. a., München 1987 ff.
135. K. ROBBINS (Hg.), A Bibliography of British History 1914–1989, Oxford 1996.
136. M. RUCK, Bibliographie zum Nationalsozialismus, Köln 1995.
137. K.-J. RUHL, Der Spanische Bürgerkrieg. Literaturbericht und Bibliographie. 2 Bände, München 1982/88.

2. LÄNDERSPEZIFISCHE ÜBERBLICKSDARSTELLUNGEN, AUFSATZSAMMLUNGEN

a) Deutschland (vgl. auch unter „Nationalsozialismus")

138. K.D. BRACHER/M. FUNKE/H.-A. JACOBSEN (Hg.), Die Weimarer Republik 1918–1933, Düsseldorf 1987.
139. G.A. CRAIG, Deutsche Geschichte 1866–1945. Vom Norddeutschen Bund bis zum Ende des Dritten Reiches, München 1980 [engl. DERS., Germany 1866–1945, Oxford 1978].
140. K.D. ERDMANN, Die Zeit der Weltkriege (Gebhardt, Handbuch der deutschen Geschichte, Band IV), 2 Teilbände, Stuttgart ^{9}1973/76 [Taschenbuchausgabe München 1980].
141. E. EYCK, Geschichte der Weimarer Republik. 2 Bände. Band I: Vom Zusammenbruch des Kaisertums bis zur Wahl Hindenburgs, Erlenbach/Zürich ^{5}1973; Band II: Von der Konferenz von Locarno bis zu Hitlers Machtübernahme, Erlenbach/Zürich ^{4}1972.
142. H. HOLBORN, Deutsche Geschichte in der Neuzeit. Band III: Das Zeitalter des Imperialismus (1871–1945), München/Wien 1971.
143. E. KOLB, Die Weimarer Republik, München ^{3}1993.
144. H. MÖLLER, Weimar. Die unvollendete Demokratie, München ^{6}1997.
145. H. MOMMSEN, Die verspielte Freiheit. Der Weg der Republik von Weimar in den Untergang 1918–1933, Berlin 1989.
146. D.J.K. PEUKERT, Die Weimarer Republik. Krisenjahre der Klassischen Moderne, Frankfurt a.M. 1987.
147. T. SCHIEDER, Nationalismus und Nationalstaat. Studien zum nationalen Problem im modernen Europa, hg. v. O. DANN u. H.-U. WEHLER, Göttingen 1991.
148. H. SCHULZE, Weimar. Deutschland 1917–1933, Berlin ^{4}1994.

149. H.A. WINKLER, Weimar 1918–1933. Die Geschichte der ersten deutschen Demokratie, München 1993.

b) Frankreich

150. M. AGULHON, La République de Jules Ferry à François Mitterand, 1880 à nos jours, Paris 1990.
151. J.-P. AZÉMA/M. WINOCK, La troisième République (1870–1940), Paris ²1976.
152. J.-P. AZÉMA, De Munich à la Libération, 1938–1944, Paris 1979.
153. O. BARROT/P. ORY (Hg.), Entre Deux Guerres – la création française entre 1919 et 1939, Paris 1990.
154. J.-J. BECKER/S. BERSTEIN, Victoire et frustrations, 1914–1929, Paris 1990.
155. S. BERSTEIN/P. MILZA, Histoire de la France au XXe siècle. Band I: 1900–1930, Paris 1990; Band II: 1930–1945, Paris 1991.
156. D. BORNE/H. DUBIEF, La crise des années 30, 1929–1938, Paris ²1989.
157. C. BLOCH, Die Dritte Französische Republik. Entwicklung und Kampf einer parlamentarischen Demokratie (1870–1940), Stuttgart 1972.
158. E. BONNEFOUS, Histoire politique de la Troisième République. 7 Bände und ein Indexband, Paris 1956-87.
159. J. CHASTENET, Histoire de la Troisième République. 7 Bände, Paris 1952–63.
160. S. HOFFMANN/C. KINDLEBERGER/L. WYLIE/J. PITTS/J.-B. DUROSELLE/F. GOGUEL, In Search of France. The Economy, Society and Political System in the Twentieth Century, New York 1963.
161. W. LOTH, Geschichte Frankreichs im 20. Jahrhundert, Stuttgart u. a. 1987 [Erweiterte Taschenbuchausgabe Frankfurt a.M. 1992].
162. J.-M. MAYEUR, La vie politique sous la Troisième République (1870–1940), Paris 1984.
163. J.-Y. MOLLIER/J. GEORGE, La plus longue des républiques 1870–1940, Paris 1994.
164. R. RÉMOND, Frankreich im 20. Jahrhundert, Band I: 1918–1958, Stuttgart 1994; Band II: 1958 bis zur Gegenwart, Paris 1995 [frz.: DERS., Notre siècle de 1918 à 1991 (Histoire de France, hg. v. J. FAVIER, Band VI), Nouvelle édition augmentée et réimprimée Paris 1994].
165. E. WEBER, La France des années 30. Tourments et perplexités, Paris 1995 [engl.: DERS., The Hollow Years, New York 1994].

c) Großbritannien

166. M. BELOFF, Wars and Welfare. Britain 1914–1945, London u. a. 1984.
167. Ch. HAIGH (Hg.), The Cambridge Historical Encyclopedia of Great Britain and Ireland, Cambridge 1985.
168. A.F. HAVIGHURST, Britain in Transition. The Twentieth Century, Chicago/London ⁴1985.
169. K. KLUXEN, Geschichte Englands. Von den Anfängen bis zur Gegenwart, Stuttgart ⁴1991.
170. W.N. MEDLICOTT, Contemporary England 1914–1964, with an Epilogue 1964–1974, London 1976.
171. C.L. MOWAT, Britain between the Wars 1918–1940, London 1968.
172. G. NIEDHART, Geschichte Englands im 19. und 20. Jahrhundert, München 1987.
173. K. ROBBINS, The Eclipse of a Great Power. Modern Britain 1870–1975, London/New York 1983.
174. A.J.P. TAYLOR, English History 1914–1945, Oxford ²1966 [Reprint with revised bibliography Oxford 1988].
175. P. WENDE, Geschichte Englands, Stuttgart u. a. ²1995.
176. P. WILLIAMSON, National Crisis and National Government. Britsh Politics, the Economy and Empire, 1926–1932, Cambridge/New York 1992.

d) Italien (vgl. auch unter „Faschismus")

177. F. CATALANO, L'Italia dalla dittatura alla democrazia 1919–1948, Mailand 1962.
178. F. CHABOD, L'Italia contemporanea 1918–48, Turin 1961.
179. M. CLARK, Modern Italy 1871–1982, London 1984.
180. R. LILL, Geschichte Italiens in der Neuzeit, Darmstadt ⁴1994.
181. E. NOLTE, Italien vom Ende des I. Weltkriegs bis zum ersten Jahrzehnt der Republik 1918–1960, in: T. SCHIEDER (Hg.), Handbuch der Europäischen Geschichte. Band VII, Stuttgart 1979, 619–650.
182. T. SCHIEDER, Italien vom Ersten zum Zweiten Weltkrieg, in: M. SEIDLMAYER (Hg.), Geschichte Italiens. Vom Zusammenbruch des Römischen Reiches bis zum ersten Weltkrieg, Stuttgart 1989, 447–498.
183. Ch. SETON-WATSON, Italy from Liberalism to Fascism 1870–1925, Frome/London 1967.
184. D. STÜBLER, Geschichte Italiens. 1789 bis zur Gegenwart, Berlin 1987.
185. D. VENERUSO, L'Italia fascista 1922–1945, Bologna ²1990.

e) Spanien, spanischer Bürgerkrieg

186. J. ARRARÁS, Historia de la Segunda República Española. 4 Bände, Madrid 1956–68.
187. M. AZNAR, Historia militar de la guerra de España 1936–1939. 3 Bände, Madrid ⁴1969.
188. W.L. BERNECKER, Spaniens Geschichte seit dem Bürgerkrieg, München 1984.
189. DERS., Krieg in Spanien 1936–1939, Darmstadt 1991.
190. W.L. BERNECKER/H. PIETSCHMANN, Geschichte Spaniens. Von der frühen Neuzeit bis zur Gegenwart, Stuttgart 1993.
191. M. BULLOTEN, The Spanish Civil War. Revolution and Counterrevolution, New York 1991.
192. R. CARR, Modern Spain 1875–1980, Oxford 1981.
193. DERS. (Hg.), The Republic and the Civil War in Spain, London 1971.
194. M. C. GARCÍA-NIETO/J.M. DONÉZAR (Hg.), La Segunda República 1931–1936. 2 Bände, Madrid 1974.
195. G. JACKSON, The Spanish Republic and the Civil War 1931–1939, Princeton 1965.
196. DERS., Annäherung an Spanien 1898–1975, Frankfurt a.M. 1982.
197. P. PRESTON (Hg.), Revolution and War in Spain 1931–1939, London 1984.
198. DERS., The Spanish Civil War, London 1986.
199. W. SCHIEDER/C. DIPPER (Hg.), Der Spanische Bürgerkrieg in der internationalen Politik (1936–1939), München 1976.
200. C. SECO SERRANO, Historia de España. Gran Historia Generá l de los pueblos hispanos. Band VI: Epoca contemporánea, Barcelona 1962.
201. H. THOMAS, Der Spanische Bürgerkrieg, Frankfurt a.M. 1966.
202. M. TUÑÓN DE LARA, La II República. 2 Bände, Madrid 1976.
203. DERS. u. a., Der Spanische Bürgerkrieg. Eine Bestandsaufnahme, Frankfurt a.M. 1987.
204. J. TUSELL, La España del siglo XX. Desde Alfonso XIII a la muerte de Carrero Blanco, Barcelona 1975.
205. P. VILAR, Kurze Geschichte zweier Spanien. Der Bürgerkrieg 1936–1939, Berlin 1987.

f) Sowjetrußland/Sowjetunion

206. H. ALTRICHTER, Kleine Geschichte der Sowjetunion 1917–1991, München 1993.
207. H. ALTRICHTER/H. HAUMANN (Hg.), Die Sowjetunion. Von der Oktoberrevolution bis zu Stalins Tod. Band I: Staat und Partei, München 1986; Band II: Wirtschaft und Gesellschaft, München 1987.

208. R. PIPES, Rußland vor der Revolution. Staat und Gesellschaft im Zarenreich, München 1977.
209. G. VON RAUCH, Geschichte der Sowjetunion, Stuttgart ⁸1990.
210. K.-H. RUFFMANN, Sowjetrußland 1917–1977, München ⁸1979.
211. DERS., Fragen an die sowjetische Geschichte. Von Lenin bis Gorbatschow, München 1982.
212. C. WARD, Stalin's Russia, London 1993.

g) Übrige Länder

213. K. BOSL (Hg.), Handbuch der Geschichte der böhmischen Länder. Band IV: Der tschechoslowakische Staat im Zeitalter der modernen Massendemokratie und Diktatur, Stuttgart 1970.
214. F.L. CARSTEN, The First Austrian Republic 1918–1938. A study based on British and Austrian documents, Aldershot 1986.
215. T.K. DERRY, A History of Modern Norway, 1814–1972, Oxford 1973.
216. P. DÜRRENMATT, Schweizer Geschichte, Zürich 1963.
217. M.K. DZIEWANOWSKI, Poland in the Twentieth Century, New York 1977.
218. C.C. GIURESCU/D.C. GIURESCU, Geschichte der Rumänen, Bukarest 1980.
219. W. GOLDINGER/D.A. BINDER, Geschichte der Republik Österreich 1918–1938, Wien/München 1992.
220. M. HÄIKIÖ, A Brief History of Modern Finland. Hg. v. Ch.E. TIMBERLAKE und E. LINDQVIST, Lahti 1992.
221. H. Hagspiel, Die Ostmark. Österreich im Großdeutschen Reich 1938 bis 1945, Wien 1995.
222. J. K. HOENSCH, Geschichte der Tschechoslowakei, Stuttgart u. a. ³1992.
223. DERS., Geschichte Ungarns 1867–1983, Stuttgart u. a. 1984.
224. DERS., Geschichte Polens, Stuttgart ²1990.
225. G. JONES, Denmark. A Modern History, London 1986.
226. D.G. KIRBY, Finland in the Twentieth Century, London 1979.
227. M. KLINGE, Geschichte Finnlands im Überblick, Helsinki ²1987.
228. A. KRZEMINSKI, Polen im 20. Jahrhundert. Ein historischer Essay, München 1993.
229. H. LADEMACHER, Geschichte der Niederlande, Darmstadt 1983.
230. K. LARSEN, A History of Norway, Princeton 1974.
231. V.S. MAMATEY/R. LUZA (Hg.), Geschichte der Tschechoslowakischen Republik 1918–1948, Wien/Köln 1980.
232. E. MEYER, Grundzüge der Geschichte Polens, Darmstadt ²1977.
233. A. POLONSKY, The Little Dictators. The History of Eastern Europe since 1918, London/Boston 1975.
234. G. VON RAUCH, Geschichte der baltischen Staaten, Stuttgart u. a. 1970.

235. G. RHODE, Geschichte Polens. Ein Überblick, Darmstadt ³1980.
236. G. VAN ROON, Small States in Years of Depression. The Oslo Alliance 1930–1940, Assen/Maastricht 1989.
237. H. ROOS, Geschichte der polnischen Nation, 1918–1978. Von der Staatsgründung im Ersten Weltkrieg bis zur Gegenwart, Stuttgart u. a. ³1979.
238. H. A. SCHMITT (Hg.), Neutral Europe between War and Revolution 1917–23, Charlottesville 1988.
239. R. SKOVMAND/V. DYBDAHL/E. RASMUSSEN, Geschichte Dänemarks 1830–1939, Neumünster 1973.
240. E. WEINZIERL/K. SKALNIK (Hg.), Österreich 1918–1938. Geschichte der Ersten Republik. 2 Bände, Graz u. a. 1983.

3. INNERE ENTWICKLUNG IN DEN EINZELNEN LÄNDERN

a) Verfassungen, Regierungssysteme, Wahlen, Parlamente, wichtige innenpolitische Ereignisse

241. R. VON ALBERTINI, Regierung und Parlament in der Dritten Republik, in: HZ 188 (1959), 17–48.
242. M.S. ALEXANDER/H. GRAHAM (Hg.), The French and Spanish Popular Fronts: Comparative Perspectives, Cambridge 1989.
243. H. ALTRICHTER, Staat und Revolution in Sowjetrußland 1917–1922/23, Darmstadt ²1996.
244. DERS., Rußland 1917. Ein Land auf der Suche nach sich selbst, Paderborn 1997.
245. K. VON BEYME, Die parlamentarischen Regierungssysteme in Europa, München ³1973.
246. L. BIEWER, Reichsreformbestrebungen in der Weimarer Republik, Frankfurt/Bern 1980.
247. A.M. BIRKE/K. KLUXEN (Hg.), Deutscher und britischer Parlamentarismus, München u. a. 1985.
248. A.M. BIRKE/H. WENTKER (Hg.), Föderalismus im deutsch-britischen Meinungsstreit. Historische Dimension und politische Aktualität, München 1993.
249. D. BLAAZER, The Popular Front and the Progressive Tradition. Socialists, Liberals, and the Quest for Unity, 1884–1939, Cambridge u. a. 1992.
250. K. BRAUNIAS, Das parlamentarische Wahlrecht. Ein Handbuch über die Bildung der gesetzgebenden Körperschaften in Europa. 2 Bände, Berlin 1932.
251. O. BÜSCH (Hg.), Wählerbewegung in der europäischen Geschichte. Ergebnisse einer Konferenz, Berlin 1980.

252. DERS./P. STEINBACH (Hg.), Vergleichende europäische Wahlgeschichte. Eine Anthologie. Beiträge zur historischen Wahlforschung vornehmlich West- und Nordeuropas, Berlin 1983.

253. D.E. BUTLER, The Electoral System in Britain since 1918, Westport/Conn. 1986 [Nachdruck der Ausgabe Oxford 1963].

254. J.-J. CHEVALLIER, Histoire des institutions et des régimes politiques de la France de 1789 à nos jours, Paris ⁷1985.

255. J. COAKLEY, Political Succession and Regime Change in the New States in Inter-war Europe: Ireland, Finland, Czechoslovakia and the Baltic Republics, in: European Journal of Political Research 14 (1986), 187–206.

256. E. FRAENKEL, Historische Vorbelastungen des deutschen Parlamentarismus, in: VfZ 8 (1966), 323–340.

257. DERS., Deutschland und die westlichen Demokratien, erw. Ausgabe Frankfurt a.M. ²1991 [Erstausgabe Stuttgart 1964].

258. F. GLUM, Das parlamentarische Regierungssystem in Deutschland, Großbritannien und Frankreich, München/Berlin ²1965.

259. P. GUNST, Politisches System und Agrarstruktur in Ungarn 1900–1945, in: VfZ 29 (1981), 397–419.

260. C. GUSY, Weimar – die wehrlose Republik? Verfassungsschutzrecht und Verfassungsschutz in der Weimarer Republik, Tübingen 1991.

261. P. HAUNGS, Reichspräsident und parlamentarische Kabinettsregierung. Eine Studie zum Regierungssystem der Weimarer Republik in den Jahren 1924 bis 1929, Köln 1968.

262. H.-J. HEIMSOETH, Der Zusammenbruch der Dritten Französischen Republik. Frankreich während der „Drôle de Guerre" 1939/1940, Bonn 1990.

263. F.A. HERMENS, Demokratie oder Anarchie? Untersuchung über die Verhältniswahl. Mit einem Vorwort von A. WEBER und einer Einführung von C. J. FRIEDRICH, Frankfurt a.M. ²1968.

264. U. HÖRSTER-PHILIPPS, Konservative Politik in der Endphase der Weimarer Republik. Die Regierung Franz von Papen, Köln 1982.

265. E.R. HUBER, Deutsche Verfassungsgeschichte seit 1789. Band V: Weltkrieg, Revolution und Reichserneuerung 1914–1919, Stuttgart 1978; Band VI: Die Weimarer Reichsverfassung, Stuttgart 1981; Band VII: Ausbau, Schutz und Untergang der Weimarer Republik, Stuttgart 1984.

266. P. ISOART/Ch. BIDEGARAY (Hg.), Des Républiques françaises, Paris 1988.

267. J. JACKSON, The Popular Front in France defending democracy, 1934–38, Cambridge u. a. 1988.

268. G. JASPER, Der Schutz der Republik. Studien zur staatlichen Sicherung der Demokratie in der Weimarer Republik 1922–1930, Tübingen 1963.

269. J.-N. JEANNENEY, Leçon d'histoire pour une gauche au pouvoir. La faillite du Cartel (1924–1926), Paris ²1982.

270. W.I. JENNINGS, Cabinet Government, Cambridge 1969 [Nachdruck der 3. Auflage Cambridge 1959].
271. DERS., Parliament, Cambridge 1970 [Erstausgabe Cambridge 1939].
272. K. KLUXEN (Hg.), Parlamentarismus, Köln/Berlin ³1971.
273. DERS., Geschichte und Problematik des Parlamentarismus, Frankfurt a.M. 1983.
274. A. KURZ, Demokratische Diktatur? Auslegung und Handhabung des Artikels 48 der Weimarer Verfassung 1919–1925, Berlin 1992.
275. G. LEFRANC, Histoire du Front populaire (1934–1938), Paris 1974.
276. L. LIPSCHER, Verfassung und politische Verwaltung in der Tschechoslowakei, 1918–1939, München/Wien 1979.
277. K. LOEWENSTEIN, Staatsrecht und Staatspraxis von Großbritannien. 2 Bände, Berlin 1967.
278. H. MÖLLER, Parlamentarismus in Preußen 1919–1932, Düsseldorf 1985.
279. DERS., Parlamentarismus-Diskussion in der Weimarer Republik: Die Frage des ‚besonderen' Weges zum parlamentarischen Regierungssystem, in: M. FUNKE/H.-A. JACOBSEN/H.-H. KNÜTTER/H.-P. SCHWARZ (Hg.), Demokratie und Diktatur. Geist und Gestalt politischer Herrschaft in Deutschland und Europa. FS für K. D. Bracher, Düsseldorf 1987, 140–157.
280. T. NIPPERDEY, Der Föderalismus in der deutschen Geschichte, in: DERS., Nachdenken über die deutsche Geschichte, München 1986, 60–109.
281. H. PREUSS, Staat, Recht und Freiheit. Aus 40 Jahren deutscher Politik und Geschichte. Mit e. Geleitwort v. T. HEUSS, Hildesheim 1964 [Nachdruck der Ausgabe Tübingen 1926].
282. G.A. RITTER, Deutscher und britischer Parlamentarismus. Ein verfassungsgeschichtlicher Vergleich, Tübingen 1962.
283. DERS., Parlament und Demokratie in Großbritannien. Studien zur Entwicklung und Struktur des politischen Systems, Göttingen 1972.
284. J.F.S. ROSS, Parliamentary Representation, London ²1948.
285. N. ROUSSELLIER, Phénomène de majorité et relation de majorité en régime parlementaire. Le cas du Bloc National en France dans le premier après-guerre européen (1919–1924). 3 Bände, Unveröff. Thèse d'Etat Paris 1991.
286. DERS., Le parlement de l'éloquence. La souveraineté de la délibération au lendemain de la Grande Guerre, Paris 1997 [Stark veränderte Fassung der Thèse d'Etat von 1991].
287. G. SCHULZ, Zwischen Demokratie und Diktatur. Verfassungspolitik und Reichsreform in der Weimarer Republik. 3 Bände. Band I: Die Periode der Konsolidierung und der Revision des Bismarckschen Reichsaufbaus 1919–1930, Berlin u. a. 1963; Band II: Deutschland am Vorabend der Großen Krise, Berlin u. a. 1987; Band III: Von Brüning zu Hitler. Der Wandel des politischen Systems in Deutschland 1930–1933, Berlin u. a. 1992.

288. R. SKIDELSKY, Politicians and the Slump. The Labour Government of 1929-1931, London 1967.
289. R. SMEND, Staatsrechtliche Abhandlungen und andere Aufsätze, Berlin ²1968.
290. D. STERNBERGER/B. VOGEL (Hg.), Die Wahl der Parlamente und anderer Staatsorgane. Band I: Europa. 2 Halbbände, Berlin 1969.
291. D. STOKES/D. E. BUTLER, Political Change in Britain. The Evolution of Electoral Choice, London ²1974.
292. M. STÜRMER, Koalition und Opposition in der Weimarer Republik 1924-1928, Düsseldorf 1967.
293. E. TALOS u. a. (Hg.), Handbuch des politischen Systems Österreichs. Erste Republik 1918-1933, Wien 1995.
294. R.C. TUCKER, Stalin in Power. The Revolution from above 1928-1941, New York/London 1990.
295. F.M.G. WILLSON, The Organization of British Central Government 1914-1964. A survey by a study group of the Royal Institute of Public Administration, London 1968.

b) Parteien, politische Tendenzen

296. L. Albertin, Liberalismus und Demokratie am Anfang der Weimarer Republik. Eine vergleichende Analyse der Deutschen Demokratischen Partei und der Deutschen Volkspartei, Düsseldorf 1972.
297. R. VON ALBERTINI, Parteiorganisation und Parteibegriff in Frankreich, in: HZ 193 (1961), 529-600.
298. M. ARTOLA, Partidos y programas políticos 1808-1936. 2 Bände, Madrid 1974/75.
299. S. BALL, The Conservative Party and British Politics, 1902-1951, London 1995.
300. S. BERGER, The British Labour Party and the German Social Democrats 1900-1931, Oxford u. a. 1994.
301. L. BERGSTRÄSSER, Geschichte der politischen Parteien in Deutschland, München ¹¹1965.
302. W.L. BERNECKER/J. HALLERBACH, Anarchismus als Alternative? Die Rolle der Anarchisten im spanischen Bürgerkrieg. Eine Diskussion, Berlin 1986.
303. S. BERSTEIN, Histoire du Parti Radical. 2 Bände, Paris 1980/82.
304. R. BLAKE, The Conservative Party from Peel to Thatcher, London 1985 [Frühere Aufl. u.d.T.: DERS., The Conservative Party from Peel to Churchill].
305. R.A. BUTLER (Hg.), The Conservatives. A History from their Origins to 1965, London 1977.
306. E.H. CARR, The Comintern and the Spanish Civil War, London/Basingstoke 1984.

307. E. COMIN COLOMER, Historia del Partido Comunista de España. 3 Bände, Madrid 1967.
308. W. CONZE, Die Krise des Parteienstaates in Deutschland 1929/30, in: HZ 178 (1954), 47–83.
309. C. COOK, A Short History of the Liberal Party 1900–1984, London 1984.
310. J.-C. DELBREIL, Le parti démocrate populaire, des origines au MRP, 1919–1944, Paris 1990.
311. A.M. DRABEK/R.G. PLASCHKA/H. RUMPLER (Hg.), Das Parteiwesen Österreichs und Ungarns in der Zwischenkriegszeit, Wien 1990.
312. M. DUVERGER, Die politischen Parteien, Tübingen 1959 [frz.: Ders., Les partis politiques, Paris 1958; zahlreiche Neuauflagen].
313. O.K. FLECHTHEIM, Die KPD in der Weimarer Republik, Frankfurt 1969.
314. B.B. FRYE, Liberal Democrats in the Weimar Republic. The History of the German Democratic Party and the German State Party, Carbondale/Edwardsville 1985.
315. E. GENTILE, Storia del partito fascista, 1919–1922. Movimento e milizia, Rom/Bari 1989.
316. F. GOGUEL, La politique des partis sous la IIIe République, Paris 1958.
317. B.D. GRAHAM, Choice and Democratic Order. The French Socialist Party, 1937–1950, Cambridge 1994.
318. H. GRAHAM, Socialism and War. The Spanish Socialist Party in power and crisis 1936–1939, Cambridge 1991.
319. H. GRAHAM/P. PRESTON (Hg.), The Popular Front in Europe, Houndmills 1987.
320. A.J. DE GRAND, The Italian Nationalist Association and the Rise of Fascism in Italy, Lincoln 1979.
321. DERS., The Italian Left in the Twentieth Century. A History of the Socialist and Communist Parties, Bloomington/Indianapolis 1989.
322. C. GUSY, Die Lehre vom Parteienstaat in der Weimarer Republik, Baden-Baden 1993.
323. O. HAUSER (Hg.), Politische Parteien in Deutschland und Frankreich 1918–1939. 10 Vorträge, Wiesbaden 1969.
324. J. HINTON, Labour and Socialism. A History of the British Labour Movement 1867–1974, Brighton 1983.
325. J. HOLZER, Parteien und Massen. Die politische Krise in Deutschland 1928–1930, Wiesbaden 1975.
326. W. D. IRVINE, French Conservatism in Crisis. The Republican Federation of France in the 1930s, Baton Rouge/London 1979.
327. L.E. JONES, German Liberalism and the Dissolution of the Weimar Party System, 1918–1933, Chapel Hill 1988.
328. T. JUDT, La reconstruction du Parti Socialiste 1921–1926, Paris 1976.
329. A. KASTNING, Die deutsche Sozialdemokratie zwischen Koalition und Opposition 1919 bis 1923, Paderborn 1970.

330. H. Krause, USPD. Zur Geschichte der Unabhängigen Sozialdemokratischen Partei Deutschlands, Frankfurt a.M. 1975.

330a. A. Kriegel, Aux origines du communisme français 1914–1920. 2 Bände, Paris 1964.

331. G. Lefranc, Le Mouvement Socialiste sous la Troisième République, 1875–1940, Paris ²1977.

332. R. M. Lepsius, Parteiensystem und Sozialstruktur. Zum Problem der Demokratisierung der deutschen Gesellschaft, in: Ders., Demokratie in Deutschland. Soziologisch-historische Konstellationsanalysen. Ausgewählte Aufsätze, Göttingen 1993, 25–50.

333. P. Lévêque, Histoire des forces politiques en France. Band II: 1880–1940, Paris 1994.

334. Lexikon zur Parteiengeschichte. Die bürgerlichen und kleinbürgerlichen Parteien und Verbände in Deutschland (1789–1945). 4 Bände, Köln 1983–86.

335. W. Liebe, Die Deutschnationale Volkspartei 1918–1924, Düsseldorf 1956.

336. T.F. Lindsay, The Conservative Party 1918–1970, London 1974.

337. T.F. Lindsay/M. Harrington, The Conservative Party, 1918–1979, London 1979.

338. L. Lipscher, Die tschechischen politischen Parteien und die nationale Frage während der Ersten Tschechoslowakischen Republik, in: F. Seibt (Hg.), Die böhmischen Länder zwischen Ost und West. FS für Karl Bosl zum 75. Geburtstag, München 1983, 276–282.

339. R.T. MacKenzie, Politische Parteien in England. Die Machtverteilung in der Konservativen und in der Labourpartei, Köln 1961 [engl.: Ders., British Political Parties. The Distribution of Power within the Conservative and Labour Parties. With a new Chapter from Churchill and Attlee to Wilson and Douglas-Home, London ²1963].

340. K.-M. Mallmann, Kommunisten in der Weimarer Republik. Sozialgeschichte einer revolutionären Bewegung, Darmstadt 1996.

341. M. Martínez Cuadrado, Elecciones y partidos políticos en España 1868–1931, Madrid 1969.

342. E. Matthias/R. Morsey (Hg.), Das Ende der Parteien 1933, Düsseldorf ²1979.

343. J.M. Mayeur, Des partis catholiques à la démocratie chrétienne, XIXe-XXe siècles, Paris 1980.

344. R. McKibbin, The Evolution of the Labour Party, 1910–1924, London u. a. 1974.

345. G.H. Meaker, The Revolutionary Left in Spain, 1914–1923, Stanford 1974.

346. R. Miliband, Parliamentary Socialism. A Study in the Politics of Labour, London ²1972.

347. H. Möller, Weimarer Parteiendemokratie in kritischer Perspektive, in: A. M. Birke/M. Brechtken (Hg.), Politikverdrossenheit. Der Parteienstaat in der historischen und gegenwärtigen Diskussion. Ein deutsch-britischer Vergleich, München 1995, 53–78.

348. DERS., Bürgertum und bürgerlich-liberale Bewegung nach 1918, in: L. GALL (Hg.), Bürgertum und bürgerlich-liberale Bewegung in Mitteleuropa seit dem 18. Jahrhundert, München 1997, 293–342.
349. C. MORANDI, I partiti politici nella storia d'Italia, Florenz 1965.
350. R. MORSEY, Die deutsche Zentrumspartei 1917–1923, Düsseldorf 1966.
351. S. NERI SERNERI, Democrazia e stato. L'antifascismo liberaldemocratico e socialista dal 1923 al 1933, Mailand 1989.
352. S. NEUMANN, Die Parteien der Weimarer Republik, Stuttgart ^{5}1986.
353. B. PIMLOTT, Labour and the Left in the 1930s, London u. a. ^{2}1986.
354. S. POLLARD, Die Krise des Sozialismus in der Zwischenkriegszeit: Großbritannien, in: GG 17 (1991), 160–181.
355. C. PROCHASSON, Les intellectuels, le socialisme et la guerre, 1900–1938, Paris 1993.
356. W. PYTA, Gegen Hitler und für die Republik. Die Auseinandersetzung der deutschen Sozialdemokratie mit der NSDAP in der Weimarer Republik, Düsseldorf 1989.
357. DERS., Dorfgemeinschaft und Parteipolitik 1918–1933. Die Verschränkung von Milieu und Parteien in den protestantischen Landgebieten Deutschlands in der Weimarer Republik, Düsseldorf 1996.
358. R. RÉMOND, Les Droites en France, Paris 1982.
359. G.A. RITTER, Kontinuität und Umformung des deutschen Parteiensystems 1918–1920, in: DERS., Arbeiterbewegung, Parteien und Parlamentarismus. Aufsätze zur deutschen Sozial- und Verfassungsgeschichte des 19. und 20. Jahrhunderts, Göttingen 1976, 116–157.
360. K. RUPPERT, Im Dienst am Staat von Weimar. Das Zentrum als regierende Partei in der Weimarer Demokratie 1923–1930, Düsseldorf 1992.
361. R. SCHAEFER, SPD in der Ära Brüning: Tolerierung oder Mobilisierung? Handlungsspielräume und Strategien sozialdemokratischer Politik 1930–1932, Frankfurt a.M. u. a. 1990.
362. L. SCHAPIRO, Die Geschichte der kommunistischen Partei der Sowjetunion, Frankfurt a.M. 1961.
363. W. SCHNEIDER, Die Deutsche Demokratische Partei in der Weimarer Republik 1924–1930, München 1978.
364. J.-F. SIRINELLI (Hg.), Histoire des droites en France. 3 Bände, Paris 1992.
365. S.-Y. SONG, Politische Parteien und Verbände in der Verfassungsrechtslehre der Weimarer Republik, Berlin 1996.
366. J. STANG, Die Deutsche Demokratische Partei in Preußen 1918–1933, Düsseldorf 1994.
367. W. STEPHAN, Aufstieg und Verfall des Linksliberalismus 1918–1933. Geschichte der Deutschen Demokratischen Partei, Göttingen 1973.
368. B. STUDER, Un parti sous influence. Le Parti communiste suisse, une section du Komintern 1931 à 1939, Lausanne 1994.

369. J. TOUCHARD, La gauche en France depuis 1900, Paris ²1981.
370. C. TRIPPE, Konservative Verfassungspolitik 1918–1923. Die DNVP als Opposition in Reich und Ländern, Düsseldorf 1995.
371. M. TUÑÓN DE LARA, El movimiento obrero en la historia de España, Madrid 1972.
372. J. TUSELL, La Segunda República en Madrid. Elecciones y partidos políticos, Madrid 1970.
373. A. TYRELL, Vom „Trommler" zum „Führer". Der Wandel von Hitlers Selbstverständnis zwischen 1919 und 1924 und die Entwicklung der NSDAP, München 1975.
374. A.B. ULAM, Rußlands gescheiterte Revolutionen. Von den Dekabristen bis zu den Dissidenten, München 1985.
375. S. VARELA DÍAZ, Partidos y Parlamento en la II República Española, Barcelona 1978.
376. H. WEBER, Die Wandlung des deutschen Kommunismus. Die Stalinisierung der KPD in der Weimarer Republik. 2 Bände, Frankfurt a.M. 1969.
377. DERS., Kommunismus in Deutschland 1918–1945, Darmstadt 1983.
378. H. WEINREIS, Liberale oder autoritäre Republik. Regimekritik und Regimekonsens der französischen Rechten zur Zeit des nationalsozialistischen Aufstiegs in Deutschland (1928–1934), Göttingen/Zürich 1986.
379. C. WILLARD, Geschichte der französischen Arbeiterbewegung. Eine Einführung, Frankfurt a.M. u. a. 1981 [frz.: DERS., Socialisme et Communisme Français, Paris 1978].
380. T. WILSON, The Downfall of the Liberal Party, 1914–1935, London 1966.
381. H.A. WINKLER, Von der Revolution zur Stabilisierung. Arbeiter und Arbeiterbewegung in der Weimarer Republik 1918 bis 1924, Berlin/Bonn 1984.
382. DERS., Der Schein der Normalität. Arbeiter und Arbeiterbewegung in der Weimarer Republik 1924 bis 1930, Berlin/Bonn 1985.
383. DERS., Der Weg in die Katastrophe. Arbeiter und Arbeiterbewegung in der Weimarer Republik 1930 bis 1933, Berlin/Bonn 1987.
384. C.M. WINSTON, Workers and the Right in Spain 1900–1936, Princeton 1985.
385. A. WIRSCHING, „Stalinisierung" oder entideologisierte „Nischengesellschaft"? Alte Einsichten und neue Thesen zum Charakter der KPD in der Weimarer Republik, in: VfZ 45 (1997), 449–466.

c) *Krise der Demokratie, Faschismus, totalitäre Systeme*

386. F.H. ADLER, Italian Industrialists from Liberalism to Fascism. The Political Development of the Industrial Bourgeoisie, 1906–1934, Cambridge 1995.
387. H. ARENDT, Elemente und Ursprünge totaler Herrschaft. Antisemitismus, Imperialismus, Totalitarismus, München u. a. ⁵1996 [engl.: DIES., The origins of totalitarianism, New York 1951].

388. A. BAUERKÄMPER, Die „radikale Rechte" in Großbritannien. Nationalistische, antisemitische und faschistische Bewegungen vom späten 19. Jahrhundert bis 1945, Göttingen 1991.
389. S. BEN-AMI, Fascism From Above. The Dictatorship of Primo de Rivera in Spain 1923-1930, Oxford 1983.
390. R. BESSEL (Hg.), Fascist Italy and Nazi germany. Comparisons and contrasts, Cambridge u. a. 1996.
391. M. BLINKHORN, Carlism and Crisis in Spain, 1931-1939, New York 1975.
392. A. DEL BOCA/M. LEGNANI/M.G. ROSSI (Hrsg.), Il regime fascista. Storia e storiografia, Rom/Bari 1995.
393. K.D. BRACHER, Schlüsselwörter der Geschichte. Mit einer Betrachtung zum Totalitarismusproblem, Düsseldorf 1978.
394. DERS., Geschichte und Gewalt. Zur Politik im 20. Jahrhundert, Berlin 1981.
395. DERS., Zeitgeschichtliche Kontroversen. Um Faschismus, Totalitarismus, Demokratie, München/Zürich ^{5}1984.
396. DERS., Die totalitäre Erfahrung, München/Zürich 1987.
397. S. BREUER, Faschismus in Italien und Deutschland: Gesichtspunkte zum Vergleich, in: Leviathan 11 (1983), 28-54.
398. M.W. CLAUSS, Salazars autoritäres Regime in Portugal, in: VfZ 5 (1957), 379-385.
399. J. DROZ, Histoire de l'antifascisme en Europe, 1923-1939, Paris 1985.
400. C. DUGGAN, Fascism and the Mafia, New Haven/London 1989.
401. R. ENGELMANN, Provinzfaschismus in Italien. Politische Gewalt und Herrschaftsbildung in der Marmorregion Carrara 1921-1924, München 1992.
402. T. ESCHENBURG, Der Zerfall der demokratischen Ordnungen zwischen dem Ersten und dem Zweiten Weltkrieg, in: DERS. u. a., Der Weg in die Diktatur 1918 - 1933. Zehn Beiträge, München 1962, 7-28.
403. R. DE FELICE, Der Faschismus. Ein Interview von M. A. Ledeen, Stuttgart 1977.
404. J. GEORGEL, Le salazarisme. Histoire et bilan 1926-1974, Paris 1981.
405. E. GENTILE, Il culto del littorio. La sacralizzazione della politica nell'Italia fascista, Rom/Bari 1994.
406. J.A. GREGOR, Italian Fascism and Developmental Dictatorship, Princeton 1979.
407. R. GRIFFIN, The Nature of Fascism, London 1991.
408. E. HANSEN, Fascism and Nazism in the Netherlands 1929-39, in: European Studies Review 11 (1981), 355-385.
409. A. HILLGRUBER, Endlich genug über Nationalsozialismus und Zweiten Weltkrieg? Forschungsstand und Literatur, Düsseldorf 1982.
410. K. HORNUNG, Das totalitäre Zeitalter. Bilanz des 20. Jahrhunderts, Berlin/ Frankfurt a.M. 1993 [Taschenbuchausgabe Berlin 1997].

411. Internationaler Faschismus 1920–1945 (Journal of Contemporary History 1), München 1966.
412. E. JESSE, Totalitarismus im 20. Jahrhundert. Eine Bilanz der internationalen Forschung, Bonn 1996.
413. H.-D. LOOCK, Quisling, Rosenberg und Terboven. Zur Vorgeschichte und Geschichte der nationalsozialistischen Revolution in Norwegen, Stuttgart 1970.
414. J.-L. LOUBET DEL BAYLE, Les non-conformistes des années 30. Une tentative de renouvellement de la pensée politique française, Paris 1969.
415. K. LUNN/R.C. THURLOW (Hg.), British Fascism. Essays on the Radical Right in Inter-war Britain, London 1980.
416. A. LYTTELTON, The Seizure of Power. Fascism in Italy 1919–1929, London 1973.
417. H. MAIER, „Totalitarismus" und „Politische Religionen". Konzepte des Diktaturvergleichs, in: VfZ 43 (1995), 387–405.
418. DERS., Politische Religionen. Die totalitären Regime und das Christentum, Freiburg i.Br. 1995.
419. DERS. (Hg.), „Totalitarismus" und „Politische Religionen". Konzepte des Diktaturvergleichs, Paderborn u. a. 1996.
420. P. MALERBE u. a., La crisis del Estado: Dictadura, República, Guerra (1923–1939), Barcelona 1981.
421. B. MANTELLI, La nascita del fascismo, Mailand 1994.
422. G. MERLIO (Hg.), Ni gauche, ni droite: les chassés-croisés idéologiques des intellectuels français et allemands dans l'entre-deux-guerres, Talence 1995.
423. N. MEUSER, Nation, Staat und Politik bei José Antonio Primo de Rivera. Faschismus in Spanien? Frankfurt a.M. u. a. 1995.
424. M. MICHAELIS, Anmerkungen zum italienischen Totalitarismusbegriff. Zur Kritik der Thesen Hannah Arendts und Renzo de Felices, in: Quellen und Forschungen aus italienischen Archiven und Bibliotheken 62 (1982), 270–302.
425. P. MILZA, Fascisme français. Passé et présent, Paris 1987.
426. H. MÖLLER, Ernst Nolte und das „liberale System", in: TH. NIPPERDEY/A. DOERING-MANTEUFFEL/H.-U. THAMER, Weltbürgerkrieg der Ideologien. Antworten an Ernst Nolte, Frankfurt a.M./Berlin 1993, 57–72.
427. K.-J. MÜLLER, Protest – Modernisierung – Integration. Bemerkungen zum Problem faschistischer Bewegungen in Frankreich, in: Francia 8 (1980), 465–524.
428. B. NELLESSEN, Die verbotene Revolution. Aufstieg und Niedergang der Falange, Hamburg 1963.
429. K.J. NEWMAN, Zerstörung und Selbstzerstörung der Demokratie. Europa 1918–1938, Köln/Berlin 1965.
430. E. NOLTE, Der Faschismus in seiner Epoche. Die Action Française, der italienische Faschismus, der Nationalsozialismus, München ⁶1984.

431. DERS. (Hg.), Theorien über den Faschismus, Königstein/Ts. ⁵1979.
432. DERS., Die Krise des liberalen Systems und die faschistischen Bewegungen, München 1968.
433. M. OSTENC, Intellectuels italiens et fascisme (1915–1929), Paris 1983.
434. R. PAXTON, Le temps des chemises vertes. Révoltes paysannes et fascisme rural, 1929–1939, Paris 1996.
435. S.G. PAYNE, Falange. A History of Spanish Fascism, Stanford 1961.
436. DERS., A History of Fascism 1914–1945, Madison/Wisc. 1995.
437. A.C. PINTO, Fascist Ideology Revisited. Zeev Sternhell and His Critics, in: EHQ 16 (1986), 465–483.
438. A. POLONSKY, Politics in Independent Poland 1921–1939. The Crisis of Constitutional Government, London u. a. 1972.
439. P. PRESTON, The Coming of the Spanish Civil War. Reform, Reaction and Revolution in the Second Republic 1931–1936, London/Basingstoke 1978.
440. J.F. REVEL, Die totalitäre Versuchung, Berlin 1976.
441. D. ROBERTS, The Syndicalist Tradition and Italian Fascism, Manchester 1979.
442. N. ROUSSELLIER, André Tardieu et la crise du constitutionnalisme libéral (1933–1934), in: Vingtième Siècle 21 (1989), 57–70.
443. W. SCHIEDER (Hg.), Faschismus als soziale Bewegung. Deutschland und Italien im Vergleich, Hamburg 1976.
444. DERS., Faschismus, in: Sowjetsystem und demokratische Gesellschaft, Band 2, Freiburg u. a. 1968, 438–477.
445. B. SEIDEL/S. JENKNER (Hg.), Wege der Totalitarismus-Forschung, Darmstadt 1968.
446. Z. STERNHELL, Ni droite, ni gauche. L'idéologie fasciste en France, Paris 1983.
447. R. SOUCY, French Fascism. The First Wave, 1924–1933, New Haven u.a. 1986.
448. DERS., French Fascism. The Second Wave, 1933–1939, New Haven u. a. 1995.
449. M. SZÖLLÖSI-JANZE, Die Pfeilkreuzlerbewegung in Ungarn. Historischer Kontext, Entwicklung und Herrschaft, München 1989.
450. J. TALMON, The Myth of the Nation and the Vision of Revolution. The Origins of ideological Polarisation in the Twentieth Century, London 1981.
451. E.R. TANNENBAUM, The Action Française. Die-hard Reactionaries in Twentieth-century France, New York u. a. 1962.
452. R. THURLOW, Fascism in Britain, 1918–1985, Oxford 1987.
453. Totalitarismus und Faschismus. Eine wissenschaftliche und politische Begriffskontroverse. Kolloquium im Institut für Zeitgeschichte am 24. 11. 1978, München/Wien 1980.
454. N. TRANFAGLIA, La prima guerra mondiale e il fascismo, Turin ²1996.

455. M. Tuñon de Lara (Hg.), Spain in Conflict 1931–1939. Democracy and its Enemies, London 1986.
456. R. Vivarelli, Il fallimento del liberalismo, Bologna 1981.
457. Ders., Storia delle origine del fascismo. L'Italia dalla grande guerre alla marcia su Roma. 2 Bände, Rom 1991.
458. G.C. Webber, The Ideology of the British Right, 1918–39, New York 1986.
459. E. Weber, Varieties of Fascism. Doctrines of Revolution in the Twentieth Century, New York u. a. 1964.
460. Ders., L'Action Française, Paris 1985 [engl.: Stanford 1962].
461. H. A. Winkler (Hg.), Die deutsche Staatskrise 1930–1933. Handlungsspielräume und Alternativen, München 1992.
462. W. Wippermann, Faschismustheorien. Die Entwicklung der Diskussion von den Anfängen bis heute, Darmstadt ⁷1997.
463. Ders., Totalitarismustheorien. Die Entwicklung der Diskussion von den Anfängen bis heute, Darmstadt 1997.
464. A. Wirsching, Vom Weltkrieg zum Bürgerkrieg? Politischer Extremismus in Deutschland und Frankreich 1918–1933/39. Berlin und Paris im Vergleich, München/Wien 1998.
465. C. Wurm, Westminster als Modell. Parlament, Parteien und die „Staatsreform" im Frankreich der Dritten und Vierten Republik, in: Von der Arbeiterbewegung zum modernen Sozialstaat. Festschrift für Gerhard A. Ritter zum 65. Geburtstag, hg. von J. Kocka u. a., München 1994, 409–428.

d) Nationalsozialismus: Machtergreifung, Herrschaftssystem und allgemeine Entwicklung

466. W. Benz/H. Graml/H. Weiss (Hg.), Enzyklopädie des Nationalsozialismus, Stuttgart 1997.
467. K.D. Bracher, Die Auflösung der Weimarer Republik. Eine Studie zum Problem des Machtverfalls in der Demokratie (Unveränderter, mit einer Einleitung zur Taschenbuchausgabe und einer Ergänzung zur Bibliographie (1978) versehener 2. Nachdruck der 5. Auflage Villingen 1971), Düsseldorf 1984 [Erstausgabe Stuttgart 1955].
468. Ders., Die deutsche Diktatur. Entstehung, Struktur, Folgen des Nationalsozialismus, Köln ⁷1993 [Taschenbuchausgabe Berlin 1997].
469. K.D. Bracher/W. Sauer/G. Schulz, Die nationalsozialistische Machtergreifung. Studien zur Errichtung des totalitären Herrschaftssystems in Deutschland 1933/34, Köln u. a. ²1962.
470. K.D. Bracher/M. Funke/H.-A. Jacobsen (Hg.), Nationalsozialistische Diktatur 1933–1945. Eine Bilanz, Düsseldorf 1986.
471. Dies. (Hg.), Deutschland 1933–1945. Neue Studien zur nationalsozialistischen Herrschaft, Bonn/Düsseldorf ²1993.

472. M. BROSZAT, Der Staat Hitlers. Grundlegung und Entwicklung seiner inneren Verfassung, München 1969 [zahlreiche unveränderte Neuauflagen].
473. DERS., Die Machtergreifung. Der Aufstieg der NSDAP und die Zerstörung der Weimarer Republik, München 1984.
474. M. BROSZAT/H. MÖLLER (Hg.), Das Dritte Reich. Herrschaftsstruktur und Geschichte, München ²1986.
475. J.W. FALTER, Hitlers Wähler, München 1991.
476. E. FRAENKEL, Der Doppelstaat, Frankfurt a.M. 1974 [engl.: DERS., The Dual State. A Contribution to the Theory of Dictatorship, New York u. a. 1941].
477. N. FREI, Der Führerstaat. Nationalsozialistische Herrschaft 1933–1945, München ⁵1997.
478. U. VON HEHL, Nationalsozialistische Herrschaft, München 1996.
479. L. HERBST, Das nationalsozialistische Deutschland 1933–1945, Frankfurt a.M. 1996.
480. K. HILDEBRAND, Das Dritte Reich, München ⁵1995.
481. G. HIRSCHFELD/L. KETTENACKER (Hg.), Der „Führerstaat": Mythos und Realität. Studien zur Struktur und Politik des Dritten Reiches, Stuttgart 1981.
482. W. HORN, Der Marsch zur Machtergreifung. Die NSDAP bis 1933, Königstein-Düsseldorf 1980.
483. G. JASPER (Hg.), Von Weimar zu Hitler 1930–1933, Köln 1968.
484. DERS., Die gescheiterte Zähmung. Wege zur Machtergreifung Hitlers 1930–1934, Frankfurt a.M. 1986.
485. I. KERSHAW, Der NS-Staat. Geschichtsinterpretationen und Kontroversen im Überblick, Reinbek b. Hamburg ²1993.
486. W. MICHALKA (Hg.), Die nationalsozialistische Machtergreifung, Paderborn u. a. 1984.
487. H. MÖLLER, Die nationalsozialistische Machtergreifung. Konterrevolution oder Revolution? In: VfZ 31 (1983), 25–51.
488. H. MÖLLER/A. WIRSCHING/W. ZIEGLER (Hg.), Nationalsozialismus in der Region. Beiträge zur regionalen und lokalen Forschung und zum internationalen Vergleich, München 1996.
489. H. MOMMSEN, Nationalsozialismus, in: Sowjetsystem und demokratische Gesellschaft, Band IV, Freiburg u. a. 1971, 695–713.
490. DERS., Der Nationalsozialismus und die deutsche Gesellschaft. Ausgewählte Aufsätze, Reinbek b. Hamburg 1991.
491. G.L. MOSSE, Die völkische Revolution. Über die geistigen Wurzeln des Nationalsozialismus, Frankfurt a.M. ²1991 [1. dt. Aufl. u.d.T.: Ein Volk, ein Reich, ein Führer. Die völkischen Ursprünge des Nationalsozialismus, Königstein/Ts. 1979; engl.: Ders., The Crisis of German Ideology. Intellectual Origins of the Third Reich, New York 1964].

492. F. NEUMANN, Behemoth. Struktur und Praxis des Nationalsozialismus 1933–1944, Frankfurt a.M./Köln 1977 [engl.: DERS., The Structure and Practice of National Socialism 1933–1944, New York u. a. 1944].
493. E. NOLTE, Streitpunkte. Heutige und künftige Kontroversen um den Nationalsozialismus, Berlin/Frankfurt a.M. 1993.
494. DERS., Die historisch-genetische Version der Totalitarismustheorie: Ärgernis oder Einsicht?, in: Zeitschrift für Politik 43/2 (1996), 111–122.
495. G. SCHREIBER, Hitler. Interpretationen 1923–1983. Ergebnisse, Methoden und Probleme der Forschung, 2. verbesserte und durch eine annotierte Bibliographie für die Jahre 1984–1987 ergänzte Auflage, Darmstadt 1988.
496. G. SCHULZ, Aufstieg des Nationalsozialismus. Krise und Revolution in Deutschland, Frankfurt a.M. 1975.
497. H.-U. THAMER, Verführung und Gewalt. Deutschland 1933–1945, Berlin 1986.
498. K. WEISSMANN, Der Weg in den Abgrund. Deutschland unter Hitler 1933–1945, Berlin 1995.

e) Gesellschaftliche Entwicklung, soziale Strukturen, Sozialpolitik

499. W. ABELSHAUSER (Hg.), Die Weimarer Republik als Wohlfahrtsstaat, Stuttgart 1987.
500. P. ALTER (Hg.), Im Banne der Metropolen. Berlin und London in den Zwanziger Jahren, Göttingen/Zürich 1993.
501. DERS., Der britische Generalstreik von 1926 als politische Wende, in: T. SCHIEDER (Hg.), Beiträge zur britischen Geschichte im 20. Jahrhundert, München 1983, 89–116.
502. M. ASHLEY, The People of England. A Short Social and Economic History, London 1982.
503. J. BÄHR, Staatliche Schlichtung in der Weimarer Republik. Tarifpolitik, Korporatismus und industrieller Konflikt zwischen Inflation und Deflation 1919–1932, Berlin 1989.
504. W.L. BERNECKER, Sozialgeschichte Spaniens im 19. und 20. Jahrhundert, Frankfurt a.M. 1990.
505. DERS., Die soziale Revolution im Spanischen Bürgerkrieg. Historisch-politische Positionen und Kontroversen, München 1977.
506. A.M. BIRKE, Die englische Krankheit. Tarifautonomie als Verfassungsproblem in Geschichte und Gegenwart, in: VfZ 30 (1982), 621–645.
507. J. BOHN, Das Verhältnis zwischen katholischer Kirche und faschistischem Staat in Italien und die Rezeption in deutschen Zentrumskreisen 1922–1933, Frankfurt a.M. u. a. 1992.
508. G. BRENAN, Die Geschichte Spaniens. Über die sozialen Hintergründe des Spanischen Bürgerkrieges. ‚The Spanish Labyrinth', Berlin 1978.
509. A. BRIGGS, A Social History of England, London 1983.

510. E. BRUCKMÜLLER, Sozialgeschichte Österreichs, Wien/München 1985.
511. Eliten in Deutschland und Frankreich im 19. und 20. Jahrhundert. Strukturen und Beziehungen. Elites en France et en Allemagne aux XIXème et XXème siècles. Structures et relations. Band I, im Auftrag des Deutsch-Französischen Historikerkomitees hg. v. R. HUDEMANN und G.-H. SOUTOU, München 1994; Band II, hg. v. L. DUPEUX, R. HUDEMANN u. F. KNIPPING, München 1996.
512. A. ERNST u. a. (Hg.), Die neue Schweiz? Eine Gesellschaft zwischen Integration und Polarisierung (1910–1930), Zürich 1996.
513. R.J. EVANS/D. GEARY (Hg.), The German Unemployed. Experiences and Consequences of Mass Unemployment from the Weimar Republic to the Third Reich, London 1987.
514. F. FISCHER, Bündnis der Eliten. Zur Kontinuität der Machtstrukturen in Deutschland 1871–1945, Düsseldorf 1979.
515. K.C. FÜHRER, Arbeitslosigkeit und die Entstehung der Arbeitslosenversicherung in Deutschland 1902–1927, Berlin 1990.
516. R. GRAVES/A. HODGE, The Long Weekend. A Social History of Great Britain 1918–1939, London 1995 [Erstausgabe London 1941].
517. W.L. GUTTSMAN, The British Political Elite, London [4]1968.
518. A.H. HALSEY, Change in British Society. From 1900 to the Present Day, Oxford/New York [4]1995.
519. E. HANISCH, Der lange Schatten des Staates. Österreichische Gesellschaftsgeschichte im 20. Jahrhundert, Wien 1994.
520. H.-G. HAUPT, Sozialgeschichte Frankreichs seit 1789, Frankfurt a.M. 1989.
521. J. HINTON, Labour and Socialism. A History of the British Labour Movement 1867–1974, Brighton 1983.
522. N. INGRAM, The Politics of Dissent. Pacifism in France 1919–1939, Oxford 1991.
523. J. KOCKA (Hg.), Angestellte im europäischen Vergleich. Die Herausbildung angestellter Mittelschichten seit dem späten 19. Jahrhundert, Göttingen 1981.
524. DERS., Angestellte zwischen Faschismus und Demokratie. Zur politischen Sozialgeschichte der Angestellten: USA 1890–1940 im internationalen Vergleich, Göttingen 1977.
525. R. KOSHAR (Hg.), Splintered Classes. Politics and the Lower Middle Classes in Interwar Europe, New York u. a. 1990.
526. Kultur und Gesellschaft in der Ersten Tschechoslowakischen Republik. Vorträge der Tagungen des Collegium Carolinum in Bad Wiessee vom 23. bis 25. November 1979 und vom 28. bis 30. November 1980, München/Wien 1982.
527. K. LAYBOURN, The General Strike of 1926, Manchester 1993.
528. P. LEWEK, Arbeitslosigkeit und Arbeitslosenversicherung in der Weimarer Republik 1918–1927, Stuttgart 1992.

529. R. LORENZ, Sozialgeschichte der Sowjetunion. Band I: 1917–1945, Frankfurt a.M. 1976.
530. R. MACKIBBIN, The Ideologies of Class. Social Relations in Britain 1880–1950, Oxford 1994.
531. E.E. MALEFAKIS, Agrarian Reform and Peasant Revolution in Spain. Origins of the Civil War, New Haven/London 1970.
532. H. MÖLLER/G. RAULET/A. WIRSCHING (Hg.), Gefährdete Mitte? Mittelschichten und politische Kultur zwischen den Weltkriegen: Italien, Frankreich, Deutschland, Sigmaringen 1993.
533. W.J. MOMMSEN/W. MOCK (Hg.), Die Entstehung des Wohlfahrtsstaates in Großbritannien und Deutschland 1850–1950, Stuttgart 1982.
534. L. NIETHAMMER (Hg.), Lebensgeschichte und Sozialkultur im Ruhrgebiet 1930–1960. 3 Bände, Berlin u. a. 1983–85.
535. J. PAULMANN, Staat und Arbeitsmarkt in Großbritannien. Krise, Weltkrieg, Wiederaufbau, Göttingen u. a. 1993.
536. A. PROST, Les anciens combattants et la société française 1914–1939. 3 Bände, Paris 1977.
537. G.A. RITTER, Der Sozialstaat. Entstehung und Entwicklung im internationalen Vergleich, 2. überarb. und erheblich erw. Auflage München 1991.
538. K. ROHE/G. SCHMIDT (Hg.), Krise in Großbritannien? Studien zu Strukturproblemen der britischen Gesellschaft und Politik im 20. Jahrhundert, Bochum 1987.
539. G. SABBATUCCI, Il 'suicidio' della classe dirigente liberale. La legge Acerbo 1923–1924, in: Italia contemporanea 174 (1989), 57–80.
540. G. SCHILDT, Die Arbeiterschaft im 19. und 20. Jahrhundert, München 1996.
541. J.F. SIRINELLI, Générations intellectuelles. Khâgneux et normaliens dans l'entre-deux-guerres, Paris 1988.
542. P.D. STACHURA (Hg.), Unemployment and the Great Depression in Weimar Germany, Houndmills/London 1986.
543. P. STANWORTH/A. GIDDENS (Hg.), Elites and Power in British Society, Cambridge 1974.
544. J. STEVENSON, British Society 1914–45, London ²1986.
545. E.R. TANNENBAUM, The Fascist Experience. Italian Society and Culture 1922–1945, New York 1972.
546. K. TENFELDE (Hg.), Arbeiter und Arbeiterbewegung im Vergleich. Berichte zur internationalen historischen Forschung, München 1986.
547. F.M. THOMPSON (Hg.), The Cambridge Social History of Britain 1750–1950. 3 Bände, Cambridge u. a. 1990.
548. N.L. TRANTER, Population and Society 1750–1940, London u. a. 1985.
549. R. UNTERSTELL, Mittelstand in der Weimarer Republik. Die soziale Entwicklung und politische Orientierung von Handwerk, Kleinhandel und Hausbesitz 1919–1933, Frankfurt a.M. 1989.

550. G.F. VENÉ, Mille lire al mese. Vita quotidiana della famiglia nell'Italia fascista, Mailand 1988.

551. S. WEICHLEIN, Sozialmilieus und politische Kultur in der Weimarer Republik. Lebenswelt, Vereinskultur, Politik in Hessen, Göttingen 1996.

552. M.J. WIENER, English Culture and the Decline of the Industrial Spirit 1850–1980, Cambridge 1981.

553. H.A. WINKLER, Mittelstand, Demokratie und Nationalsozialismus. Die politische Entwicklung von Handwerk und Kleinhandel in der Weimarer Republik, Köln 1972.

554. W. ZAPF, Wandlungen der deutschen Elite. Ein Zirkulationsmodell deutscher Führungsgruppen 1919–1961, München 1965.

555. W. ZOLLITSCH, Arbeiter zwischen Weltwirtschaftskrise und Nationalsozialismus, Göttingen 1990.

f) Öffentliche Meinung

556. C. BELLANGER/C. GODECHOT/J. GUIRAL/F. TERROU, Histoire générale de la presse française. Band III: De 1871 à 1940, Paris 1972.

557. D. CLEMENS, Herr Hitler in Germany. Wahrnehmung und Deutungen des Nationalsozialismus in Großbritannien, 1929–1939, Göttingen u. a. 1996.

558. S. COLARIZI, L'opinione degli italiani sotto il regime 1929–1943, Rom/Bari 1991.

559. F.R. GANNON, The British Press and Germany, 1936–1939, Oxford 1971.

560. M. HUTTNER, Britische Presse und nationalsozialistischer Kirchenkampf. Eine Untersuchung der „Times" und des „Manchester Guardian" von 1930 bis 1939, Paderborn u. a. 1995.

561. S. KOSS, The Rise and Fall of the Political Press in Britain. 2 Bände, London 1981/84.

562. Y. LACAZE, L'opinion publique française et la crise de Munich, Bern u. a. 1991.

563. C.A. MICAUD, The French Right and Nazi Germany 1933–1939. A Study of Public Opinion, New York 1964.

564. P. MILZA, L'Italie fasciste devant l'opinion publique française 1920–1940, Paris 1969.

565. P. MIQUEL, La paix de Versailles et l'opinion publique française, Paris 1972.

566. B. MORRIS, The Roots of Appeasement. The British Weekly Press and Nazi Germany during the 1930s, London 1991.

567. A. SCHUMACHER, La politique de sécurité française face à l'Allemagne. Les controverses de l'opinion française entre 1932 et 1935, Frankfurt a.M. 1978.

568. M. TUÑÓN DE LARA, Prensa y sociedad en España 1820–1923, Madrid 1975.

4. Wirtschaft und Finanzen

a) Allgemeines

569. D.H. ALDCROFT, Die zwanziger Jahre. Von Versailles zur Wall Street 1919–1929, München 1978.
570. G. AMBROSIUS/W.H. HUBBARD, Sozial- und Wirtschaftsgeschichte Europas im 20. Jahrhundert, München 1986.
571. I.T. BEREND/G. RÁNKI, Economic Development in East Central Europe in the 19th and 20th Centuries, New York 1974.
572. K. BORCHARDT, Wachstum, Krisen, Handlungsspielräume der Wirtschaftspolitik. Studien zur Wirtschaftsgeschichte des 19. und 20. Jahrhunderts, Göttingen 1982.
573. C.M. CIPOLLA/K. BORCHARDT (Hg.), Europäische Wirtschaftsgeschichte (The Fontana Economic History of Europe). Band V: Die europäischen Volkswirtschaften im 20. Jahrhundert, Stuttgart/New York 1980.
574. B. EICHENGREEN, Elusive Stability. Essays in the History of International Finance, 1919–1939, Cambridge 1990.
575. W. FISCHER (Hg.), Europäische Wirtschafts- und Sozialgeschichte vom Ersten Weltkrieg bis zur Gegenwart (Handbuch der europäischen Wirtschafts- und Sozialgeschichte 6), Stuttgart 1987.
576. C.P. KINDLEBERGER, Die Weltwirtschaftskrise 1929–1939, München ³1984 [engl.: DERS., The World in Depression 1929–1939, Berkeley 1975].
577. DERS., A Financial History of Western Europe, London 1984.
578. D.S. LANDES, The Unbound Prometheus. Technological Change and Industrial Development in Western Europe from 1750 to the Present, Cambridge 1969 [dt.: DERS., Der entfesselte Prometheus. Technologischer Wandel und industrielle Entwicklung in Westeuropa von 1750 bis zur Gegenwart, Köln 1973].
579. J. PINDER, Europa in der Weltwirtschaft 1920 – 1970, in: C. M. CIPOLLA/K. BORCHARDT (Hg.), Europäische Wirtschaftsgeschichte, Band V, 377–411 [vgl. Nr. 573].
580. G. REES, The Great Slump. Capitalism in Crisis, 1929–33, London 1970.
581. B.M. ROWLAND (Hg.), Balance of Power or Hegemony. The Interwar Monetary System, New York 1976.
582. G. ZIEBURA, Weltwirtschaft und Weltpolitik 1922/24–1931. Zwischen Rekonstruktion und Zusammenbruch, Frankfurt a.M. 1984.

b) Wirtschaftliche Entwicklung einzelner Staaten

583. D.H. ALDCROFT/H.W. RICHARDSON, The British Economy, 1870–1939, London 1969.
584. D.H. ALDCROFT, The British Economy. Band I: The Years of Turmoil, 1920–1951, Brighton 1986.

585. G. AMBROSIUS, Staat und Wirtschaft im 20. Jahrhundert, München 1990.
586. T. BALDERSTON, The Origins and Course of the German Economic Crisis. November 1923 to May 1932, Berlin 1993.
587. F. BLAICH, Der Schwarze Freitag. Inflation und Wirtschaftskrise, München ²1990.
588. K. BORCHARDT, Wirtschaftliche Ursachen des Scheiterns der Weimarer Republik, in: K.D. Erdmann/H. Schulze (Hg.), Weimar. Selbstpreisgabe einer Demokratie. Eine Bilanz heute, Düsseldorf 1980, 211–257.
589. R.W.D. BOYCE, British Capitalism at the Crossroads, 1919–1932. A Study in Politics, Economics, and International Relations, Cambridge u. a. 1987.
590. F. BRAUDEL/E. LABROUSSE (Hg.), Histoire économique et sociale de la France. Band IV: L'Ere industrielle et la société d'aujourd'hui (siècle 1880–1980). 3 Teilbände, Paris 1979–82 [Nachdruck in zwei Bänden Paris 1993].
591. O. BÜSCH (Hg.), Historische Prozesse der deutschen Inflation 1914–1924. Ein Tagungsbericht, Berlin 1978.
592. F. CARON, Histoire économique de la France. XIXe – XXe siècles, Paris ²1995.
593. S. CLOUGH, The Economic History of Italy, New York 1964.
594. R.W. DAVIES, The Economic Transformation of the Soviet Union, 1913–1945, Cambridge u. a. 1994.
595. G.D. FELDMAN, Vom Weltkrieg zur Weltwirtschaftskrise. Studien zur deutschen Wirtschafts- und Sozialgeschichte 1914–1932, Göttingen 1984.
596. DERS. u. a. (Hg.), Die deutsche Inflation. Eine Zwischenbilanz, Berlin/New York 1982.
597. DERS. (Hg.), Die Nachwirkungen der Inflation auf die deutsche Geschichte 1924–1933, München 1985.
598. DERS., The Great Disorder. Politics, Economics, and Society in the German Inflation, 1914–1924, New York u. a. 1997.
599. P. FLOR, Die Sowjetunion im Zeichen der Weltwirtschaftskrise. Außenhandel, Wirtschaftsbeziehungen und Industrialisierung 1928–1933, Berlin 1995.
600. P. GRIFONE, Il capitale finanziario in Italia. La politica economica del fascismo, Turin 1971.
601. F.W. HENNING, Das industrialisierte Deutschland 1914–1992, Paderborn u. a. ⁸1993.
602. J. HERNÁNDEZ ANDREU, Historia económica de España, Madrid 1978.
603. E.J. HOBSBAWM, Industrie und Empire. Britische Wirtschaftsgeschichte seit 1750. 2 Bände, Frankfurt a.M. ⁴1975.
604. C.-L. HOLTFRERICH, Die deutsche Inflation 1914–1923, Berlin 1980.
605. DERS., Alternativen zu Brünings Wirtschaftspolitik in der Weltwirtschaftskrise?, in: HZ 235 (1982), 605–631.
606. DERS., Zur Debatte über die deutsche Wirtschaftspolitik von Weimar zu Hitler, in: VfZ 44 (1996), 119–132.

607. S. HOWSON, Domestic Monetary Management in Britain, 1919-38, Cambridge 1975.

608. J. JACKSON, The Politics of Depression in France 1932-1936, Cambridge 1985.

609. H. JAMES, The Reichsbank and Public Finance in Germany, 1924-1933. A Study of the Politics of Economics during the Great Depression, Frankfurt a.M. 1985.

610. DERS., Deutschland in der Weltwirtschaftskrise 1924-1936, Stuttgart 1988 [engl.: DERS., The German Slump. Politics and Economics, 1924-1936, Oxford 1986].

611. T. KEMP, The French Economy, 1919-39. The History of a Decline, London 1972.

612. J. VON KRUEDENER (Hg.), Economic Crisis and Political Collapse. The Weimar Republic 1924-1933, New York u. a. 1990 [Zur Kontroverse zwischen BORCHARDT und HOLTFRERICH].

613. R.F. KUISEL, Capitalism and the State in Modern France. Renovation and Economic Management in the Twentieth Century, Cambridge 1983.

614. G. LENGYEL, Von der gelenkten Wirtschaft zur Kriegswirtschaft. Institutionen, Eliten, Ideologien in Ungarn vor und während des Zweiten Weltkrieges, in: Österreichische Zeitschrift für Geschichtswissenschaften 3 (1992), 166-191.

615. C. LUCZAK, Die Wirtschaftskrise Polens 1929-1935, Wiesbaden 1982.

616. M. MARGAIRAZ, L'Etat, les finances et l'économie. Histoire d'une conversion 1932-1952. 2 Bände, Paris 1991.

617. R. MEISTER, Die große Depression. Zwangslagen und Handlungsspielräume der Wirtschafts- und Finanzpolitik in Deutschland 1929-1932, Regensburg 1991.

618. G. MORI, Industrie und Wirtschaftspolitik in Italien zur Zeit des Faschismus 1922-1939, Köln 1979.

619. K. MOURÉ, Managing the Franc Poincaré. Economic Understanding and Political Constraint in French Monetary Policy, 1928-1936, Cambridge 1991.

620. R.D. PEARCE, Britain: Industrial Relations and the Economy, 1900-1939, London 1993.

621. D. PETZINA, Die deutsche Wirtschaft der Zwischenkriegszeit, Wiesbaden 1977.

622. DERS., Autarkiepolitik im Dritten Reich. Der Nationalsozialistische Vierjahresplan, Stuttgart 1968.

623. T. PIERENKEMPER, Gewerbe und Industrie im 19. und 20. Jahrhundert, München 1994.

624. S. POLLARD, The Development of the British Economy 1914-1980, London 1983.

625. T. RAFALSKI, Italienischer Faschismus in der Weltwirtschaftskrise 1925–1936. Wirtschaft, Gesellschaft und Politik auf der Schwelle zur Moderne, Berlin 1984.
626. H. RAUPACH, Geschichte der Sowjetwirtschaft, Reinbek b. Hamburg ²1970.
627. DERS., System der Sowjetwirtschaft. Theorie und Praxis, Reinbek b. Hamburg ²1970.
628. S. RICOSSA, Italien 1920–1970, in: C. M. CIPOLLA/K. BORCHARDT (Hg.), Europäische Wirtschaftsgeschichte, Band V, 175–212 [vgl. Nr. 573].
629. N. SÁNCHEZ-ALBORNOZ, La modernización económica de España, 1830–1930, Madrid 1985.
630. R. SARTI, Fascism and the Industrial Leadership in Italy, 1919–1940. A Study in the Expansion of Private Power under Fascism, Berkeley 1971.
631. A. SAUVY, Histoire économique de la France entre les deux guerres. 4 Bände, Paris 1965–75 [Nachdruck in 3 Bänden, Paris 1984].
632. G. TONIOLO, L'economia dell'Italia fascista, Bari 1980.
633. G. TORTELLA, El desarrollo de la España contemporánea. Historia económica de los siglos XIX y XX, Madrid 1994.

c) *Internationale Wirtschaftsbeziehungen*

634. O. AHLANDER, Staat, Wirtschaft und Handelspolitik. Schweden und Deutschland 1918–1921, Lund 1983.
635. D. ARTAUD, La question des dettes interalliées et la reconstruction de l'Europe (1917–1929). 2 Bände, Lille/Paris 1978.
636. J. BELLERS, Außenwirtschaftspolitik und politisches System der Weimarer Republik, Münster 1988.
637. E.W. BENNETT, Germany and the Diplomacy of the Financial Crisis 1931, Cambridge/Mass. 1962.
638. F. CARON (Hg.), Innovations in the European Economy between the Wars, Berlin 1995.
639. C. FINK, The Genoa Conference. European Diplomacy 1921–22, Chapel Hill 1984.
640. W. GLASHAGEN, Die Reparationspolitik Heinrich Brünings 1930–1931. Studien zum wirtschafts- und außenpolitischen Entscheidungsprozeß in der Auflösungsphase der Weimarer Republik. 2 Bände, Diss. Bonn 1980.
641. G.T. HARPER, German Economic Policy in Spain during the Spanish Civil War, La Haye 1967.
642. W. HELBICH, Die Reparationen in der Ära Brüning. Zur Bedeutung des Young-Plans für die deutsche Politik 1930 bis 1932, Berlin 1962.
643. B. HÖPFNER, Der deutsche Außenhandel 1900–1945, Frankfurt a.M. 1993.
644. B. KENT, The Spoils of War. The Politics, Economics, and Diplomacy of Reparations 1918–1932, Oxford 1989.

645. P. KRÜGER, Deutschland und die Reparationen 1918/19. Die Genesis des Reparationsproblems in Deutschland zwischen Waffenstillstand und Versailler Friedensschluß, Stuttgart 1973.

646. G. KÜMMEL, Transnationale Wirtschaftskooperation und der Nationalstaat. Deutsch-amerikanische Unternehmensbeziehungen in den dreißiger Jahren, Stuttgart 1995.

647. W. MCNEIL, American Money and the Weimar Republic. Economics and Politics on the Eve of the Great Depression, New York 1986.

648. R.D. MÜLLER, Das Tor zur Weltmacht. Die Bedeutung der Sowjetunion für die deutsche Wirtschafts- und Rüstungspolitik, Boppard 1984.

649. M. NOLAN, Visions of Modernity. American Business and the Modernization of Germany, New York u. a. 1994.

650. A. VON OSWALD, Die deutsche Industrie auf dem italienischen Markt 1882–1945. Außenwirtschaftliche Strategien am Beispiel Mailands und Umgebung, Frankfurt a.M. u. a. 1996.

651. K.H. POHL, Weimars Wirtschaft und die Außenpolitik der Republik 1924–1926. Vom Dawes-Plan zum Internationalen Eisenpakt, Düsseldorf 1978.

652. G. RÁNKI, Economy and Foreign Policy. The Struggle of the Great Powers for Hegemony in the Danube Valley, 1919–1939, New York 1983.

653. M. RIEMENSCHNEIDER, Die deutsche Wirtschaftspolitik gegenüber Ungarn 1933–1944. Ein Beitrag zur Interdependenz von Wirtschaft und Politik unter dem Nationalsozialismus, Frankfurt u. a. 1987.

654. H.J. RUPIEPER, The Cuno Government and Reparations 1922–1923. Politics and Economics, The Hague u. a. 1979.

655. V. SCHRÖTER, Die deutsche Industrie auf dem Weltmarkt 1929–1933. Außenwirtschaftliche Strategien unter dem Druck der Weltwirtschaftskrise, Frankfurt u. a. 1984.

656. S.A. SCHUKER, The End of French Predominance in Europe. The Financial Crisis of 1924 and the Adoption of the Dawes Plan, Chapel Hill 1976.

657. DERS., American „Reparations" to Germany 1919–1933. Implications for the Third-World Debt Crisis, Princeton 1988.

658. G. SOUTOU, L'impérialisme du pauvre: la politique économique du gouvernement français en Europe Centrale et Orientale de 1918 à 1929. Essai d' interprétation, in: Relations internationales 7 (1976), 219–239.

659. G. TATTARA, Power and Trade. Italy and Germany in the Thirties, in: Vierteljahresschrift für Sozial- und Wirtschaftsgeschichte 78 (1991), 457–500.

660. E. TEICHERT, Autarkie und Großraumwirtschaft in Deutschland 1930–1939. Außenwirtschaftliche Konzeptionen zwischen Weltwirtschaftskrise und Zweitem Weltkrieg, München 1984.

661. A. TEICHOVA u. a. (Hg.), Österreich und die Tschechoslowakei 1918–1938. Die wirtschaftliche Neuordnung in Zentraleuropa in der Zwischenkriegszeit (Studien zur Wirtschaftsgeschichte und zur Wirtschaftspolitik 4), Wien u. a. 1996.

662. M. TRACHTENBERG, Reparation in World Politics. France and European Economic Diplomacy, 1916–1923, New York 1980.
663. A. VIÑAS u. a., Política comercial exterior en España (1931–1975). 2 Bände, Madrid 1979.
664. E. WEILL-RAYNAL, Les réparations allemandes et la France. 3 Bände, Paris 1938–1947.
665. B.-J. WENDT, Economic Appeasement. Handel und Finanz in der britischen Deutschland-Politik 1933 bis 1939, Düsseldorf 1971.

5. INTERNATIONALE BEZIEHUNGEN

a) Außenpolitik einzelner Länder, bilaterale und multilaterale Beziehungen

666. M. ADAM, La Hongrie et les accords de Munich, in: Revue d'Histoire de la Deuxième Guerre mondiale 33 (1983), 1–21.
667. DERS., Richtung Selbstvernichtung. Die Kleine Entente 1920–1938, Budapest/Wien 1988.
668. A. ADAMTHWAITE, Grandeur and Misery. France's Bid for Power in Europe, 1914–1940, London 1995.
669. R. AHMANN, Nichtangriffspakte. Entwicklung und operative Nutzung in Europa, 1922–1939. Mit einem Ausblick auf die Renaissance des Nichtangriffsvertrages nach dem Zweiten Weltkrieg, Baden-Baden 1988.
670. P. AYÇOBERRY/J.-P. BLED/I. HUNYADI (Hg.), Les conséquences des traités de paix de 1919–1920 en Europe centrale et sud-orientale. Colloque de Strasbourg (24–26 mai 1984), Strasbourg 1988.
671. C. BAECHLER/C. FINK (Hg.), L'etablissement des frontières en Europe après les deux Guerres mondiales. Actes des colloques de Strasbourg et de Montréal (juin et septembre 1995), Bern u. a. 1996.
672. J. BARIÉTY, Tauziehen um ein neues Gleichgewicht. Konsolidierung oder Revision von Versailles, in: F. KNIPPING/E. WEISENFELD (Hg.), Eine ungewöhnliche Geschichte. Deutschland und Frankreich seit 1870, Bonn 1988, 101–111.
673. DERS., La Conférence de la paix de 1919 et la nation allemande, in: Revue d'Allemagne 28/1 (1996), 87–111.
674. H. BARTEL, Frankreich und die Sowjetunion 1938–1940. Ein Beitrag zur französischen Ostpolitik zwischen dem Münchner Abkommen und dem Ende der Dritten Republik, Stuttgart 1986.
675. C. BAUMGART, Stresemann und England, Köln u. a. 1996.
676. W. BAUMGART, Vom europäischen Konzert zum Völkerbund. Friedensschlüsse und Friedenssicherung von Wien bis Versailles, Darmstadt ²1987.
677. DERS., Deutsche Ostpolitik 1918. Von Brest-Litowsk bis zum Ende des Ersten Weltkrieges, Wien/München 1966.

678. J. BECKER/K. HILDEBRAND (Hg.), Internationale Beziehungen in der Weltwirtschaftskrise 1929–1933. Referate und Diskussionsbeiträge eines Augsburger Symposions vom 29. März bis 1. April 1979, München 1980.

679. E.W. BENNETT, Germany and the Diplomacy of the Financial Crisis 1931, Cambridge/Mass. 1962.

680. M. BERG, Gustav Stresemann und die Vereinigten Staaten von Amerika. Weltwirtschaftliche Verflechtung und Revisionspolitik 1907–1929, Baden-Baden 1990.

681. M. BERTOLASO, Die erste Runde im Kampf gegen Hitler? Frankreich, Großbritannien und die österreichische Frage 1933/34. Eine Untersuchung der Außenpolitik der Westmächte in den ersten 18 Monaten des „Dritten Reiches" auf der Grundlage diplomatischer Akten, Hamburg 1995.

682. A.M. BIRKE (Hg.), Deutschland und Rußland in der britischen Kontinentalpolitik seit 1815. 12. Konferenz der Prinz-Albert-Gesellschaft in Coburg vom 24.-25. September 1993, München u. a. 1994.

683. J. BLACK, Convergence or Divergence? Britain and the Continent, Basingstoke u. a. 1994.

684. C. BLOCH, Hitler und die europäischen Mächte 1933/1934. Kontinuität oder Bruch?, Hamburg 1966.

685. DERS., Das Dritte Reich und die Welt. Die deutsche Außenpolitik 1933–1945, Paderborn u. a. 1993 [frz.: Ders., Le IIIe Reich et le monde, Paris 1986].

686. A. BOSCO/C. NAVARI (Hg.), Chatham House and British Foreign Policy 1919–1945. The Royal Institute of International Affairs during the Inter-War Period, London 1994.

687. K. BOSL (Hg.), Versailles – St. Germain – Trianon. Umbruch in Europa vor fünfzig Jahren, München/Wien 1971.

688. DERS. (Hg.), Gleichgewicht, Revision, Restauration. Die Außenpolitik der Ersten Tschechoslowakischen Republik im Europasystem der Pariser Vorortverträge, München 1976.

689. R.J.B. BOSWORTH/S. ROMANO (Hg.), La politica estera italiana (1860–1985), Bologna 1991.

690. M. BROSZAT, Deutschland – Ungarn – Rumänien. Entwicklung und Grundfaktoren nationalsozialistischer Hegemonial- und Bündnispolitik, 1938–1941, in: M. Funke (Hg.), Hitler, Deutschland und die Mächte, Düsseldorf 1978, 565–576.

691. DERS., Zweihundert Jahre deutsche Polenpolitik, Frankfurt a.M. ³1978.

692. H.J. BURGWYN, The Legend of the Mutilated Victory. Italy, the Great War, and the Paris Peace Conference, 1915–1919, Westport 1993.

693. B.V. BURKE, Ambassador Frederic Sackett and the Collapse of the Weimar Republic, 1930–1933. The United States and Hitler's Rise to Power, Cambridge u. a. 1994.

694. E.H. CARR, International Relations Between the Two World Wars, 1919–1939, London 1947.
695. F.L. CARSTEN, Britain and the Weimar Republic, London 1984.
696. D.T. CATTELL, Soviet Diplomacy and the Spanish Civil War, Berkeley 1957.
697. M. CERUTTI, Le Tessin, la Suisse et l'Italie de Mussolini. Fascisme et antifascisme 1921–1935, Lausanne 1988.
698. A. CLAYTON, The British Empire as a Superpower, 1919–1939, Basingstoke u. a. 1986.
699. J.W. CORTADA (Hg.), Spain in the Twentieth-century World. Essays in Spanish Diplomacy, 1898–1978, London 1980.
700. F. COSTIGLIOLA, Awkward Dominion. American Political, Economic, and Cultural Relations with Europe, 1919–1933, Ithaka u. a. 1984.
701. DERS., France and the United States. The Cold Alliance since World War II, New York 1992.
702. J.F. COVERDALE, Italian Intervention in the Spanish Civil War, Princeton 1975.
703. M. COWLING, The Impact of Hitler. British Politics and British Policy 1933–1940, Cambridge 1975.
704. R.K. DEBO, Revolution and Survival. The Foreign Policy of Soviet Russia 1917–1918, Liverpool 1980.
705. R. DE FELICE (Hg.), L'Italia fra Tedeschi e Alleati. La politica estera fascista e la Seconda guerra mondiale, Bologna 1973.
706. L. DEHIO, Versailles nach 35 Jahren, in: Der Monat 6 (1953/1954), 345–352 [Wiederabdruck in: DERS., Deutschland und die Weltpolitik im 20. Jahrhundert, Frankfurt a.M. ²1961, 97–109].
707. DERS., Deutschland und die Weltpolitik im 20. Jahrhundert, Frankfurt a.M. ²1961.
708. F. DICKMANN, Die Kriegsschuldfrage auf der Friedenskonferenz von Paris 1919, in: HZ 197 (1963), 1–101.
709. E. DI NOLFO, Mussolini e la politica estera italiana (1919–1933), Padua 1960.
710. DERS. u. a. (Hg.), L'Italia e la politica di potenza 1938 -1940, Mailand 1985.
711. B. DOHRMANN, Die englische Europapolitik in der Wirtschaftskrise 1921–1923, München u. a. 1980.
712. J. DOISE/M. VAÏSSE, Diplomatie et outil militaire, 1871–1991, Paris ²1992.
713. J.-B. DUROSELLE, Pro und Contra in Frankreich, in: Der Monat 6 (1953/54), 352–360.
714. DERS., L'Europe de 1815 à nos jours. Vie politique et relations internationales, Paris ²1967.
715. DERS., La décadence 1932–1939 (Politique étrangère de la France), Paris ³1985.
716. DERS., L'abîme 1939–1944 (Politique étrangère de la France), Paris ²1986.

717. DERS., Histoire diplomatique de 1919 à nos jours, Paris ¹¹1993.
718. B. EBERSOLD, Machtverfall und Machtbewußtsein. Britische Friedens- und Konfliktlösungsstrategien 1918–1956, München 1992.
719. H. ELCOCK, Portrait of a Decision. The Council of Four and the Treaty of Versailles, London 1972.
720. C. FINK, The Genoa Conference. European Diplomacy 1921–1922, Chapel Hill/London 1984.
721. A. FRANÇOIS-PONCET, De Versailles à Potsdam. La France et le problème allemand contemporain 1919–1943, Paris 1948.
722. G.M. GATHORNE-HARDY, A Short History of International Affairs 1920 to 1938, London ³1947.
723. H. GATZKE (Hg.), European Diplomacy between the Wars, Chicago 1972.
724. M. GILBERT, Britain and Germany between the Wars, London 1964.
725. R. GIRAULT/R. FRANK (Hg.), La puissance en Europe 1938–1940, Paris 1984 [Beiträge zu Deutschland, Frankreich, Großbritannien und Italien].
726. R. GIRAULT/R. FRANK, Turbulente Europe et nouveaux mondes 1914–1941, Paris 1988.
727. E. GOLDSTEIN, Winning the Peace. British Diplomatic Strategy, Peace Planning, and the Paris Peace Conference 1916–1920, Oxford 1991.
728. H. GRAML, Die Rapallo-Politik im Urteil der westdeutschen Forschung, in: VfZ 18 (1970), 366–391.
729. D. GRANDI, La politica estera dell'Italia dal 1929 al 1932, hg. v. P. NELLO. 2 Bände, Rom 1985.
730. W.G. GREWE, Epochen der Völkerrechtsgeschichte, Baden-Baden ²1988.
731. P. GRUPP, Deutsche Außenpolitik im Schatten von Versailles 1918–1920, Paderborn 1988.
732. M. GUNZENHÄUSER, Die Pariser Friedenskonferenz 1919 und die Friedensverträge 1919–1920. Literaturbericht und Bibliographie, Frankfurt 1970.
733. J. HASLAM, The Soviet Union and the Struggle for Collective Security in Europe 1933–1939, London 1984.
734. P. HASLINGER, Der ungarische Revisionismus und das Burgenland 1922–1932, Frankfurt a.M. u. a. 1994.
735. L. HAUPTS, Deutsche Friedenspolitik 1918–19. Eine Alternative zur Machtpolitik des Ersten Weltkrieges, Düsseldorf 1976.
736. J. HEIDEKING, Areopag der Diplomaten. Die Pariser Botschafterkonferenz der alliierten Hauptmächte und die Probleme der europäischen Politik, 1920–1931, Husum 1979.
737. H. HELBIG, Die Träger der Rapallo-Politik, Göttingen 1958.
738. J. HIDEN/A. LOIT (Hg.), The Baltic in International Relations between the two World Wars. Symposium organized by the Centre for Baltic Studies. November 11–13, 1986, Stockholm 1988.

739. K. HILDEBRAND, Das Deutsche Reich und die Sowjetunion im internationalen System 1918–1932, Wiesbaden 1977.
740. DERS., Deutsche Außenpolitik 1933–1945. Kalkül oder Dogma?, Stuttgart u. a. ⁵1990.
741. DERS., Das vergangene Reich. Deutsche Außenpolitik von Bismarck bis Hitler 1871–1945, Stuttgart 1995.
742. DERS. (Hg.), Das Deutsche Reich im Urteil der großen Mächte und europäischen Nachbarn, München 1995.
743. A. HILLGRUBER, König Carol und Marschall Antonescu. Die deutsch-rumänischen Beziehungen 1938–1944, Wiesbaden 1954.
744. DERS., ‚Revisionismus' – Kontinuität und Wandel in der Außenpolitik der Weimarer Republik, in: DERS., Die Last der Nation. Fünf Beiträge über Deutschland und die Deutschen, Düsseldorf 1984, 59–85.
745. DERS., Die gescheiterte Großmacht. Eine Skizze des Deutschen Reiches 1871–1945, Düsseldorf ⁴1984.
746. DERS., Die Zerstörung Europas. Beiträge zur Weltkriegsepoche 1914 bis 1945, Frankfurt a.M. u. a. ²1989.
747. J.K. HOENSCH, Der ungarische Revisionismus und die Zerschlagung der Tschechoslowakei, Tübingen 1967.
748. H.-P. HÖPFNER, Deutsch-bulgarische Beziehungen 1919–1933. Zur Südostpolitik der Weimarer Republik, in: Südosteuropa-Mitteilungen 24 (1984), 48–59.
749. W. HOFER, Die Schweiz, das Deutsche Reich und der Völkerbund (1919–1926), in: K. HILDEBRAND/R. POMMERIN (Hg.), Deutsche Frage und europäisches Gleichgewicht. FS für Andreas Hillgruber zum 60. Geburtstag, Köln/Wien 1985, 111–132.
750. H.-J. HOPPE, Bulgarien – Hitlers eigenwilliger Verbündeter. Eine Fallstudie zur nationalsozialistischen Südosteuropapolitik, Stuttgart 1979.
751. H.-A. JACOBSEN, Nationalsozialistische Außenpolitik 1933–1938, Frankfurt a.M./Berlin 1968.
752. J. JACOBSON, Locarno Diplomacy. Germany and the West 1925–1929, Princeton 1972.
753. K. VON JENA, Polnische Ostpolitik nach dem Ersten Weltkrieg. Das Problem der Beziehungen zu Sowjetrußland nach dem Rigaer Frieden von 1921, Stuttgart 1980.
754. J. JOLL, Europe since 1870. An International History, London ³1985.
755. G. JUHÁSZ, Hungarian Foreign Policy 1919–1945, Budapest 1979.
756. D. JUNKER, Kampf um die Weltmacht. Die USA und das Dritte Reich 1933–1945, Düsseldorf 1988.
757. A. KAISER, Lord D'Abernon und die englische Deutschlandpolitik 1920–1926, Frankfurt a.M. u. a. 1989.
758. J. KARSKI, The Great Powers and Poland 1919–1945. From Versailles to Yalta, Lanham u. a. 1985.

759. E. KEETON, Briand's Locarno Policy. French Economics, Politics and Diplomacy 1925–1929, New York/London 1987.
760. P. KENNEDY, Strategy and Diplomacy 1870–1945. 8 Studies, London 1983.
761. C.M. KIMMICH, Germany and the League of Nations, Chicago 1976.
762. M. KNOX, Mussolini Unleashed, 1939–1941. Politics and Strategy in Fascist Italy's Last War, Cambridge u. a. 1982.
763. F. KOJA/O. PFERSMANN (Hg.), Frankreich-Österreich. Wechselseitige Wahrnehmung und wechselseitiger Einfluß seit 1918, Wien u. a. 1994.
764. P. KRÜGER, Versailles. Deutsche Außenpolitik zwischen Revisionismus und Friedenssicherung, München ²1993.
765. DERS., Die Außenpolitik der Republik von Weimar, Darmstadt ²1993.
766. S. KUSS, Römische Kurie, italienischer Staat und faschistische Bewegung. Der Vatikan und Italien in der Zeit nach dem Ersten Weltkrieg bis zur totalitären „Wende" des Mussolini-Regimes (1919–1925), Frankfurt a.M. 1995.
767. Y. LACAZE, La France et Munich. Etude d'un processus décisionnel en matière de relations internationales, Bern u. a.1992.
768. H. LADEMACHER, Zwei ungleiche Nachbarn. Wege und Wandlungen der deutsch-niederländischen Beziehungen im 19. und 20. Jahrhundert, Darmstadt 1990.
769. The League of Nations in Retrospect. Proceedings of the Symposium, organized by the United Nations Library and the Graduate Institute of International Studies, Geneva 6 – 9 November 1980, Berlin 1983.
770. B.A. LEE, Britain and the Sino-Japanese War, 1937–1939. A Study in the Dilemmas of British Decline, Stanford-London 1973.
771. M. LEE/W. MICHALKA, German Foreign Policy 1917–1933. Continuity or Break?, Leamington u. a. 1987.
772. M.P. LEFFLER, The Elusive Quest. America's Pursuit of European Stability and French Security, 1919–1933, Chapel Hill 1979.
773. H. LEMBERG, Transformationen des internationalen Systems als Folge krisenhafter Veränderungen im östlichen Europa im 20. Jahrhundert, in: P. KRÜGER (Hg.), Das europäische Staatensystem im Wandel. Strukturelle Bedingungen und bewegende Kräfte seit der Frühen Neuzeit, München 1996, 227–238.
774. A.S. LINK (Hg.), Woodrow Wilson and a Revolutionary World, 1913–1921, Chapel Hill 1982.
775. W. LINK, Die amerikanische Stabilisierungspolitik in Deutschland 1921–1932, Düsseldorf 1970.
776. D. LITTLE, Malevolent Neutrality. The United States, Great Britain and the Origins of the Spanish Civil War, Ithaca 1985.
777. C.J. LOWE/F. MARZARI, Italian Foreign Policy 1870–1940, London/Boston 1975.
778. T. MAGNUSSON, Schweden, Finnland und die baltischen Staaten, in: R. BOHN (Hg.), Neutralität und totalitäre Aggression, Stuttgart 1991, 207–220.

779. S. Marks, The Illusion of Peace. International Relations in Europe 1919–1933, London 1976.
780. P. Marquerat, Le IIIe Reich et le pétrole roumain, 1938–1940. Contribution à l'étude de la pénétration économique allemande dans les Balkans à la veille et au début de la Seconde Guerre mondiale, Leiden 1977.
781. A.J. Mayer, Politics and Diplomacy of Peacemaking. Containment and Counterrevolution at Versailles 1918–1919, London 1968.
782. Ders., Political Origins of the New Diplomacy, 1917–1918, New York 1970.
783. B.J.C. McKercher/D.J. Moss (Hg.), Shadow and Substance in British Foreign Policy, 1895–1939, Edmonton 1984.
784. W.N. Medlicott, British Foreign Policy since Versailles, 1919–1963, London ²1968.
785. Ders., Britain and Germany. The Search for Agreement 1930–1937, London 1969.
786. M. Merkes, Die deutsche Politik gegenüber dem spanischen Bürgerkrieg 1936–1939, Bonn ²1969.
787. R. Meyers, Britische Sicherheitspolitik 1934–1938. Studien zum außen- und innenpolitischen Entscheidungsprozeß, Düsseldorf 1976.
788. C. Mick, Sowjetische Propaganda, Fünfjahrplan und deutsche Rußlandpolitik, 1928–1932, Stuttgart 1995.
789. W.J. Mommsen/L. Kettenacker (Hg.), The Fascist Challenge and the Policy of Appeasement, London 1983.
790. E. Most, Großbritannien und der Völkerbund. Studien zur Politik der Friedenssicherung 1925 bis 1934, Frankfurt a.M. u. a. 1981.
791. M.-R. Mouton, La Société des Nations et les intérêts de la France (1920–1924), Bern u. a. 1995.
792. J. Muhr, Die deutsch-italienischen Beziehungen in der Ära des Ersten Weltkrieges 1914–1922, Göttingen 1977.
793. R. Neck/A. Wandruszka (Hg.), Anschluß 1938, Wien 1981.
794. J. Néré, The Foreign Policy of France from 1914 to 1945, London 1975.
795. G. Niedhart, Großbritannien und die Sowjetunion 1934–1939. Studien zur britischen Politik der Friedenssicherung zwischen den beiden Weltkriegen, München 1972.
796. Ders. (Hg.), Der Westen und die Sowjetunion. Einstellungen und Politik gegenüber der UdSSR in Europa und in den USA seit 1917, Paderborn 1983.
797. Ders., Internationale Beziehungen 1917–1947, Paderborn u. a. 1989.
798. E. Nolte, Deutschland und der Kalte Krieg, München 1974.
799. F.S. Northedge, The Troubled Giant. Britain among the Great Powers, 1916–1939, New York 1966.
800. A. Orde, Great Britain and International Security, 1920–1926, London 1978.

801. Dies., Großbritannien und die Selbständigkeit Österreichs 1918–1938, in: VfZ 28 (1980), 224–247.
802. Dies., British Policy and European Reconstruction after the First World War, Cambridge u. a. 1990.
803. R.A.C. Parker, Chamberlain and Appeasement. British Policy and the Coming of the Second World War, New York 1993.
804. H.C. Payne, As the Storm Clouds Gathered. European Perceptions of American Foreign Policy in the 1930s, Durham 1979.
805. N. Pease, Poland, the United States, and the Stabilization of Europe, 1919–1933, New York u. a. 1986.
806. M.L. Pereboom, Democracies at the Turning Point. Britain, France and the End of the Postwar Order, 1928–1933, New York 1995.
807. M. Peter, John Maynard Keynes und die britische Deutschlandpolitik. Machtanspruch und ökonomische Realität im Zeitalter der Weltkriege 1919–1946, München 1997.
808. J. Petersen, Hitler – Mussolini. Die Entstehung der Achse Berlin – Rom 1933–1936, Tübingen 1973.
809. Ders., Die Außenpolitik des faschistischen Italien als historiographisches Problem, in: VfZ 22 (1974), 417–457.
810. I. Pfaff, Die Sowjetunion und die Verteidigung der Tschechoslowakei 1934–1938. Versuch der Revision einer Legende, Köln u. a. 1996.
811. A. Pfeil, Der Völkerbund. Literaturbericht und kritische Darstellung seiner Geschichte, Darmstadt 1976.
812. B. Pietrow, Stalinismus, Sicherheit, Offensive. Das Dritte Reich in der Konzeption der sowjetischen Außenpolitik, Melsungen 1983.
813. I. Plettenberg, Die Sowjetunion im Völkerbund 1934 bis 1939. Bündnispolitik zwischen Staaten unterschiedlicher Gesellschaftsordnung in der internationalen Organisation für Friedenssicherung: Ziele, Voraussetzungen, Möglichkeiten, Wirkungen, Köln 1987.
814. R. Poidevin, Die unruhige Großmacht. Deutschland und die Welt im 20. Jahrhundert, Freiburg/Würzburg 1985 [frz.: Ders., L' Allemagne et le monde au XXe siècle, Paris u. a. 1983].
815. H. Raschhofer/O. Kimminich, Die Sudetenfrage. Ihre völkerrechtliche Entwicklung vom Ersten Weltkrieg bis zur Gegenwart, München ²1988.
816. H.H. Rass, Britische Außenpolitik 1929–1931, Bern/Frankfurt 1975.
817. M.-L. Recker, England und der Donauraum, 1919–1929. Probleme einer europäischen Nachkriegsordnung, Stuttgart 1976.
818. Dies., Die Außenpolitik des Dritten Reiches, München 1990.
819. Les relations franco-britanniques 1935–1939. Actes du colloque du CNRS, Paris 1975.
820. P. Renouvin, Les crises du XXe siècle. Band I: De 1914 à 1929, Paris 1957; Band II: De 1929 à 1945, Paris 1958.
821. Ders., Le Traité de Versailles, Paris 1969.

822. D. REYNOLDS, The Creation of the Anglo-American Alliance 1937–1941, London 1981.
823. K. ROBBINS, Appeasement, Oxford 1988.
824. A. RÖDDER, Stresemanns Erbe: Julius Curtius und die deutsche Außenpolitik 1929–1931, Paderborn u.a. 1996.
825. K. ROHE (Hg.), Die Westmächte und das Dritte Reich 1933–1939. Klassische Großmachtrivalität oder Kampf zwischen Demokratie und Diktatur?, Paderborn 1982.
826. G. ROSENFELD, Sowjetrußland und Deutschland 1917–1922, Köln ²1984.
827. DERS., Sowjetunion und Deutschland 1922–1933, Köln 1984.
828. N. ROSTOW, Anglo-French Relations 1934–1936, London 1984.
829. T. SAKMYSTER, Hungary, the Great Powers and the Danubian crisis 1936–1939, Athens 1980.
830. F. SCARANO, Mussolini e la Repubblica di Weimar. Le relazioni diplomatiche tra Italia e Germania dal 1927 al 1933, Neapel 1996.
831. R. SCHATTKOWSKY, Deutschland und Polen von 1918/19 bis 1925. Deutschpolnische Beziehungen zwischen Versailles und Locarno, Frankfurt a.M. u. a. 1994.
832. DERS. (Hg.), Locarno und Osteuropa. Fragen eines europäischen Sicherheitssystems in den 20er Jahren, Marburg 1994.
833. T. SCHIEDER, Die Probleme des Rapallo-Vertrags. Eine Studie über die deutsch-russischen Beziehungen 1922–1926, Köln/Opladen 1956.
834. DERS., Die Entstehungsgeschichte des Rapallo-Vertrags, in: HZ 204 (1967), 545–609.
835. W. SCHIEDER/C. DIPPER (Hg.), Der Spanische Bürgerkrieg in der internationalen Politik (1936–1939), München 1976.
836. G. SCHMIDT, England in der Krise. Grundzüge und Grundlagen der britischen Appeasement-Politik (1930–1937), Opladen 1981.
837. A. SCHMIDT-RÖSLER, Rumänien nach dem Ersten Weltkrieg. Die Grenzziehung in der Dobrudscha und im Banat und die Folgeprobleme, Frankfurt a.M. u. a. 1994.
838. B. SCHOT, Stresemann, der deutsche Osten und der Völkerbund, Stuttgart 1984.
839. G. SCHREIBER, Revisionismus und Weltmachtstreben. Marineführung und deutsch-italienische Beziehungen 1919 bis 1944, Stuttgart 1978.
840. H.G. SCHRÖTER, Außenpolitik und Wirtschaftsinteresse. Skandinavien im außenwirtschaftlichen Kalkül Deutschlands und Großbritanniens 1918–1939, Frankfurt a.M. u. a. 1983.
841. H.G. SCHRÖTER/C. WURM (Hg.), Politik, Wirtschaft und internationale Beziehungen. Studien zu ihrem Verhältnis in der Zeit zwischen den Weltkriegen, Mainz 1991.
842. G. SCHULZ, Revolutionen und Friedensschlüsse 1917–1920, München ⁶1985.

843. DERS. (Hg.), Die große Krise der dreißiger Jahre. Vom Niedergang der Weltwirtschaft zum Zweiten Weltkrieg, Göttingen 1985.
844. K. SCHWABE, Deutsche Revolution und Wilson-Frieden. Die amerikanische und deutsche Friedensstrategie zwischen Ideologie und Machtpolitik 1918/19, Düsseldorf 1971.
845. DERS., Versailles – nach sechzig Jahren. Internationale Beziehungen nach dem Ersten Weltkrieg, in: NPL 24 (1979), 446–475.
846. DERS. (Hg.), Die Ruhrkrise 1923. Wendepunkt der internationalen Beziehungen nach dem Ersten Weltkrieg, Paderborn ²1986.
847. R.A. SEPASGOSARIAN, Eine ungetrübte Freundschaft? Deutschland und Spanien 1918–1933, Saarbrücken/Fort Lauderdale 1993.
848. S. SEYMOUR, Anglo-Danish Relations and Germany 1933–1945, Odense 1982.
849. H. SHAMIR, Economic Crisis and French Foreign Policy 1930–1936, Leiden 1989.
850. A. SHARP, The Versailles Settlement. Peacemaking in Paris, 1919, Basingstoke u. a. 1994.
851. D.P. SILVERMAN, Reconstructing Europe after the Great War, Cambridge/Mass. u. a. 1982.
852. D.M. SMITH, Mussolini's Roman Empire, London 1976.
853. T. SPIRA, German-Hungarian relations and the Swabian problem. From Károlyi to Gömbös 1919–1936, New York 1977.
854. C. STAMM, Lloyd George zwischen Innen- und Außenpolitik. Die britische Deutschlandpolitik 1921/22, Köln 1977.
855. L. TILKOVSZKY, Ungarn und die deutsche „Volksgruppenpolitik", 1938–1945, Köln/Wien 1981.
856. H. TONCH, Wirtschaft und Politik auf dem Balkan. Untersuchungen zu den deutsch-rumänischen Beziehungen in der Weimarer Republik unter besonderer Berücksichtigung der Weltwirtschaftskrise, Frankfurt a.M. u. a. 1984.
857. M. TRACHTENBERG, Versailles after Sixty Years, in: JCH 17 (1982), S. 487–506.
858. G.R. UEBERSCHÄR, Hitler und Finnland 1939–1941. Die deutsch-finnischen Beziehungen während des Hitler-Stalin-Paktes, Wiesbaden 1978.
859. A.B. ULAM, Expansion and Coexistence. The History of Soviet Foreign Policy 1917–1967, London 1968.
860. H.-E. VOLKMANN, Polen im politisch-wirtschaftlichen Kalkül des Dritten Reiches 1933–1939, in: W. Michalka (Hg.), Der Zweite Weltkrieg, München u. a. 1989, 74–92.
861. N.H. WAITES (Hg.), Troubled Neighbours. Franco-British Relations in the Twentieth Century, London 1971.
862. M. WALSDORFF, Westorientierung und Ostpolitik. Stresemanns Rußlandpolitik in der Locarno-Ära, Bremen 1971.
863. F.P. WALTERS, A History of the League of Nations, 2 Bände, London 1965.

864. A.C. WALWORTH, America's Moment – 1918. American Diplomacy at the End of World War I, New York 1977.
865. P.S. WANDYCZ, France and Her Eastern Allies 1919–1925. French-Czechoslovak-Polish Relations from the Paris Peace Conference to Locarno, Minneapolis 1962.
866. DERS., The Twilight of French Eastern Alliances, 1926–1936. French-Czechoslovak-Polish Relations from Locarno to the Remilitarization of the Rhineland, Princeton 1988.
867. R.W. WEBER, Die Entstehungsgeschichte des Hitler-Stalin-Paktes 1939, Frankfurt a.M. 1980.
868. Der Weg in die Katastrophe. Deutsch-tschechoslowakische Beziehungen 1938–1947. Für die deutsch-tschechische und deutsch-slowakische Historikerkommission hg. von D. BRANDES und V. KURAL, Essen 1994.
869. G. WEHNER, Großbritannien und Polen 1938–1939. Die britische Polen-Politik zwischen München und dem Ausbruch des Zweiten Weltkriegs, Frankfurt a.M. 1983.
870. W. WEIDENFELD, Die Englandpolitik Gustav Stresemanns, Bonn 1972.
871. G.L. WEINBERG, Germany and the Soviet Union, 1939–1941, Leyden 1954 [Nachdruck Leyden 1972].
872. DERS., The Foreign Policy of Hitler's Germany. Band I: Diplomatic Revolution in Europe 1933–36, Chicago/London 1970; Band II: Starting World War II, 1937–1939, Chicago/London 1980.
873. B.J. WENDT, Großdeutschland. Außenpolitik und Kriegsvorbereitung des Hitler-Regimes, München ²1993.
874. R.H. WHEALEY, Hitler and Spain. The Nazi Role in the Spanish Civil War 1936–1939, Lexington 1989.
875. J. WIECK, Weg in die „Décadence". Frankreich und die mandschurische Krise 1931–1933, Bonn 1995.
876. W. WILHELMUS, Werbungen aus dem Süden. Zu den deutsch-schwedischen Beziehungen 1918 bis 1933, in: ZfG 39 (1991), 869–887.
877. DERS., Das faschistische Deutschland und Schweden 1933–1939, in: ZfG 31 (1983), 968–981.
878. G. WOLLSTEIN, Vom Weimarer Revisionismus zu Hitler. Das Deutsche Reich und die Großmächte in der Anfangsphase der nationalsozialistischen Herrschaft in Deutschland, Bonn 1973.
879. R. ZAUGG-PRATO, Die Schweiz im Kampf gegen den Anschluß Österreichs an das Deutsche Reich, 1918–1938, Bern/Frankfurt a.M. 1982.
880. H. ZIMMERMANN, Die Schweiz und Großdeutschland. Das Verhältnis zwischen der Eidgenossenschaft, Österreich und Deutschland 1933–1945, München 1980.
881. L. ZIMMERMANN, Deutsche Außenpolitik in der Ära der Weimarer Republik, Göttingen 1958.

882. C. ZORGBIBE, Histoire des relations internationales. Band II: De la paix de Versailles à la Grande-Alliance contre Hitler, 1918–1945, Paris 1994.

b) Deutsch-französisches Verhältnis

883. A. ADAMTHWAITE, France, Germany and the Treaty of Versailles: France's Bid for Power in Europe, 1919–1924, in: K. O. Frhr. v. ARETIN/J. BARIÉTY/ H. MÖLLER (Hg.), Das deutsche Problem in der neueren Geschichte, München 1997, 75–88.

884. J. BARIÉTY, Les relations franco-allemandes après la Première Guerre Mondiale, 10 Novembre 1918 – 10 Janvier 1925. De l'Exécution à la Négociation, Paris 1977.

885. DERS., Deutschland, Frankreich und das Europa von Versailles, in: K. O. Frhr. v. ARETIN/J. BARIÉTY/H. MÖLLER (Hg.), Das deutsche Problem in der neueren Geschichte, 59–74 [vgl. Nr. 883].

886. H.F. BELLSTEDT, „Apaisement" oder Krieg. Frankreichs Außenminister Georges Bonnet und die deutsch-französische Erklärung vom 6. Dezember 1938, Bonn 1993.

887. H.M. BOCK/R. MEYER-KALKUS/M. TREBITSCH (Hg.), Entre Locarno et Vichy. Les relations culturelles franco-allemandes dans les années 1930. 2 Bände, Paris 1993.

888. M.-D. CAVAILLÉ, Rudolf Breitscheid et la France 1919–1933 (Europäische Hochschulschriften III/660), Frankfurt a.M. u. a. 1995.

889. La France et l'Allemagne 1932–1936. Communications présentées au Colloque franco-allemand tenu à Paris du 10 au 12 mars 1977, Paris 1980.

890. H. HAGSPIEL, Verständigung zwischen Deutschland und Frankreich. Die deutsch-französische Außenpolitik der zwanziger Jahre im innenpolitischen Kräftefeld beider Länder, Bonn 1987.

891. K. HILDEBRAND/K.F. WERNER (Hg.), Deutschland und Frankreich 1936–1939. 15. Deutsch-französisches Historikerkolloquium des Deutschen Historischen Instituts Paris, München/Zürich 1981.

892. H. KAELBLE, Nachbarn am Rhein. Entfremdung und Annäherung der französischen und deutschen Gesellschaft seit 1880, München 1991.

893. F. KNIPPING, Deutschland, Frankreich und das Ende der Locarno-Ära 1928–1931. Studien zur internationalen Politik in der Anfangsphase der Weltwirtschaftskrise, München 1987.

894. H. KÖHLER, Novemberrevolution und Frankreich. Die französische Deutschlandpolitik 1918–1919, Düsseldorf 1980.

895. F. L'HUILLIER, Dialogues franco-allemands 1925–1933, Strasbourg 1971.

896. M.-O. MAXELON, Stresemann und Frankreich 1914–1929. Deutsche Politik der Ost-West-Balance, Düsseldorf 1972.

897. K.J. MAYER, Die Weimarer Republik und das Problem der Sicherheit in den deutsch-französischen Beziehungen 1918–1925, New York u. a. 1990.

898. W. A. McDougall, France's Rhineland Diplomacy, 1914–1924. The Last Bid for a Balance of Power in Europe, Princeton/N.J. 1978.

899. R. Meyer-Kalkus, Die akademische Mobilität zwischen Deutschland und Frankreich (1925–1992), Bonn 1994.

900. H. Möller/J. Morizet (Hg.), Franzosen und Deutsche. Orte der gemeinsamen Geschichte, München 1996.

901. R. W. Mühle, Frankreich und Hitler. Die französische Deutschland- und Außenpolitik 1933–1935, Paderborn 1995.

902. V. Pitts, France and the German Problem. Politics and Economics in the Locarno Era, 1924–1929, New York 1987.

903. R. Poidevin/J. Bariéty, Frankreich und Deutschland. Die Geschichte ihrer Beziehungen 1815–1975, München 1982 [frz.: Dies., Les relations franco-allemandes 1815–1975, Paris 1977].

904. Les relations franco-allemandes 1933–1939. Actes du Colloque de Strasbourg, Paris 1976.

905. W. von Schramm,... sprich vom Frieden, wenn Du den Krieg willst. Die psychologischen Offensiven Hitlers gegen die Franzosen 1933–1939. Ein Bericht, Mainz 1973.

906. J.M. Valentin/J. Bariéty/A. Guth (Hg.), La France et l'Allemagne entre les deux Guerres Mondiales. Actes du colloque tenu en Sorbonne (Paris IV), 15-16-17 janvier 1987, Nancy 1987.

907. L. Zimmermann, Frankreichs Ruhrpolitik von Versailles bis zum Dawesplan, hg. v. W. P. Fuchs, Göttingen 1971.

c) Militärpolitik, Rüstung, Abrüstungsbemühungen

908. R. Ahmann/A.M. Birke/M. Howard (Hg.), The Quest for Stability. Problems of West European Security 1918–1957, Oxford u.a. 1993.

909. P.C. Bankwitz, Maxime Weygand and Civil-Military Relations in Modern France, London 1967.

910. E.W. Bennett, German Rearmament and the West, 1932–1933, Princeton 1979.

911. B. Bond, British Military Policy between the Two World Wars, Oxford 1980.

912. G. Castellan, Le réarmement clandestin du Reich, 1930–1935. Vu par le Deuxième Bureau de l'Etat-Major Français, Paris 1954.

913. W. Deist/M. Messerschmidt/H.-E. Volkmann/W. Wette, Ursachen und Voraussetzungen der deutschen Kriegspolitik, Stuttgart 1979.

914. R.A. Doughty, The Seeds of Disaster. The Development of French Army Doctrine 1919–1939, Hamden/Conn. 1985.

915. J. Förster, Zur Bündnispolitik Rumäniens vor und während des Zweiten Weltkrieges, in: M. Messerschmidt u.a. (Hg.), Militärgeschichte. Probleme, Thesen, Wege, Stuttgart 1982, 294–310.

916. F. FORSTMEIER/H.E. VOLKMANN (Hg.), Wirtschaft und Rüstung am Vorabend des Zweiten Weltkrieges, Düsseldorf ²1981.

917. R. FRANKENSTEIN, Le prix du réarmement français (1935–1939), Paris 1982.

918. H. GATZKE, Stresemann and the Rearmament of Germany, Baltimore 1954.

919. M. GEYER, Aufrüstung oder Sicherheit. Die Reichswehr in der Krise der Machtpolitik 1924–1936, Wiesbaden 1980.

920. E.W. HANSEN, Reichswehr und Industrie. Rüstungswirtschaftliche Zusammenarbeit und wirtschaftliche Mobilmachungsvorbereitungen 1923–1932, Boppard 1978.

921. A. HORNE, The French Army and Politics, 1870–1970, London 1984.

922. J. HUGHES, To the Maginot Line. The Politics of French Military Preparation in the 1920s, Cambridge 1971.

923. H.-J. LUTZHÖFT, Deutsche Militärpolitik und schwedische Neutralität 1939–1942, Neumünster 1981.

924. S. NADOLNY, Abrüstungsdiplomatie 1932–1933. Deutschland auf der Genfer Konferenz im Übergang von Weimar zu Hitler, München 1978.

925. G.C. PEDEN, British Rearmament and the Treasury, 1932–1939, Edinburgh 1979.

926. G. POST, British Deterrence and Defense, 1934–1937, Ithaca 1993.

927. K. ROBBINS, The Abolition of War: The 'Peace Movement' in Britain, 1914–1919, Cardiff 1976.

928. M. SALEWSKI, Entwaffnung und Militärkontrolle in Deutschland 1919–1927, München 1966.

929. M. SMITH, British Air Strategy between the Wars, Oxford 1984.

930. Z. STEINER, The League of Nations and the Quest for Security, in: R. AHMANN/A.M. BIRKE/M. HOWARD (Hg.), The Quest for Stability. Problems of West European Security 1918–1957, Oxford u. a. 1993, 35–70.

931. M. VAÏSSE, Sécurité d'abord. La politique française en matière de désarmement, 9 décembre 1930 – 17 avril 1934, Paris 1981.

932. J.W. WHEELER-BENNETT, The Nemesis of Power. The German Army in Politics 1918–1945, London 1954.

933. V. WIELAND, Zur Problematik der französischen Militärpolitik und Militärdoktrin in der Zeit zwischen den Weltkriegen, Boppard 1973.

934. R. WOHLFEIL/E. VON MATUSCHKA, Reichswehr und Republik 1918–1933 (Handbuch zur deutschen Militärgeschichte 1648–1939, Band III, Abschnitt 6), Frankfurt 1970.

935. C.A. WURM, Die französische Sicherheitspolitik in der Phase der Umorientierung 1924–1926, Frankfurt a.M. u. a. 1979.

936. R.J. YOUNG, In Command of France. French Foreign Policy and Military Planning 1933–1940, Cambridge/Mass. 1978.

d) Vorgeschichte des Zweiten Weltkrieges

937. A. ADAMTHWAITE, The Making of the Second World War, London 1977.
938. DERS., France and the Coming of the Second World War 1936–1939, London 1977.
939. DERS., Großbritannien und das Herannahen des Krieges, in: K. HILDEBRAND/J. SCHMÄDEKE/K. ZERNACK (Hg.), 1939. An der Schwelle zum Weltkrieg, 197–214 [vgl. Nr. 951].
940. P. ADDISON, The Road to 1945: British Politics and the Second World War, London 1975.
941. H. ALTRICHTER/J. BECKER (Hg.), Kriegsausbruch 1939. Beteiligte, Betroffene, Neutrale, München 1989.
942. P.M.H. BELL, The Origins of the Second World War in Europe, London u. a. 1989.
943. W. BENZ/H. GRAML (Hg.), Sommer 1939. Die Großmächte und der Europäische Krieg, Stuttgart 1979.
944. R.W.D. BOYCE/E.M. ROBERTSON (Hg.), Paths to War. New Essays on the Origins of the Second World War, London 1989.
945. W. BUSSMANN, Zur Entstehung und Überlieferung der „Hoßbach-Niederschrift", in: VfZ 16 (1968), 373–384.
946. W.S. CHURCHILL, The Second World War, 6 Bände, London 1954–1968.
947. E. DI NOLFO, Der zweideutige italienische Revisionismus, in: K. HILDEBRAND/J. SCHMÄDEKE/K. ZERNACK (Hg.), 1939. An der Schwelle zum Weltkrieg, 85–114 [vgl. Nr. 951].
948. H. GRAML, Europas Weg in den Krieg. Hitler und die Mächte 1939, München 1990.
949. DERS., Das Versagen der internationalen Solidarität, in: K. HILDEBRAND/J. SCHMÄDEKE/K. ZERNACK (Hg.), 1939. An der Schwelle zum Weltkrieg, 251–256 [vgl. Nr. 951].
950. L. GRUCHMANN, Der Zweite Weltkrieg. Kriegführung und Politik, München ^{10}1995.
951. K. HILDEBRAND/J. SCHMÄDEKE/K. ZERNACK (Hg.), 1939. An der Schwelle zum Weltkrieg. Die Entfesselung des Zweiten Weltkrieges und das internationale System, Berlin u. a. 1990.
952. K. HILDEBRAND, Die Entfesselung des Zweiten Weltkrieges und das internationale System: Probleme und Perspektiven der Forschung, in: K. HILDEBRAND/J. SCHMÄDEKE/K. ZERNACK (Hg.), 1939. An der Schwelle zum Weltkrieg, 3–20 [vgl. Nr. 951].
953. A. HILLGRUBER, Deutschlands Rolle in der Vorgeschichte der beiden Weltkriege, Göttingen ^{2}1979.
954. W. HOFER, Die Entfesselung des Zweiten Weltkrieges. Darstellung und Dokumente, Düsseldorf 1984 [Nachdruck der Ausg. Frankfurt a.M. 1964].

955. D.E. KAISER, Economic Diplomacy and the Origins of the Second World War. Germany, Britain, France and Eastern Europe 1930–1939, Princeton 1980.

956. S. KLEY, Hitler, Ribbentrop und die Entfesselung des Zweiten Weltkriegs, Paderborn/München 1996.

957. F. KNIPPING/K.-J. MÜLLER (Hg.), Machtbewußtsein in Deutschland am Vorabend des Zweiten Weltkrieges, Paderborn 1984.

958. G. MARTEL (Hg.), „The Origins of the Second World War" reconsidered. The A. J. P. Taylor Debate after Twenty-five Years, London 1986.

959. W. MICHALKA (Hg.), Der Zweite Weltkrieg. Analysen, Grundzüge, Forschungsbilanz, München 1989.

960. M. MIYAKE, Der Weg des revisionistischen Japan zu Militarismus und Krieg, in: K. HILDEBRAND/J. SCHMÄDEKE/K. ZERNACK (Hg.), 1939. An der Schwelle zum Weltkrieg, 63–83 [vgl. Nr. 951].

961. G. NIEDHART (Hg.), Kriegsbeginn 1939. Entfesselung oder Ausbruch des Zweiten Weltkrieges?, Darmstadt 1976.

962. A. PRAZMOWSKA, Britain, Poland and the Eastern Front, 1939, Cambridge u. a. 1987.

963. N. RICH, Hitler's War Aims. 2 Bände, New York 1973/74.

964. B.F. SMITH, Die Überlieferung der Hoßbach-Niederschrift im Lichte neuer Quellen, in: VfZ 38 (1990), 329–336.

965. A.J.P. TAYLOR, The Origins of the Second World War, London 1963.

966. H. TREVOR-ROPER, Hitlers Kriegsziele, in: VfZ 8 (1960), 121–133.

967. G.L. WEINBERG, Eine Welt in Waffen. Die globale Geschichte des Zweiten Weltkriegs, Stuttgart 1995 [engl.: DERS., A World at Arms. A Global History of World War II, New York 1994].

6. BIOGRAPHISCHE STUDIEN UND SPEZIELLERE BIOGRAPHISCHE. NACHSCHLAGEWERKE

Allgemeines

968. I. ACKERL/F. WEISSENSTEINER, Österreichisches Personen-Lexikon, Wien 1992 [Behandelt die erste und zweite Republik].

969. P. AVRIL u. a., Personnel politique français 1870–1988, Paris 1989.

970. D.S. BELL/D. JOHNSON/P. MORRIS, Biographical Dictionary of French Political Leaders since 1870, New York u. a. 1990.

971. W. BENZ/H. GRAML (Hg.), Biographisches Lexikon zur Weimarer Republik, München 1988.

972. Biographisches Handbuch der deutschsprachigen Emigration nach 1933. Hg. v. Institut für Zeitgeschichte und der Research Foundation for Jewish

Immigration New York unter der Gesamtleitung v. W. RÖDER und H. A. STRAUSS. 4 Bände, München u. a. 1980–83.
973. M. INNOCENTI, I gerarchi del fascismo. Storia del ventennio attraverso gli uomini del Duce, Milano 1992.
974. J.P. MACKINTOSH, British Prime Ministers in the Twentieth Century. 2 Bände, London 1977/78.
975. M. MISSORI, Gerarchie e statuti del P. N. F. Gran consiglio, Direttorio nazionale, Federazioni provinciali: quadri e biografie, Roma 1986.
976. K.O. MORGAN, Labour People. Leaders and Lieutenants, Hardie to Kinnock, Oxford 1987.
977. M. SCHUMACHER (Hg.), M.d.R. Die Reichstagsabgeordneten der Weimarer Republik in der Zeit des Nationalsozialismus. Politische Verfolgung, Emigration und Ausbürgerung 1933–1945, Düsseldorf ³1994.
978. M. SCHWARZ (Hg.), M.d.R. Biographisches Handbuch der Reichstage, Hannover 1965.
979. P. SECCHIA/E. NIZZA (Hg.), Enciclopedia dell'antifascismo e della Resistenza. 6 Bände, Milano/Roma 1968–89.
980. R. SMELSER/R. ZITELMANN (Hg.), Die braune Elite. 22 biographische Skizzen, Darmstadt ²1990.
981. R. SMELSER/E. SYRING/R. ZITELMANN (Hg.), Die braune Elite II. 21 weitere biographische Skizzen, Darmstadt 1993.
982. R.S. WISTRICH, Wer war wer im Dritten Reich. Ein biographisches Lexikon. Anhänger, Mitläufer, Gegner aus Politik, Wirtschaft, Militär, Kunst und Wissenschaft. Überarbeitet und erweitert von H. WEISS, Frankfurt a.M. 1993.

Adenauer

983. H.-P. SCHWARZ, Adenauer. Band I: Der Aufstieg. 1876–1952, Stuttgart 1986.

Avenol

984. J. BARROS, Betrayal from Within. Joseph Avenol, Secretary-General of the League of Nations, 1933–1940, New Haven 1969.

Balbo

985. C.G. SEGRÈ, Italo Balbo, Bologna 1988.

Balfour

986. R.F. MACKAY, Balfour. Intellectual Statesman, Oxford 1985.

Barthou

987. R.J. YOUNG, Power and Pleasure. Louis Barthou and the Third Republic, Montreal 1991.

Blum

988. I. GREILSAMMER, Blum, Paris 1996.
989. J. LACOUTURE, Léon Blum, Paris 1977.

990. G. ZIEBURA, Léon Blum. Theorie und Praxis einer sozialistischen Politik. Band I: 1872–1934, Berlin 1963.

Braun

991. H. SCHULZE, Otto Braun oder Preußens demokratische Sendung, Frankfurt a.M. 1977.

Briand

992. F. SIEBERT, Aristide Briand, 1862–1932. Ein Staatsmann zwischen Frankreich und Europa, Erlenbach-Zürich u. a. 1973.

993. G. SUAREZ, Briand, 6 Bände, Paris 1938–1952.

Brockdorff-Rantzau

994. L. HAUPTS, Graf Brockdorff-Rantzau. Diplomat und Minister in Kaiserreich und Republik, Göttingen 1984.

995. U. WENGST, Graf Brockdorff-Rantzau und die außenpolitischen Anfänge der Weimarer Republik, Frankfurt a.M. ²1986.

Austen Chamberlain

996. D. DUTTON, Austen Chamberlain. Gentleman in Politics, Bolton 1985.

Neville Chamberlain

997. D. DILKS, Neville Chamberlain. Band I: Pioneering and Reform, 1869–1929, Cambridge u. a. 1984.

Churchill

998. J. CHARMLEY, Churchill. The End of Glory. A Political Biography, London u. a. 1993.

999. R.S. CHURCHILL, Winston S. Churchill. Band I und II, London 1966–67 [zu Band III–IV vgl. M. GILBERT].

1000. M. GILBERT, Winston S. Churchill, Band III und IV, London 1971–75.

1001. W. MANCHESTER, Winston Churchill. 2 Bände, München 1989/90 [engl.: DERS., The Last Lion. Winston Spencer Churchill. 2 Bände, London 1983/88].

Clemenceau

1002. J.-B. DUROSELLE, Clemenceau, Paris 1988.

Daladier

1003. E. DU RÉAU, Edouard Daladier, 1884–1970, Paris 1993.

Ebert

1004. E. KOLB (Hg.), Friedrich Ebert als Reichspräsident: Amtsführung und Amtsverständnis, München 1997.

1005. P.-C. WITT, Friedrich Ebert. Parteiführer, Reichskanzler, Volksbeauftragter, Reichspräsident, Bonn ²1988.

Eden

1006. D. DUTTON, Anthony Eden. A Life and Reputation, London u. a. 1997.
1007. R. RHODES JAMES, Anthony Eden. A Biography, New York 1986.
1008. V. ROTHWELL, Anthony Eden. A Political Biography, 1931–57, Manchester /New York 1992.

Franco

1009. S.M. ELLWOOD, Franco, London/New York 1994.
1010. J.P. FUSI, Franco. Spanien unter der Diktatur 1936–1975, München 1992.
1011. P. PRESTON, Franco. A Biography, London 1993.

Goebbels

1012. H. HEIBER, Joseph Goebbels, München ³1988.
1012a. U. HÖVER, Joseph Goebbels – ein nationaler Sozialist, Bonn/Berlin 1992.
1013. R.G. REUTH, Goebbels, Neuausgabe München/Zürich 1995.

Göring

1014. A. KUBE, Hermann Göring im Dritten Reich. Pour le mérite und Hakenkreuz, München 1986.
1015. S. MARTENS, Hermann Göring. „Erster Paladin des Führers" und „Zweiter Mann im Reich", Paderborn 1985.

Grandi

1016. P. NELLO, Dino Grandi. La formazione di un leader fascista, Bologna 1987.

Groener

1017. J. HÜRTER, Wilhelm Groener. Reichswehrminister am Ende der Weimarer Republik 1928–1932, München 1993.

Halifax

1018. A. ROBERTS, „The Holy Fox". A Biography of Lord Halifax, London 1991.

Henderson

1019. M.F. LEVENTHAL, Arthur Henderson, Manchester 1989.

Herriot

1020. S. BERSTEIN, Edouard Herriot ou la République en personne, Paris 1985.

Hindenburg

1021. A. DORPALEN, Hindenburg in der Geschichte der Weimarer Republik, Berlin 1966.
1022. J. WHEELER-BENNETT, Der hölzerne Titan. Paul von Hindenburg, Tübingen 1969.

Hitler

1023. A. BULLOCK, Hitler. Eine Studie über Tyrannei, Neubearbeitung der dt. Ausgabe Kronberg i. Ts. 1977 [Unveränderte Taschenbuchausgabe Düsseldorf 1989].

1024. DERS., Hitler und Stalin. Parallele Leben, Berlin 1991 [Taschenbuchausgabe München 1993].

1025. J. FEST, Hitler. Eine Biographie. Ungekürzte, mit einem neuen Vorwort des Autors vers. Ausgabe, Berlin ⁷1997.

1026. R. ZITELMANN, Hitler. Selbstverständnis eines Revolutionärs, Stuttgart ²1989.

Keynes

1027. D.E. MOGGRIDGE, Maynard Keynes. An Economist's Biography, London u. a. 1992.

Laval

1028. J.-P. COINTET, Pierre Laval, Paris 1993.

1029. F. KUPFERMAN, Laval (1883–1945), Paris 1988.

Lloyd George

1030. P. ROWLAND, David Lloyd George. A Biography, New York 1976.

1031. A.J.P. TAYLOR (Hg.), Lloyd George: Twelve Essays, London 1971.

MacDonald

1032. D. MARQUAND, Ramsay MacDonald, London 1977.

Marx

1033. U. VON HEHL, Wilhelm Marx 1863–1946. Eine politische Biographie, Mainz 1987.

Millerand

1034. M.M. FARRAR, Principled Pragmatist. The Political Career of Alexandre Millerand, New York/Oxford 1991.

Mussolini

1035. R. DE FELICE, Mussolini, 5 Bände. Band I: Mussolini il rivoluzionario (1883–1920), Turin ⁹1990; Band II (2 Teilbände): Mussolini il fascista (1921–1929), Turin ¹¹1994 bzw. ⁹1990; Band III (2 Teilbände): Mussolini il duce (1929–1940), Turin ⁸1993 bzw. ⁴1994; Band IV (3 Teilbände): Mussolini l'alleato, Turin 1990–97.

1036. D. M. SMITH, Mussolini. Eine Biographie, München u. a. 1983.

Poincaré

1037. P. MIQUEL, Poincaré, Paris ²1986.

1038. G. WORMSER, Le septennat de Poincaré, Paris 1977.

Primo de Rivera

1039. A. IMATZ, José Antonio et la Phalange espagnole, Paris 1981.

Rathenau

1040. P. BERGLAR, Walther Rathenau. Ein Leben zwischen Philosophie und Politik, Graz u. a. 1987.

1041. E. SCHULIN, Walther Rathenau. Repräsentant, Kritiker und Opfer seiner Zeit, Göttingen 1979.

Ricci

1042. S. SETTA, Renato Ricci. Dallo squadrismo alla repubblica sociale italiana, Bologna 1986.

Salazar

1043. F. NOGUEIRA, Salazar. 6 Bände, Coimbra 1977–85.

Spengler

1044. G. MERLIO, Oswald Spengler. Témoin de son temps. 2 Bände, Stuttgart 1982.

Stalin

1045. R. CONQUEST, Stalin. Der totale Wille zur Macht. Biographie, München/ Leipzig 1991.

1046. D.A. VOLKOGONOV, Stalin, Triumph und Tragödie. Ein politisches Porträt, Düsseldorf 1989.

Stresemann

1047. C. BAECHLER, Gustave Stresemann (1878–1929). De l'impérialisme à la sécurité collective, Strasbourg 1996.

1048. F. HIRSCH, Stresemann. Ein Lebensbild, Göttingen u. a. 1978.

1049. K. KOSZYK, Gustav Stresemann. Der kaisertreue Demokrat. Eine Biographie, Köln 1989.

1050. H.A. TURNER, Stresemann. Republikaner aus Vernunft, Berlin 1968.

Schuschnigg

1051. A. HOPFGARTNER, Kurt Schuschnigg. Ein Mann gegen Hitler, Graz u. a. 1989.

Tardieu

1052. F. MONNET, Refaire la République. André Tardieu, une dérive réactionnaire (1876–1945), Paris 1993.

de Wendel

1053. J.-N. JEANNENEY, François de Wendel en République. L'argent et le pouvoir 1914–1940, Paris 1976.

Wilson

1054. K. CLEMENTS, The Presidency of Woodrow Wilson, Lawence/Kans. 1992.
1055. A. HECKSCHER, Woodrow Wilson. A Biography, New York 1991.
1056. A. S. LINK, Wilson. 5 Bände, Princeton/N. J. 1947–65.
1057. DERS., Woodrow Wilson. Revolution, War and Peace, Arlington Heights/ Ill. ⁷1986 [Früher u.d.T.: Wilson the Diplomatist].
1058. K. SCHWABE, Woodrow Wilson. Ein Staatsmann zwischen Puritanertum und Liberalismus, Göttingen u. a. 1971.

Wirth

1059. H. KÜPPERS, Joseph Wirth. Parlamentarier, Minister und Kanzler der Weimarer Republik, Stuttgart 1997.

Anhang

Zeittafel

1919

18.1.	Eröffnung der Friedenskonferenz in Paris.
6.2.	Zusammentritt der deutschen Nationalversammlung in Weimar.
11.2.	Friedrich Ebert wird zum deutschen Reichspräsidenten gewählt.
28.4.	Die Vollversammlung der Pariser Friedenskonferenz stimmt der Völkerbundssatzung zu.
28.6.	Unterzeichnung des Friedensvertrags von Versailles.
11.8.	Ausfertigung der Weimarer Verfassung durch Reichspräsident Ebert.
10.9.	Friedensvertrag von St. Germain zwischen Österreich und den Alliierten.
27.11.	Friedensvertrag von Neuilly zwischen Bulgarien und den Alliierten.

1920

10.1.	Inkrafttreten des Versailler Vertrags.
13.-17.3.	Kapp-Lüttwitz-Putsch in Deutschland.
19.3.	Der amerikanische Kongreß verweigert den Beitritt der USA zum Völkerbund und damit die Ratifizierung des Versailler Vertrags.
6.4.	Besetzung des Maingaues durch französische Truppen im Gefolge des Einsatzes der Reichswehr gegen die aufständische „Rote Ruhrarmee".
4.6.	Friedensvertrag von Trianon zwischen Ungarn und den Alliierten.
5.-16.7.	Die Konferenz von Spa berät über die deutsche Abrüstung und die Reparationsfrage.
März – Oktober:	Russisch-polnischer Krieg.

1921

19.2.	Abschluß eines französisch-polnischen Militärbündnisses.
8.3.	Französische Truppen besetzen Düsseldorf, Ruhrort und Duisburg.
18.3.	Friede von Riga zwischen Sowjetrußland und Polen.
20.3.	Volksabstimmung in Oberschlesien; Mehrheit von 60% für Deutschland, Teilung des Gebietes (Oktober).
März/Okt.	In Ungarn scheitern die Bemühungen von Exkönig Karl zur Rückkehr auf den Thron.
5.5.	Im Londoner Ultimatum fordern die Alliierten eine Reparationssumme von 132 Mrd. Goldmark von Deutschland.
26.8.	Matthias Erzberger wird durch Mitglieder der rechtsradikalen „Organisation Consul" ermordet.
6./7.10.	Unterzeichnung des Wiesbadener Abkommens zwischen Frankreich und Deutschland.
5./6.12.	Der „Irische Freistaat" wird zum britischen Dominion.

1922

6.2.	Im Rahmen der Washingtoner Flottenkonferenz (seit 13. 11. 1921) einigen sich die USA, Großbritannien, Japan, Frankreich und Italien darauf, ihre Kriegsflotten im Kräfteverhältnis von 5:5:3:1,67:1,67 festzuschreiben.
3.4.	Josef Stalin wird Generalsekretär des ZK der Kommunistischen Partei Sowjetrußlands.
10.4.-19.5.	Konferenz von Genua zur Regelung internationaler Wirtschaftsfragen.
16.4.	Vertrag von Rapallo zwischen Deutschland und Sowjetrußland.
24.6.	Ermordung von Außenminister Walter Rathenau in Berlin.
1.8.	In der „Balfour-Note" beharrt Großbritannien gegenüber seinen alliierten Schuldnern Frankreich und Italien auf Rückzahlung. In erster Linie gegen die harte Gläubigerpolitik der USA gerichtet, trägt der zugrundeliegende Kurswechsel in der englischen Schuldnerpolitik zur Verhärtung der französischen Haltung in der Reparationsfrage gegenüber Deutschland bei.
4.10.	Die „Genfer Protokolle" garantieren die Unabhängigkeit Österreichs und gewähren internationale Finanzhilfe; in der Folge vermindert sich die innerösterreichische Bewegung für den Anschluß an Deutschland.
28.10.	Marsch der italienischen Faschisten auf Rom; Mussolini wird zum Ministerpräsidenten berufen. Die faschistische Umformung des Staates beginnt.

15.11.	In Großbritannien kommt es nach dem Ende der Kriegskoalition zu einem Wahlsieg der Konservativen; von einer kurzen Unterbrechung im Jahr 1924 abgesehen, bleiben bis 1929 konservative Regierungen im Amt.
30.12.	Gründung der „Union der Sozialistischen Sowjet-Republiken" (UdSSR).

1923

11.1.	Französische und belgische Truppen marschieren in das Ruhrgebiet ein.
13.1.	Beginn des „passiven Widerstands" an der Ruhr.
April:	Drastische Verschärfung der seit Mitte 1922 in Deutschland grassierenden Hyperinflation (auf ihrem Höhepunkt, dem 20. 11. 1923, entspricht ein Dollar dem Wert von 4,2 Billionen Mark).
6.7.	Die erste Verfassung der UdSSR tritt in Kraft.
24.7.	„Orientfrieden" von Lausanne: Als einziger Verliererstaat des Weltkrieges erreicht die Türkei eine Revision der friedensvertraglichen Regelungen (Garantie ihrer Unabhängigkeit, territoriale Neuregelung).
13.9.	In Spanien errichtet Miguel Primo de Rivera eine Militärdiktatur, die zwei Jahre später in ein Zivilkabinett umgewandelt wird (2. 12. 1925); die Verfassung von 1876 wird außer Kraft gesetzt, das Parlament aufgelöst.
26.9.	Ende des „passiven Widerstands" im besetzten Ruhrgebiet.
8./9.11.	In München scheitert der Hitler-Putsch; Hitler wird am 1. 4. 1924 zu fünf Jahren Haft verurteilt, im Dezember 1924 jedoch vorzeitig entlassen.
15.11.	Währungsreform in Deutschland: Über die Einführung der Rentenmark (Wert: 1 Billion Papiermark) gelingt die Restabilisierung der Währung.

1924

14.1.	Erster Zusammentritt der Internationalen Sachverständigenkommission zur Untersuchung der deutschen Zahlungsfähigkeit unter Charles G. Dawes.
21.1.	Tod Lenins; der Machtkampf um seine Nachfolge setzt ein: Stalins Konzept des „Sozialismus in einem Land" richtet sich gegen Trotzkis Idee der Weltrevolution.
22.1.	Zum ersten Mal bildet in Großbritannien die Labour Party unter Ramsay MacDonald die Regierung.
25.1.	Abschluß eines Bündnisvertrages zwischen Frankreich und der Tschechoslowakei.

1.2.	Großbritannien erkennt die Sowjetunion völkerrechtlich an; daraufhin folgen die meisten europäischen Staaten.
16.4.	Die deutsche Regierung akzeptiert den Dawes-Plan.
11.5.	Wahlsieg des „Cartel des Gauches" in Frankreich; Edouard Herriot bildet seine erste Regierung (15.6.).
16.7.-16.8.	Londoner Konferenz beschließt den Dawes-Plan und die Räumung des besetzten Ruhrgebiets innerhalb eines Jahres.
29.8.	Der deutsche Reichstag nimmt den Dawes-Plan an.

1925

28.2.	Tod von Reichspräsident Friedrich Ebert.
26.4.	Wahl Hindenburgs zum Reichspräsidenten.
14.7.-1.8.	Abzug der alliierten Truppen aus dem Ruhrgebiet.
5.-16.10.	Konferenz von Locarno.
30.11.	Die Alliierten räumen die Kölner Zone (am 31. 1. 1926 abgeschlossen).

1926

24.4.	Freundschafts- und Neutralitätsvertrag zwischen Deutschland und der Sowjetunion („Berliner Vertrag").
29.4.	Abkommen von Washington zwischen den USA und Frankreich zur Regelung der Kriegsschuldenfrage (am 12.7. schließt Frankreich eine entsprechende Vereinbarung mit Großbritannien).
3.-12.5.	Generalstreik in Großbritannien; Niederlage der Arbeiterbewegung.
12.5.	Staatsstreich des Marschalls Pilsudski in Polen und Errichtung eines autoritären Systems.
9.7.	Militärputsch in Portugal unter General Fragoso Carmona: Auflösung des Parlaments, Außerkraftsetzung der Verfassung.
23.7.	Raymond Poincaré wird zum vierten Mal französischer Ministerpräsident; faktisches Ende des „Cartel des Gauches".
8.9.	Deutschland erhält einen Sitz im Völkerbund.
17.9.	Treffen Briand-Stresemann in Thoiry.
25.11.	Einführung des Einparteienstaats in Italien.
10.12.	Aristide Briand, Gustav Stresemann und Austen Chamberlain erhalten gemeinsam den Friedensnobelpreis.

1927

31.1.	Die internationale Rüstungskontrollkommission wird aus Deutschland abgezogen.
20./21.5.	Charles A. Lindbergh überquert den Atlantik im Nonstop-Flug zwischen New York und Paris.

15.7.	Brand des Wiener Justizpalastes. Die fortdauernden innenpolitischen Spannungen zwischen rechten Wehrverbänden, linken Kräften und der Regierung erreichen einen vorläufigen Höhepunkt.
17.8.	Handelsvertrag zwischen Deutschland und Frankreich.
3.-19.12.	Der 15. Parteitag der KPdSU schließt Leo Trotzki aus der Partei aus; Stalin geht als Sieger aus dem inneren Machtkampf hervor. Beginn der Zwangskollektivierung und der verstärkten Industrialisierung des Landes.

1928

22./29.4.	Wahlsieg der Mitte-Rechts-Koalition „Union nationale" in Frankreich.
28.6.	In Deutschland Amtsantritt der Großen Koalition unter Reichskanzler Müller (SPD, DDP, Zentrum, DVP, BVP).
27.8.	„Kellogg-Pakt" zur Ächtung des Krieges, der schließlich bis 1939 durch 63 Staaten einschließlich Deutschlands unterzeichnet wird.

1929

6.1.	Staatsstreich in Jugoslawien: Auflösung des Parlaments, Diktatur unter König Alexander I.
9.2.	Das Litwinow-Protokoll dokumentiert die Etablierung von Nichtangriffspakten zwischen der Sowjetunion, Rumänien, Polen, Lettland und Estland.
11.2.	Aufgrund der Lateranverträge zwischen Italien und dem Vatikan wird die Vatikanstadt zu einem souveränen neutralen Territorium unter päpstlicher Hoheit.
11.2.-7.6.	Eine Sachverständigenkommission unter der Leitung von Owen D. Young berät in Paris über die Neuregelung der Reparationsfrage.
30.5.	In Großbritannien wird die Labour Party nach Unterhauswahlen erstmals zur stärksten Partei.
20./26.7.	Das französische Parlament ratifiziert die Verträge zur Regelung der interalliierten Kriegsschulden.
6.-31.8.	Erste Haager Konferenz über den Young-Plan zur Lösung der Reparationsproblematik und die von Deutschland gewünschte vorzeitige Rheinlandräumung.
4./5.9.	Aristide Briand präsentiert dem Völkerbund seinen Plan zur Schaffung einer europäischen Zoll- und Wirtschaftsunion.
3.10.	Tod von Außenminister Gustav Stresemann.
24.10.	Dramatischer Kurssturz an der New Yorker Börse; Beginn der Weltwirtschaftskrise.

22.12.	In Deutschland scheitert das Volksbegehren gegen den Young-Plan.
29.12.	Das französische Parlament beschließt den Bau einer Befestigungslinie an der Nordostgrenze (Maginot-Linie).
Dezember:	Beginn der Alleinherrschaft Stalins in der Sowjetunion; Forcierung der Kollektivierungsmaßnahmen, Kulakendeportationen.

1930

3.-20.1.	Zweite Haager Konferenz: Annahme des Young-Plans.
28.1.	Primo de Rivera tritt vom Amt des spanischen Ministerpräsidenten zurück; Nachfolger wird General Berenguer, der eine liberalere Politik verfolgt.
12.3.	Der deutsche Reichstag akzeptiert den Young-Plan.
27.3.	In Deutschland endet die Große Koalition unter Reichskanzler Müller.
29.3.	Das französische Parlament ratifiziert den Young-Plan.
29.3.	In Deutschland wird unter Reichskanzler Heinrich Brüning das erste Präsidialkabinett gebildet.
30.6.	Die alliierten Truppen ziehen vorzeitig aus dem Rheinland ab.
18.7.	Der deutsche Reichstag wird aufgelöst.
2.9.	Die französischen Flieger Costes und Bellonte überqueren den Nordatlantik erstmals im Direktflug in Ost-West-Richtung.
14.9.	Bei den Wahlen zum 5. Reichstag erzielt die NSDAP bedeutende Stimmengewinne, die ihr 107 statt bisher 12 Sitze verschaffen; sie wird aus der Position einer Splittergruppierung zur zweitstärksten Partei nach der SPD.

1931

März–September:	Der Plan einer deutsch-österreichischen Zollunion kommt v.a. aufgrund des französischen Einspruchs zu Fall.
14.4.	Ausrufung der Zweiten Republik in Spanien.
6.5.	In Paris-Vincennes wird die große Kolonialausstellung eröffnet.
6.7.	Das „Hoover-Moratorium" friert die Reparationszahlungen Deutschlands für ein Jahr ein.
13.7.	Zusammenbruch der Darmstädter und Nationalbank (Danat-Bank); in der Folge Bankenkrise in Deutschland.
24./25.8.	Bildung eines Allparteienkabinetts in Großbritannien, das die Labour-Regierung ablöst.
18.9.	Japan marschiert in die Mandschurei ein; diese wird zum japanischen Protektorat erklärt (18. 2. 1932). Die dadurch ausgelö-

21.9.	ste internationale Krise gilt als Wasserscheide der Zwischenkriegszeit. Abwertung des englischen Pfunds.
9.10.	Bildung des zweiten Kabinetts Brüning in Deutschland.

1932

2.2.	Eröffnung der Genfer Abrüstungskonferenz.
10.4.	Wiederwahl Hindenburgs zum Reichspräsidenten.
6.5.	Der französische Staatspräsident Doumer wird durch einen geisteskranken Attentäter ermordet; Albert Lebrun wird sein Nachfolger (10.5.).
8.5.	In Frankreich siegt eine Linkskoalition bei den Parlamentswahlen.
30.5.	Reichspräsident Hindenburg entläßt Brüning; Bildung des Präsidialkabinetts von Papen.
4.6.	Der deutsche Reichstag wird aufgelöst.
16.6.-9.7.	Konferenz von Lausanne: das Ende der Reparationen.
5.7.	In Portugal etabliert sich ein autoritäres Regime unter Ministerpräsident Salazar.
20.7.	Mit dem sog. „Preußenschlag" setzt von Papen die geschäftsführende preußische Regierung ab; von Papen wird zum Reichskommissar für Preußen ernannt.
22.7.	Deutschland verläßt die Genfer Abrüstungskonferenz bis zur Gleichberechtigungserklärung (11.12.).
31.7.	Bei den Reichstagswahlen wird die NSDAP zur stärksten Partei (37,2%).
12.9.	Auflösung des Reichstags, nachdem dieser der Regierung von Papen mit 512 zu 42 Stimmen das Mißtrauen ausgesprochen hat.
6.11.	Bei den Reichstagswahlen erleidet die NSDAP Stimmenverluste, bleibt aber stärkste Partei (33,0%).
17.11.	Das Kabinett von Papen tritt zurück.
2.12.	Hindenburg ernennt General Kurt von Schleicher zum neuen Reichskanzler.
11.12.	Die alliierten Mächte erkennen die deutsche Gleichberechtigung in Rüstungsfragen an.

1933

4.1.	„Kölner Gespräch" zwischen Hitler und von Papen im Hinblick auf die Bildung eines gemeinsamen Kabinetts.
28.1.	Rücktritt von Schleichers.

30.1.	Hindenburg ernennt Adolf Hitler zum deutschen Reichskanzler; von Papen wird Vizekanzler.
2.2.	Wiederzusammentritt der Genfer Abrüstungskonferenz; sie wird am 21.11. ergebnislos vertagt.
27.2.	Brand des Reichstages; am Tag darauf Erlaß der Notverordnung „zum Schutz von Volk und Staat", die die Grundrechte „bis auf weiteres" außer Kraft setzt.
5.3.	Bei den Reichstagswahlen erzielt die NSDAP 43,9% der Stimmen; NSDAP und DNVP (8%) besitzen zusammen die absolute Mehrheit.
15.3.	In Österreich setzt sich Bundeskanzler Dollfuß über die Verfassung hinweg und etabliert eine autoritäre Regierung; außenpolitische Annäherung an Italien.
21.3.	„Tag von Potsdam": Inszenierte Demonstration „nationaler Einheit" mit Hindenburg und Hitler.
23.3.	Der Reichstag stimmt mit Ausnahme der SPD dem Gesetz „zur Behebung der Not von Volk und Reich" zu („Ermächtigungsgesetz").
10.5.	Bücherverbrennungen in deutschen Universitätsstädten, darunter Werke von Franz Kafka, Thomas und Heinrich Mann, Kurt Tucholsky, Carl Zuckmayer und anderen.
15.7.	Viererpakt zwischen Großbritannien, Frankreich, Italien und Deutschland.
20.7.	Konkordat zwischen dem Deutschen Reich und dem Heiligen Stuhl.
Juni/Juli:	Erzwungene Selbstauflösung der Parteien in Deutschland (Ausnahme: NSDAP). Einparteienstaat.
2.9.	Nichtangriffs- und Freundschaftsvertrag zwischen Italien und der Sowjetunion.
14.10.	Deutschland verläßt die Genfer Abrüstungskonferenz und tritt aus dem Völkerbund aus (19.10.).

1934

26.1.	Deutsch-polnischer Nichtangriffspakt.
6.2.	Die Krise des parlamentarischen Systems in Frankreich erreicht einen gewaltsamen Höhepunkt: Unruhen vor der französischen Deputiertenkammer; in der Folge Rücktritt der Regierung Daladier.
12.2.	Generalstreik in Frankreich.
30.6.	Ermordung nahezu der gesamten SA-Führung und weiterer Gegner Hitlers im Gefolge des sogenannten, tatsächlich nicht erfolgten „Röhm-Putsches".

25.7.	Mißlungener Putschversuch der österreichischen Nationalsozialisten, Ermordung von Bundeskanzler Dollfuß.
2.8.	Tod Hindenburgs; Hitler nennt sich „Führer und Reichskanzler". Die Etablierung der Führerdiktatur ist damit abgeschlossen.
18.9.	Aufnahme der Sowjetunion in den Völkerbund, die so ihre internationale Präsenz verstärkt.
9.10.	Ermordung des französischen Außenministers Louis Barthou und König Alexanders I. von Jugoslawien durch kroatische Terroristen in Marseille.

1935

17.1.	Das Saarland wird nach einer Volksabstimmung (13.1.) wieder in den Reichsverband eingegliedert.
16.3.	Deutschland führt (gegen die Bestimmungen des Vertrags von Versailles) die allgemeine Wehrpflicht ein.
11.-14.4.	Bildung der „Stresa-Front" zwischen Großbritannien, Frankreich und Italien zur Eindämmung einseitiger internationaler Vertragsverletzungen durch Deutschland.
2.5.	Französisch-sowjetischer Beistandsvertrag.
12.5.	Tod Josef Pilsudskis; in Polen geht die Macht auf General Edward Rydz-Smigly über.
18.6.	Flottenabkommen zwischen Großbritannien und Deutschland.
3.10.	Italienischer Überfall auf Abessinien; die insbesondere durch Frankreich und Großbritannien nur halbherzig durchgeführten Völkerbundssanktionen können die Annexion des Landes durch Italien nicht verhindern (9. 5. 1936).
6.12.	In Frankreich werden verschiedene paramilitärische Organisationen aufgelöst.

1936

16.2.	Wahlsieg der Volksfront („Frente Popular") in Spanien; Generalstreiks, politische Morde.
7.3.	Deutsche Truppen marschieren unter Bruch des Locarno-Vertrages in das entmilitarisierte Rheinland ein.
3.5./4.6.	In Frankreich Wahlsieg eines Linksbündnisses aus Sozialisten, Radikalsozialisten und Kommunisten. Bildung der ersten Volksfrontregierung unter Léon Blum: Reformen im Bereich der Arbeits- und Sozialordnung, u.a. Einführung der Vierzigstundenwoche und des bezahlten Jahresurlaubs.
9.5.	Italien erklärt nach dem Ende des Abessinien-Krieges die Annexion des Landes.

18.6.	In Frankreich werden militante rechtsradikale „Ligen" aufgelöst.
17.7.	Beginn des Spanischen Bürgerkriegs.
4.8.	Militärdiktatur in Griechenland nach Putsch des Generals Metaxas.
1.-16.8.	In Berlin finden die XI. Olympischen Sommerspiele statt.
11.8.	Gesetz über die Verstaatlichung französischer Kriegsindustrien.
27.9.	Abwertung des französischen Franc.
30.9.	General Francisco Franco wird spanischer Staats- und Regierungschef.
25.10.	Begründung der „Achse Berlin-Rom" durch einen deutsch-italienischen Vertrag.
25.11.	Das Deutsche Reich und Japan schließen den „Antikominternpakt" ab.

1937

26.4.	Deutsche Flugzeuge der auf seiten Francos kämpfenden „Legion Condor" bombardieren die spanische Stadt Guernica.
28.5.	Neville Chamberlain wird britischer Premierminister.
14.6.	Irland erhält eine neue Verfassung, die den bisherigen „Irischen Freistaat" in die „Republik Eire" umwandelt und dieser die volle Souveränität gibt.
30.6.	Erneute Abwertung des französischen Franc.
6.11.	Italien tritt in den „Antikomintern-Pakt" ein und verläßt den Völkerbund (11.12.).

1938

4.2.	Hitler übernimmt nach der Entlassung von Reichskriegsminister von Blomberg und des Oberbefehlshabers des Heeres von Fritsch selbst den Oberbefehl über die Wehrmacht.
20.2.	Durch den Rücktritt Edens als britischer Außenminister wird der Weg zur vollen Umsetzung der Appeasement-Politik von Premierminister Chamberlain gegenüber Hitler frei; zum Nachfolger Edens wird Lord Halifax ernannt (25.2.).
Febr.-Nov.:	Beseitigung der parlamentarischen Demokratie in Rumänien.
12.3.	Deutsche Truppen marschieren in Österreich ein: „Anschluß" an das Deutsche Reich (13. März).
24.3.	Beginn einer Streikwelle in Frankreich.
10.4.	Edouard Daladier wird nach dem Sturz Léon Blums französischer Ministerpräsident; Ende der Volksfront in Frankreich.
16.4.	Verständigungsabkommen zwischen Großbritannien und Italien: Großbritannien erkennt die italienische Annexion Abessi-

niens an; Italien verpflichtet sich, die italienischen Freiwilligen aus dem Spanischen Bürgerkrieg zurückzuziehen.

29./30.9. Auf der Münchener Konferenz einigen sich Chamberlain, Daladier, Mussolini und Hitler auf die Abtretung des Sudetenlandes durch die Tschechoslowakei an das Deutsche Reich; das Gebiet von Teschen geht an Polen.

5.10. Rücktritt des tschechoslowakischen Staatspräsidenten Beneš.

9./10.11. Antijüdische Pogromnacht in Deutschland (sog. „Reichskristallnacht").

6.12. Unterzeichnung einer deutsch-französischen Nichtangriffserklärung.

1939

15.3. Deutsche Truppen marschieren in die Tschechoslowakei ein („Reichsprotektorat Böhmen und Mähren", 16.3.); ungarische Verbände besetzen die Karpato-Ukraine.

23.3. Der Vertrag von Berlin macht die Slowakei zum deutschen Satellitenstaat; deutsche Truppen marschieren in das Memelgebiet ein.

28.3. Ende des Spanischen Bürgerkriegs nach der Eroberung Madrids durch die Truppen Francos; Großbritannien, Frankreich und die USA erkennen die Regierung Franco an (27.2. bzw. 1.4.).

31.3. Britische und französische Garantieerklärung für Polen.

7.4. Italien besetzt das Königreich Albanien; König Viktor Emanuel III. wird in Personalunion König von Albanien (16.4.).

26.4. Großbritannien führt die allgemeine Wehrpflicht ein.

28.4. Deutschland kündigt das deutsch-britische Flottenabkommen und den deutsch-polnischen Nichtangriffspakt.

22.5. Militärpakt zwischen Italien und Deutschland („Stahlpakt").

24.7. Beistandsabkommen zwischen Frankreich, Großbritannien und der Sowjetunion. Da keine Einigung über eine anzugliedernde Militärkonvention zustandekommt, tritt der Vertrag nicht in Kraft.

23.8. Deutsch-sowjetischer Nichtangriffsvertrag mit geheimem Zusatzprotokoll über die Aufteilung Polens und Ostmitteleuropas („Hitler-Stalin-Pakt").

25.8. Britisch-polnischer Beistandspakt.

1.9. Deutscher Überfall auf Polen: Beginn des Zweiten Weltkriegs.

3.9. Britische und französische Kriegserklärung an Deutschland aufgrund der Garantie für Polen.

Abkürzungsverzeichnis

CGT Confédération Générale du Travail
DDP Deutsche Demokratische Partei
DVP Deutsche Volkspartei
DNVP Deutschnationale Volkspartei
KPD Kommunistische Partei Deutschlands
NSDAP Nationalsozialistische Deutsche Arbeiterpartei
PCF Parti Communiste Français
SFIO Section Française de l'Internationale Ouvrière
TUC Trades Union Congress

Abgekürzt zitierte Zeitschriften

EHQ European History Quarterly
GG Geschichte und Gesellschaft
HZ Historische Zeitschrift
JCH Journal of Contemporary History
NPL Neue Politische Literatur
VfZ Vierteljahrshefte für Zeitgeschichte
ZfG Zeitschrift für Geschichtswissenschaft

Personenregister

Adamthwaite, A. 191-193, 195
Agulhon, M. 150f.
Ahmann, R. 193
Alexander I., König v. Jugoslawien 9
Alter, P. 136, 155, 159
Altrichter, H. 101, 142, 197
Ambrosius, G. 148
Arendt, H. 122, 138
Aron, R. 162f., 165, 170
Artaud, D. 175
Asquith, H.H. Earl of Oxford 114
Atatürk, K. 9, 31
Azéma, J.-P. 150f.
Aznar, M. 194

Baechler, C. 178
Bainville, J. 162
Balderston, T. 148
Baldwin, S. 113, 115, 133
Bariéty, J. 171, 174, 176-179
Barrot, O. 119
Barthou, L. 9
Bauer, G. 4, 27
Bauerkämper, A. 153
Baumgart, W. 163
Baumont, M. 131f.
Becker, J. 186, 197
Becker, J.-J. 151
Bell, P.M.H. 195
Bellstedt, H.F. 195
Beneš, E. 50, 64
Bergson, H. 16
Bernecker, W.L. 194
Berstein, S. 151
Bevin, E. 158
Beyme, K. von 150
Birke, A.M. 149, 154, 159, 193
Blake, R. 158
Bloch, C. 150, 196
Bloch, M. 11
Blum, L. 62, 82, 91, 110, 153, 156
Bonn, M.J. 6f.
Bonnefous, E. 150
Bonnet, G. 195
Borchardt, K. 148, 184
Borne, D. 151
Bosl, K. 163

Bracher, K.D. 122, 125, 130-132, 135-140, 142f., 151f., 154, 197f.
Braudel, F. 156
Braunias, K. 122
Brecht, B. 15
Breton, A. 15
Briand, A. 41, 49f., 54-56, 61, 110, 177f., 194,
Broch, Hermann 16
Brockdorff-Rantzau, U. Graf von 19, 25f., 28, 161
Broszat, M. 139
Brüning, H. 48, 57, 61, 111f., 145, 172, 180, 184
Brzezinski, Z. 137
Bucharin, N. 101
Bullock, A. 140, 158
Büsch, O. 149
Bussmann, W. 196
Butler, D.E. 157
Butler, R.A. 158

Caillaux, J. 162
Canetti, E. 9
Carol II., König v. Rumänien 8
Caron, F. 156
Chamberlain, J.A. 50
Chamberlain, A.N. 64-66, 115, 191-193, 195
Chastenet, J. 150
Churchill, W. 18, 110, 128f., 193
Ciano, G., Conte di Cortellazzo 72
Cipolla, C.M. 148
Clemenceau, G. 20, 24ff., 109, 161f., 164, 174, 178
Clements, K. 175
Cointet, J.-P. 156
Craig, G.A. 130f.
Cuno, W. 46
Curtius, E.R. 15, 56, 61, 180
Curzon, G. 44

D'Abernon, E.V. 50
Dahlerus, B. 75
Daladier E. 74, 156, 195
Dann, O. 136
Dawes, C.G. 46
De Felice, R. 195

Dehio, L. 165f., 170f.
Di Nolfo, E. 194f.
Dickmann, F. 171f.
Dipper, C. 194
Döblin, A. 15f.
Doderer, H. von 9
Doise, J. 171
Dollfuß, E. 9
Dos Passos, J. 15
Doumer, P. 110
Droz, J. 139, 177
Dubief, H. 151
Dulles, J.F. 171
Dupeux, L. 155
Durkheim, E. 16
Duroselle, J.-B. 146, 165, 170–171, 178, 195
Duverger, M. 144, 152

Ebert, F. 22, 27, 110
Eden, R.A. 195
Eisner, K. 110
Eksteins, M. 15
Elcock, H. 164
Erdmann, K.D. 162
Erzberger, M. 2, 27, 110
Eschenburg, T. 125–127, 140, 143

Falter, J.W. 122, 157
Favier, J. 150
Feldman, G.D. 118, 148f.
Felice, R. de 140
Fellner, F. 164
Fest, J. 140
Fink, C. 179
Fischer, F. 172f.
Fischer, W. 148
Fisher, H.A.L. 127–129
Foch, F. 24
Fraenkel, E. 108, 125, 140
Franco, F. 9, 62–64, 70, 112, 126f.
François-Poncet, A. 176
Frank, R. 166, 187–190
Freud, S. 15
Friedrich, C.J. 137, 141
Führer, K.C. 149
Funke, M. 152
Fusi, J.P. 127

Gathorne-Hardy, G.M. 166
Gaulle, C. de 11
Geiger, T. 16, 95
Gellner, E. 136

George, J. 150
Giddens, A. 157
Gilbert, P. 47, 55
Girault, R. 166, 187–190
Gladstone, H.J. 166
Glashagen, W. 172
Glum, F. 150
Goebbels, J. 76
Goguel, F. 152
Goldstein, E. 176
Göring, H. 75
Graml, H. 40, 179–182, 185f., 193, 198
Graves, R. 157
Greilsammer, I. 156
Grenville, A.S. 133
Grewe, W.G. 40, 166, 169f.
Grimm, H. 77
Groener, W. 27
Gruchmann, L. 191
Grupp, P. 178
Gunzenhäuser, M. 170
Guttsman, W.L. 157

Haase, H. 110
Hagspiel, H. 174
Hahlweg, W. 163
Halévy, E. 138
Halsey, A.H. 157
Hardenberg, K.A. Freiherr von 24
Haupt, H.G. 149
Haupts, L. 172
Hauser, O. 155
Headlam-Morley, J. 161
Heckscher, A. 175
Hehl, U. von 139
Heidegger, M. 16
Heimsoeth, H.-J. 195
Helbich, W. 172
Henlein, K. 64
Hentig, H. von 165
Hermens, F.A. 122
Herriot, E. 41f., 52–54, 110, 177, 194
Herzfeld, H. 84, 121–124, 131f.,
Heuss, A. 131
Hildebrand, K. 139, 165, 168f., 173, 186, 192, 194, 196f.
Hillgruber, A. 162, 173, 176, 186, 197
Hindenburg, P. von 47, 56, 112
Hitler, A. 9, 11–13, 35, 42f., 45, 57–75, 77–79, 86, 91, 99, 112, 122, 128f, 133, 136, 139, 143, 167f., 180, 185f., 188f., 191–198

Personenregister

Hobsbawm, E.J. 95, 132, 136, 142–145, 181
Hodge, A. 157
Hofer, W. 191, 195 f.
Holborn, H. 151
Holtfrerich, C.L. 149, 184
Hornung, K. 138
Horthy v. Nagybánya, N. 8
Howard, M. 193
Hubbard, W.H. 148
Hudemann, R. 155

Jackson, J. 154
Jacobsen, H.-A. 152, 196
Jacobson, J. 178
James, H. 186
Jaspers, K. 16
Jeanneney, J.-N. 154
Jenkner, S. 137
Joll, J. 165
Joyce, J. 16
Jünger, E. 15
Junker, D. 195

Kafka, F. 16
Kandinsky, W. 16
Kautsky, K. 159
Keith, A.B. 21
Kennan, G.F. 143
Kennedy, P. 160, 165–167
Kerenskij, A.F 7
Kershaw, I. 139
Keynes, J.M. 163
Kimmich, C.M. 176
Kindleberger, Ch. P. 148, 186
Kissinger, H.A. 162, 167 f.
Kitchen, M. 129
Kittel, M. 155
Klages, L. 16
Kluxen, K. 149
Knipping, F. 155, 178 f., 198
Knox, M. 195
Kocka, J. 149
Kohn, H. 137
Koshar, R. 149
Kraus, K. 15
Kriegel, A. 153
Krieger, W. 160
Krüger, P. 165, 172 f., 178 f.
Kupferman, F. 156

Labrousse, E. 156
Lacouture, J. 156

Laidoner, J. 9
Landes, D.S. 89, 148
Laski, H.J. 6
Laval, P. 91, 110, 112, 156
Lee, B.A. 196
Lefranc, G. 153 f.
Lemberg, E. 136
Lenin, W.I. 20, 44, 101, 122, 189
Lichtheim, G. 129 f.
Liebknecht, K. 110
Lindsay, T.F. 158
Link, A.S. 175
Link, W. 175
Linz, J.J. 141
Lipski, J. 67
Litwinow, M. 70
Lloyd George, D. 19 f., 23–25, 32, 113, 115, 161 f., 164, 173, 175 f.
Loewenstein, K. 122
Lottes, G. 154
Luckau, A. 161
Luther, H. 46, 50
Luxemburg, R. 110

MacDonald, R. 13, 60, 108, 114 f., 177
Mackenzie, R.T. 157
Maier, C. S. 148, 174
Maier, H. 139
Mann, G. 131
Mann, K. 14
Mann, T. 14
Mantoux, P. 161
Martens, S. 178
Martin du Gard, R. 14
Marx, K. 136
Maurras, C. 109
Mayer, A.J. 166, 173 f.
Mayer, K.J. 177
Mayeur, J.-M. 153
McDougall, W.A. 177
McKibbin, R. 158
Medlicott, W.M. 175
Meinecke, F. 138
Merlio, G. 138, 153
Metaxas, I. 9
Metternich, K. W. Fürst von 24
Michaelis, H. 26, 50 f., 54, 61, 65, 68, 196
Michalka, W. 197
Miliband, R. 158
Millerand, A.E. 110
Miquel, P. 174, 178
Mitterand, F. 150

Miyake, M. 196
Möller, H. 117, 122, 141 f., 144, 149, 152, 154, 157, 169
Mollier, J.-Y. 150
Molotow, W. 70, 73, 186
Mommsen, H. 139
Morsey, R. 157
Mosca, R. 161
Mosley, O. 108
Mouton, M.-R. 176
Mowat, C.L. 146, 150
Muhr, J. 176
Müller, K.-J. 153, 198
Musil, R. 8
Mussolini, B. 9, 23, 50, 57 f., 60–65, 70–72, 74 f., 79, 86, 104, 122, 129, 133, 141, 145, 168, 185, 188, 191, 194 f.

Näf, W. 124–126
Napoleon III., Kaiser d. Franzosen 109
Neri, D. 155
Neumann, F. 140
Newman, K.J. 127, 141
Nicolson, H. 162, 173
Niedhart, G. 189 f., 197
Niethammer, L. 119
Nietzsche, F. 14
Nipperdey, T. 152, 154
Nitti, F. 1
Nolte, E. 5, 99, 137–142, 153, 189 f.

Orde, A. 176
Orlando, V.E. 20, 161
Ortega y Gasset, J. 135
Ory, P. 119

Papen, F. von 48, 145, 154
Parker, A.C. 133 f.
Pascha, E. 31
Paulmann, J. 149
Paxton, R. 97
Payne, S.G. 138, 194
Péguy, Ch. 132
Pétain, Ph. 10, 112
Peter, M. 163
Petersen, J. 195
Pfeil, A. 176
Picasso, P. 16
Pilsudski, J. 8, 44 f., 71, 112
Pimlott, B. 158
Pinder, J. 85, 87
Pinto, A.C. 153
Pipes, R. 100

Poidevin, R. 173
Poincaré, R. 24, 55, 57, 109, 111, 161 f., 177 f.
Pollard, S. 150
Polonsky, A. 125
Potocki, J. 67
Prazmowska, A. 192
Preuß, H. 36
Primo de Rivera, M. 9
Prost, A. 156
Proust, M. 15 f.

Raithel, T. 155
Ránki, G. 182
Rathenau, W. 110
Raupach, H. 102
Rauch, G. von 101
Raulet, G. 149
Réau, Elisabeth du 156
Recker, M.L. 196
Remarque, E.M. 15
Rémond, R. 111, 119, 150 f., 153
Renner, K. 19
Renouvin, P. 170
Revel, J.F. 131
Rhode, G. 41
Ribbentrop, J. von 67–69, 72 f.
Rich, N. 198
Ricossa, S. 90
Ritter, G.A. 84, 148 f.
Robbins, K.G. 176, 193
Rohe, K. 159
Röhm, E. 103
Roosevelt, F.D. 63, 70 f., 92, 133, 183
Ross, F.S. 157
Rothfels, H. 117
Roussellier, N. 154
Rowland, P. 175
Rüstow, A. 137

Salazar, A. de Oliveira 9, 126 f.
Salis, J.R. 123–126, 128
Sauer, W. 154
Sauvy, A. 156
Schacht, H. 47, 90
Schapiro, L. 122
Scheidemann, Ph. 4, 22, 26 f.
Schieder, T. 36, 48, 146, 179
Schieder, W. 104, 138, 194
Schmädeke, J. 197
Schmidt, G. 159 f., 193
Schmitt, C. 122

Schönberg, A. 16
Schraepler, E. 26, 50f., 54, 61, 65, 68, 196
Schreiber, G. 139
Schröter, H.G. 186
Schubert, C. von 178
Schuker, S.A. 148, 177
Schulz, G. 151, 154, 164
Schumacher, M. 157
Schuschnigg, K. 10
Schwabe, K. 164, 170, 172f., 175
Seidel, B. 137
Seitz, K. 29
Seyß-Inquart, A. 64
Sharp, A. 176
Siebert, F. 178
Siegfried, A. 11
Silverman, D.P. 175
Simon, J. 60
Sirinelli, J.-F. 153, 156
Skrzynski, A. 50
Smend, R. 7
Smetona, A. 9
Smith, B.F. 196
Smith, D.M. 195
Solschenizyn, A. 14
Sombart, W. 16
Soutou, G.-H. 155
Spengler, O. 1
Stalin, J. 45, 62f., 70, 72-74, 78f., 128, 133, 169, 186
Stambolijski, A. 30
Stang, J. 157
Stanworth, P. 157
Stavisky, A. 110
Steinbach, P. 149
Steiner, Z. 176
Sternhell, Z. 138, 153
Sternberger, D. 122
Stevenson, J. 150, 157
Stokes, D. 157
Stresemann, G. 40, 46f., 49f., 52-57, 61, 110, 177-180
Suarez, G. 178

Talleyrand, C.M. de 24
Talmon, J. 138
Tannenbaum, E.R. 138
Tardieu, A. 61, 111, 163, 194
Taylor, A.J.P. 146, 150, 175

Tenfelde, K. 149, 159
Teodorov, T. 30
Thomas, H. 194
Toynbee, A. 168, 182
Trachtenberg, M. 164
Trevor-Roper, H. 196

Ulam, A.B. 102
Ulmanis, K. 9

Vaïsse, M. 171
Vandervelde, E. 50
Vansittart, R. 193
Viktor Emanuel III., König v. Italien 70
Vogel, B. 122

Walters, F.P. 176
Walworth, A.C. 175
Webb, S. 115
Weber, E. 138, 153, 156
Weber, M. 16
Weinberg, G.L. 191, 195f.
Wells, H.G. 21
Wendt, B.-J. 193, 196
Wengst, U. 161
Wentker, H. 154
Werner, K.F. 195
Westarp, K. Graf von 53
Wieck, J. 193
Wilhelm I., Deutscher Kaiser, König v. Preußen 18
Williamson, P. 159
Willson, F.M.G. 158
Wilson, T. 158
Wilson, W. 12, 19-26, 29, 33, 36, 40, 135, 161f., 164-166, 171, 173-175
Winkler, H.A. 153
Winock, M. 150
Wirsching, A. 139, 149, 154f.
Witt, P.C. 149
Wittram, R. 36
Wurm, C. 178f., 186

Young, O.D. 47

Zapf, W. 157
Zernack, K. 197
Zibordi, G. 104
Ziebura, G. 156, 182-186
Ziegler, W. 154

Sachregister

Abrüstung 37, 78
- kontrolle 54
- konferenz (Genf 1932) 58
Action française 10, 109 f.
Achse Berlin-Rom 63
Adel (als Herrschaftselite) 93 f.
Albanien 35
Alltagsgeschichte 119 f.
„Anschluß" Österreichs 1938 64
Antikominternpakt 63, 73
Appeasement 12, 63–74, 148, 167 f., 191–195
Arbeiterbewegung (siehe auch Gewerkschaften, sozialer Wandel, Wirtschaftsstruktur) 149
Arbeitsbeschaffungsmaßnahmen 90 ff.,
Arbeitslosigkeit 12, 13, 80-82, 91 f., 123 f., 145, 155 f., 184
Autarkiepolitik 86–90, 182
Automobilproduktion 85 f.
Autoritäre Regime (siehe auch Diktaturvergleich, Faschismus) 8 ff., 13

Bankenkrise 1931 82 f., 159
Belgien 36, 83, 96 f.
Benelux-Staaten 10
Bevölkerung (– bewegungen, – wachstum) 2, 16 f., 80 ff., 93, 98, 123
Börsenkrach (New York 1929, siehe auch Weltwirtschaft, Weltwirtschaftskrise) 86 f.
Brest-Litowsk (Vertrag 1917, siehe auch Friedensschlüsse) 19, 23
Briand-Kellogg-Pakt 1928 (Kriegsächtung) 54 f., 78
Britisches Empire/Commonwealth (siehe auch Großbritannien) 2, 12, 84 f.
- Commonwealth-Konferenz (Ottawa 1932) 89 f.
Bündnissysteme (siehe auch Staatensystem) 59, 78 f.
Bürgertum (siehe auch Sozialer Wandel, Wirtschaftsstruktur) 126, 128 ff., 136, 153
Bulgarien 19, 30 f., 96

Camelots du Roi 110 f.
China (Siehe auch Mandschureikrise 1931) 58, 63
Croix-de-Feu 111
Curzon-Linie 44 f.

Dänemark (siehe auch Skandinavien) 34
Danzig 39, 192
Dawes-Plan (1924, siehe auch Reparationen) 12, 46 f., 49, 184
Deflationspolitik 90, 183 ff.
Deutsch-britisches Flottenabkommen 1935 64
Deutscher „Sonderweg" 6
Deutsches Reich, Deutschland, Weimarer Republik (siehe auch Diktaturvergleich, Nationalsozialismus, Parlamentarismus, Sozialer Wandel, Staatensystem, Weltwirtschaftskrise, Wirtschaftsstruktur) 2–5, 12, 18, 23 ff., 28 f., 77 f., 83, 84, 87, 95–99, 105 f., 107–115, 126, 128 f., 133, 144 ff., 147–160, 169 ff., 174, 184 ff.
- Arbeitslosigkeit 80 ff.
- Auflösung der Weimarer Republik 56 ff., 151 f.
- Bevölkerung 80 f.
- Krise 1923 46
- Nationalversammlung/Reichsregierung 1919 27
- Präsidialregierungen 48, 56 ff., 60 f., 112, 180 f.
- Reichspräsidentenwahl 1925 52
Deutsch-französische Beziehungen (siehe auch Frankreich, Staatensystem) 18, 24 ff., 28, 40 ff., 49–56, 60 ff., 176–179, 194 f.
Deutsch-sowjetischer Nichtangriffspakt (Hitler-Stalin-Pakt 1939) 73 f., 185
- NS-Deutschland und die Sowjetunion 69–74
Diktaturvergleich 13 f., 76–79, 99 ff., 126 ff., 133 f., 137–142, 143 ff.

Eigentumsrecht 98
Erwerbstätigkeit (siehe auch Arbeitslosigkeit, Sozialer Wandel, Wirtschaftsstruktur) 98
Estland 8 f., 34
Europa-Plan Briands 1929 56

Faschismus (siehe auch Diktaturvergleich, Nationalsozialismus, Italien) 4 f., 13, 78, 86, 97, 103 ff., 126 ff., 133, 137–142, 144, 153, 181
Finnland 34, 96, 143

Flottenkonferenz (Washington 1922) 40 f.
Flüchtlinge (siehe auch Bevölkerung) 39
Föderalismus und Regionalismus (siehe auch Preußen) 13, 154
Frankreich (siehe auch deutsch-französische Beziehungen, Staatensystem, Sozialer Wandel, Wirtschaftsstruktur) 2, 3, 7, 10 f., 12, 20, 22 f., 28, 35, 40 ff., 59 f., 67 f., 74, 83, 84 ff., 87, 89 f., 91 f., 94, 96–99, 107–115, 119, 147–160, 169 ff., 174, 184, 192–195
- Arbeitslosigkeit 81 f.
- Bevölkerung 80
- Hegemonie, künstliche (siehe auch Staatensystem) 40 f., 169 f.
- Locarnopolitik 49 ff., 53 ff., 178 f.
- Linkskartell (Herriot) 53 f.
- Région parisienne (siehe auch Urbanisierung) 81 f., 155
- Vichyregime 10 f
- Volksfront 10, 111 f., 153 f.
Freihandel (siehe auch Protektionismus) 84 f., 181
Friedensverhandlungen, Friedensschluß, Pariser Vorortverträge (u. a. Vertrag von Versailles, siehe auch Staatensystem) 2–5, 8, 18–40, 134, 143 f., 161–171
Funktions- und Herrschaftseliten
- in Demokratien 93 f., 107, 109 ff., 154–158, 172
- in Diktaturen 102–106

Genua, Konferenz von 1922 179
Gewalt/Freund-Feind-Ideologie 122, 130 f.
Gewerkschaften (siehe auch Arbeiterbewegung, Kommunismus, Parteien) 108, 114 f., 145 f.
Goldstandard (siehe auch Währungspolitik, Weltwirtschaft, Weltwirtschaftskrise) 83 ff., 183 f.
Grenzverletzungen 43 f.
Grenzgarantien der Locarnoverträge 1925 51 ff.
Griechenland 9, 31, 34, 71, 83, 96
- griechisch-türkischer Krieg 31
Großbritannien (siehe auch Parlamentarismus, Sozialer Wandel, Staatensystem, Wirtschaftsstruktur, Weltwirtschaft, Weltwirtschaftskrise) 2, 4, 5, 10–13, 20, 40 f., 59 f., 64 f., 67 f., 69 ff., 84 ff., 87, 89 f., 91, 93 ff., 96 f., 99, 107–115, 133 ff., 144, 147–160, 168 f., 175 f., 184, 191 ff.
- Arbeitslosigkeit 80 ff.
- Bevölkerung 80 ff.

- Generalstreik 1926 11–13, 158 ff.
- irische Frage 13
- Locarnopolitik 49 ff.
- Türkeipolitik 32

Hegemonialstreben (siehe auch Staatensystem) 166
Holocaust (Antisemitismus, sog. Reichskristallnacht 1938) 13, 99, 196
Hoover-Moratorium 1931 48, 58
Hoßbach-Protokoll 196 f.

Ideologien, totalitäre (siehe auch Faschismus, Kommunismus, Nationalsozialismus, Diktaturvergleich, Gewalt) 4 f., 7, 97, 99, 108 f., 112, 128–131, 137–142, 188
Industrialisierung (siehe auch Urbanisierung) 11 f.
Industrieproduktion (siehe auch Wirtschaftsstruktur) 2 f., 83–88, 97, 158
Inflation 2, 46, 85 f., 149, 184
Instabilität, nationale und internationale (siehe auch Staatensystem, Parlamentarismus, Ideologien, Weltwirtschaftskrise) 3, 46, 59–79
Interparlamentarische Union 6
Interventionsstaat 7, 83 f., 89 f., 123
Irland 13, 143
Italien (siehe auch Faschismus, Friedensverhandlungen, Liberales System, Staatensystem, Wirtschaftsstruktur) 2, 3, 9, 20, 23, 35, 58, 64 ff., 70–79, 83, 90, 96 f., 103 f., 133, 174, 185 f, 194 f.
- Bevölkerung und Arbeitslosigkeit 80, 82
- Friedensvertrag 33

Japan (siehe auch Mandschurei-Krise, Staatensystem, Deutschland, Italien) 12, 20, 40 f., 58, 63 f., 71 f., 77 f.
Jugoslawien (siehe auch Neugründungen von Staaten) 8, 34 f., 59

Kalter Krieg 5, 188 f.
Kolonialpolitik 22
Komintern 44
Kommunismus, Bolschewismus (siehe Ideologien, totalitäre, Diktaturvergleich, Sowjetunion) 4 f., 63
Konservativismus (siehe auch Parteien, Sozialer Wandel) 110, 153
Konservative Revolution 10, 109
Konstitutionalismus 108, 111
Kontinuität deutscher Außenpolitik 172 f.

Krieg (siehe Weltkriege)
Kriegserklärung 1939 75
Kriegsgefangene 39
Kriegsschuld, -artikel (231 Vertrag von
   Versailles) 3, 26 f., 28 f., 171 f.
Krise, Krisenanfälligkeit, -lösungskapazität
   (siehe auch Parlamentarismus, Staatensystem) 1 f., 7 f., 12–14, 60–62, 107–115,
   121 ff.
Kroatien 8
Kronstädter Matrosenaufstand 101
Kulaken 100 ff.
Kulturelle Tendenzen 14–17

Landwirtschaft, Agrarwesen, -reformen
   (siehe auch Sozialer Wandel, Urbanisierung, Wirtschaftsstruktur) 82, 83, 87 f.,
   97 f., 100 ff.
Lausanne, Abkommen von (1932) 48
Legitimität 10
– der neuen Staaten 107 f.
– Legitimitätsdefizit der Versailler Ordnung 164–169
Lettland 8 f., 34
Liberales System, Rechtsstaat (siehe auch
   Parlamentarismus, Ideologien, totalitäre)
   5, 139 f., 141, 145 ff.
Liberalismus 122 f., 126
Litauen 8 f., 19, 34, 43 ff., 74, 96
Locarnoverträge (1925, siehe unter
   Deutschland, Frankreich, Großbritannien, Belgien, Polen) 49–53, 178 f.
Lytton-Kommission 1931 (siehe auch
   Mandschureikrise) 58

Mandschureikrise 1931 12, 58, 185, 193 f.
Massendemokratie 5 ff., 133 f., 135 ff.,
   173 ff.
Memelgebiet 43 f.
Minderheiten, Minoritätenproblem, Vielvölkerstaaten (siehe auch Friedensverhandlungen, Krise, Nationalismus) 8,
   29 f., 32 ff., 35–37, 136
Monarchien, parlamentarische (siehe auch
   Großbritannien, Parlamentarismus) 10,
   107 f.
Montenegro 8
Münchner Konferenz (siehe auch Appeasement) 65 f.
Mussolinis „großer Friedensplan" 1933 60

Nationalismus 4, 31, 33 f., 135–136, 181

Nationalsozialismus, nationalsozialistische
   Machtergreifung/Revolution, nationalsozialistische Diktatur (siehe auch
   Deutschland, Faschismus, Ideologien,
   totalitäre, Autarkiepolitik) 9 f., 13, 35,
   42 f., 58, 60 f., 64–69, 78, 86, 90 ff., 97, 99,
   103–107, 127 ff., 136, 196 ff.
Neugründung von Staaten 1918 ff. (siehe
   auch Friedensverhandlungen) 8, 34 ff.,
   84 f., 136–142, 151 f.
Niederlande 10, 83, 94, 96 f.
Norwegen 96
Notverordnungen, décrets-lois (siehe auch
   Deutschland, Frankreich) 112

Öffentlichkeit und Diplomatie (siehe auch
   Friedensverhandlungen, Massendemokratie, Staatensystem) 23 f., 173 f., 192
Österreich 9 f., 19, 29 f., 43, 83, 96 f., 126,
   144, 174
Österreich-Ungarn 2, 8, 29, 35, 36, 94
Oktoberrevolution 1917 (siehe auch
   Sowjetunion) 3, 8, 13, 34, 100 ff., 117,
   129, 130 f., 141, 142
Olympiade 1936 42, 62
Ostpreußen 43

Parlamentarismus und Demokratie, Krise
   der Demokratie (siehe auch Krise, Liberales System, Parteiensystem, Stichworte
   für die einzelnen Staaten) 5–7, 13, 107–
   115, 122 f., 125 ff., 129 ff., 133, 137,
   144 ff., 149 f., 152–155, 174
Parteiensystem, Parteien (siehe auch Parlamentarismus, Ideologien, totalitäre,
   Liberalismus, Konservativismus) 7, 108,
   111–115, 152–158
– Christliche Parteien in Frankreich 153,
   155
– Conservative Party 113 ff., 158
– DDP 157
– DNVP 53
– KPD 109
– Labour Party 108, 113 ff., 158 ff.
– Liberals 115, 158
– NSDAP 81, 153
– Parti radical 153, 155
– Partito Nazionale Fascista 103 f.
– PCF 82, 109, 153
– SFIO 109 f., 153 f.
– SPD 111, 153
– Z 153, 157

Sachregister

Periodisierung 1 f., 42 f., 117–121, 132, 150 f., 187–190
Planwirtschaft (siehe auch Interventionsstaat, Sowjetunion) 84
Polen 8, 19, 35, 41 f., 43–45, 52, 59, 62 f., 67 ff., 71 ff., 74 f., 83, 96
Portugal 9, 126 f.
Preußen 8, 154
Protektionismus (siehe auch Autarkiepolitik, Freihandel, Interventionsstaat, Weltwirtschaft, Weltwirtschaftskrise) 182

Rapallo-Vertrag 1922 5, 31, 41, 179
Rat der Vier 20
Realeinkommen 85
Reichsreform (siehe auch Föderalismus) 154
Reparationen (siehe auch Dawes-Plan, Hoover-Moratorium, Young-Plan) 3, 45–49, 55 f., 171 f., 180
Revisionismus 3, 32 f., 58 f., 61 ff., 65 ff., 77 f., 168 f., 180, 185 f.
Revolution 93, 97 ff., 100 ff., 103, 107, 109, 118, 128, 133 f., 142 ff., 171
Rheinland, Ruhrgebiet 41, 42, 46, 67
Rumänien 8, 59

Saarland 39
Säkularisierung 123
Schauprozesse in der SU 102 f.
Schutzzölle (siehe auch Protektionismus, Freihandel) 84 f., 89 f.
Schweden 143
Schweiz 10, 89, 94, 96 f., 143, 184
Serbien 8
Skandinavien 10
Slowakei 66 f.
Slowenien 8
Sowjetunion, Sowjetrußland, Rußland (siehe auch Diktaturvergleich, Ideologien, totalitäre, Komintern, Kommunismus, Oktoberrevolution) 2, 3, 5, 7 f., 12, 14, 19 f., 35, 38, 40, 44, 49, 54, 59 f., 62, 69 ff., 78 f., 92, 96 f., 98, 99–103, 128 f., 133, 141 ff., 145, 185 f., 188 ff., 197 f.
– Bevölkerung 80
– und die Türkei 31 f.
Sozialer Wandel (siehe auch Bevölkerung, Wirtschaftsstruktur) 16 f., 92–106, 122 f., 156 ff.
Sozialstaat 148 f.
Spa, Konferenz von (1920) 44

Spanien, Spanischer Bürgerkrieg 9, 62 f., 70, 96, 126 f., 185, 194
Staatensystem (siehe auch Friedensverhandlungen, Krise) 23 f., 32 f., 123 f., 128 ff., 132, 143 ff., 164–171, 180–190
Stabilisierung (der europäischen Ordnung 1924 ff., siehe auch Locarnopolitik) 49
„Stahlpakt" 194
Stahlproduktion (siehe auch Industrieproduktion) 2 f., 85 f.
„Sudetenfrage" 64 ff.

Thoiry, Gespräch von (1926, siehe auch deutsch-französische Beziehungen, Locarnopolitik) 54, 179
Tschechoslowakei 8, 43, 52, 59 f., 64–66, 83, 96 f., 123 f.
Türkei 9, 19, 31 f., 34, 96

Ungarn (siehe auch Österreich-Ungarn) 8, 19, 30, 59, 83, 96, 126
Urbanisierung (siehe auch Wirtschaftsstruktur) 80, 92 ff., 94 ff., 99, 123
USA (siehe auch Friedensverhandlungen, Staatensystem, Weltwirtschaft, Weltwirtschaftskrise) 2, 5, 11, 12, 20 ff., 38, 40, 54 ff., 63 f., 67 f., 70 ff., 82, 85, 89, 92, 117, 133, 169, 171, 174 f., 182 ff., 188 f.

Vichy-Regime (siehe auch Frankreich) 150 f., 155 f.
Vierzehn Punkte Präsident Wilsons (1918, siehe auch Friedensverhandlungen, USA) 20–23
Völkerbund (siehe auch Friedensverhandlungen) 5, 35–39, 40, 50, 52 f., 56, 58, 62, 167 f., 170 f., 185, 193 f.
Volkseinkommen (siehe auch Wirtschaftsstruktur) 83

Währungspolitik (siehe auch Weltwirtschaft) 88 ff., 111, 183 f.
Waffenstillstand (1918) 18
Wahlrecht, Wahlsystem, Wahlforschung 5 f., 7, 114, 149, 157 f.
Weltkriege
– Erster (insbes. Folgen) 1–3, 6, 23, 26 f., 35, 40, 117 f., 132, 134, 143, 166
– Zweiter (insbes. Ursachen) 1, 63–79, 117 f., 132, 134, 185 f., 191–199
Weltrevolution (siehe auch Ideologien, totalitäre, Sowjetunion) 20, 78 f., 117, 130 f., 141 f.

Weltwirtschaft 2f., 6, 14, 83 ff., 123, 182–185
Weltwirtschaftskrise 6, 14, 48, 77, 80 ff., 86 f., 91 f., 97, 111, 142 ff., 148, 155 f., 158 ff., 180–186, 188
– Folgen in Ostmitteleuropa 87 f.
Wiener Kongreß 1814/15 (siehe auch Staatensystem) 8, 24, 168
Wilna (Vilnius) 43 ff.
Wirtschaftsstruktur (siehe auch Industrieproduktion, Landwirtschaft, Sozialer Wandel, Weltwirtschaft) 93, 96–99

Young-Plan (1929, siehe auch Dawes-Plan, Reparationen) 47 f.

Zollunionsplan 1931 (deutsch-österreichischer) 58
Zwangskollektivierung (in der Sowjetunion) 100 ff.
Zwischenkriegszeit als Epoche (siehe auch Periodisierung) 1, 5, 14, 117–120

www.ingramcontent.com/pod-product-compliance
Lightning Source LLC
Chambersburg PA
CBHW030821230426
43667CB00008B/1323